ULLI LINDNER

Österreichische Küche nach Großmutters Art

ULLI LINDNER

Österreichische Küche nach Großmutters Art

Die besten Rezepte aus der guten alten Zeit

Alle Rechte vorbehalten
Zusammenstellung von Ulli Lindner
Umschlag von Beate Dorfinger unter Verwendung von Bildern
von GUSTO-ORAC Zeitschriftenverlag Ges.m.b.H.
und Bildagentur Thurner / G+J Fotoservice
Abbildungen in den Bildteilen von GUSTO-ORAC Zeitschriftenverlag
Ges.m.b.H. zur Verfügung gestellt
Copyright © 1999 by Tosa Verlag, Wien
Das vorliegende Buch ist im Jahre 1996 unter dem Titel
»Die besten Schmankerln aus Österreich« erschienen.
Druck: Mladinska knjiga tiskarna d.d.

Inhalt

Vorwort des Verlages	7
Vorwort der Herausgeberin	9
Suppen, Suppeneinlagen, Eintöpfe	11
Kalte Vorspeisen und Jause	59
Fischgerichte	77
Hauptgerichte mit Fleisch	87
Gemüse, Beilagen, Saucen und Salate	131
Koche, Muse, Sterze, Schmarrn	181
Knödel, Nocken, Nudeln	215
Strudel	267
Schmalzgebackenes	285
Kalte Desserts	307
Brot und Gebäck, Torten und Kekse	315
Eingemachte und flüssige Spezialitäten	373
Register	387

Vorwort des Verlages

Die österreichische Küche, eine Küche der Schmankerln, der Mehlspeisen und Knödeln, der Strudeln und Nockerln, wird von Kennern ebenso geschätzt wie von Fremden geliebt.
Zusammenstellungen, die einen Gesamtüberblick über die österreichische Küche geben, sind rar. Meist beschränken sie sich auf die Wiener Küche oder gar auf die Küche eines Bundeslandes.
Der Verlag schätzt sich glücklich, eine namhafte Autorin für diese Zusammenstellung gewonnen zu haben. Bewährte Rezepte aus dem ganzen Land finden sich hier einfach und verständlich formuliert. Bei jedem Rezept ist das Bundesland, aus dem es stammt, angegeben. Varianten, Tips und Hinweise auf passende Beilagen runden die einzelnen Rezepte ab.
Mit diesem Buch wollen wir Hausfrauen aus ganz Österreich ansprechen und auch über die Grenzen hinaus wirken. Wir würden uns freuen, wenn die traditionsbewußte typische österreichische Küche wieder verstärkt gepflegt wird.
In diesem Sinne wünschen wir auch Ihren Schmankerln aus Österreich: Gutes Gelingen!

Ein Vorwort, das man lesen sollte

Man ist, was man ißt. Dieser Weisheit kommt in unserer Gegenwart neue Bedeutung zu. Im Zeitalter des Rinderwahnsinns und des Hormonschweins ist gesunde Ernährung gar nicht mehr so leicht, und das Interesse an alternativen Formen und Nahrungsmitteln war noch nie so groß wie heute. Schmankerln aus Österreich sind erstaunlich „alternativ": Es gibt eine Fülle von althergebrachten Gerichten, die Getreidearten verlangen, wie sie neuerdings wieder verstärkt Interesse finden: Maismehl, Buchweizen, Hirse, Dinkel, Weizen- und Roggenvollmehl.

Es gibt auch erstaunlich viele gute überlieferte Rezepte zur Verwendung von Sauerampfer und Löwenzahn, Brennesseln und Holler, die zeigen, daß Schmankerln aus Österreich auch naturnah und gesund sind. Entsprechend wurden auch erprobte Rezepte für Hustensaft und Magenbitter aufgenommen.

Damit all jene, die nur noch Fleisch von Tieren essen, deren Herkunft und Ernährung sie genau kennen, diese Tiere auch vollständig verwenden können, wenn sie möchten, finden Sie hier auch Rezepte, mit denen Sauschädel, Schweinsfüße und Innereien in leckere Schmankerln verwandelt werden können.

Rezepte mit Kiwi, Ananas, Mango und Papaya finden Sie hier nicht – Schmankerln aus Österreich kommen auch ohne umweltbelastende Kühltransporter aus.

Ein Wort zum Register. Natürlich ist es ohnehin der Teil dieses Buches, den Sie am häufigsten benutzen werden. Und da gibt es eine Besonderheit: Sie finden nämlich nicht nur Rezepttitel, sondern auch wichtige Zutaten aufgelistet.

Denn wer weiß schon, daß es sich auch bei „Paradeisstrankerln" um ein Rezept handelt, mit dem man der zahlreichen Fisolen Herr werden kann, die da plötzlich alle gleichzeitig im Garten reif geworden sind? Schauen Sie also ruhig einmal unter Fisolen nach. Aus demselben Grund müssen Sie nicht von selbst auf „Eingelegter Knoblauch" kommen, wenn Sie eine Idee zur Knoblauchverwertung suchen, auch unter Knoblauch finden Sie einen Hinweis.

Manchmal habe ich im Register zur Schriftsprache gegriffen. Nämlich dann, wenn die Bezeichnungen für ein und dieselbe Sache innerhalb des Landes zu stark variieren. Oder wären Sie als Kärntner darauf gekommen, daß Sie aus Hadnmehl auch Schwarzplentene Knödel machen können? Kärntner wie Tiroler mögen unter Buchweizen nachschauen, wenn sie weitere Gerichte mit diesem Mehl suchen. Das gleiche gilt für Speisen wie Türkensterz, Hafaloab oder Plenten, die alle mit Maismehl hergestellt werden. Auch auf diese finden Sie also unter Mais im Register einen Hinweis.

Bei vielen Rezepten bleiben entweder Eiklar oder Eidotter übrig, und da die Aufbewahrung doch problematisch ist, habe ich unter Eiklar und Eidotter Hinweise auf alle jene Rezepte eingefügt, in denen mehr als ein Eiklar oder Dotter benötigt wird. Vielleicht bekommen Sie ja Anregungen, die über die notorische Makronenbäckerei zur Eiklarverwertung hinausgehen.

Ansonsten sind innerhalb jedes Abschnitts alle Rezepte streng alphabetisch geordnet. Das führt zwar dazu, daß Sie Fisolenrezepte wie Dillfisolen und Paradeisstrankerln nicht beieinander finden, erleichtert Ihnen aber das Wiederauffinden von solchen Rezepten, deren Namen Sie kennen.

Ach ja: Alle Rezepte sind für vier Personen berechnet.

Und: Wo Zitronenschale verlangt wird, ist natürlich stets die zum Verzehr geeignete Schale unbehandelter Zitronen gemeint.

In der Hoffnung, Ihnen hiermit ein wirklich verwendbares Kochbuch in die Hand gegeben zu haben, mit dem Sie viele köstliche Schmankerln aus Österreich zubereiten werden, wünsche ich Ihnen gutes Gelingen!

Ihre Ulli Lindner

Suppen, Suppeneinlagen, Eintöpfe

Suppen, Suppeneinlagen, Eintöpfe

Abgebrannte Grießknödel mit Speck

10 dag Grieß
1 Semmel
5 dag Speck
1 Ei
Petersilie
Salz
etwas Rindsuppe

Semmel in kleine Würfel schneiden und mit Grieß vermischen. Speck ebenfalls in Würfel schneiden, in einer Pfanne zergehen lassen und feingeschnittene Petersilie dazugeben. Das Ganze über den Grieß schütten und alles gut vermischen. Mit Rindsuppe aufgießen, verrühren und etwas anziehen lassen. Salzen und mit einem Ei verrühren. Knödel in beliebiger Größe formen.

(Wien)

Älperflädlesuppe

12 dag Mehl
¼ l Milch
2 Eier
2 EL Butter oder Butterschmalz zum Ausbacken
Salz
2–3 EL geriebener Käse zum Bestreuen
1 l kräftige Fleischsuppe
2 EL gehackter Schnittlauch

Für die Flädle Mehl mit Milch glattrühren, nach und nach die Eier und Salz dazugeben und mit dem Schneebesen kräftig durchschlagen. Den Teig 15 Minuten lang rasten lassen. In einer Pfanne etwas Fett erhitzen, etwa 2–3 EL Teig einfüllen und dabei die Pfanne schräg halten, damit der Teig verlaufen kann. Sofort mit etwas geriebenem Käse bestreuen. Hellgelb ausbacken, wenden und von der anderen Seite backen. Zum Auskühlen auf einen Teller geben und weitere Flädle backen. Diese aufrollen, feinwürfelig schneiden und auf Suppentassen verteilen. Mit heißer Fleischsuppe übergießen und mit gehacktem Schnittlauch bestreut sofort servieren.

• Die Flädle werden besonders locker, wenn die Eier getrennt und die Eiklar als Schnee unter den Teig gezogen werden.

(Vorarlberg)

Backerbsen

1 Tasse Milch
1 Ei
Salz
ca. 20 dag Mehl
Fett zum Ausbacken

Milch mit Ei versprudeln, salzen und so viel Mehl dazugeben, daß ein ziemlich dicker Tropfteig entsteht. Einige Zeit anziehen lassen. Durch einen großlöchrigen Schaumlöffel gießen oder einzelne große Tropfen in heißes Ausbackfett fallen lassen. Im Fett hellbraun ausbacken und zur Suppe servieren.

(Niederösterreich)

Suppen, Suppeneinlagen, Eintöpfe

Bärlauchsuppe

3 dag Butter
3 dag Mehl
1 l Milch
⅛ l Rahm
1 große Handvoll Bärlauchblätter
Salz
Pfeffer
Muskat
2 Dotter

Aus Mehl und Butter eine lichte Einbrenn bereiten, mit Milch aufgießen und würzen. Den Bärlauch waschen, fein schneiden und dazugeben. Den Rahm mit den Dottern versprudeln und in die Suppe rühren, noch einmal kurz aufkochen lassen. *(Tirol)*

Bauerngerstlsuppe

1 Karotte
¼ Sellerieknolle
1 Petersilienwurzel
1 dünne Stange Lauch
1 Zwiebel
etwas Öl
10 dag Rollgerste
1 l Wasser
1 geselchte vordere Stelze
30 dag Bauchspeck
Salz
weißer Pfeffer aus der Mühle
8 dünne Scheiben Räucherspeck
Schnittlauch

Das Gemüse schälen und in längliche, nicht zu dünne Stücke schneiden. Die Zwiebel schälen und würfeln. Etwas Öl in einem großen Topf erhitzen und Zwiebel und Gemüse darin glasig rösten. Rollgerste zufügen und mit Wasser aufgießen. Die abgespülte Stelze und den Bauchspeck hinzugeben, eventuell noch Wasser nachgießen; alles sollte vom Wasser gerade eben bedeckt sein. Salzen und pfeffern, aufkochen und den Eintopf bei schwacher Hitze etwa 90 Minuten lang köcheln lassen, bis die Stelze weich ist. Bauchspeck aus den Topf nehmen und in Würfel schneiden. Stelze herausnehmen, Fleisch vom Knochen lösen und ebenfalls würfeln. Die Speckscheiben in einer Pfanne knusprig braun braten. Den Eintopf mit Salz und Pfeffer abschmecken, in eine Schüssel füllen und mit den Speckscheiben belegen. Mit Schnittlauch bestreuen.

• Dazu frisches Bauernbrot und nach Belieben Knoblauchbutter servieren Den fertigen Eintopf eventuell mit etwas geriebener Muskatnuß würzen. *(Tirol)*

Suppen, Suppeneinlagen, Eintöpfe

Böhmische Suppe

1 Häuptel Kohl
10 dag Champignons
4 dag Fett
1 Paar Bratwürstel
2 EL Mehl
Salz
Pfeffer
gebähte Semmelscheiben

Kohl vierteln, vom Strunk befreien und fein schneiden. Champignons ebenfalls fein schneiden. Fett erhitzen, Kohl und Champignons hineingeben, unter Umrühren anrösten lassen und mit Wasser aufgießen. Mit Salz und Pfeffer würzen und weichdünsten. Die in Scheiben geschnittenen Würstel hineingeben, mit Mehl stauben und gut verkochen lassen. Mit gebähten Semmelscheiben servieren.

Bohnensuppe

ca. 1 kg Fisolen
2 l Wasser
6 dag Schmalz
6 dag Mehl
1 kleine Zwiebel
Salz
Pfeffer oder etwas Essig
15 dag Speck
saurer Rahm

• Diese Suppe eignet sich zur Verwertung von Fisolen, die zu reif, aber noch nicht hart geworden sind. Man verwendet nur die Samen. Es sollte ½ l Bohnen sein, daher ist die Angabe der Fisolenmenge nur ungefähr möglich. Sind sie bereits härter, müssen Sie die Bohnen über Nacht einweichen.
Die Fisolen auslösen und im Wasser weichkochen. Aus Schmalz und Mehl eine helle Einbrenn bereiten, die Zwiebel fein hacken und mitrösten und damit die Bohnensuppe eindicken, salzen und mit Pfeffer oder Essig würzen.
• Verfeinern: Speck kleinwürfelig schneiden und braten, mitsamt dem dabei ausgetretenen Fett zur Suppe geben und etwas Sauerrahm unterziehen. In diesem Fall nicht mit Essig, sondern mit Pfeffer würzen. *(Burgenland)*

Bozner Saure Suppe

50 dag Kuttelflecke
2 Lorbeerblätter
etwas Öl
1 kleine Zwiebel
3 dag Mehl
Salz
Pfeffer
Schale einer Zitrone
1 Schuß Essig
Schnittlauch

Die Kutteln sehr sauber putzen und gut waschen, dann mit Lorbeerblättern gut weichkochen. Nun die Zwiebel fein würfeln, in etwas Öl anrösten und mit Mehl stauben. Eine dunkle Einbrenn zubereiten und mit Wasser oder Suppe aufgießen. Mit Zitronenschale, Pfeffer und Salz würzen, 15 Minuten lang kochen lassen, inzwischen die Kutteln in feine Streifen schneiden. In die Suppe geben, gut aufkochen und mit einem Schuß Essig abschmecken. Mit Schnittlauch bestreut servieren.

• Statt Zitronenschale können Sie auch Nelken und etwas Paradeismark hinzugeben. *(Tirol)*

Branntweinsuppe

2 EL Butter
2 EL Mehl
1 l Milch
10 dag Zucker
1 Zimtstange
3 Nelken
1 TL Salz
100 ml Branntwein
3 Eidotter
etwas Milch

In einem großen Topf die Butter schmelzen, das Mehl dazugeben und unter ständigem Rühren hellbraun einbrennen. Mit Milch löschen und aufgießen, Zucker sowie Zimt und Nelken dazugeben. Unter weiterem Rühren aufkochen, salzen und zuletzt den Branntwein dazugeben. Vom Feuer nehmen, Eidotter mit etwas Milch versprudeln, dazugeben und die Suppe damit binden. *(Salzburg)*

Bratwürstelsuppe

3 dag Fett
2 EL Mehl
1 Zwiebel
Majoran
1 Lorbeerblatt
Salz
4 Erdäpfel
2 Bratwürstel

Die rohen Erdäpfel schälen, in kleine Würfel schneiden und in Salzwasser kochen. Mit zerriebenem Majoran und dem Lorbeerblatt würzen. Aus Fett, Mehl und Zwiebel eine helle Einbrenn machen, mit etwas Wasser aufgießen und zur Suppe geben. Inzwischen die Bratwürstel scharf anbraten, in dünne Scheiben schneiden und mit dem Bratfett zur Suppe geben. Noch einmal aufkochen. *(Niederösterreich)*

Brennesselsuppe

**30 dag junge
Brennesselblätter
4 dag Mehl
4 dag Butter
1 Zwiebel
etwas Knoblauch
4 gekochte Erdäpfel
Salz
Suppenwürze**

Brennesselspitzen waschen, in 1 l Salzwasser kurz überkochen, abseihen und fein hacken. Die Hälfte des Kochwassers beiseite stellen. Aus Butter, Mehl und Zwiebel eine leichte Einbrenn machen. Mit kaltem Wasser löschen, mit Brennesselsud aufgießen und würzen. Brennessel, passierte Erdäpfel und Knoblauch dazugeben und ziehen lassen.

• Man kann die Brennesselsuppe auch ohne Erdäpfel zubereiten und mit Muskatnuß und Rahm verfeinern. Wenn Sie nicht genug Brennesselblätter im Garten finden (Sie Glückliche!), geben Sie gehackten Blattspinat hinzu.

(Salzburg)

Brennsuppe

**5 dag Butter
5 dag Mehl
1 l Wasser
1/8 l Rotwein
1 Lorbeerblatt
Kümmel
2–3 rohe Erdäpfel
Ziegerkäse**

Das Mehl in Butter hellbraun anschwitzen lassen, mit Wasser aufgießen und aufkochen lassen. Wein und Gewürze dazugeben, die Erdäpfel schälen, blättrig schneiden und mitkochen lassen. Zum Schluß Ziegerkäse darüberreiben.

• Statt des Zieger können Sie auch Bergkäse würfelig schneiden und dazugeben. Für eine leichtere Suppe lassen Sie Erdäpfel und Käse weg, geben Sie stattdessen einen Teelöffel Rotweinessig dazu und servieren Sie die Suppe über gerösteten Brotwürfeln oder mit gerösteten Schwarzbrotscheiben.

(Tirol)

Brotsuppe

**4 dag Fett
1 Zwiebel
15 dag Schwarzbrot
1 l Fleischsuppe
1/8 l Sauerrahm
1 Eidotter**

Zwiebel feinwürfelig schneiden und mit dem kleingeschnittenen Brot in Fett rösten. Mit Suppe aufgießen und alles gut verkochen lassen. Eidotter und Rahm gut versprudeln, in die Suppe rühren, die jetzt nicht mehr kochen darf. Abschmecken und servieren.

• Variation: mit blättrig geschnittener Selchwurst oder Fleischstückchen verbessern.

Suppen, Suppeneinlagen, Eintöpfe

Für die *Salzburger Brezensuppe* bereiten Sie 25 dag abgebröselte altbackene Brezen genauso zu, legieren allerdings mit Obers und würzen zusätzlich mit Muskat, Kümmel und Zitronensaft. *(Steiermark)*

Burgenländische Paradeissuppe

¾ kg Paradeiser
1 Zwiebel
½ l Wasser
Salz
Pfeffer
1 TL Paprika
Zucker
4 EL Sauerrahm
2 Handvoll Reis

Die Paradeiser halbieren, die Zwiebel fein hacken und in Wasser weichkochen. Passieren und pikant abschmecken. Reis körnig kochen, in die Suppe geben, den Sauerrahm untermischen.

• Heiß oder kalt gegessen eine Köstlichkeit!

(Burgenland)

Butterfische

25 dag Mehl
1 Ei
1 TL Salz
1 TL Öl
etwas Wasser
zerlassene Butter zum Bestreichen
Salzwasser zum Kochen
Rindsuppe

Alle Zutaten zu einem Nudelteig verkneten und in gleichgroße Stücke schneiden. Daraus runde, dünne Flecken auswalken und mit zerlassener Butter bestreichen, zusammenrollen und die Enden gut festdrücken. Diese Butterfische in siedendem Salzwasser vorsichtig kochen. Als Suppeneinlage in Gemüse- oder Rindsuppe.

• Dazu: grüner Salat. *(Salzburg)*

Buttermilchsuppe

½ l Wasser
1 TL Salz
1 TL Kümmel
½ l Buttermilch
5 EL Sauerrahm
4 dag Mehl
Schwarzbrotscheiben

Wasser und Gewürze aufkochen, die Buttermilch und den Rahm mit dem Mehl versprudeln und mit dem Kümmelwasser gut verkochen. Über hartgewordenen Schwarzbrotscheiben anrichten – fertig!

• Als Beilage: frisch gekochte heiße Erdäpfel. *(Kärnten)*

Einbrennsuppe

5 dag Fett
5 dag Mehl
1 l Wasser
Salz
Liebstöckel
evtl. 1 Ei pro Person

Mit dem Fett und dem Mehl eine dicke, braune Einbrenn bereiten, mit dem Wasser aufgießen und aufkochen lassen, bis die Suppe dicklich wird. Salzen und würzen (statt etwas Liebstöckel darf es auch fertige Suppenwürze sein). Eventuell pro Person ein Ei versprudeln und daruntergeben.

• Anstelle des Eies kann man geriebenes Gerstl als Einlage dazugeben oder einen Mehlsterz löffelweise dazu essen, indem man den Löffel mit etwas Sterz kurz in die Suppe taucht und etwas einweichen läßt. *(Burgenland)*

Einbrennte Selchsupp'n

1 l Selchsud
5 dag Schmalz
5 dag Mehl

Aus Schmalz und Mehl eine lichte Einbrenn herstellen, entweder mit der Selchsuppe aufgießen oder die Einbrenn in die Suppe geben.

• Selchsud ist die Flüssigkeit, in der Selchfleisch, Schinken, Teilsames oder dergleichen gekocht wurde. Damit der Sud nicht zu kräftig wird, setzt man das Fleisch in kochendem Wasser zu. Vorsicht beim Salzen!

Variante aus Niederösterreich: Im Schmalz zusätzlich eine kleingehackte Zwiebel anrösten, mit Suppe aufgießen und darin Ulmergerstel, Karotten, Erdäpfel und einen Bund Dillkraut mitkochen lassen. *(Steiermark)*

Einfache braune Suppe

2 l Wasser
2 TL Salz
1 große Zwiebel
1 EL Butter
2–3 gelbe Karotten
30 dag Blutknochen
1 Bund Suppengrün

Zwiebel in Ringe und gelbe Rüben in dünne Scheiben schneiden. Beides in Fett anlaufen lassen. Zerschlagene Knochen und Wurzelwerk dazugeben und solange dünsten, bis die Wurzeln schön braun sind. Nach und nach schöpflöffelweise mit Wasser oder Rindsuppe aufgießen, salzen. Die Suppe ziemlich lange kochen lassen. Dann Fett abschöpfen und die Suppe abkühlen lassen, bis sie klar geworden ist.

• Als klare Suppengrundlage zu diversen Einlagen. *(Wien)*

Eingetropftes in der Suppe

2 Eier
20 dag Mehl
Salz
1 l klare Suppe

Die Zutaten zu einem flüssigen Teig verrühren, der noch vom Kochlöffel rinnt. Wenn er zu dick ist, noch etwas Ei oder Wasser dazugeben. Den Teig etwa 15 Minuten lang fein abschlagen, in einen Schnabeltopf geben. Topf ziemlich hoch über die kochende Suppe halten und den Teig hineinfließen lassen, sodaß Nudeln enstehen. Wenn die Oberfläche bedeckt ist, mit Hilfe eines Schaumlöffels die Nudeln herausnehmen und in einen Suppentopf geben. So oft wiederholen, bis der Teig verbraucht ist. Als letztes die siedende Suppe über die fertigen Nudeln gießen. *(Wien)*

Erbsensuppe

25 dag Erbsen
5 dag Speck
1 Bund Suppengrün
1 Semmel
1 kleines Lorbeerblatt
Thymian
Essig
Salz
Pfeffer

Erbsen und Speck garkochen und die Erbsen durch ein Sieb streichen. Wurzelwerk in feine Streifen schneiden und in Wasser aufkochen. Dann mit Thymian und Lorbeerblatt zu den durchpassierten Erbsen geben und gar kochen. Mit Salz, Pfeffer und einem Spritzer Essig abschmecken. Erbsensuppe über gerösteten Semmelscheiben anrichten und mit Speckwürfeln garnieren. *(Wien)*

Erdäpfel-Topfen-Suppe

15 dag durchwachsener, magerer Speck
50 dag mehlige Erdäpfel
1 große Zwiebel
1 Bund Suppengrün
3/4 l Wasser
1 Paradeiser
12 dag Topfen
1/8 l Milch
Salz
Pfeffer
Muskatnuß
2 TL Zitronensaft
2 EL gehackter Schnittlauch

Den kleingewürfelten Speck in einem größeren Topf auslassen, feingehackte Zwiebel darin anrösten und das kleingeschnittene Suppengrün und die in Würfel geschnittenen rohen Erdäpfel dazugeben und mitrösten. Mit Wasser aufgießen und etwa 30 Minuten lang kochen lassen. Nun einen kleingeschnittenen, geschälten Paradeiser dazugeben und alles mit dem Stabmixer fein pürieren. Nochmals erhitzen, falls nötig, etwas Wasser nachgießen. Nun den Topfen mit Milch glattrühren und unter ständigem Rühren zur Suppe geben. Einkochen lassen, würzen, Zitronensaft dazugeben und mit Schnittlauch servieren. *(Salzburg)*

Suppen, Suppeneinlagen, Eintöpfe

Erdäpfelgulasch

¾ kg Erdäpfel
1 große Zwiebel
10 dag Bauchspeck
2 Karotten
1 Lauchstange
Paprikapulver
Essig
1 l Wasser
Kümmel
Salz
Majoran

Speck würfelig schneiden und glasig anlaufen lassen. Die feingeschnittene Zwiebel mitrösten. Paprikapulver dazugeben und mit einem Spritzer Essig ablöschen. Mit Wasser aufgießen und die in große Würfel geschnittenen Erdäpfel dazugeben. Karotten und Lauch klein schneiden und mitkochen. Abschmecken und, falls nötig, binden, dazu ⅛ l kaltes Wasser mit 1 EL Mehl gut versprudeln und einrühren.
• Dazu trinkt man Milch. *(Tirol)*

Erdäpfelsuppe

1 Zwiebel
2 dag Schmalz
½ kg Erdäpfel
1 TL Paprika
Salz
etwas Mehl
1 l Wasser
evtl. 1 Speckschwarte

Die Zwiebel kleinschneiden und goldbraun anrösten, die Erdäpfel schälen, in Würfel schneiden und mitrösten. Paprika und Salz hinzugeben, mit etwas Mehl stauben, mit dem Wasser aufgießen und weich kochen, die Erdäpfel sollen dabei nicht verkochen. Eventuell eine Speckschwarte mitkochen lassen.
• Zusammen mit ausgezogenem Apfelstrudel oder Krautstrudel eine vollständige Mahlzeit. Eine oberösterreichische Variante: mit Speck oder etwas Selchfleisch, ohne Paprika, dafür zusätzlich mit Essig, Thymian, Lorbeer und Majoran würzen. *(Burgenland)*

Erdäpfelsuppe

3 große Erdäpfel
1 Karotte
1 Zwiebel
Salz
Kümmel
Majoran
Lorbeerblatt
Petersilie
1 l Wasser
3 dag Mehl
3 dag Butter

Zwiebel fein schneiden und in Butter anlaufen lassen. Mehl hell anschwitzen lassen und mit Wasser aufgießen. Erdäpfel und Karotte würfelig schneiden und mit den Gewürzen dazugeben. Auf kleiner Flamme kochen lassen, bis die Erdäpfel weich sind, und abschmecken.
• Wenn Sie haben, können Sie eine Speckschwarte oder kleinwürfelig geschnittenen Speck mitkochen lassen. *(Tirol)*

Farfelsuppe

Für die Farfel:
15 dag Mehl
ca. 2 EL Wasser
½ TL Salz
1 l Rind- oder
Gemüsesuppe
Liebstöckel
4 dag Butter
5 dag Zwiebel

Mehl und Salz in einer Schüssel vermischen, das Wasser tropfenweise dazugeben und mit den Fingern abbröseln, sodaß kleine, lockere Teigklümpchen entstehen. Suppe mit den Gewürzen aufkochen, Farfel einrieseln lassen und kurz aufkochen. Zwiebel in Ringe schneiden, in Butter goldbraun rösten, auf die portionierte Suppe verteilen und servieren.

• Variante: Zusätzlich 10 dag geriebenen Käse in die Suppe einrühren. *(Salzburg)*

Faschierte Semmelsuppe

4 Semmeln
Fett zum Backen
1 l braune oder
Kalbsknochensuppe
15 dag Kalbsfarce

Semmeln in daumendicke Scheiben schneiden und an der oberen Seite rundherum einschneiden. In Fett backen, mit Kalbsfarce bestreichen und auf einem mit Butter befetteten Papier auf ein Blech legen. Im Ofen backen, auf einen Teller geben, mit brauner Suppe übergießen und gleich auftragen. *(Wien)*

Fastensuppe

Für die Suppe:
3 dag Butter
1 mittlere Zwiebel
3 dag glattes Mehl
etwas Kräuteressig
1 l Wasser
Für die Nockerln:
25 dag Mehl
2 Eier
Salz
⅛ l Wasser

Aus Butter, Zwiebel und Mehl eine etwas dunklere Einbrenn zubereiten und mit Kräuteressig ablöschen. Mit Wasser aufgießen und gut verkochen lassen, eventuell mit einem Lorbeerblatt würzen. Inzwischen aus den angegebenen Zutaten einen Nockerlteig zubereiten. Wenn die Suppe kocht, den Teig durch ein Nockerlsieb direkt in die Suppe einstreichen. Aufkochen lassen und gut abschmecken. *(Salzburg)*

Suppen, Suppeneinlagen, Eintöpfe

Feine braune Suppe

10 dag geselchten Speck
1 Stück mageres Rindfleisch oder Rindfleischabfälle Kalbsfleischabfälle
25 dag Rindsknochen
1 Stück Milz
5–6 dag Leber
1 Bund Suppengrün
½ Zwiebel
1 Eiklar
2 l Wasser
Salz
3 Pfefferkörner
Gewürznelke

Gemüse, Fleisch und Rindsknochen in einem flachen Kochgeschirr mit feingeschnittenem Speck langsam dünsten. Wenn alles schön braun ist, mit Wasser aufgießen, würzen und 1 Stunde kochen lassen. Dann die Suppe seihen und das Eiklar dazugeben. Noch einmal sprudelnd aufkochen, dann ruhig stehen lassen, bis sich der Schaum abgesondert hat, und noch einmal durchseihen.

• Als klare Suppengrundlage zu diversen Einlagen. *(Wien)*

Fischbeuschelsuppe

Kopf, Schwanzstück, Gräten und Rogen eines frischen Karpfens
1 l Wasser
2 EL Essig
Salz
1 Zwiebel
1 Lorbeerblatt
5 Pfefferkörner
Thymian
1 TL Butter
2 TL Zucker
5 dag Fett
5 dag Mehl
1 Bund Suppengrün
1/16 l Rotwein
2 EL Sauerrahm
Zitronensaft
Petersilie

Die einzelnen Fischstücke, jedoch nicht den Rogen, kalt abspülen und mit kaltem Wasser, Essig, Salz, der halbierten Zwiebel, Lorbeerblatt, Pfefferkörnern und Thymian zustellen. Langsam weich kochen (Kochzeit etwa 90 Minuten), dann die Suppe abseihen, das Fischfleisch von den Knochen lösen, grob hacken und warmstellen. Den Rogen mit etwas Salz und Zucker in wenig Wasser und Essig auf kleiner Flamme kochen, bis er hart und gelblich wird. Dann mit der Gabel zerdrücken und mit der Schneerute zerschlagen. Inzwischen aus Fett, etwas Zucker und Mehl eine braune Einbrenn bereiten, das Wurzelwerk fein reißen, kurz mitrösten und mit Rotwein und etwas Essig ablöschen. Mit der abgeseihten Fischsuppe aufgießen. Das Ganze noch einmal 30 Minuten lang langsam und gleichmäßig kochen lassen. Mit Salz, Rotwein, Zitronensaft und Sauerrahm abschmecken. Zum Schluß das Karpfenfleisch und den Rogen mit dem Essigsud beigeben, noch einmal aufkochen lassen und mit Petersilie bestreut anrichten.

(Oberösterreich)

Suppen, Suppeneinlagen, Eintöpfe

Fisoleneintopf

50 dag Fisolen
1 l Salzwasser
4 dag Butter
4 dag Mehl
2 Lorbeerblätter
1 TL Salz
etwas Pfeffer
1 EL Essig
1 EL Bohnenkraut
20 dag Wurst
1 Suppenwürfel
1 EL Sauerrahm

Fisolen klein schneiden, in Salzwasser leicht kochen, abseihen und den Sud aufheben. Aus Butter und Mehl eine lichte Einbrenn bereiten und mit dem Sud aufgießen. Fisolen und die gewürfelte Wurst dazugeben. Die Gewürze beigeben und noch gut ziehen lassen. Zuletzt den versprudelten Rahm einrühren.

• Sie können auch gut durchwachsenen, geräucherten Speck an die Suppe geben, Vorsicht mit der Salzmenge.

(Oberösterreich)

Fisolengulasch

70 dag Fisolen
1 EL Paradeismark
10 dag durchzogener Speck
2 Zwiebeln
etwas Butter
2 Knoblauchzehen
2–3 EL Paprikapulver
¼ l Suppe
Salz
Pfeffer
Muskat
3 EL Mehl
2 EL Sauerrahm

Fisolen kleinschneiden. Die Zwiebeln fein hacken und in etwas Butter anrösten, den würfelig geschnittenen Speck dazugeben. Paprikapulver, Knoblauch, Salz und Fisolen dazugeben, kurz durchrösten lassen und mit der Suppe aufgießen. Nach halber Garzeit das Paradeismark dazugeben und fertig dünsten. Mehl mit Sauerrahm verrühren. Das Gulasch damit binden und mit Gewürzen abschmecken.

(Oberösterreich)

Flecksuppe

½ kg Fleck (Kaldaunen)
1 l Wasser
1 TL Salz
1 l Rindsuppe
3 Lorbeerblätter
Salz
Pfeffer
Paprikapulver
⅛ l Essig
Für die Zwiebeleinbrenn:
1 feingehackte Zwiebel
3 EL Schmalz
3 EL Mehl

Zuerst die Fleck in Salzwasser kalt zustellen und weichkochen. Das Wasser abgießen, die Fleck auskühlen lassen, dann feinnudelig schneiden, mit Rindsuppe aufgießen, Lorbeerblätter dazugeben und aufkochen lassen. Inzwischen eine dunkle Zwiebeleinbrenn bereiten, damit die Suppe verdicken und mit Salz, Pfeffer, Paprika und Essig würzen.

(Steiermark)

Frittatensuppe

Für den Frittatenteig:
10 dag Mehl
1 Prise Salz
2 Eier
⅛ l Milch
etwas Mineralwasser
4 EL Backfett zum Ausbacken
1½ l Rindsuppe
Salz
Pfeffer
Schnittlauch

Mehl mit Salz in eine Schüssel sieben. Eier hineinschlagen. Milch mit Mineralwasser mischen und alles langsam unter ständigem Rühren zu einem geschmeidigen Frittatenteig verarbeiten. Den Teig etwa 30 Minuten lang quellen lassen. Nun in einer Palatschinkenpfanne Fett erhitzen und dünne Frittaten ausbacken. Die Rindsuppe erhitzen, die Frittaten zusammenrollen und in dünne Nudeln schneiden, auf Suppenteller verteilen und mit der heißen Rindsuppe übergießen. Mit Schnittlauch bestreuen.

(Wien)

Frühlingskräutersuppe

10 dag frische Kräuter (z. B. Kerbel, Kresse, Petersilie, Brennessel, etwas Schafgarbe, Löwenzahnblätter)
10 dag Spinat
5 dag Butter
1 Zwiebel
3 dag Mehl
1 l kräftige Fleischsuppe
Salz
Pfeffer
4 EL Obers

Feingewürfelte Zwiebel in einem großen Topf in Butter anrösten, das Mehl darübersieben und hellbraun einbrennen lassen. Unter ständigem Rühren mit der Fleischsuppe löschen und aufgießen. Die gewaschenen und kleingeschnittenen Frühlingskräuter und den feingehackten Spinat dazugeben und kräftig würzen. Langsam aufkochen lassen, dabei gut umrühren. Zuletzt die Suppe mit Obers verfeinern.

(Salzburg)

Ganslsuppe mit Gemüse

½ kg Gansljunges
(Kopf, Flügel, Hals,
Füße, Magen, Herz,
etwas
Gänsefleisch)
1¼ l
Kalbsknochensuppe
oder Wasser
1 Bund Suppengrün
15 dag Karfiol
1 Lorbeerblatt
4 Pfefferkörner
1 Gewürznelke
4 dag Butter
4 dag Mehl
15 dag frische
Champignons
Salz
weißer Pfeffer
Muskat
Zitronensaft
⅛ l Schlagobers
1 Eidotter
Petersilie

Das Gansljunge putzen, in heißem Wasser blanchieren und in der Kalbsknochensuppe (oder in Wasser) mit Gänsefleisch, dem unzerkleinerten Gemüse, Lorbeerblatt, Pfefferkörnern und Gewürznelke weichkochen. Herausnehmen und von den Knochen lösen, die Haut entfernen und die Fleischstücke kleinwürfelig schneiden. Das Gemüse ebenfalls herausnehmen und kleinschneiden. Nun aus Butter und Mehl eine leichte Einbrenn bereiten, die Champignons feinblättrig schneiden und darin kurz anschwitzen. Mit der abgeseihten Ganslsuppe aufgießen, etwa 15 Minuten lang verkochen lassen, dann wieder Fleisch und Gemüse beigeben und nochmals aufkochen. Würzen und pikant abschmecken. Mit Schlagobers und Eidotter legieren, danach nicht mehr kochen lassen. Mit Petersilie bestreut servieren.

• Als Einlage: geröstete Semmelschnitten, Bröselknödel oder gebackene Semmelknödel. Ebenso bereitet man Enten- oder anderes Geflügeljunges zu. *(Oberösterreich)*

Gemüsesuppe mit Speckgrießknödeln

Für die Knödel:
½ l Milch
Salz
Muskat
12 dag Grieß
6 dag geschnittener Speck
1 Ei
Fett zum Backen

Für die Suppe:
15–20 dag Gemüse und sauberen Gemüsezuputz
1 EL Butter
Salz
Muskat
Petersilie
Schnittlauch
1 l Wasser

Für die Suppe grob geschnittenes Gemüse in Fett anrösten und mit Wasser aufgießen. 45 Minuten lang leise kochen lassen, würzen und abseihen. Inzwischen für die Knödel den Grieß in kochende Milch einrühren und würzen. Die Speckwürfel dazugeben und das Ei daruntermischen. Etwas anziehen lassen, dann kleine Knödel formen und in Fett herausbacken.

• Anstelle von Fleischsuppe zum Aufgießen können Sie stets auch diese Gemüsesuppe verwenden. *(Vorarlberg)*

Gemüsesuppe

2 Zwiebeln
2 Knoblauchzehe
2 Bund Suppengrün
2 mittelgroße Rote Rüben
30 dag Erdäpfel
3 EL Butter
5 dag Sauerkraut
2 EL Paradeismark
1½ l Wasser
1 Lorbeerblatt
1 TL Kümmel
1½ TL Salz
Pfeffer
1 Prise Pimentpulver
½ Becher Sauerrahm

1 Suppengrün putzen und mit Wasser kalt zustellen. Kochen lassen. Restliches Gemüse putzen und kleinwürfelig schneiden. Nun Zwiebeln und Knoblauch fein hacken, in Butter anschwitzen, das Gemüse mit Ausnahme der Erdäpfel dazugeben und gut andünsten. Erst jetzt Sauerkraut, Erdäpfel, Paradeismark und Gewürze dazugeben und mit der abgeseihten Gemüsesuppe aufgießen und noch gut 20 Minuten lang bei mittlerer Hitze kochen. Die fertige Suppe mit Sauerrahm garnieren.

• Man kann auch geröstete Brotwürfel dazu reichen.

(Oberösterreich)

Geriebenes Gerstl

1 Ei
Mehl

Das ganze Ei mit soviel Mehl vermengen, daß ein fester Teig entsteht. Durch ein Reibeisen streichen.

• Wird als Suppeneinlage zum Beispiel mit Einbrennsuppe gereicht.

(Burgenland)

Geröstete Farferlsuppe

20 dag Mehl
1 Ei
1–2 EL Wasser
10 dag Fett
1 Zwiebel
1 l Wasser
Salz
Muskat
Schnittlauch

Mehl in eine Rührschüssel geben, das Ei mit Wasser verquirlen und unter fortwährendem raschen Rühren – zum Beispiel mit den Knethaken des Handmixers – in das Mehl laufen lassen, sodaß kleine Teigfetzchen entstehen. Diese Farferln in Salzwasser kochen. Nun die Zwiebel fein hacken und in heißem Fett anschwitzen. Die abgeseihten Farferln dazugeben, leicht anrösten und mit Wasser aufgießen, würzen und verkochen lassen. Mit feingehacktem Schnittlauch bestreut servieren.

(Kärnten)

Gerstsuppe

10 dag geräucherter Speck
10 dag Gerste
20 dag Selchfleisch
1–2 Karotten
1 kleiner Porree
2 kleine Erdäpfel
etwas Sellerie
Salz
Pfeffer
Schnittlauch

Speck würfelig schneiden und anrösten. Gerste dazugeben, mit gut 1 l Wasser auffüllen und aufkochen lassen. Wenn das Wasser kocht, Selchfleisch beifügen und 2 Stunden kochen lassen. Gemüse kleinwürfelig schneiden und 20 Minuten vor Ende der Garzeit dazugeben. Dann die Suppe abschmecken, das Fleisch in kleine Stücke schneiden und wieder in die Suppe geben. Mit gehacktem Schnittlauch bestreut servieren.

• Anstelle des Selchfleischs können Sie auch kleinwürfelig geschnittenes Rindfleisch zur kochenden Gerste geben.

(Tirol)

Suppen, Suppeneinlagen, Eintöpfe

Grießnockerln

**10 dag Butter
2 Eier
Salz
Muskatnuß
20 dag Grieß**

Butter flaumig rühren und mit Salz und Muskatnuß würzen. Nach und nach die Eier dazurühren. Weizengrieß untermischen, gut verrühren und kurz rasten lassen. Dann mit einem Eßlöffel Nockerln formen. Im Salzwasser etwa 25 Minuten ziehen lassen.

• Als Einlage in klare Fleischsuppe oder Gemüsesud. Mit Schnittlauch bestreut servieren. Wenn Sie die Nockerln mit Teelöffeln abstechen, verkürzt sich die Garzeit auf etwa 10 bis 15 Minuten. *(Tirol)*

Grünkernsuppe

**3 dag Butter
9 dag Grünkernschrot
1 l Gemüsesuppe
Salz
Muskat
Schnittlauch**

Grünkernschrot in Butter anrösten, dabei gut durchrühren. Mit Suppe oder Wasser unter ständigem Rühren aufgießen, würzen (eventuell 1 Suppenwürfel dazugeben) und 10 Minuten lang verkochen lassen.

• Sie können die Suppe um geschnittene Karotten oder Lauch erweitern. *(Vorarlberg)*

Gulyássuppe

**1 kg Rindfleisch
(Schulter oder
Wadschinken)
30 dag Zwiebeln
5 dag Schmalz
2 l Wasser
20 dag Erdäpfel
20 dag Karotten
1 kleine Zellerknolle
Salz
2 EL scharfer Paprika
Petersilie
evtl. Sauerrahm**

Die Zwiebeln hacken und in Schmalz goldgelb anrösten, Paprika dazugeben, das Fleisch in etwa 3 cm große Würfel schneiden, kurz mitrösten und dann mit Wasser aufgießen. Nun die Erdäpfel schälen und wie auch die Karotten und den Zeller kleinschneiden. Warten, bis die Suppe mit dem Fleisch wieder kocht, kräftig aufkochen lassen, dann das Gemüse in die Suppe geben. So lange kochen, bis Gemüse und Fleisch weich sind. Eventuell verfeinern mit 1 Eßlöffel Rahm pro Teller.

• Wird mit Schwarzbrot oder Grammelbogatschen gegessen, die Suppe soll ordentlich scharf sein. *(Burgenland)*

Suppen, Suppeneinlagen, Eintöpfe

Gurkensuppe

5 dag Butter
4 dag Mehl
¾ l Rindsuppe
Pfeffer
geriebene Muskatnuß
1 große Gurke
3 dag Butter
2 EL Dille
¼ l Sauerrahm

Das Mehl in der heißen Butter anlaufen lassen und mit der Suppe vergießen, mit Pfeffer und Muskat würzen, aufkochen lassen. Die Gurke schälen (kosten, ob sie nicht bitter ist), entkernen und kleinwürfelig schneiden. Die Gurkenschalen in der Suppe weichkochen, die Gurkenwürfel mit der feingehackten Dille in Butter weichdünsten. Die Suppe passieren oder mit dem Mixer pürieren, den Sauerrahm einrühren und die Gurkenwürfel dazugeben. *(Kärnten)*

Haadani Kneidl

5 Semmeln
10 dag Speck
10 dag Heidenmehl (Buchweizen)
Salz
Salzwasser

Speck und Semmeln würfelig schneiden, den Speck rösten, mit den Semmeln, dem Heidenmehl und dem Salz vermengen. Etwas Wasser erhitzen und über die Knödelmasse geben, sodaß sie anzieht. Nun kleine Knödel formen und in Salzwasser garkochen. Als Suppeneinlage verwenden.

(Burgenland)

Hascheeschöberl

20 dag Braten- oder Wurstreste
2 altbackene Semmeln
Milch zum Einweichen
7 dag Butter
3 Eier
Salz
Pfeffer
Petersilie
Liebstöckel
1–2 EL Mehl

Die Eier trennen. Fleischreste faschieren und mit Salz, Pfeffer, gehackter Petersilie und Liebstöckel abschmecken. Semmeln kleinschneiden und in Milch einweichen, gut ausdrücken. Butter mit Dotter schaumig rühren und die ausgedrückten Semmeln und das Haschee untermischen. Eiklar sehr steif schlagen und abwechselnd mit Mehl unter die Masse heben. Auf ein befettetes Blech geben und bei etwa 180° C goldbraun backen.

• In Dreiecke, Quadrate, Rhomben oder Trapeze geschnitten als Einlage zu klarer Rindsuppe. Genauso bereitet man Leberschöberln, indem man faschierte Leber statt Fleisch verwendet und mit Majoran an Stelle von Liebstöckel würzt.

(Oberösterreich)

Hirneinbund

½ Kalbshirn
2 Semmeln
2 Eier
Petersilie
Salz
5 dag Butter
2 l Rindsuppe

Kalbshirn sieden und häuten, klein schneiden und mit den kleingeschnittenen, in Milch eingeweichten, ausgedrückten Semmeln und Petersilie vermischen. Butter mit Eiern flaumig rühren und die Hirnmasse dazugeben. Salzen. Ein Tuch mit Butter bestreichen, die Masse darauflegen und das Tuch nicht zu fest zubinden. 1½ Stunden in Fleischbrühe kochen lassen. Herausnehmen und den Einbund in fingergroße Streifen schneiden.

- In brauner oder heller Suppe servieren. *(Wien)*

Hirnsuppe *(für 12 Personen)*

30 dag Hirn
15 dag Butter
15 dag Mehl
3 l Fleischsuppe
¼ l Rahm
3 Eidotter
1 Glas Weißwein
½ kleine Zwiebel
1 kleiner Lauch

Zwiebel und Lauch klein schneiden und in etwas Butter im großen Suppentopf leicht anrösten. Das Hirn enthäuten und dazugeben, mit Mehl stauben, mit der Fleischbrühe aufgießen und 30 Minuten lang kochen lassen. Das Ganze durch ein Drahtsieb passieren, nochmals aufkochen, mit Rahm, Eidotter und Butter legieren. Nun erst den Wein beifügen und abschmecken. *(Tirol)*

Holdersuppe

75 dag reife Hollerbeeren
¾ l Wasser
¼ l trockener Rotwein
1 Zimtstange
2–3 Nelken
8–10 dag Zucker
25 g Stärkemehl
1 Semmel
1 EL Butter
1 EL Rahm

Die Holunderbeeren waschen und von den Stielen rebeln. Mit Wasser, Rotwein, Gewürzen und Zucker in einen Topf geben und langsam weichkochen. Stärkemehl in kaltem Wasser anrühren und damit die Suppe binden. Die Semmel in feine Streifen schneiden und in Butter goldgelb rösten. Auf die fertige Suppe geben und diese noch mit etwas Rahm verfeinern. Heiß oder kalt servieren.

- Auf die gleiche Weise können Sie auch Heidelbeersuppe zubereiten. *(Vorarlberg)*

Hollersuppe

3 l kalt gepreßter Hollersaft
3 l Wasser
50–60 dag Zucker (nach Geschmack)
½ Handvoll Salbeiblätter oder braune Minze
2–3 Stengel Sellerielaub (Zellergrün)
Salz

Alle Zutaten 2–3 Minuten lang kochen, die Gewürze herausnehmen und die Hollersuppe kaltstellen. Sie wird zur Jause über Schwarzbrotschnitzen serviert.

• Diese Menge reicht für 12 Portionen, Reste können Sie einfrieren. Wenn Sie den Hollersaft selbst aus gerebelten Holunderbeeren gewinnen, gießen Sie das Wasser auf die ausgepreßten Beeren, lassen Sie es etwa eine Stunde stehen und gießen Sie es dann zum Saft. Variation: Statt Salbei und Sellerie drei Stengel Oregano an die Suppe geben. Oregano (wilder Majoran oder Dost) heißt nicht ohne Grund auch Wohlgemut. *(Kärnten)*

Kaisernockerln

4 dag Butter
2 Eier
2 Semmeln
Milch
Salz
Petersilie
3 dag Semmelbrösel

Butter mit Eiern abtreiben, abgeriebene und in Milch erweichte Semmeln, Salz, feingehackte Petersilie und Semmelbrösel dazugeben. Mit einem Löffel Nockerln formen und in kochendem Salzwasser garen.

• Als Suppeneinlage in brauner Suppe. *(Wien)*

Kaiserschöberlsuppe

3 Eier
1 Prise Salz
6 dag Mehl
Butter und Mehl für das Blech
1½ l Rindsuppe
Salz
Pfeffer
Petersilie

Das Backrohr auf 180–200° C vorheizen. Die Eier trennen, Eiklar mit Salz zu steifem Schnee schlagen. Versprudelte Dotter und gesiebtes Mehl rasch unterheben. Ein kleines Backblech befetten und anstauben. Die Masse fingerdick aufstreichen und in etwa 15 Minuten goldgelb backen. Ausdampfen lassen und in Vierecke schneiden. Inzwischen die Rindsuppe erhitzen, abschmecken, auf Teller verteilen. Die Schöberln einlegen, mit gehackter Petersilie bestreuen und sofort servieren. *(Wien)*

Kalte Gurkensuppe

2 Salatgurken
1 große Zwiebel
1 l Hühnersuppe
Salz
Pfeffer
Thymian
Estragon
Dille
Rahm

Die Gurken schälen und in fingerdicke Scheiben schneiden, in eine Schüssel geben. Die Zwiebel fein reiben und über die Gurken geben. Inzwischen die Hühnersuppe zustellen, die Gewürze und die Gurken hineingeben, zum Kochen bringen und etwa 20 Minuten lang kochen. Auskühlen lassen, passieren. Kaltstellen. Vor dem Anrichten etwas Rahm unterziehen.

• Wenn Sie es mögen, können Sie die Suppe auch mit etwas Bohnenkraut würzen. *(Burgenland)*

Kärntner gelbe Suppe

1 Zwiebel
1 Knoblauchzehe
1 l Fleischsuppe
20 Fäden Safran
5–6 Pimentkörner
5–6 Pfefferkörner
1 Lorbeerblatt
etwas Salbei
2 Zweige Thymian
3–4 EL Sauerrahm
1 Eigelb

Die Zwiebel schälen, quer halbieren und in der trockenen Pfanne oder auf der heißen Herdplatte leicht rösten. Die Knoblauchzehe vierteln und mit den Zwiebelhälften in die leise köchelnde Fleischsuppe geben. Den Safran in einem Mörser zerstoßen und zusammen mit den Gewürzen ebenfalls in die Suppe geben. Diese bei milder Hitze noch etwa 45 Minuten lang köcheln lassen, dann durch ein Haarsieb abseihen. Zum Schluß den Sauerrahm mit Eigelb und etwas Fleischsuppe verquirlen und die Suppe damit legieren.

• Als Einlage eignen sich frische, separat in etwas Salzwasser gegarte Erbsen. *(Kärnten)*

Karpfenmilchsuppe

Milch von 2 Karpfen
1/8 Zellerknolle
1 1/4 l Erbsensuppe
2 dag Butter
3 EL Rahm
Gewürznelken
4 Eidotter
Salz

Zeller halbweich kochen, die Milch von den Karpfen backen und mit dem Sellerie gemeinsam kleinschneiden. Mit Erbsensuppe aufgießen, gut verkochen lassen und passieren. Butter, Rahm und Gewürznelken dazugeben, salzen. Auf jeden Teller ein Eidotter legen und die heiße Suppe darübergießen. Sofort servieren. *(Wien)*

Suppen, Suppeneinlagen, Eintöpfe

Käse-Kräuter-Suppe

1 Zwiebel
1 EL Butter
3 EL Dinkelmehl
1 l Gemüsesuppe
Salz
Pfeffer
10 dag Bergkäse
2 EL Kresse
2 EL Petersilie
2 EL Schnittlauch
6 EL Kerbelkraut
1 EL Dille

Die kleingewürfelte Zwiebel in Butter anrösten. Das Mehl trocken im Topf rösten, bis es duftet. Etwas abkühlen lassen und mit Gemüsesuppe aufgießen, dabei ständig rühren. Aufkochen lassen und abschmecken. Den geriebenen Käse unterrühren und zum Schluß die gehackten Kräuter dazugeben. *(Vorarlberg)*

Käseknödelsuppe

1 l Gemüse- oder Rindsuppe
Für die Knödel:
5 Semmeln
2 EL Öl
1 Zwiebel
2 Eier
¼ l Milch
5 EL Mehl
12 dag geriebener Käse
Salz
Muskat
Pfeffer
Schnittlauch

Würfelig geschnittene Semmeln und kleingehackte Zwiebel in Öl anrösten und danach mit den übrigen Zutaten vermischen. Etwas ziehen lassen und kleine Knödel formen. 25 Minuten lang im Dampf garen lassen. In die Suppe geben und mit Schnittlauch bestreut servieren. *(Vorarlberg)*

Kasfarfelsuppe

2–3 Erdäpfel
25 dag Pinzgauer Käse
3 Eier
20 dag Mehl
Salz
Pfeffer
Petersilie
Salzwasser zum Kochen
etwas Selchspeck
1 Zwiebel
viel Schnittlauch

Die Erdäpfel kochen, schälen und erkaltet reiben, den Käse klein schneiden und beides mischen. Die Eier darüberschlagen, soviel Mehl dazumischen, daß ein fester Teig entsteht, mit Salz, Pfeffer und Petersilie würzen und gut durcharbeiten. Mit einem Suppenlöffel große Nocken formen und in kochendes Salzwasser einlegen, 10–15 Minuten kochen lassen. Selchspeck fein schneiden, anlaufen lassen und die Zwiebel darin rösten. Den Kochsud würzen. Die Farfeln auf Tellern anrichten, mit etwas Kochsud begießen und mit gerösteten Zwiebeln und Speck sowie viel Schnittlauch bestreut servieren.

• Auf die gleiche Weise bereitet man Fleischfarfeln: Statt Käse werden 25 dag Speck und Fleischreste sowie 1 Zwiebel kleingewürfelt mit den restlichen Zutaten zu Farfeln verknetet und mit viel Schnittlauch bestreut serviert. *(Salzburg)*

Kassupp'n

5 dag Butter
1 kleine Zwiebel
10 dag Bergkäse
10 dag Graukäse
¾ l Wasser
¼ l Rahm
2 Erdäpfel
Salz
Pfeffer
Kümmel
Schnittlauch
2 Schwarzbrotscheiben

Zwiebel feinschneiden und in Butter anrösten. Rohe Erdäpfel, Bergkäse und Graukäse kleinwürfelig schneiden und mit Wasser zur Zwiebel geben. 20 Minuten lang leicht köcheln lassen und würzen. Zuletzt Rahm dazugeben und noch einmal aufkochen lassen. Das Schwarzbrot würfeln, rösten und mit etwas kleingeschnittenem Schnittlauch über die Suppe streuen. *(Tirol)*

Klachelsuppe

**Schweinsfüße,
Schwarten oder
ein Stück fettes
Kopffleisch
Wasser
Salz
Essig
Thymian
1 Lorbeerblatt
1 Zwiebel
4 dag Schmalz
12 dag Mehl**

Schweinsfüße und Schwarten oder Kopffleisch mit Salzwasser, den Gewürzen und der in Scheiben geschnittenen Zwiebel zustellen und weichkochen. Aus Schmalz und Mehl eine lichte Einbrenn bereiten und mit der Suppe vergießen, das Fleisch von den Knochen lösen, kleinschneiden und hineingeben.

• Sie können auch das Mehl mit kaltem Wasser versprudeln und in die heiße, geseihte Suppe einkochen, ehe Sie das Fleisch wieder hinzugeben. *(Steiermark)*

Knoblauchsuppe

**10 dag Selchspeck
10 Zehen Knoblauch
10 dag Porree oder
Zwiebeln
1 l Wasser
⅛ l Sauerrahm
1 Dotter
1 TL Mehl
½ Suppenwürfel
Salz
10 dag geröstete
Brotwürfel**

Den Speck würfelig schneiden und anbraten, den zerdrückten Knoblauch darin gelb anrösten. Porree nudelig oder Zwiebel in feine Ringe schneiden und alles ca. 5 Minuten lang dünsten. Mit kaltem Wasser aufgießen und ungefähr 20 Minuten lang kochen lassen. Nun Rahm, Dotter und Mehl gut verrühren, zur Suppe geben und nochmals aufkochen lassen. Abschmecken und mit Brotwürfeln auftragen.

• Im südlichen Burgenland bereitet man die Suppe ohne Speck und Ei zu, läßt die Zwiebel in Butter dünsten, staubt mit Mehl und gibt außer dem Knoblauch noch 15 dag gewürfelte rohe Erdäpfel dazu, ehe man mit Suppe aufgießt und 20 Minuten kochen läßt. Zuletzt wird mit Sauerrahm und viel Schnittlauch verfeinert. *(Kärnten)*

Knoflsuppen

1 kleine Zwiebel
4–5 Knoblauchzehen
Schweineschmalz
1 l Rindsuppe oder
Salzwasser

Salzwasser oder Rindsuppe zum Kochen bringen. Zwiebel fein hacken und darüber die Knoblauchzehen zerdrücken, in etwas Schweineschmalz hellgelb anrösten und sofort mit siedendem Salzwasser oder heißer Rindsuppe aufgießen. Nur kurz aufwallen lassen und über Brot oder gebähten Semmelschnitten anrichten. *(Steiermark)*

Kriesesuppe

75–80 dag reife Kirschen
1 EL Butter
1/2 l Wasser
Zimt
2 Nelken
1 Prise Salz
15 dag Zucker
Saft und Schale von
1/2 Zitrone
1/2 l trockener Rotwein
3 dag Stärkemehl

Die Kriesen (Kirschen) waschen und entsteinen, kurz in zerlassener Butter dünsten und mit Wasser ablöschen. Zimt, Nelken, Salz, Zucker und Zitronenschale sowie Zitronensaft dazugeben. Gut durchrühren und bei mäßiger Hitze kochen lassen. Sobald die Kirschen weich sind, den Rotwein unterrühren und kurz miterhitzen. Stärkemehl in kaltem Wasser anrühren und damit die Suppe binden. *(Vorarlberg)*

Kürbiscremesuppe

1 kleinen,
gelbfleischigen Kürbis
(etwa 40 dag)
1 Zwiebel
2 dag Butter
Paprikapulver
gemahlener Kümmel
2 Lorbeerblätter
3 Knoblauchzehen
Salz
Pfeffer
1 Spritzer Essig oder
Weißwein
3/4 l Rindsuppe
1/8 l Schlagobers
1 EL Butter

Zwiebel kleingehackt in Butter anrösten. Den Kürbis grob schneiden, dazugeben und kurz dünsten lassen. Den Knoblauch über den Zinken einer Gabel zerreiben und mit den restlichen Gewürzen dazugeben. Mit Rindsuppe aufgießen, etwa 1/2 Stunde lang köcheln lassen. Nun die Suppe pürieren, nochmals aufkochen und mit Obers verfeinern. Zuletzt mit eiskalter Butter montieren. *(Oberösterreich)*

Suppen, Suppeneinlagen, Eintöpfe

Kürbissuppe

1 kleiner Kürbis
(ca. 40 dag)
1 TL Salz
4 dag Butter
5 dag feingehackte
Zwiebel
1 TL Paprika
1 Prise Muskatnuß
1 l Rindsuppe
⅛ l Sauerrahm
1 TL Mehl
⅛ l Weißwein
1 EL gehacktes Dillkraut

Den Kürbis schälen und entkernen, in kleine Streifen schneiden, salzen und zugedeckt 1 Stunde stehen lassen. Nun die Zwiebeln hellbraun rösten, den ausgedrückten Kürbis und die Gewürze dazugeben, alles 10 Minuten lang dünsten lassen und mit Suppe aufgießen. Mehl mit Rahm versprudeln und kurz in der Suppe aufkochen. Mit Weißwein und Dille würzen.

(Steiermark)

Leberknödelsuppe

2 Semmeln
etwas Milch
12 dag Leber
1 Zwiebel
Petersilie
3 dag Fett
1 Ei
Majoran
Salz
Pfeffer
etwa 5 dag Brösel
Rindsuppe

Semmeln in Milch einweichen, ausdrücken und gemeinsam mit der Leber faschieren. Feingehackte Zwiebel und Petersilie in Fett anrösten, zur Leber geben und alles mit dem Ei verrühren und würzen. So viel Semmelbrösel dazugeben, daß eine nicht zu weiche Masse entsteht. Mit feuchten Händen Knödel formen und in leise kochender Suppe garen.

• Dieselbe Lebermasse mit weniger Brösel durch die Flotte Lotte in die kochende Suppe gedrückt ergibt Leberreis.

(Oberösterreich)

Lebernockensuppe

5 dag Butter
3 Eidotter
Salz
Majoran
Zitronenschale
30 dag Rinds- oder
Schweinsleber
2 Semmeln
Petersilie
etwas Mehl
etwas Semmelbrösel
1 l Fleischsuppe

Butter mit Dottern schaumig rühren. Mit Salz, Majoran und Zitronenschale würzen. Die Semmeln einweichen und mit der Leber und der Petersilie faschieren, mit der Eimasse vermischen und die Masse mit etwas Mehl und Semmelbrösel festigen. Mit dem Löffel Nocken abstechen und diese 10 Minuten lang langsam in der Fleischsuppe kochen lassen. Mit Petersilie bestreut servieren.

(Tirol)

Suppen, Suppeneinlagen, Eintöpfe

Linseneintopf

30 dag Linsen
1½ l Wasser
1 Bund Suppengrün
1 Lauchstange
3 große Erdäpfel
1 Zwiebel
Salz
Pfeffer
40 dag geräuchertes Bauchfleisch
1 TL Essig
Majoran
Thymian
1 Schuß Rotwein
1 EL gehackte Petersilie

Linsen über Nacht in 1½ l Wasser einweichen. Am nächsten Tag mit dem Einweichwasser aufsetzen. Suppengrün und Zwiebel säubern, fein hacken und zu den Linsen geben, aufkochen. Inzwischen die Erdäpfel schälen, würfeln und in den kochenden Eintopf geben. Das Bauchfleisch im Ganzen dazugeben. Zugedeckt noch 1 Stunde lang kochen. Nach der halben Kochzeit Lauch in Ringe schneiden und zufügen. Zuletzt mit Salz, Pfeffer, Essig und Rotwein abschmecken. Das Fleisch herausnehmen, in Scheiben schneiden und mit den Linsen anrichten. Mit frischgehackter Petersilie bestreut servieren.

• Variante: Anstelle des Bauchfleischs gut gewürzte, luftgetrocknete Wurst kleingeschnitten mitkochen, zu der natürlich auch Senf gehört. Den darf sich am Schluß jedes Kind selbst unter den Eintopf rühren. *(Oberösterreich)*

Linsensuppe

30 dag Linsen
Speckschwarte
1 l Wasser oder Suppe
Salz
10 dag Selchspeck
Kümmel
Majoran
1 Zwiebel
1 Knoblauchzehe
1 EL Schweineschmalz
1 EL Mehl
⅛ l Weißwein

Linsen über Nacht einweichen, am nächsten Tag mit Speckschwarte und Kümmel in frischem Wasser oder Suppe weich kochen. Den Selchspeck würfeln und im Schmalz zerlassen, die kleingehackte Zwiebel und den zerdrückten Knoblauch darin rösten, Mehl, Kümmel und Majoran dazugeben, alles leicht bräunen lassen, dann in die Suppe einrühren und einige Minuten weiterkochen lassen. Mit Weißwein abschmecken. *(Steiermark)*

Lungenstrudelsuppe

Für den Strudelteig:
15 dag Mehl
1 Prise Salz
1 EL Öl
etwa 1/16 l lauwarmes Wasser (nach Bedarf)

Für die Fülle:
25 dag Schweins- oder Kalbslunge
1/2 l Wasser
Salz
3 dag Schweineschmalz
1 Zwiebel
2 EL Petersilie
Salz
Pfeffer
1 EL Majoran
etwas Thymian
1 Ei
2 EL Semmelbrösel

Für die Suppe:
1½ l Rindsuppe
Salz
Pfeffer
Petersiie

Zunächst die Lunge in gesalzenem Wasser etwa 40 Minuten lang kochen, auskühlen lassen und faschieren. Die Zwiebel feinschneiden, mit feingewiegter Petersilie in heißem Fett anrösten, die faschierte Lunge beigeben und mitrösten. Würzen, Brösel und Ei darunterrühren, abschmecken und alles gut verrühren. Masse erkalten lassen. Inzwischen den Strudelteig ausziehen. Mit der Fülle zwei Drittel der Teigfläche bestreichen und den Strudelteig zusammenrollen. Mit dem Löffelstiel 5 cm lange Stücke abtrennen, die Ränder gut festdrücken, in kochendes Salzwasser legen und etwa 12–15 Minuten lang offen langsam garziehen lassen. Sofort in guter Rindsuppe auftragen.

● Damit die Stücke beim Kochen nicht platzen, muß die Rolle möglichst schlank sein. Man kann den Strudel auch ganz lassen und mit Ei bestrichen im Rohr backen. Natürlich kann man auch etwas Herz dazugeben und dem Beuschel beim Garen Suppengrün beigeben. Dieses wird jedoch nicht für die Fülle verwendet. Um die Variationen abzuschließen: In Wien wird das Beuschel nicht faschiert, sondern ganz feinnudelig geschnitten.

(Oberösterreich)

Markknödel

5 dag Rindermark
2 Eier
2 Semmeln
Semmelbrösel
Salz
Muskatnuß
Petersilie
1 l Rindsuppe

Semmeln kleinschneiden, in Milch einweichen und gut ausdrücken. Mark fein zusammenhacken und flaumig abtreiben. Nach und nach die Eier, Semmeln und soviel Semmelbrösel dazugeben, daß der Teig die gehörige Feste bekommt. Mit Salz, Muskatnuß und Petersilie würzen. Den Teig zu nußgroßen Knödeln formen und in der kochenden Rindsuppe garen.

(Wien)

Milchfarfalansuppe

1 l Milch
1 Ei
1 EL Mehl
1 Prise Salz

Ei, Mehl, 1 EL Milch und Salz zu einem glatten Teig versprudeln. Die Milch aufkochen. Den Teig durch ein Reibeisen in die kochende Milch drücken, dabei nicht umrühren.

• In Oberösterreich ißt man die Milchfarfeln mit Zucker und Butterflocken bestreut und dazu ein Butterbrot. Der Teig kann auch ohne Ei bereitet werden, dann nimmt man 3–4 EL Wasser auf 20 dag Mehl. *(Kärnten)*

Milchsuppe mit Riebele

1 l Milch
Salz
Muskat
1 Ei
10 dag Mehl

Die Milch aufkochen und würzen. Das Ei versprudeln und mit Mehl verbröseln, sodaß Riebele entstehen. Kurz in der Milch aufkochen lassen und mit einem Stück Schwarzbrot servieren. *(Vorarlberg)*

Milchsuppe

1¼ l Milch
Zimt
Zucker
3 Eidotter
7 dag Mandeln
2 Semmeln

Milch mit Zimt und etwas Zucker aufkochen. Eidotter hineinsprudeln. Geriebene Mandeln in der Milch aufkochen lassen, die Semmeln in Scheiben schneiden, rösten und die Suppe darüber anrichten. *(Wien)*

Milzschnittensuppe

1 Kalbsmilz
2 Eier
Knoblauch
Pfeffer
Salz
Petersilie
Thymian
5 dag Butter
Weißbrotscheiben
Schmalz oder Öl zum Ausbacken

Die Milz klopfen, in der Mitte quer durchschneiden und ausstreifen, fein wiegen. Die Eier teilen, die Dotter mit der Butter und den Kräutern schaumig rühren, die Milz dazugeben, die Eiklar zu steifem Schnee schlagen und vorsichtig darunterziehen. Diese Masse auf die Weißbrotscheiben streichen und in Schmalz oder Öl goldgelb ausbacken.

• Als Suppeneinlage in Rindsuppe, mit Schnittlauch garnieren. *(Tirol)*

Mostsuppe mit Gemüse

12 dag Porree
12 dag Karotten
4 Zwiebeln
20 dag Erdäpfel
5 dag Speck
½ l Most
¼ l Rindsuppe
½ TL Salz
½ TL Zucker
⅛ l Schlagobers
4 dag Butter

Speck, Zwiebeln, Erdäpfel und Wurzelwerk feinwürfelig schneiden und kurz anrösten. Mit Mehl stauben, mit Most und Suppe aufgießen und garkochen. Im Mixer oder mit dem Zauberstab pürieren, mit Obers und Butter verfeinern, nicht mehr kochen. *(Oberösterreich)*

Mostsuppe

1½ l Most
4 dag Butter
4 dag Mehl
¼ l Schlagobers
2 Eidotter
1 Prise Salz
2 Semmeln

Süßen Most erhitzen. Inzwischen aus Butter und Mehl eine lichte Einbrenn bereiten, mit dem siedenden Most aufgießen, verrühren und langsam weiterkochen lassen. Zuletzt vom Feuer nehmen, Obers mit Eidottern versprudeln, die Suppe damit binden und nicht mehr kochen lassen. Die Semmeln in Scheiben schneiden, rösten, die Suppe darübergießen und heiß servieren. *(Steiermark)*

Passierte Karottensuppe

25 dag Karotten
1 l Gemüsesuppe
Salz
Schnittlauch
Petersilie
⅛ l Obers

Karotten bürsten, kleinschneiden, in Wasser kochen und dann mit dem Stabmixer oder durch die flotte Lotte passieren. Würzen und mit geschlagenem Obers verfeinern.
• Eine besonders leichte gebundene Suppe ohne Mehl.
(Vorarlberg)

Suppen, Suppeneinlagen, Eintöpfe

Pikante Paradeissuppe

4–5 Paradeiser
½ l Gemüsesuppe
½ l Milch
1 EL Mehl
Salz
Zucker
Pfeffer
Schnittlauch
4 EL Schlagobers

Die Paradeiser in Wasser weichkochen und passieren. Mit Mehl stauben, mit Milch aufgießen, gut verkochen lassen, würzen und jede Portion mit etwas geschlagenem Obers servieren.

• Eine herrliche Suppe für Eilige, die sich mit geschälten Paradeisern aus der Dose und einem Suppenwürfel behelfen können. *(Vorarlberg)*

Polentanocken

½ l Polentamehl
1½ l Wasser
etwas Butter

Salzwasser zum Kochen bringen und Polentamehl langsam einrieseln lassen. Butter dazugeben und ständig rühren, bis das Wasser eingekocht ist. Etwa 45 Minuten lang zugedeckt bei schwacher Hitze dämpfen und danach mit einem Löffel Nocken ausstechen.

• Als Suppeneinlage in klare Rindssuppe. *(Kärnten)*

Preßknödelsuppe

30 dag Weißbrot
⅛ l Milch
2 Eier
10 dag Graukäse oder Ziegerkäse
gehackte Petersilie
Salz
Kümmel
6 dag Mehl

Das Brot und den Käse kleinwürfelig schneiden und mit Milch, Eiern, Salz, Petersilie, Mehl und wenig Kümmel gut vermengen. 10 Minuten rasten lassen. Aus der Masse plattgedrückte Knödel formen, in Butter auf beiden Seiten in einer passenden Pfanne goldgelb anbraten und dann 10 Minuten lang in Salzwasser garen.

• Als Einlage in gute Fleischsuppe oder mit Bauernkrautsalat als Beilage servieren. *(Tirol)*

Rahmsuppe mit Erdäpfeln

1 l kaltes Wasser
½ kg Erdäpfel
1 TL Salz
½ TL Kümmel
¼ l Sauerrahm
1–2 TL Mehl

Die Erdäpfel waschen, schälen und kleinwürfelig schneiden. Wasser mit Salz, Kümmel und den Erdäpfelwürfeln zustellen und die Erdäpfel weichkochen lassen. Sauerrahm mit Mehl gut versprudeln und langsam in die Suppe einkochen.

(Steiermark)

Rahmsuppe

¾ l Wasser
Kümmel
1 TL Salz
1 Spritzer Essig
2 EL Mehl
1/16 l Milch
¼ l Sauerrahm

Wasser mit Salz, Essig und Kümmel aufkochen lassen. Rahm mit Mehl und Milch versprudeln und in die Suppe einlaufen lassen. Kurz verkochen lassen und abschmecken.

• Mit gerösteten Schwarzbrotwürfeln, geröstetem Weißbrot oder gekochten Erdäpfeln servieren. *(Oberösterreich)*

Rindermarksuppe

10 dag Rindermark
2 EL gehackte Petersilie
2 hartgekochte Eier
1 l Rindsuppe
1 Prise Pfeffer
1 Prise Muskatnuß
2 altbackene Semmeln

Semmeln in dünne Scheiben schneiden und in eine Suppenschüssel geben. Feingehacktes Rindermark, kleinwürfelig geschnittene hartgekochte Eier und gehackte Petersilie darüberstreuen, mit kochender, gut gewürzter Rindsuppe aufgießen und servieren.

• Wichtig ist, daß die Suppe wirklich kochend heiß ist, wenn man sie über das Mark gibt, damit dieses gar wird.

(Salzburg)

Rindsuppe

1½ l Wasser
Salz
2–3 dag Rindsleber
1 Bund Suppengrün
20 dag zerhackte Rinds- und Markknochen
80 dag Suppenfleisch

Wurzelwerk putzen, kleinschneiden und in einen großen Topf geben. Mit kaltem Wasser auffüllen und aufkochen lassen. Salzen. Klein zerhackte Rindsknochen oder dünn geschnittene Markknochen und die feinwürfelig geschnittene Leber dazugeben. Wieder aufkochen lassen, dann erst das kalt abgespülte Suppenfleisch dazugeben. Mit einem Schaumlöffel den sich bildenden Schaum vorsichtig abheben, dann die Hitze drosseln und die Suppe noch 2 Stunden lang leise ziehen lassen. Fleisch und Knochen herausnehmen und die Suppe durchseihen (wichtig wegen der Knochensplitter). Das Fleisch separat verwenden. *(Wien)*

Suppen, Suppeneinlagen, Eintöpfe

Ritschertsuppe

20 dag Bohnen oder Erbsen
20 dag Rollgerste
1 l Wasser
1 kleine geselchte Stelze oder Selchripperln
Gundelrebe
Lustock (Liebstöckel)
Salbeiblatt
10 dag Selleriewurzel
Salz

Die Rollgerste und die Erbsen oder Bohnen über Nacht einweichen und mit dem Geselchten und den Gewürzen halbgar kochen. Würfelig geschnittene Selleriewurzel dazugeben, garkochen. Erst vor dem Anrichten salzen. *(Kärnten)*

Rotweinsuppe

¾ l Rotwein
¼ l Wasser
2 dag Mehl
2 dag Fett
Zucker
Nelken

Aus Mehl und Fett eine Einbrenn zubereiten, den Wein mit dem Wasser mischen und damit die Einbrenn aufgießen. Nach Geschmack Zucker und Gewürznelken hinzufügen, kurz mitkochen lassen, dann wieder aus der Suppe entfernen.

• Zum Abendessen mit im Rohr gebratenen oder in der Schale gekochten Erdäpfeln, dazu Butterbrot mit Grammeln. *(Burgenland)*

Salzburger Biersuppe

2 EL Butter
1 l helles oder dunkles Bier
Salz
Pfeffer
1 Prise Zucker
Muskatnuß
1 Prise Safran
1 Eidotter
3 EL Schlagobers
Weißbrotwürfel

Die Butter in einem größeren Topf schmelzen, das Bier dazugeben, würzen und erhitzen. Sobald es heiß ist, vom Feuer nehmen, Eidotter mit Obers versprudeln und die Suppe damit binden. Über gerösteten Weißbrotwürfeln auf die Teller geben und sofort servieren. *(Salzburg)*

Suppen, Suppeneinlagen, Eintöpfe

Sauerampfersupp'n

1½ l Gemüsesud
1 Zwiebel
1 Bund Suppengrün
1 TL Salz
3 mittelgroße Erdäpfel
2–3 Handvoll Sauerampferblätter
¼ l Schlagobers
Pfeffer

Gemüsesud mit der halbierten Zwiebel, Suppengrün und Salz langsam aufkochen. Danach abseihen. Die Erdäpfel kochen und feingepreßt in die Suppe geben, eventuell mit dem Stabmixer passieren. Feinnudelig geschnittene Sauerampferblätter beifügen, aufkochen und Obers hinzugeben. Mit Salz und Pfeffer nach Geschmack würzen.

• Falls Sie keinen fertigen Gemüsesud haben, kochen Sie einfach Wurzelgemüse oder einwandfreie Reste von Schalen, Blättern, Pilzuputz usw. mit auf. *(Steiermark)*

Sauerkraut-Bohnen-Eintopf

20 dag weiße Bohnen
1 Lorbeerblatt
2–3 Zweige Thymian
10 dag Speck
1–2 Zwiebeln
1 EL Öl
½ EL Paprika
40 dag Sauerkraut
1 EL Paradeismark
Salz
eventuell etwas Zucker
50 dag kräftig gewürzte Wurst (Bergsteiger, Braunschweiger)
⅛ l Schlagobers

Die Bohnen über Nacht einweichen und am nächsten Tag mit Lorbeerblatt und Thymian weichkochen. Die Zwiebeln fein würfeln und im heißen Öl anrösten, den Speck feinwürfelig schneiden und kurz mitrösten, Paprika dazugeben und kurz anlaufen lassen. Nun Sauerkraut, Tomatenmark und eventuell ein wenig Wasser beifügen, das Kraut weichdünsten. Mit der kleinwürfelig gesschnittenen Wurst und den Bohnen vermengen, mit dem Obers verfeinern und den Eintopf nochmal 15 Minuten lang dünsten lassen. Mit Salz und eventuell etwas Zucker abschmecken. *(Kärnten)*

Saure Milchsuppe

½ l Wasser
5 dag Butter
1 Spritzer Essig
Salz
Kümmel
½ l Milch
5 dag Mehl

Wasser, Butter, Essig, Salz und Kümmel aufkochen und unter ständigem Rühren die mit dem Mehl verrührte Milch einlaufen lassen. Gut verkochen lassen (etwa 30 Minuten Kochzeit).

• Über Schwarzbrotscheiben anrichten oder zu Brennsterz reichen. *(Steiermark)*

Schilcher Weinsupp'n

½ l Rindsuppe
⅛ l Schilcher
3 dag Butter
3 dag Mehl
2 Knoblauchzehen
⅛ l Schlagobers
2 Eidotter
Salz
weißer Pfeffer
Muskatnuß

In einem Topf aus Butter und Mehl eine lichte Einbrenn bereiten. Mit der heißen, entfetteten Rindsuppe aufgießen, die Knoblauchzehen im Ganzen hineingeben und die Suppe 20 Minuten lang ziehen lassen. Nun Dotter mit Obers und Wein versprudeln und die Suppe damit binden, aber nun nicht mehr kochen lassen. Die Knoblauchzehen herausfischen und servieren.

• Dazu können Sie frischgeröstete Weißbrotwürfel reichen oder jede Portion mit einer Schlagobershaube krönen.

(Steiermark)

Schöberlsuppe

1 Zwiebel
50 dag Rinderknochen
2 Bund Suppengrün
1½ l Wasser
Salz
50 dag Brustkern vom Rind
weißer Pfeffer aus der Mühle
geriebene Muskatnuß
Für die Schöberl:
7 dag Selchfleisch (Räucherfleisch)
3 Eier
6 dag Mehl
2 TL gehackte Petersilie
Butter zum Einfetten
Mehl zum Bestäuben

Die gehäutete Zwiebel halbieren und die Schnittflächen auf der heißen Herdplatte braun rösten. Mit den abgespülten Rinderknochen und dem geputzten, grob zerschnittenen Suppengrün in einem Topf mit dem kalten Wasser aufsetzen. Das Wasser zum Kochen bringen, salzen und das Fleisch einlegen. Einmal aufkochen, dann 2½ Stunden lang köcheln lassen. Die fertige Suppe durchseihen, mit Salz, Pfeffer und Muskatnuß würzen.

Inzwischen für die Schöberln das Selchfleisch in ganz kleine Würfel schneiden. Die Eier trennen, Eiweiß mit etwas Salz zu sehr steifem Schnee schlagen, einzeln die Eigelbe, dann das darüber gesiebte Mehl und zum Schluß das Selchfleisch und die Petersilie unterheben und mit Muskatnuß abschmecken. Ein Backblech mit Butter einfetten, dünn mit Mehl bestäuben und den Teig fingerdick darauf streichen. In dem auf 200°C (Gasstufe 3) vorgeheizten Backrohr etwa 10 Minuten backen. Dann in kleine Rhomben schneiden. In der klaren Rindsuppe servieren.

• Anstelle von Mehl kann man für die Schöberln auch 2 kleingeschnittene Semmeln verwenden, die in Milch eingeweicht und danach gut ausgedrückt wurden.

(Tirol)

Suppen, Suppeneinlagen, Eintöpfe

Schokoladesuppe

25 dag Schokolade
1⅓ l Milch
1 Ei
Zucker und Zimt

Schokolade reiben und mit Milch aufkochen lassen. Eidotter daruntersprudeln. Eiklar zu Schnee schlagen und löffelweise darauflegen, mit Zucker und Zimt bestreuen und mit einer heißen Bratschaufel schön gelb brennen.

• Variante: Statt mit Eischnee kann die Schokoladensuppe auch mit gerösteten Semmelschnitten als Einlage abgerundet werden. *(Wien)*

Schottsuppe

1½ l Wasser
½ TL gemahlener Kümmel
1 TL Salz
Pfeffer
½ kg Schotten (Topfen aus Buttermilch)
2 Eidotter
⅛ l Sauerrahm
einige Brotscheiben
Schnittlauch

Das Wasser mit Kümmel, Salz und Pfeffer aufkochen. Nach und nach unter ständigem Rühren mit der Schneerute den Schotten hineingeben. Sobald der Schotten verkocht ist, den Topf vom Feuer nehmen. Eidotter mit Sauerrahm verschlagen und die Suppe damit binden, die jetzt nicht mehr kochen darf. Die Brotscheiben in sehr feine Würfel schneiden, auf Suppenteller verteilen, die Schottsuppe darübergeben und mit frisch gehacktem Schnittlauch bestreut servieren.

• Gemeinsam mit gekochten Erdäpfeln ein warmes Abendessen. *(Salzburg)*

Schwammerlsuppe mit Rahm

50 dag Eierschwammerln
10 dag Butter
1 Zwiebel
Petersilie
5 dag Mehl
½ l Milch
¼ l Wasser
3 Erdäpfel
⅛ l Sauerrahm

Schwammerln putzen, fein schneiden und in der Hälfte der Butter mit der feingehackten Zwiebel und 2 Eßlöffeln feingeschnittener Petersilie weichdünsten. Aus der zweiten Hälfte der Butter und Mehl eine goldgelbe Einmach zubereiten, mit Milch und Wasser aufgießen, salzen und pfeffern. Die Erdäpfel schälen, würfelig schneiden und in der Suppe weichkochen. Zum Schluß mit den Schwammerln mischen und mit Rahm legieren.

• Statt der Eierschwammerln eignen sich auch Champignons oder Herrenpilze für diese Suppe. Wer mag, darf auch Kümmel dazugeben. *(Oberösterreich)*

Foto: GUSTO / Eisenhut & Mayer

Brennesselschaumsuppe

(SALZBURG)

(siehe Rezept Seite 17)

Foto: GUSTO / Stefan Liewehr

Farfelsuppe
(SALZBURG)

(siehe Rezept Seite 22)

Gulaschsuppe

(BURGENLAND)

(siehe Rezept Seite 29)

Geeiste Gurkensuppe

(KÄRNTEN)

(siehe Rezept Seite 30)

Holundersuppe

(Kärnten)

(siehe Rezept Seite 32)

Klachelsuppe

(KÄRNTEN)

(siehe Rezept Seite 36)

Foto: GUSTO / Stefan Liewehr

Geeiste Kürbiscremesuppe

(OBERÖSTERREICH)

(siehe Rezept Seite 37)

Foto: GUSTO / Stefan Liewehr

Rahmsuppe
(OBERÖSTERREICH

(siehe Rezept Seite 44)

Schwammerlsuppe

2 EL Butter
1 kleine Zwiebel
30 dag Pilze
(Champignons, Eier-
schwammerln o. a.)
10 dag Mehl
1 l Fleischsuppe
⅛ l Obers
2 dag kalte Butter
Petersilie
Brotwürfel

Zwiebel kleinwürfelig schneiden und in Butter anschwitzen, die kleingeschnittenen Pilze dazugeben, etwas rösten lassen, mit Mehl bestäuben und mit der Fleischsuppe aufgießen. 20 Minuten lang kochen und abschmecken. Zum Schluß mit Obers und Butter verfeinern. Dazu: geröstete Brotwürfel.

• Sie können auch Gemüsesuppe zum Aufgießen verwenden und am Schluß zusätzlich zwei Dotter unterrühren.

(Tirol/Salzburg)

Semmelpflanzel

7 dag Butter
3 Eier
Petersilie
4 Semmeln
Salz

Kleingeschnittene Semmeln in etwas Milch einweichen, dann gut ausdrücken. Butter und Eier gut verrühren. Feingehackte Petersilie und Semmeln dazugeben, salzen. Nußgroße Kugerln in kochende Fleischsuppe einlegen.

• Man kann die Pflanzeln auch in Schmalz backen und in Eingemachtes geben.

(Wien)

Semmelreis

1 altbackene Semmel
1 Ei
Salz
Pfeffer
Petersilie
1 EL zerlassene Butter
eventuell Brösel

Semmel in Milch oder Wasser einweichen, ausdrücken und passieren. Butter, Ei und Gewürze dazugeben. Das Ganze glatt rühren und mit Mehl binden, eventuell Brösel dazugeben, sodaß eine mittelfeste Masse entsteht. 15 Minuten lang anziehen lassen. Durch ein verkehrt gehaltenes Reibeisen direkt in die Suppe passieren.

(Niederösterreich)

Serbische Bohnensuppe

20 dag geselchtes Bauchfleisch
2 Zwiebeln
1 EL Paprika
1 EL Paradeismark
30 dag eingeweichte und vorgekochte weiße Bohnen
1 Lorbeerblatt
Knoblauch
Salz
Essig
3 dag Mehl
3 dag Fett

Fleisch würfelig schneiden und mit den feingehackten Zwiebeln kurz anrösten. Paprika dazugeben und unter Rühren mit Wasser ablöschen. Paradeismark, Gewürze und Bohnen dazugeben und weichdünsten. Aus Fett und Mehl lichte Einbrenn machen, die Suppe damit binden, noch einmal aufkochen und eventuell mit Wasser oder klarer Suppe strecken.

• Dazu: Semmel oder Schwarzbrot und Bier. Wer die Suppe schärfer würzen möchte, kann scharfe Pfefferoni dazugeben. *(Niederösterreich)*

Spargelsuppe

50 dag Spargel
1 l Wasser
8 dag Butter
4 dag Mehl
⅛ l Schlagobers
Salz
Zucker

Spargel schälen, in 2 cm lange Stücke schneiden und in Salzwasser mit einer Prise Zucker weichkochen. Aus 4 dag Butter und dem Mehl eine helle Einbrenn bereiten, mit dem Spargelsud aufgießen und 15 Minuten lang verkochen lassen. Die fertige Suppe nur mit Salz abschmecken und mit der restlichen Butter und dem Schlagobers verfeinern.

• Hierfür können Sie den meist billigeren Spargelbruch verwenden. Wenn Sie die Spargelschalen mitkochen, bekommt die Suppe einen intensiveren Geschmack. *(Wien)*

Spinatsuppe

1 l Rindsuppe
3 EL passierter Spinat
Backerbsen

Passierten Spinat in die fertige Rindsuppe einsprudeln. Eventuell mit wenig geriebener Muskatnuß würzen und mit Backerbsen servieren. *(Niederösterreich)*

Suppen, Suppeneinlagen, Eintöpfe

Steirische Grammelsuppe

3/4 l Wasser
1 TL Salz
2 EL Essig
4 Knoblauchzehen
3 dag Mehl
1/4 l Wasser
3 EL Grammelfett

Die Knoblauchzehen mit Salz und Essig in 3/4 l Wasser aufkochen. Inzwischen 1/4 l Wasser mit dem Mehl zu einem Teigerl versprudeln. Das Teigerl langsam in die kochende Suppe einrühren. Das Grammelfett kräftig erhitzen und vor dem Anrichten über die Suppe geben, daß es zischt.

(Steiermark)

Suppe mit Hafernockerln

1 l Fleisch- oder Gemüsesuppe
Für die Nockerln:
4 dag Butter
1 Tasse Suppe
1/2 Tasse geschroteter Hafer
1 Ei
3 EL Hafermehl
Muskat
Kräuter
Salz

Das Haferschrot in die Tasse kochende Suppe einrühren und 15 Minuten lang ziehen lassen. Dann Butter flaumig rühren und den fertigen Haferschrot dazugeben. Ei, Mehl und Gewürze darunterheben. Mit einem Löffel Nockerln abstechen und in der Suppe 10 Minuten lang ziehen lassen. Mit Schnittlauchröllchen bestreut servieren.

• Auf die gleiche Weise bereitet man Grünkernnockerln zu, zum Würzen allerdings statt Muskat Petersilie verwenden und eventuell die Masse mit 1–2 EL Bröseln festigen.

(Vorarlberg)

Suppe mit Käsenockerln

1–1 1/2 l Gemüse- oder Fleischsuppe
Für den Brandteig:
1/4 l Wasser
6 dag Butter
8 dag Dinkelmehl
5 dag Weißmehl
5 dag Emmentaler
4 Eier
Salz

Wasser und Butter aufkochen. Mehl und fein geriebenen Käse einrühren. Salzen, etwas abkühlen lassen. Dann die versprudelten Eier darunterrühren und zu einem glatten Teig verarbeiten. Etwas anziehen lassen, dann mit 2 Teelöffeln kleine Nockerln abstechen und im Backrohr garen. In der Suppe servieren.

(Vorarlberg)

Terlaner Weinsuppe

½ l Fleischsuppe
2–3 Eidotter
¼ l Rahm
¼ l Weißwein
1 Semmel
etwas Öl
Zimt

Die entfettete Fleischsuppe erhitzen und Dotter, Rahm und Weißwein hinzufügen – die Suppe darf nicht mehr kochen – und mit einem Schneebesen cremig schlagen. Die Semmel würfeln und in etwas Öl anrösten, die Suppe hiermit und mit Zimt bestreut servieren.

(Tirol)

Tiroler Speckknödelsuppe

50 dag Knödelbrot
20 dag Bauernspeck
etwas geschmolzene Butter
¼ l Milch
4 Eier
2 EL Mehl
Salz
Muskat
Petersilie

Den kleinwürfelig geschnittenen Speck mit dem Knödelbrot vermengen. Milch mit den Eiern versprudeln, Salz, Muskat und Petersilie und geschmolzene Butter dazugeben. Diese Flüssigkeit über das Brot gießen, gut vermischen und 10 Minuten ziehen lassen. Dann mit etwas Mehl binden. Knödel formen und 10–15 Minuten lang in Salzwasser schwach kochen.

• Als Einlage in guter Fleischsuppe, mit Schnittlauch bestreut servieren.

(Tirol)

Türkensuppe

4 dag Butter
5–6 dag Maismehl
1¼ l kaltes Wasser
Salz
Pfeffer
etwas gemahlener Kümmel
2–3 EL Wein zum Verfeinern

in einem größeren Topf zunächst die Butter leicht erhitzen, dann das Mehl dazugeben und hellbraun anrösten. Etwas abkühlen lassen. Unter beständigem Rühren Wasser dazugeben. Zum Kochen bringen, würzen und 30 Minuten lang bei niedriger Stufe weiterkochen lassen. Dabei gelegentlich gut umrühren. Mit Wein verfeinern.

• Sie können statt Wein auch Rahm zum Verfeinern nehmen. Auf die gleiche Weise wird die Montafoner Brennsuppe zubereitet, wenn auch mit Weizenmehl. Dazu werden manchmal gekochte, geschälte Erdäpfel gereicht.

(Vorarlberg)

Ungarische Krautsuppe

½ kg Sauerkraut
8 dag Speck
1 große Zwiebel
1 TL Paprika
1 l Rindsuppe
¼ l Sauerrahm
Salz

Die Zwiebel fein hacken, den kleinwürfelig geschnittenen Speck in einer Kasserolle erhitzen und die Zwiebeln darin anrösten. Paprika dazugeben, das mehrere Male zerschnittene Kraut hinein und weichdünsten. Mit der Rindsuppe aufgießen, den Sauerrahm hinzugeben, salzen.

• Als Einlage: Würstel, Schinkenstücke oder Selchfleisch, am besten bereits mitkochen lassen.   *(Burgenland)*

Unterkärntner Kürbissuppe

1 kg Kürbis
1 ¼ l Wasser
eventuell 1 EL Mehl
1 EL feingehackte Dille
Salz
½ TL gemahlenen Kümmel
2 EL Kürbiskernöl
⅛ l steif geschlagenes Schlagobers
1 EL grob gehackte gesalzene Kürbiskerne

Den Kürbis grobblättrig schneiden, mit Wasser und Gewürzen weichkochen. Nun die Suppe pürieren, eventuell das Mehl mit etwas kaltem Wasser anrühren und damit die Suppe binden, kurz verkochen lassen. Das Kürbiskernöl dazugeben und nochmals aufkochen lassen. Die Suppe würzen, abschmecken und auf die Teller geben, zuletzt einen Eßlöffel Schlagobers daraufsetzen, mit Kürbiskernen bestreut servieren.   *(Kärnten)*

Verlorenes Henderl

2 altbackene Semmeln
3 Eier
1 EL Milch oder Obers
Fett zum Ausbacken

Milch oder Obers mit Eiern versprudeln. Semmeln würfelig schneiden und Eiermilch darübergießen. Mit einer Gabel Semmelstücke immer wieder vom Boden heben, damit die obenschwimmenden Stücke sich auch vollsaugen. Das Ganze so lange stehen lassen, bis alle Flüssigkeit aufgesaugt ist. In einer Pfanne ähnlich wie einen Schmarrn goldbraun herausbacken. Mit klarer Suppe übergießen und servieren.

(Niederösterreich)

Suppen, Suppeneinlagen, Eintöpfe

Vintschger Brotsuppe

1 kleine Zwiebel
etwas Öl
1 Vintschgerl oder
18 dag Roggenbrot
2 Eier
Salz
Pfeffer
Petersilie
1 l Fleischsuppe oder Wasser

Zwiebel und Brot würfelig schneiden und im Topf mit dem Öl anrösten. Mit der heißen Suppe aufgießen und würzen. Einige Minuten lang kochen lassen. Die Eier in der Suppe gut versprudeln. Mit Petersilie bestreut servieren. *(Tirol)*

Waldviertler Linsensuppe

20 dag Linsen
Salz
1 Lorbeerblatt
Thymian
Pfeffer
1 Zitronenscheibe
6 dag Rollgerste
4 dag Fett
1 Zwiebel
6 dag Selchspeck
15 dag Leber
25 dag Karotten
1 EL Mehl
2 EL Paradeismark
1 EL Senf
4 EL Buttermilch
1 Spritzer Essig
viel Schnittlauch

Linsen am Vortag einweichen. Am nächsten Tag mit frischem Wasser zustellen, Salz, Lorbeerblatt, Thymian, Pfeffer, Zitrone und Rollgerste dazugeben und einige Zeit kochen lassen. In heißem Fett den würfelig geschnittenen Speck und kleingeschnittene Leber und Karotten mit der Zwiebel goldgelb anrösten und zu den Linsen geben. Unter öfterem Umrühren so lange kochen, bis die Linsen fast zerfallen. Nun Mehl, Buttermilch, Senf und Paradeismark gut verrühren und damit die Suppe binden. Mit Essig abschmecken, alles noch einmal gut aufkochen und mit Schnittlauch bestreut servieren. *(Niederösterreich)*

Waldviertler Topf

40 dag grünes Schweinsbrüstl mit Schwarte
Salz
Pfeffer
Kümmel
1 Knoblauchzehe
1 große Zwiebel
6 dag Speck
½ kg Sauerkraut

Das Schweinsbrüstel samt Schwarte in Würfel schneiden. Mit Salz, Pfeffer, Kümmel, zerdrücktem Knoblauch und feingehackter Zwiebel vermischen und ziehen lassen. Speck kleinwürfelig schneiden, anlaufen lassen und das Fleisch dazugeben. Scharf anrösten, dann das grobgeschnittene Sauerkraut darunter rühren, mit Wasser aufgießen und 10 Minuten lang kochen lassen. Inzwischen 8 Waldviertler Erdäpfelknödel zubereiten und in das kochende Krautfleisch betten, eventuell etwas Wasser nachgießen, alles noch 15 Minuten lang langsam garen. *(Niederösterreich)*

Walser Käsesuppe

6 dag Butter
6 dag Mehl
1 l kräftige Fleischsuppe
20 dag milder Bergkäse
2 Eidotter
⅛ l Rahm
Salz
Pfeffer
etwas geriebener Muskat
2 EL gehackter Schnittlauch
Für die Brotwürfel:
2 Scheiben würfelig geschnittenes Brot
2 EL Butter oder Butterschmalz

In einem größeren Topf aus Butter und Mehl eine hellbraune Einbrenn bereiten. Mit Fleischsuppe löschen und langsam, unter ständigem Rühren, aufgießen. Aufkochen und etwa 10 Minuten lang weiterkochen lassen. Dabei immer wieder einmal umrühren. Den Bergkäse grob reiben, zur Suppe geben und so lange weiter köcheln lassen, bis sich der Käse aufgelöst hat. Die Suppe vom Feuer nehmen. Eidotter mit Rahm verquirlen, kräftig würzen und einrühren. Etwas durchziehen, aber nicht mehr kochen lassen. Inzwischen die Brotscheiben würfeln und unter beständigem Wenden in heißer Butter rösten. Die Käsesuppe portionieren und die Brotwürfel daraufgeben. Mit gehacktem Schnittlauch bestreuen.

• Sie können diese Suppe auch mit Rahm-Schmelzkäse bereiten. *(Vorarlberg)*

Weiße Fischsuppe

1 Karpfenbeuschel
1 l Wasser
1 Zellerknolle
2 Petersilienwurzeln
½ Zwiebel
5 dag Butter
5 dag Mehl
Muskatblüte
Ingwer

Vom Karpfenbeuschel die Galle und den dicken bitteren Darm ablösen und in Wasser geben. Zellerknolle nudelig schneiden, Petersilienwurzeln und Zwiebel unzerschnitten dazugeben und alles 30 Minuten lang kochen lassen. Nachher Petersilienwurzeln und Zwiebel herausnehmen und die Suppe mit einer lichten Einbrenn binden. Mit Muskatblüte und Ingwer würzen. *(Wien)*

Weiße Zwiebelsuppe

3 dag Butter
3–4 Zwiebeln
1 l Milch
Salz
Schnittlauch
Muskat
etwas Obers

Feingeschnittene Zwiebeln in Butter hellgelb anschwitzen und mit Milch aufgießen. Kurz kochen lassen, eventuell passieren, würzen und nach Geschmack mit etwas Obers verfeinern. *(Vorarlberg)*

Weißweinsuppe

½ l Weißwein
¼ l Wasser
3 Dotter
1 EL Mehl
Zucker
1 Zitronenscheibe
1 Zimtstange
Nelken

Den Wein mit dem Zucker und den Gewürzen aufkochen, dazu die Nelken in die Zitronenscheibe hineinstecken. Die Dotter mit etwas kaltem Wein und dem Mehl versprudeln und unter beständigem Rühren in den nicht mehr kochenden Wein gießen.

• Heiß oder kalt gegessen ist diese Suppe eine Köstlichkeit! *(Burgenland)*

Wiener Erdäpfelsuppe

1 Bund Suppengrün
1 EL Butter
50 dag Erdäpfel
Salz
etwas Majoran
½ TL gemahlener Kümmel
½ l Wasser
1 l Rindsuppe
weißer Pfeffer
1 EL Mehl
kaltes Wasser
6 EL Sauerrahm
1 Knoblauchzehe
1 EL gehackte Petersilie

Wurzelwerk fein würfeln, in heißer Butter andünsten und dann die gewürfelten rohen Erdäpfel dazugeben. Salzen, würzen und mit Wasser angießen. Weichdünsten, dabei gelegentlich umrühren. Dann das Gemüse passieren und wieder in den Topf geben, mit Rindsuppe auffüllen und erhitzen. Das Mehl in kaltem Wasser anrühren und die Suppe damit binden. Mit Sauerrahm verfeinern und die gepreßte Knoblauchzehe dazugeben. Mit gehackter Petersilie bestreut servieren.

(Wien)

Zucchinicremesuppe

4 mittelgroße Zucchini (40 dag)
1 große Zwiebel
1 l Rindsuppe
Salz
Pfeffer
⅛ l Schlagobers
1 Semmel
Butter
Schnittlauch oder Dille

Zwiebel klein würfeln und in Butter anrösten, kleingeschnittene Zucchini dazugeben, kurz durchrösten und mit etwas Suppe aufgießen. Die Zucchini weichdünsten, dann pürieren und nun erst mit der restlichen Suppe aufgießen und würzen. Abschließend mit Obers legieren, mit goldgelb gerösteten Semmelwürfeln und Schnittlauch oder Dille bestreut servieren.

(Oberösterreich)

Zwettler Biersuppe

½ l helles Bier
1 TL Zimt
Schale von ½ Zitrone
Zucker nach Geschmack
5 Eidotter
¼ l Milch
2 Semmeln

Das Bier mit den Gewürzen aufkochen. Eidotter in einem Topf versprudeln und unter ständigem Sprudeln die kochende Milch dazuschütten. Eiermilch zum Bier geben, gut versprudeln und die Suppe über den gerösteten Semmelschnitten servieren.

(Niederösterreich)

Kalte Vorspeisen und Jause

Abgefaulter Käse

25 dag Bauerntopfen
Salz
Kümmel
etwas Wasser

Topfen mit Salz und Kümmel würzen. In eine weite Schüssel geben und oben mit warmem Wasser bespritzen. Bei Zimmertemperatur 1 Woche lang reifen lassen, dabei täglich mit Wasser bespritzen, aber nicht umrühren. Wenn sich eine gleichmäßig weiße Schicht bildet, kann der Käse verwendet werden.

• Dazu: Bauernbrot. Auf die Notwendigkeit peinlich sauberen Geschirrs und Arbeitens sei hier ausdrücklich hingewiesen.

(Oberösterreich)

Blunz'n

2–3 kg fettes Schweinefleisch vom Kopf, dem Hals, der Kehle, Lunge, Milz und Schwarten
2–3 l Blut
30 Semmeln
Suppe
Pfeffer
Salz
Piment
Thymian
Majoran
½ kg Zwiebeln
1 EL Schmalz

Das Fleisch faschieren, die Semmeln in Suppe einweichen (am besten Suppe vom Kochen anderer Würste), die Zwiebeln fein hacken und in Schmalz anrösten. Das Faschierte mit den ausgedrückten Semmeln und den Zwiebeln vermischen, gut durcharbeiten und kräftig würzen. Das Blut dazugeben und nochmals gut durchmischen. Diese Masse in gut gereinigte Därme füllen und in realistischen Abschnitten abbinden. Die Würste vorsichtig in 80–85 Grad heißem Wasser köcheln lassen, etwa 45 Minuten lang. Dann lauwarm abspülen und zum Trocknen aufhängen.

Zum Verzehr: In einer tiefen Pfanne Schmalz erhitzen, die Blutwurst darin anbraten, bis sie von allen Seiten resch ist.

• Dazu gehört Erdäpfelsterz, Sauerkraut und Kren. Nur mit Kren und Schwarzbrot ist die Blunz'n eine beliebte Jause zum Wein.

(Burgenland)

Kalte Vorspeisen und Jause

Eierspeis mit Kernöl

Pro Person:
2 Eier
1 EL Milch
2 EL Kernöl
Salz

Die Eier mit der Milch schaumig schlagen. Das Kernöl in einem Eierspeisreindel gut erwärmen, aber nicht überhitzen, denn dann wird es bitter. Die Eiermasse auf das Kernöl gießen und stocken lassen. Kernöl und Eier sollen sich möglichst nicht vermischen, damit die Farben sichtbar bleiben.

• Dazu: ein Stück Hausbrot. Der Teller (oder das Reindl, wenn man dieses auf den Tisch bringt) muß hinterher wieder sauber sein! *(Steiermark)*

Eingelegte Schwammerln

1 kg kleine Eierschwammerln
1/8 l Essig
1/8 l Wasser
3 Schalotten
1 TL Salz
1/2 TL Zucker
1 Lorbeerblatt
1 Zweig Estragon
2 Blätter Borretsch

Die geputzten Schwammerln in Salzwasser etwa 4 Minuten lang kochen lassen. Inzwischen Essig, Wasser, Schalotten und Gewürze 15 Minuten lang miteinander kochen lassen. Dann die abgegossenen Schwammerln in diesen Sud geben und nochmals 10 Minuten lang kochen. Schwammerln aus dem Sud nehmen und in saubere Gläser schlichten. Den Sud abkühlen lassen, über die Schwammerln gießen und die Gläser gut verschließen.

• Sie können auf diese Weise auch Champignons, Rotkappen, Butter- oder kleine Herrenpilze einlegen. Je nach Größe der Pilze eventuell etwas länger kochen lassen.

(Oberösterreich)

Eingelegter Käse

Ziegenkäse oder Schnittkäse
Knoblauch
Olivenöl
Kräuter: Rosmarin, Salbei, Oregano, Zitronenmelisse, Dille

Den Käse (ca. 14 Tage alt) in Würfel schneiden. Abwechselnd mit halbierten Knoblauchzehen und Kräutern in Gläser schichten. Mit Olivenöl aufgießen und verschließen. Mindestens zwei Wochen lang kühl und dunkel stehen lassen.

• Käse hält sich in Öl für längere Zeit. Verwenden Sie hübsche Gläser, dann haben Sie zugleich ein individuelles Geschenk für Ihre Freunde. *(Tirol)*

Kalte Vorspeisen und Jause

Eingelegter Knoblauch

50 dag Knoblauch
3 kleine scharfe Pfefferoni
¼ l Weißwein
¼ l Wasser
¼ l Weinessig
1 EL Salz
3 EL Zucker
3 Lorbeerblätter
1 Thymianzweig
12 weiße Pfefferkörner
etwas Öl

Knoblauchzehen enthäuten, mit den ganzen Pfefferoni in ein großes Gefäß legen, Wein, Wasser und Weinessig mit den Gewürzen aufkochen und heiß über den Knoblauch gießen. Am nächsten Tag alles 10 Minuten lang sieden lassen, heiß in Gläser füllen, dabei die Pfefferoni und Gewürze gleichmäßig verteilen, abkühlen lassen. Mit etwas Öl als Konservierungsschicht abschließen. Die Gläser mit Schraubdeckeln verschließen und mindestens 4 Wochen an einem kühlen Ort durchziehen lassen.

• Sammeln Sie rechtzeitig hübsche kleine Gläser, dann haben Sie immer ein attraktives Mitbringsel bei der Hand. Aus optischen Gründen können Sie auch je eine halbe rote, gelbe und grüne Paprikaschote feinnudelig geschnitten dazugeben, und, wer mag, auch ein paar Wacholderbeeren.

(Steiermark)

Eingelegter Schafkäse

2 Bund Petersilie
2 Bund Schnittlauch
6 Zweige Estragon
je ½ roter, gelber und grüner Paprika
1 EL Kümmel
1 EL grob gestoßener schwarzer Pfeffer
1 l Olivenöl
Schafkäse

Die Kräuter kalt waschen, trockentupfen und die Stiele entfernen, die Blätter fein schneiden. Paprika grob raspeln oder feinnudelig schneiden. Diese Zutaten zusammen mit den Gewürzen zum Öl geben und alles gut vermischen. Schafkäse in Stücke schneiden, in Gläser schlichten und mit dem Kräuteröl übergießen, sodaß er vollständig bedeckt ist. Mindestens 1 Woche marinieren lassen.

(Steiermark)

Erdäpfelkas

50 dag gekochte, mehlige Erdäpfel
¼ l Sauerrahm
½ TL Salz
Pfeffer
½ TL gemahlener Kümmel

Die gekochten, geschälten Erdäpfel passieren oder fein reiben. Den Sauerrahm untermischen und abschmecken.

• Zur Jause als Brotaufstrich oder als Beilage zu Geselchtem. Man kann auch halb Milch, halb Rahm verwenden und noch eine feingehackte Zwiebel dazugeben.

(Oberösterreich)

Kalte Vorspeisen und Jause

Fleischkäse von Bratenresten

30 dag Reste von gekochtem Rindfleisch
15 dag Speck
8 dag Kalbsleber
1 Zwiebel
1 Scheibe Schwarzbrot
1 EL Kapern
3–4 Sardellen
etwas Butter

Die Fleischreste fein wiegen, Speck würfelig schneiden, Kalbsleber mit feingewiegter Zwiebel dünsten, stoßen, passieren. Schwarzbrot in Wasser einweichen, ausdrücken, Sardellen passieren und Kapern kleinschneiden. Alles miteinander gut verrühren, in mit Butter bestrichene Wandeln geben und im Wasserbad 1 Stunde im Rohr garen. Kalt servieren.

(Wien)

Gefüllte Brotstangen

Für den Brotteig:
17 dag Weizenvollmehl
7 dag Roggenvollmehl
2 dag Germ
1 TL Salz
Kümmel
Koriander
Fenchel
etwas Wasser

Für die Fülle:
1 Stange Lauch
1 Zwiebel
Salz
Muskat
Kümmel
15 dag Käse
(Emmentaler, Bergkäse usw.)
2 EL Weißwein
Ei zum Bestreichen
Sesam zum Garnieren

Für den Brotteig Mehl mit Gewürzen vermischen. In etwas lauwarmem Wasser aufgelöste Germ hineinbröseln und einen mittelfesten Teig kneten. Etwa 30 Minuten lang gehen lassen. Inzwischen Lauch und Zwiebel fein schneiden, Käse würfeln und alles in Wein dünsten und würzen. Nun den Brotteig in ovale Teigplatten ausrollen und mit der Fülle belegen. Zusammenschlagen, mit Ei bestreichen, mit Sesam garnieren und nochmals gehen lassen. Die Brotstangen bei 200°C ca. 25 Minuten lang backen.

(Vorarlberg)

Kalte Vorspeisen und Jause

Gefüllte Eier

4 Eier
7 dag Butter
2 Sardinen
3 Sardellen
Pfeffer
Zitronensaft
Kopfsalat

Eier sehr hart kochen und der Breite nach halbieren. Dotter herauslösen. Die Eiklarhälften auf je ein Salatblatt stellen. Dotter gemeinsam mit Sardellen und Sardinen passieren, mit Butter und Gewürzen schaumig rühren, in einen Spritzsack füllen und in die Eiklarhälften dressieren. Nach Belieben verzieren. *(Wien)*

Gesalzene Kürbiskerne

40 dag Kürbiskerne
1 TL Salz
1 EL gutes Speiseöl

Die Kürbiskerne gut mit Öl vermischen, salzen und in einer Pfanne nicht zu stark durchrösten.
• Am besten schmecken die Kerne, wenn Sie sie erst an dem Tag rösten, an dem Sie sie knabbern wollen. *(Steiermark)*

Gestürztes Kalbfleisch

40 dag Kalbfleisch
10 dag Zunge
6 Essiggurken
Mayonnaise
Aspik

Kalbfleisch abbraten und Zunge weichkochen. Fleisch, Zunge und Essiggurken in kleine Stücke schneiden. Mit soviel Mayonnaise vermischen, daß die Masse zusammenhält. Den Boden einer Form mit zerlassenem Aspik begießen und fest werden lassen. Die Masse in die Mitte der Form geben und seitlich und darüber mit Aspik auffüllen, sodaß die Masse von Aspik eingehüllt ist. Sulzen lassen und dann auf eine Glasplatte stürzen. *(Wien)*

Glundner Kas

1 kg Topfen
10 dag Butter
1 TL Salz
1 EL Kümmel
etwas Pfeffer
20 dag Topfen

Aufgebröselten trockenen Topfen in einem flachen Gefäß 2 cm hoch ausbreiten, fliegensicher abdecken und bei Zimmertemperatur zum Reifen stellen, dabei einige Male auflockern. Wenn der Topfen glasig ist, in einer Pfanne die Butter zerlassen und den Topfen dazugeben. Unter ständigem Rühren bei niedriger Hitze zum Schmelzen bringen. Schließlich mit den Gewürzen und dem frischen Topfen vermischen, in ein glattes Gefäß leeren und auskühlen lassen. *(Kärnten)*

Kalte Vorspeisen und Jause

Graukas

gestockte, saure
Magermilch
Salz
Pfeffer

• Wenn Sie keine naturbelassene Milch bekommen, wird es vermutlich nichts mit selbstgemachtem Graukas. Und vor der Gefahr einer Lebensmittelvergiftung bei unsauberem Geschirr und Arbeiten sei hier ausdrücklich gewarnt. Wer aber weiß, wie der Graukas in den verschiedenen Phasen seiner Herstellung aussehen muß, dem sei dieses Rezept zur Erinnerung gewidmet.

Milch auf 60° C erhitzen und stehen lassen, bis sich der Tschotte absetzt. Abseihen, abtropfen lassen und den körnigen Tschotte würzen. In eine Form oder kleine Schüssel pressen. Zugedeckt an einem warmen Ort reifen lassen.

(Tirol)

Haussulze

Schweinskopf
Schweinsfüße
Schwarten
1 Bund Suppengrün
Salz
Lorbeerblätter
Pfefferkörner
Für die Sauce:
Öl
Essig
Salz
Pfeffer
Senf
1 kleine Zwiebel

Schweinskopf, Schweinsfüße und Schwarten mit Wurzelgemüse in wenig Wasser aufstellen, Salz, Lorbeerblätter und Pfefferkörner beigeben und weichkochen. Das Fleisch von den Knochen lösen, aufschneiden, in eine Kasserolle geben, die Suppe dazu passieren. Aufkochen, abfetten und gut abschmecken. In eine Kastenform füllen und kalt servieren. Vor Gebrauch stürzen, in Scheiben schneiden und auf einer Glasplatte mit Salatblättern anrichten. Dazu: Zwiebelsauce. Dafür die Zwiebel sehr fein hacken und mit den übrigen Zutaten vermengen.

(Tirol)

Kalte Vorspeisen und Jause

Hirnpofesen mit Kräutersauce

50 dag Kalbshirn
1 kleine Zwiebel
5 dag Butter
3 Eidotter
Salz
Pfeffer
Brotscheiben
Milch
1 Ei
etwas Mehl
Öl oder Schmalz zum Ausbacken
Für die Kräutersauce:
Petersilie
Essiggurken
Kapern
Sardellenfilet
1 kleine Zwiebel
Mayonnaise

Feingehackte Zwiebel in Butter anschwitzen, das enthäutete gehackte Hirn dazugeben, würzen, sautieren, mit Eidotter binden. Auf Brotscheiben aufstreichen, jeweils eine Brotscheibe darauflegen, mit Milch beträufeln, mit Mehl bestauben, durch das geschlagene Ei ziehen und in heißem Öl goldgelb backen. Mit Kräutersauce und gebackener Petersilie servieren.
Für die Kräutersauce Petersilie, Essiggurken, Kapern, Zwiebel und feingehacktes Sardellenfilet mit Mayonnaise vermengen.

(Tirol)

Kalbsleberpastete

50 dag Kalbsleber
10 dag Speck
2 Zwiebel
5 EL Wein
4 Sardellen
Pfeffer
2 EL Kapern
4 EL Sauerrahm
3 EL Mehl
Aspik

Kalbsleber enthäuten und feinblättrig schneiden. Eine feingehackte Zwiebel in feingehacktem Speck anlaufen lassen, mit Wein löschen und Leber dazugeben. Wenn der Wein verdunstet ist, die Suppe, die feingewiegten Sardellen, Pfeffer und feingeschnittene Kapern und zuletzt den mit Mehl verrührten Sauerrahm hineingeben. Dünsten lassen, bis die Leber weich und die Soße eingekocht ist, dann die Masse vom Feuer nehmen, fein faschieren und anschließend noch durch ein Sieb passieren. Die erkaltete Masse auf einer runden Schüssel mit Kapern und gehacktem Aspik garniert anrichten.

(Wien)

Kalte Vorspeisen und Jause

Kalte Poularden

2 Poularden
5 dag Butter
Aspik
2 Zitronen
Petersilie
12 Sardellen
1 Handvoll Kapern
6 Eier
knapp ¼ l Öl
Essig

Poularden in Butter braten, bis sich das Fleisch von den Knochen lösen läßt. In schönen Stücken auf einer Schüssel anrichten. Für die Sauce die Sardellen sehr sauber putzen, mit der Gabel zerkleinern und Kapern und hartgekochte Dotter einarbeiten. Diese Masse wird mit Öl verrührt, aufgekocht und wenn sie überkühlt ist, mit etwas Essig angenehm gesäuert. Dann 1 Kaffeeschale voll zergangenes Aspik darunterrühren und die Sauce über das Fleisch gießen. Platte mit Aspik, Zitronenscheiben und Petersilie garnieren. *(Wien)*

Karamelisierte Kürbiskerne

40 dag Kürbiskerne
15 dag Kristallzucker
1 EL Speiseöl

Die Kürbiskerne in Öl rösten, dann den Zucker in einer Stahlpfanne unter ständigem Rühren karamelisieren lassen und die Kürbiskerne darin kurz durchrühren, sofort auf ein geöltes Backblech geben und auseinanderstreichen.

• Vorsicht beim Karamelisieren: erst dauert es scheinbar ewig, plötzlich geht alles sehr schnell, und dann ist es rasch zu spät und Sie haben nur noch Verkohltes in der Pfanne.
(Steiermark)

Käsebällchen

10 dag Käsereste
2 Eier
7 dag Topfen
4 dag Butter
3 Knoblauchzehen
Salz
Pfeffer
Schnittlauch zum Wälzen

Käse kleinwürfelig schneiden. Eier sehr hart kochen, dann fein schneiden und mit den übrigen Zutaten vermischen. Die Masse eine halbe Stunde lang kühlstellen, dann zu kleinen Bällchen formen und in Schnittlauch wälzen.

• Als köstliche Bereicherung Ihrer kalten Platten oder einfach so. *(Vorarlberg)*

Kalte Vorspeisen und Jause

Knoblauchtopfen

30 dag Topfen
¼ l Sauerrahm
3 Knoblauchzehen
½ TL Salz
1 EL Schnittlauch

Den Topfen mit Sauerrahm verrühren, salzen. Die Knoblauchzehen über den Spitzen einer Gabel fein zerreiben und unter den Topfen mischen. Gut durchziehen lassen und mit Schnittlauch bestreuen.

• Mit Schwarzbrot eine pikante Jause, mit frisch in der Schale gekochten heißen Erdäpfeln ein köstliches Nachtmahl. *(Kärnten)*

Kräutlach Ei

Für jede Person:
2 Eier
etwas Salz
1 TL Mehl
1 EL frische oder 1 TL getrocknete Kräuter (Fenchel, Kamille, Majoran oder Oregano, Thymian, Zitronenmelisse)
Backfett

Alle Zutaten sehr gut versprudeln, am besten in einem Schnabeltopf. Das Backschmalz in einer flachen Rein erhitzen. Die Eiermasse in dünnen Fäden rund zu einer Platte eingießen und goldbraun und knusprig backen. *(Kärnten)*

Kreneier

4 Eier
1 TL Essig
2 EL Öl
Salz
Pfeffer
1 EL geriebener Kren

Hartgekochte Eier schälen und vierteln. Essig mit Öl, Salz und Pfeffer verschlagen und diese Marinade über die Eier gießen. Kurz ziehen lassen, mit frischgeriebenem Kren bestreuen und servieren. *(Wien)*

Leberkäse

20 dag Kalbsleber
3 Hühnerlebern
½ Gansleber
1 Zwiebel
Butter
3 Eier
Salz
Pfeffer
Aspik

Die Lebern mit feingehackter Zwiebel in Butter dünsten. Salzen und pfeffern und mit 2 hartgekochten Dottern im Mörser sehr fein stoßen. Die Masse durch ein Sieb passieren und mit etwas zerlassenem Aspik mischen. Diese Käse in einem Model sulzen lassen. In Würfel schneiden und abwechselnd mit klarem Aspik schichtenweise in einen Model einlegen, erneut sulzen lassen und in Scheiben schneiden, die man wie kalten Aufschnitt reicht. *(Wien)*

Liptauer

10 dag Butter
25 dag Brimsen
Salz
Paprika
1 Zwiebel
1 TL Senf
8 Kapern
Sardellenpaste
1 Gurkerl

Butter in einer Schüssel weich werden lassen, Brimsen und Gewürze dazugeben, wobei die Zwiebel und das Gurkerl feingehackt, die Kapern zerdrückt sind. Alles gut zu einer streichfähigen Masse verrühren.

• Nach Geschmack mit scharfem Paprika, Kräutern, Knoblauch oder Lauch abwandeln. *(Niederösterreich)*

Ochsenmaulsalat

Gesurte Ochsenmäuler
Essig
Öl
Zwiebel

Gesurte Ochsenmäuler gut kochen, putzen, pressen, kalt stellen und ganz dünn schneiden. Mit Essig und Öl anmachen und mit feingeschnittenen Zwiebeln gefällig anrichten. *(Tirol)*

Kalte Vorspeisen und Jause

Pikanter Grünkernaufstrich

6 dag feines Grünkernschrot
⅛ l Gemüsesuppe
5 dag Zwiebel
1 Knoblauchzehe
2 EL Kräuter (Schnittlauch, Petersilie, Majoran, Basilikum)
1 EL Zitronensaft
5 dag Butter
Salz
Pfeffer
Muskat

Grünkern mit der Gemüsesuppe aufkochen und zugedeckt ausquellen lassen. Feingeschnittene Zwiebel, über den Spitzen einer Gabel zerriebenen Knoblauch und gehackte Kräuter mit Zitronensaft und Butter mischen und alles mit dem ausgekühlten Grünkern verrühren. Pikant abschmecken.

(Vorarlberg)

Preßwurst

1 ganzer Schweinskopf
Schweinsohren
vordere Stelze
Bauchfleisch
Herz
Zunge
Göderlspeck
Salz
Pfeffer
Majoran
etwas Knoblauch
etwas Essig

Das Fleisch in großen Stücken kochen, die Suppe aufheben. Das Fleisch in Stücke schneiden, dabei Herz, Zunge und Schwarteln in kleinere, das Kopffleisch in etwas größere Stücke zerteilen, die Schweinsohren abschaben. Nun auf je 5 kg Fleisch 1 l Suppe dazugeben, würzen und gut salzig abschmecken und in einen gut gereinigten, umgestülpten Schweinemagen oder in den gut gereinigten Dickdarm füllen. Diesen abbinden und vorsichtig eine Stunde lang bei 80–85 Grad kochen. Herausnehmen, mit einer Nadel anstechen – dann rinnt das Fett ab – und abkühlen lassen. Auf einem Brett mit einem schweren Stein beschweren (daher der Name). Hängt man die Preßwurst ein bis zwei Tage lang in den Rauchfang, hält sie sich bis zu zwei Monate lang.

● Mit Essig, Öl und Zwiebelringen eine erfrischende, nahrhafte Jause. Dazu Schwarzbrot.

(Burgenland)

Rührei in Paradeisern

8 Paradeiser
Pfeffer
Salz
8 Eier
8 EL Milch
3 dag Butter
1 Schälchen Kresse

Paradeiser waschen und die Kappen abschneiden. Aushöhlen, innen mit Salz und Pfeffer würzen. Eier mit Milch, Salz und Pfeffer verquirlen. Butter in einer Pfanne erhitzen und die Eier hineingießen. Etwas stocken lassen und mit einer Gabel verrühren. Rührei in die Paradeiser füllen, mit Kresse garniert servieren.

• Eventuell mit ein paar Tropfen Sojasauce würzen. Mit Braterdäpfeln ein Abendessen. *(Wien)*

Russische Eier

4 Eier
1 EL Mayonnaise
1 EL Kaviar
Kopfsalat

Die Eier sehr hart kochen, vorsichtig schälen und der Breite nach halbieren. Die Eihälften mit der Schnittfläche nach oben auf die Salatblätter setzen, die Schnittflächen ringsum mit Mayonnaise verzieren und in der Mitte mit Kaviar belegen.

• Statt Kaviar kann man auch Sardellen verwenden. *(Wien)*

Schöberlpastete

40 dag Fleischreste
10 dag Butter
Petersilie
Majoran
Kümmel
4 Eier
¼ l Milch
10 dag Mehl
Salz
Butter für die Form

Fleischreste fein schneiden, in Butter mit gehackten Kräutern und Kümmel dünsten und auskühlen lassen. Inzwischen die Eier trennen, 10 dag Butter mit 4 Dottern gut abtreiben, nach und nach Milch, Mehl, Salz und den festen Schnee von Eiklar dazugeben. Die kleinere Hälfte dieses Abtriebes in eine mit Butter bestrichene Springform füllen, die ausgekühlte Fleischmasse daraufgeben und mit dem Rest des Abtriebes abdecken. Bei ziemlicher Hitze backen. Vor dem Auftragen den Rand der Springform entfernen und die Speise auf dem Blech servieren. *(Wien)*

Kalte Vorspeisen und Jause

Steirerkas

frische, unbearbeitete
Bauernmilch
Salz
Kümmel
Pfeffer
Butter

Die Milch an einem warmen Ort stehen lassen, bis sie sauer wird. Die saure Milch in einer Rein am warmen Herdrand stocken lassen, dabei nicht umrühren, nur ab und zu die Rein nachdrehen. Wenn der Topfen steigt, ihn öfter mit der Hand unter das entstehende Wasser drücken. Wenn er fest ist, den Topfen abseihen und in einem Leinentuch fest auspressen. Über Nacht auskühlen lassen. In derselben Rein den Topfen mit den Händen fein ribbeln, Salz und Kümmel dazugeben und durchrühren. Mit einem feuchten Tuch abdecken, das nicht trocken werden darf. Zweimal am Tag durchrühren, dabei in der gleichmäßig warmen Küche stehen lassen. Nach drei bis vier Tagen ist der Topfen reif. Nun in einer gußeisernen Rein etwas Butter weich werden lassen. Den Topfen hineingeben, Pfeffer nach Belieben. Auf die heiße Herdplatte schieben und fest rühren, bis der Topfen zu schmelzen beginnt, eine kleine Schüssel frisch gemachten, reinen Topfen dazurühren. Nun rasch die Masse in eine kalt ausgespülte und mit einem feuchten Tuch belegte Schüssel geben, nicht zudecken, kalt stellen.

• Auf Schwarzbrot mit Butter, dazu kalte Milch getrunken, schmeckt er herrlich!

(Steiermark)

Sulz mit Gemüse

3 Schweinshaxerln
einige Speckschwarten
2 Lorbeerblätter
8 Pfefferkörner
1 TL Salz
3 EL Essig
5 Knoblauchzehen
1 Zwiebel
3 Petersilwurzeln
4 Karotten
Wasser
evtl. 1 Ei
evtl. 3 Essiggurkerln

Alle Zutaten mit kaltem Wasser aufstellen und weichkochen. Das Fleisch von den Schweinshaxerln lösen und würfeln. Suppenteller mit Karottenscheiben, evtl. auch mit Gurken- und Eischeiben auslegen, das würfelig geschnittene Fleisch dazugeben und die abgeseihte Suppe darübergießen. Zum Versulzen kühlstellen. Anrichten mit Zwiebeln und Kernöl.

(Steiermark)

Kalte Vorspeisen und Jause

Sulz

1 kg Schweinskopf, Schwarteln und Zunge, insgesamt ⅓ Schwarteln, ⅔ Fleisch
Salz
Pfefferkörner
1 Knoblauchzehe
1 Lorbeerblatt
1 Zwiebel
3 EL Essig
Wasser

Alle Zutaten langsam weichkochen. Das Fleisch, die Schwarteln und die Zunge aus dem Sud nehmen, diesen aufbewahren. Das Kopffleisch in Stücke schneiden, die Schwarteln und die Zunge in kleine Streifen. Den Sud abseihen, pikant abschmecken und entfetten. Die Fleischstücke und -streifen wieder hineingeben und nochmals etwa 10 Minuten lang aufkochen. Nun in Porzellangefäße füllen und kaltstellen. Zum Essen aus der Form stürzen und mit Zwiebelringen, Essig und Öl oder geviertelten hartgekochten Eiern und Schwarzbrot servieren.

• Wenn Sie aus gekochten Karotten interessante Figuren schneiden und zuunterst in die Formen legen, wird die Sulz auch für Kinder zum attraktiven Augenschmaus.

(Burgenland)

Taubenpastete

8 Portionen
4 Tauben
20 dag Kalbfleisch
20 dag Lungenbraten
20 dag geräuchertes Schweinefleisch
8 dag Butter
Salz
20 dag Makkaroni
10 dag geriebener Parmesankäse
Für den Mürbteig:
30 dag Mehl
20 dag Butter
1 Ei
Salz
1 EL Sauerrahm

Tauben ausnehmen und zerteilen. Kalbfleisch, Lungenbraten und geräuchertes Schweinefleisch faschieren, mit den geschnittenen Taubenstückchen mit Butter dünsten, Suppe aufgießen und salzen. Inzwischen kurze Makkaroni kochen und mit dem Gedünsteten und dem Parmesankäse vermischen. Aus den angegebenen Zutaten rasch mit kühlen Händen einen Mürbteig bereiten und diesen etwa 30 Minuten lang kühl rasten lassen. Dann auswalken und damit eine Pasteten- oder Springform auskleiden, die Fleischmasse einfüllen und mit einer Teigplatte bedecken. Diese Pastete 30 Minuten lang im Rohr backen.

(Wien)

Kalte Vorspeisen und Jause

Traisentaler Fleischaufstrich

20 dag Wurst- oder Fleischreste
2 gekochte Erdäpfel
1 Semmel
1 Ei
Senf
Kapern
7 dag geriebener Käse
Paprika
1 Zwiebel

Das Ei hartkochen, die Erdäpfel reiben, die Semmel klein schneiden, in Milch einweichen und gut ausdrücken. Fleischreste und Ei fein hacken, mit Erdäpfeln und passierter Semmel, den zerdrückten Kapern und der feingehackten Zwiebel sowie Käse, Senf und Paprika vermischen. Abschmecken und einige Zeit ziehen lassen.

• Mit Paprikastreifen garnieren. *(Niederösterreich)*

Verhackert's

Rückenspeck eines Schweines
Salz

Den Rückenspeck eines Schweines von den Schwarten befreien und mit gewöhnlichem Kochsalz einreiben. Die Fleischstücke einige Stunden lang liegen lassen, bis das Salz eingezogen ist, danach in einem kühlen und luftigen Raum aufhängen, wo der Speck mindestens zwei- bis dreimal durchfrieren kann (in milden Wintern können Sie mit der Tiefkühltruhe mogeln). Nach zwei Monaten ist das Verhackerte „fertig" und kann faschiert werden. Sorgfältig dicht eingestampft in Tongefäßen aufbewahren. *(Steiermark)*

Wälderkäsle

4 Portionen Ziegenkäse
4 EL Olivenöl
4 Knoblauchzehen
Salz
Schnittlauch
Petersilie

Feingehackten Knoblauch mit Öl und Gewürzen vermischen, etwas ziehen lassen. Die Käsle auf grünem Salat anrichten, das Dressing darauf verteilen und Schwarz- oder Weißbrot dazu reichen. *(Vorarlberg)*

Kalte Vorspeisen und Jause

Waldviertler Topfen

25 dag Topfen
1 gekochter Erdäpfel
Salz
Paprika
1 EL Butter
1 Knoblauchzehe
Milch oder Rahm

Den ausgekühlten Erdäpfel durch eine Presse drücken und mit dem Topfen vermischen. Fett in einer Pfanne zergehen lassen, salzen, Paprika und die über den Spitzen einer Gabel zerriebene Knoblauchzehe dazugeben und unter den Topfen geben. Wegen der Farbe eventuell noch Paprika dazugeben, mit etwas Milch oder Rahm geschmeidig machen.

(Niederösterreich)

Würztopfen

25 dag Topfen
1/8 l Schlagobers
1 TL Kren
1/2 TL Kümmel
1/4 TL Koriander
1 Zwiebel
1 Knoblauchzehe
1 TL Paprika
etwas Neugewürz
etwas Muskat
Salz

Topfen und Schlagobers gut verrühren, die Zwiebel feinwürfelig schneiden, den Knoblauch über den Spitzen einer Gabel fein zerreiben, salzen und zusammen mit den Gewürzen unter den Topfen mengen und gut abschmecken.

(Kärnten)

Zelten

50 dag Mehl
1 großer Erdäpfel
1 Ei
Salz
Milch nach Bedarf
Butterschmalz zum Bestreichen

Erdäpfel kochen und passieren. Mit Mehl, Ei, Salz und Milch rasch zu einem mittelfesten Teig kneten, der sich ausrollen läßt. Teig zur Rolle formen und davon 4 cm starke Stücke abschneiden, in dünne, runde Flecke von ca. 20 cm Durchmesser ausrollen und salzen. Auf einer sauberen Herdplatte oder in einer heißen Pfanne ohne Fett von beiden Seiten knusprig backen. Nachher eine Seite mit zerlassenem Butterschmalz bestreichen und noch warm servieren.

• Dazu trinkt man Most. Auch als Hauptmahlzeit mit warmem Sauerkraut.

(Oberösterreich)

Fischgerichte

Fischgerichte

Bozner Stockfischgröstel

50 dag Erdäpfel
60 dag Stockfisch
1 kleine Zwiebel
etwas Öl
Salz
Pfeffer
2 Lorbeerblätter
⅛ l Sauerrahm
Petersilie

Die Kartoffeln schälen und kochen. Den Fisch etwa 10 Minuten lang kochen, dann entgräten und in Stücke schneiden. Die Zwiebel würfeln, die Erdäpfel in Scheiben schneiden und beides in etwas Öl anrösten. Würzen und den Fisch unterrühren. Gut durchrösten und den Rahm untermischen und einziehen lassen. Mit Petersilie bestreut servieren.

- Dazu Krautsalat oder Sauerkraut als Beilage. *(Tirol)*

Felchen nach Bregenzer Art

8 Felchenfilets
2 EL Zitronensaft
Salz
6 dag Butter zum Braten
Mehl zum Wenden
gehackte Petersilie zum Bestreuen
Für die Sauce:
5 dag Butter
1 Zwiebel
10 dag frische Champignons
2 Paradeiser
5 Perlzwiebeln
1 EL Kapern
1 EL Zitronensaft
Salz
Pfeffer
1/16 l trockener Weißwein
2 TL Stärkemehl

Die abgespülten und trockengetupften Felchenfilets salzen und mit Zitronensaft beträufeln. Etwas durchziehen lassen, dann die Butter erhitzen, die Felchenfilets in Mehl wenden und sogleich von beiden Seiten knusprig braun braten und warm stellen. Für die Sauce die Butter erhitzen, die feingehackte Zwiebel und die geputzten, geviertelten Schwammerln darin anrösten, die geschälten, gewürfelten Paradeiser sowie Perlzwiebeln und Kapern dazugeben. Zugedeckt einmal aufkochen und dann auf kleiner Flamme etwa 5 Minuten lang garziehen lassen. Zuletzt mit Zitronensaft, Salz und Pfeffer abschmecken. Stärkemehl mit Weißwein verrühren und die Sauce damit binden. Die Felchenfilets auf Tellern anrichten, mit gehackter Petersilie bestreut servieren und die Sauce separat dazu reichen.

- Als Beilage: Erdäpfel, in Butter geschwenkt. Sie können auch ganze, gefüllte Felchen auf diese Art zubereiten, und ebenso Forellenfilets. *(Vorarlberg)*

Fischgerichte

Fischfilet mit Kräuterkruste

4 Schollenfilets
Salz
Pfeffer
Knoblauch
Zitronensaft
4 dag Butter
4 dag Brösel
1 Bund Petersilie
1 Bund Schnittlauch
½ Bund Dille
6 Basilikumblätter
Butterflocken

Filets salzen, pfeffern und mit Zitronensaft beträufelt von beiden Seiten in Butter anbraten. Auf ein Backblech legen. Alle Kräuter und den Knoblauch fein hacken und mit Bröseln vermischen, über den Fisch streuen. Butterflocken darauflegen und bei 200° C etwa 15 Minuten im Rohr überbacken.

- Auf die gleiche Art können auch Forellen- oder Karpfenfilets zubereitet werden. *(Vorarlberg)*

Fischsulz

30 dag Karotten
¼ l Rindsuppe
½ l trockener Weißwein
Salz
8 zerstoßene Pfefferkörner
4 Pimentkörner
3 Gewürznelken
3 Wacholderbeeren
1 Lorbeerblatt
1 kg Fischfilet
1 Eiklar
etwas Zitronensaft
10–12 Gelatineblätter
1 hartgekochtes Ei
5 schwarze Oliven
einige gekochte Karotten
Dille

Karotten waschen, putzen und unzerkleinert in der Rindsuppe etwa 20 Minuten lang weichkochen. Herausnehmen, abtropfen und erkalten lassen. Weißwein und Gewürze in die Suppe geben und etwa 10 Minuten lang mitkochen. Das Fischfilet etwa 15 Minuten lang im Sud garziehen lassen, vorsichtig herausnehmen und abkühlen lassen. Sud durch ein Sieb gießen und das zu steifem Schnee geschlagene Eiklar untermischen. Aufkochen lassen und den entstehenden Schaum abschöpfen. Sud durch ein mit Filterpapier ausgelegtes Sieb gießen, damit er ganz klar wird. Mit Zitronensaft abschmecken.
Eingeweichte, zerdrückte Gelatine in heißer Flüssigkeit auflösen und gut mit dem Sud mischen. Nun eine Kastenform kalt ausspülen, etwas Sulzflüssigkeit einfüllen und die Form so schwenken, daß Boden und Seitenwände dünn mit Gelee überzogen werden. Im Eiskasten erstarren lassen. Inzwischen Karotten und Ei in Scheiben schneiden. Die Form am Boden und an den Seitenwänden mit Oliven-, Ei- und Karottenscheiben auslegen. Wieder etwas Sulzflüssigkeit daraufgeben und erstarren lassen. Schließlich den nur grob zerkleinerten Fisch, Dille und die Reste der Garnitur einfüllen, mit der restlichen Flüssigkeit übergießen, die Form für etwa 4–5 Stunden in den Eiskasten stellen und die Sulz fest werden lassen.

Fischgerichte

Auf eine Servierplatte gestürzt servieren, dazu nötigenfalls die Kastenform kurz in heißes Wasser tauchen, damit sich das Gelee vom Formrand löst.
- Als Beilage: geröstete Erdäpfel. *(Wien)*

Forellen mit Kräutersauce

4 mittelgroße Forellen
Saft einer Zitrone
1 TL Salz
etwas Mehl
5 dag Butter
Für die Sauce:
4 dag Butter
2 dag Mehl
¼ l Rindsuppe
1 EL Estragon
1 EL Kerbelkraut
1 EL Petersilie
1 EL Zitronenmelisse
4 EL Sauerrahm
1 Dotter
Salz
etwas Pfeffer

Die Forellen putzen, ausnehmen und salzen, mit Zitronensaft beträufeln, in Mehl tauchen und in heißer Butter unter öfterem Begießen braten. Inzwischen für die Sauce das Mehl in Butter hellbraun rösten, mit Suppe aufgießen und mit der Hälfte der Kräuter gut verkochen. Rahm und Dotter versprudeln, mit den restlichen Kräutern zur Sauce geben und alles gut abschmecken.
- Als Beilage: Buttererdäpfel und grüner Salat. Ebenso können Sie kleinere Karpfen oder Schleien zubereiten.

(Kärnten)

Forellenfilet in Bierteig

Für den Teig:
25 dag Mehl
Salz
2 EL Öl
2 Eier
¼ l helles Bier
4 Forellenfilets
Zitronensaft
Mehl
Öl zum Ausbacken
Früchte
Mandelsplitter

Mehl, Salz, Öl, Eier und Bier zu einem glatten, flüssigen Teig verarbeiten. Die Forellenfilets mit Zitrone beträufeln, salzen und pfeffern, in Mehl wenden, durch den Bierteig ziehen und in Öl goldgelb herausbacken.
- Beilage: heiße Früchte der Saison und geröstete Mandelsplitter.

(Salzburg)

Fischgerichte

Gebackener Karpfen

4 Karpfenschnitten
à 15–20 dag
Salz
5 EL Mehl
3 Eier
8 EL Semmelbrösel
Schmalz zum
Ausbacken
Petersilie
Zitronenspalten

Karpfenstücke kalt abspülen und mit Küchenpapier trockentupfen. Beidseitig salzen, in Mehl wenden, durch die verschlagenen Eier ziehen und mit Semmelbröseln panieren. Das Butterschmalz in einer größeren Pfanne erhitzen und die Karpfenstücke hineinlegen. Den Fisch von beiden Seiten bei nicht zu großer Hitze goldbraun ausbacken. Herausheben, abtropfen lassen und mit frischer Petersilie sowie Zitronenspalten garniert servieren.

- Als Beilage: Erdäpfelsalat.

(Wien)

Gedünstete Reinanke

4 Reinanken
Zitronensaft
Salz
Pfeffer
5 dag Butter
1 Zwiebel
1 Knoblauchzehe
gut ⅛ l kräftiger
Weißwein
2 EL gehackte Petersilie

Die ausgenommenen und gewaschenen Fische innen und außen mit Zitronensaft und Salz einreiben, mit Pfeffer würzen. Etwa 10 Minuten lang durchziehen lassen, dann in einer großen Pfanne oder Bratreine die Butter erhitzen. Zwiebel und Knoblauch schälen, fein hacken und leicht anrösten. Die Fische dazugeben, kurz von beiden Seiten anbraten, dann mit Weißwein aufgießen und zugedeckt dünsten. Dabei einmal vorsichtig wenden. Mit gehackter Petersilie bestreut servieren.

- Dazu: Salzerdäpfel.

(Salzburg)

Hecht mit Kren

1 Hecht
1 Bund Suppengrün
Salz
6 Pfefferkörner
6 Neugewürzkörner
4 EL Weinessig
4 EL Wasser
frisch geriebener Kren

Den Hecht schuppen, ausnehmen und sauber putzen. In Portionsstücke teilen, salzen und einige Stunden liegen lassen. Das Wurzelwerk feinnudelig schneiden und mit Gewürzen und Essigwasser in eine passende Kasserolle geben. Die Hechtstücke darauf legen und langsam im Rohr gardünsten. Auf eine Servierplatte legen, mit Kren bestreuen und mit einem Teil des Sudes übergossen servieren.

- Wenn Sie keinen frischen Hecht bekommen, können Sie auch tiefgekühlten Seehecht auf diese Weise zubereiten.

(Niederösterreich)

Fischgerichte

Karpfen auf burgenländische Art

1 Karpfen
Salz
1 gehäufter TL Paprika
3 Zwiebeln
1 EL Schmalz
Weißwein zum Löschen
2 EL Sauerrahm
1 unbehandelte Zitrone
1 Knoblauchzehe

Den Karpfen ausnehmen und schuppen, in handliche, nicht zu große Stücke teilen und mit Salz und Paprika bestreuen. Nun das Schmalz erhitzen, die Zwiebeln hacken und goldbraun darin anrösten. Den Rahm dazugeben, aufkochen und mit einem Glas Wein löschen. Die geriebene Schale einer Zitrone, die über den Spitzen einer Gabel zerriebene Knoblauchzehe an die Sauce geben und mit Salz und Paprika würzen, eventuell mit etwas Zitronensaft säuern. Den Fisch hineingeben und auf kleiner Flamme etwa eine halbe Stunde vorsichtig dünsten, je nach Größe der Fischstücke.

• Als Beilage gekochte Erdäpfel mit grünem Salat oder Tarhonya. Variation: Geschälte, geviertelte Paradeiser an die Sauce geben und mitdünsten lassen. Nicht vergessen: Legen Sie eine Karpfenschuppe in Ihre Geldbörse! Dann geht Ihnen angeblich nie das Geld aus . . .   *(Burgenland)*

Karpfen nach böhmischer Art

1 Karpfen (1–1½ kg)
1 EL Fett
2 TL Zucker
⅛ l dunkles Bier
1/16 l Wasser
2 EL Essig
1 Bund Suppengrün
1 kleine Zwiebel
Salz
Pfeffer
5 Pfefferkörner
3 Wacholderbeeren
1 Lorbeerblatt
Zitronenschale
5 dag geschälte Mandeln
5 dag Dörrzwetschken
2 dag Rosinen
2 EL geriebener Lebkuchen
2 EL geriebenes Schwarzbrot

Den Karpfen waschen, entschuppen, ausnehmen und in Portionsstücke teilen. Salzen, pfeffern und liegen lassen. Inzwischen in einer passenden Kasserolle Fett und Zucker goldgelb anrösten und mit Essig löschen, mit Wasser aufgießen. In dem Sud läßt man feingeschnittenes Wurzelwerk, feingehackte Zwiebel, Pfeffer, Wacholder, Lorbeerblatt, Zitronenschale und eventuell noch etwas Salz und Pfeffer gut durchkochen. Nun mit Bier aufgießen, feingeschnittene Mandeln, Dörrzwetschken und Rosinen hinzufügen und so lange kochen lassen, bis das Wurzelwerk weich ist. Erst dann die Karpfenstücke dazugeben und zugedeckt noch etwa 15 Minuten lang ziehen lassen. Wenn die Karpfenstücke weich sind, auf eine Schüssel legen. Die Sauce mit Lebkuchen und Schwarzbrot andicken und mit Salz, Essig und Zucker abschmecken. Noch einmal aufkochen lassen, eventuell passieren und über die Fischstücke gießen.

• Als Beilage: böhmische Knödel.   *(Niederösterreich)*

Polentakarpfen

4 Karpfenfilets
Saft einer Zitrone
Salz
16 dag Polentamehl
8 dag Verhackert

Die Karpfenstücke mit Zitronensaft einreiben und salzen. Dann in Polentamehl wenden, das Verhackert in einer Pfanne erhitzen und die Karpfenstücke einlegen. Ganz langsam auf beiden Seiten goldbraun braten. *(Steiermark)*

Überbackene Zanderfilets

8 Zanderfilets à
15–18 dag
2 EL Zitronensaft
Salz
Pfeffer
5 dag Butter
3 EL Öl
3 Zwiebeln
1 Knoblauchzehe
½ kg Paradeiser
1 TL Paprika
Für die Sauce zum Überbacken:
⅛ l Schlagobers
10 dag geriebener Käse, z. B. Emmentaler
1–2 EL Weißwein
Salz
weißer Pfeffer

Die Zanderfilets kurz abspülen, trockentupfen, mit Zitronensaft beträufeln, salzen und pfeffern. In einer feuerfesten Form die Butter schmelzen und die Zanderfilets hineinlegen. Das Öl in einem flachen Topf erhitzen, Zwiebelringe und zerdrückten Knoblauch darin dünsten. Paradeiser mit heißem Wasser überbrühen, schälen und dazugeben. Mit Paprikapulver, Salz und Pfeffer würzen. Das Backrohr auf 200–220° C vorheizen. Das Gemüse über die Fischfilets geben und alles für 20 Minuten ins heiße Rohr schieben. Inzwischen den Rahm erhitzen, aber nicht kochen, und den Käse darin schmelzen. Mit Wein und Gewürzen abschmecken. Über den Fisch in die Form geben und 10–15 Minuten lang überbacken. In der Form servieren.

• Als Beilage: Bandnudeln oder Reis und gemischter Salat. *(Vorarlberg)*

Wurzelkarpfen

**8 Karpfenstücke
à 10–15 dag
1 großer Bund
Suppengrün
1 Zwiebel
Salz
1 Lorbeerblatt
Thymian
einige Pfefferkörner
1 Prise Zucker
3 EL Weinessig
etwas Dille als Garnitur
2 EL frisch geriebener
Kren zum Bestreuen**

Die Karpfenstücke kurz abspülen und abtropfen lassen. Wurzelwerk und Zwiebel schälen, waschen, würfeln oder in Scheiben schneiden und mit den Karpfenstücken in einen größeren Topf geben. Salz, Lorbeerblatt, Thymian, zerstoßene Pfefferkörner, Zucker und Essig dazugeben und mit so viel Wasser auffüllen, daß die Fischstücke bedeckt sind. Bei niedriger Stufe im geschlossenen Geschirr in 15–20 Minuten garziehen lassen. Die Fischstücke vorsichtig herausheben. Das Wurzelwerk auf Tellern dekorativ anrichten, die Fischstücke darauflegen, mit Dille garnieren und mit frisch geriebenem Kren bestreuen. Etwas Sud darüber verteilen und sofort servieren.

- Als Beilage: gekochte Erdäpfel. *(Vorarlberg)*

Hauptgerichte mit Fleisch

Hauptgerichte mit Fleisch

Bauerneintopf

2 Zwiebeln
4 dag Butter
75 dag Selchkarree
3–4 Karotten
½ kg Erdäpfel
¼ l Gemüsesuppe
Kräutersalz
Pfeffer
Liebstöckel, Rosmarin, Bohnenkraut, Salbei, Schnittlauch, Petersilie nach Geschmack und Saison

Feingeschnittene Zwiebeln in Butter goldgelb anschwitzen. Das Fleisch würfelig schneiden und kurz mitrösten. Kleingeschnittene Karotten und Erdäpfel dazugeben, mit Gemüsesuppe aufgießen und auf kleiner Flamme garen lassen. Zum Schluß mit Salz und Pfeffer würzen und mit gehackten Kräutern abschmecken. *(Vorarlberg)*

Bauernritscher

40 dag Rollgerste
40 dag weiße Bohnen
80 dag Selchfleisch (Bauchfleisch)
Wasser
10 dag Speck
1 EL Mehl
1 Zwiebel
½ Knoblauchzehe

Gerste und weiße Bohnen über Nacht einweichen, getrennt weichkochen, in der Gerste das Selchfleisch mitkochen. Den Speck fein würfeln, zergehen lassen, Mehl und die feingehackte Zwiebel dazugeben und goldgelb rösten. Das Gerstl und die Bohnen hinzugeben und mit etwas Wasser oder Selchsuppe zu einem dicken Brei verkochen lassen. Mit wenig zerdrücktem Knoblauch würzen. Das Selchfleisch in Würfel schneiden und beigeben.

• Sie können das Fleisch statt in Würfel auch in Scheiben schneiden und beim Anrichten auf der Schüssel darüberlegen.
Variante: statt mit Knoblauch mit Zitrone abschmecken.

(Steiermark)

Hauptgerichte mit Fleisch

Bauernschöpsernes

Für 10 Personen
1 ausgelöste Hammelschulter
Salz
Pfeffer
Mehl zum Bestäuben
2 kg Erdäpfel
2 Zwiebeln
1 Zweig Rosmarin
einige Salbeiblätter
einige Lorbeerblätter
Knoblauch
15 dag Öl
1 l kräftigen Rotwein

Das gut abgehangene Fleisch in 25 dag schwere Stücke schneiden, würzen, mit Mehl bestäuben, in heißem Öl schön braun braten, in eine passende Kasserolle geben. Nun die Zwiebeln in Streifen schneiden und in demselben Öl abrösten, Zwiebeln, Kräuter und grobgehackten Knoblauch zum Fleisch geben. Aufs Feuer stellen und mit dem Rotwein löschen. 1 Stunde lang zugedeckt dünsten, falls erforderlich, etwas Fleischsuppe nachgießen. Inzwischen die Erdäpfel schälen, in mundgerechte Stücke schneiden, in Öl goldgelb rösten. Dazugeben und alles weich dünsten lassen. In der Kasserolle kochend heiß servieren. *(Tirol)*

Bauernschweinskoteletten

4 Schweinskoteletten (à 15 dag)
Salz
Kümmel
Mehl
5 dag Fett
1 Bund Suppengrün
1 Zwiebel
4 Essiggurkerln
3–6 Champignons
1 Paar Frankfurter
1 Knoblauchzehe
Pfeffer
Paprika
2 Paradeiser
2–3 Erdäpfel

Die geklopften Schweinskoteletts salzen und mit Kümmel bestreuen. In Mehl wenden und rasch goldgelb braten. Fleisch herausnehmen und im selben Fett das feingeschnitzelte Gemüse mit der gehackten Zwiebel, blättrig geschnittenen Essiggurkerln, den Champignons und Frankfurter Würsteln kurz anrösten. Die Schweinskoteletts wieder zugeben und mit soviel Wasser oder Fleischsuppe aufgießen, daß das Fleisch bedeckt ist. Halbierte Paradeiser und würfelig geschnittene Erdäpfel darauflegen, würzen und alles weichdünsten. *(Wien)*

Hauptgerichte mit Fleisch

Beuschel

1 kleines Schweinsbeuschel (Lunge, Herz, insgesamt 1½ kg)
1 Bund Suppengrün
Lorbeerblatt
Bohnenkraut
Majoran
Pfefferkörner
6 dag Schmalz
6 dag Mehl
1 Zwiebel
Petersilie
1 unbehandelte Zitrone
1 Knoblauchzehe
Paprika
Salz

Das Beuschel gut waschen, die Luftröhren herausschneiden und in Salzwasser mit ein paar Pfefferkörnern, dem Lorbeerblatt, etwas Bohnenkraut und dem Suppengemüse beistellen. Das Fleisch herausnehmen und abkühlen lassen, die Suppe aufheben. Nun die Zwiebel fein hacken, aus Schmalz und Mehl eine dunkle Einbrenn machen und die Zwiebel, die über den Spitzen einer Gabel zerriebene Knoblauchzehe, Petersilie, die geriebene Schale der Zitrone dazugeben. Mit der Suppe vom Beuschelkochen aufgießen und gut verkochen. Mit dem Saft der Zitrone, Salz, Pfeffer, Majoran und Paprika sehr pikant würzen. Das Beuschel feinnudelig schneiden und in die Sauce geben, nochmal aufkochen.

- Als Beilage Spiegeleier oder Knödel. Mit den Zwiebeln können Sie ruhig auch großzügiger sein, und Feinspitze geben ganz zum Schluß ⅛ l Sauerrahm dazu. *(Burgenland)*

Blunzengröstl

75 dag Erdäpfel
3 Zwiebeln
etwas Schmalz
2 kleine Blutwürste

Die Erdäpfel kochen. Inzwischen die Zwiebeln schälen, grob würfeln und im Schmalz goldgelb rösten. Die Blutwürste aus der Haut auslösen und mitrösten. Die Erdäpfel schälen, klein schneiden und zum Blutwurstgemisch geben, kurz mitrösten.

- Eventuell noch mit Pfeffer, Majoran und Kümmel würzen. Als Beilage: Sauerkraut. *(Steiermark)*

Böhmisches Bierfleisch

1 kg Schweinsschulter
Salz
Pfeffer
Kümmel
Bier nach Bedarf
1 Handvoll Schwarzbrotbrösel

Das Fleisch in 2–3 cm große Würfel schneiden. Mit Salz, Pfeffer und Kümmel würzen und in Bier weichdünsten. Kurz vor Ende der Garzeit mit Schwarzbrotbröseln bestreuen, gut durchrühren und nochmals 10 Minuten lang dünsten lassen.

- Als Beilage: Böhmische Knödel. *(Niederösterreich)*

Hauptgerichte mit Fleisch

Bruckfleisch

**1 kg Bruckfleisch
(besteht aus gleichen
Teilen von: Herz, Leber,
Milz, Herzröhren,
Kalbsbries und
Brustwandfleisch,
muß beim Fleischer
vorbestellt werden)
4 Zwiebeln
1 Bund Suppengrün
12 dag Schmalz
3–4 Knoblauchzehen
Salz
Pfeffer
Majoran
1/8 l Rotwein**

Feingehackte Zwiebeln in Fett goldgelb anrösten. Essig und die kleingeschnittenen Fleischteile sowie die Gewürze dazugeben. Alles gut durchrösten und weichdünsten, nach einer Stunde Milz und Bries dazugeben. Inzwischen Wurzelwerk in Fett anrösten, mit 1 EL Mehl stauben und mit Wasser aufgießen, zu einer molligen Sauce verkochen, den Rotwein dazugeben. Fleisch mit dieser Sauce servieren.

- Als Beilage: Semmelknödel, Grießstrudel, Grießknödel.

(Wien)

Eingemachtes Kalbfleisch

**80 dag Kalbfleisch
Petersilie
6 dag Butter
etwas Fleischsuppe
3 dag Mehl**

In einer Kasserolle Butter anlaufen lassen und das in Stücke geteilte Kalbfleisch mit etwas feingehackter Petersilie zugedeckt weichdünsten lassen. Eventuell etwas Fleischsuppe nachgießen. Mit Mehl stauben, das Mehl anlaufen lassen, mit Fleischsuppe aufgießen und verkochen.

- Als Beilage: in Butter gedünstete Champignons oder Bröselknödel.

(Wien)

Hauptgerichte mit Fleisch

Eingemachtes Lammfleisch

75 dag Lammfleisch
4 dag Fett
1 Zwiebel
1 Knoblauchzehe
4–5 Karotten
½ Zellerknolle
2 Lorbeerblätter
3 Zweige Thymian
etwas Rosmarin
1 TL Salz
Pfeffer
Nelken
⅛ l Weißwein
1 EL Mehl
etwas Wasser

Lammfleisch kleinwürfelig schneiden. Das Wurzelwerk nudelig schneiden. Die feingehackte Zwiebel in Fett hellbraun rösten, Wurzelwerk, Fleisch, Gewürze und Wein dazugeben und etwa 30 Minuten lang dünsten lassen. Dann mit Mehl stauben und soviel Wasser aufgießen, daß eine sämige Sauce entsteht. Gut verkochen lassen, abschmecken.

• Als Beilage: Erdäpfel- oder Semmelknödel.   *(Steiermark)*

Ente mit Weichseln und Speck

1 Ente
½ kg Weichselkirschen
15 dag Speck
10 dag Öl
2 Gläser Rotwein
1 Bund Suppengrün
Salz
etwas Fleischsuppe

Eine 2 kg schwere Ente wird mit Salz eingerieben und in einer Kasserolle mit dem Öl in den heißen Ofen gestellt. Unter öfterem Begießen und Beifügen von Wurzelwerk goldgelb werden lassen, bis sie gar ist. Die Ente aus der Kasserolle herausnehmen, den Fond reduzieren (überschüssiges Fett abschütten), mit Rotwein ablöschen, wieder zur Hälfte reduzieren, etwas Fleischsuppe dazugeben. Den Fond passieren, die entkernten Weichselkirschen dazugeben und gut durchkochen. Speckscheiben leicht anbraten.

• Als Beilage: Grießblatteln.   *(Tirol)*

Hauptgerichte mit Fleisch

Erdäpfelbratl

1 kg Schopfbraten mit Schwarte
Salz
Kümmel
3 Knoblauchzehen
Fett zum Ausbraten
8 Erdäpfel

Fleisch mit Salz, Kümmel und zerdrücktem Knoblauch einreiben, die Schwarte einschneiden. In einer Pfanne mit wenig Fett rundherum kurz anbraten. In eine Bratpfanne geben und mit Wasser übergießen. Im Rohr braten (ca. 1 Stunde) und dabei immer wieder mit Wasser übergießen. Rohe Erdäpfel schälen und etwa 30 Minuten vor Ende der Garzeit dazugeben. Gemeinsam mit dem Fleisch fertigbraten.

• Als Beilage: Rettich-, Kraut- oder Bohnensalat. Man kann statt der rohen auch gekochte Erdäpfel mitbraten lassen und das Fleisch zusätzlich mit Thymian, Majoran, etwas geriebenem Muskat oder einigen Wacholderbeeren und einem Lorbeerblatt würzen. *(Oberösterreich)*

Esterházy-Rostbraten

4 Scheiben Rostbraten
Salz
Pfeffer
2 EL Mehl
6 dag Schweineschmalz
1 Zwiebel
1 Bund Suppengrün
Mehl zum Stauben
⅛ l Rindsuppe
1 EL feingehackte Kapern
⅛ l Sauerrahm
Saft und Schale von ½ Zitrone

Rostbratenscheiben klopfen und am Rand mehrfach einschneiden, damit sie sich beim Braten nicht einrollen. Von beiden Seiten gut würzen und auf einer Seite durch Mehl ziehen. Schweineschmalz in einer großen Pfanne erhitzen. Rostbratenscheiben mit der bemehlten Seite zuerst in das heiße Fett legen und bei starker Hitze von jeder Seite kurz, aber kräftig, anbraten. Fleischscheiben herausnehmen und in eine Kasserolle legen. Zwiebel fein hacken und mit dem geputzten, nudelig geschnittenen Wurzelwerk im heißen Bratenfond dünsten. Mit etwas Mehl bestauben. Rindsuppe dazugeben, aufkochen lassen, umrühren und die Kapern dazugeben. Alles über die Rostbratenscheiben verteilen und zugedeckt auf niedriger Stufe etwa 20 Minuten lang schmoren lassen. Fleischscheiben herausnehmen und auf vorgewärmte Teller geben. Sauerrahm in den Bratenfond einrühren, mit Zitronenschale und -saft abschmecken und noch einmal kurz erhitzen, nicht mehr kochen. Rostbratenscheiben mit der Sauce servieren.

• Als Beilage: breite Bandnudeln. Genauso können Sie auch Schweinsschnitzel Esterházy bereiten. *(Wien)*

Fasan im Kraut

1 Fasan
Speckscheiben
½ Krautkopf
3 dag Fett
1 kleine Zwiebel
1 EL Zucker
Essig nach Geschmack

Den Fasan in Speck wickeln und rasch von allen Seiten abbraten. Zucker in Fett bräunen und die feingehackte Zwiebel und das nudelig geschnittene Kraut dazugeben. Mit Wasser und Essig aufgießen. Wenn der karamelisierte Zucker aufgelöst ist, den angebratenen Fasan hineingeben und alles zusammen dünsten, bis es weich ist. *(Niederösterreich)*

Faschierter Braten

1 kg faschiertes Fleisch
3 Semmeln
etwas Wasser
Salz
Pfeffer
Paprika
1 Zwiebel
Petersilie
etwas Fett
1 Ei

Die Semmeln in etwas Wasser einweichen, fest ausdrücken, mit Salz, Pfeffer und Paprika würzen und mit dem faschierten Fleisch vermischen. Die Zwiebel sehr fein hacken und mit 1 Eßlöffel gehackter Petersilie in etwas Fett glasig werden lassen, zum Fleisch geben. Das ganze Ei dazugeben und alles gut durchkneten. Einen Striezel formen und diesen in einer feuerfesten gefetteten Form im Rohr braten.

- Das Fleisch darf nicht zu trocken sein! Aus der gleichen Masse können Sie auch Fleischlaibchen zubereiten: Mit feuchten Händen Laibchen formen, in Mehl oder in Bröseln wenden und in Schmalz backen. Als Beilage dazu: Erdäpfelsalat. *(Burgenland)*

Faschiertes Butterschnitzel

2 altbackene Semmeln
⅛ l lauwarme Milch
50 dag faschiertes Kalbfleisch
2 Eier
Salz
weißer Pfeffer
1 EL Semmelbrösel
4 dag Butter
5–6 EL Fleischsuppe

Die kleingeschnittenen Semmeln mit Milch übergießen und einweichen lassen, gut ausdrücken und mit dem Faschierten, den Eiern und Gewürzen vermischen. Kräftig durchkneten und auf Bröseln zu ovalen fingerdicken Schnitzeln flachdrücken. In einer größeren Pfanne die Hälfte der Butter erhitzen und die Butterschnitzel von beiden Seiten goldbraun braten. Mit Fleischsuppe und der restlichen Butter übergossen in einer Kasserolle noch 15 Minuten lang im heißen Rohr braten, dann sofort servieren. *(Wien)*

Fleischlaibchen

30 dag faschiertes Rindfleisch
30 dag faschiertes Schweinefleisch
1 Semmel
2 Eier
Pfeffer
Salz
Majoran
2 Sardellen
Fett zum Braten
Brösel

Das Fleisch mit einer in Wasser eingeweichten, ausgedrückten Semmel vermengen, ein Ei darunterrühren und mit Salz, Pfeffer, Majoran und mit fein gewiegten Sardellen würzen und runde Laibchen formen. Die Laibchen in versprudeltem Ei und Bröseln wenden und in heißem Fett ausbacken.

• Sie können natürlich auch faschierte Reste von gekochtem oder gebratenem Fleisch verwenden, nach Belieben auch Bratensaft beimengen oder die Sardellen weglassen.

(Wien)

G'radelte Blunz'n mit G'röste

3 Blutwürste
6 dag Butter oder Schweinefett
½ kg gekochte Erdäpfel
1 Zwiebel
3 größere, säuerliche Äpfel

Blutwürste in fingerdicke Scheiben schneiden und gut abbraten. Butter erhitzen und die kleingeschnittene Zwiebel darin anrösten, die gekochten Erdäpfel schälen, feinblättrig schneiden und dazugeben, miteinander gut durchrösten. Äpfel entkernen und in fingerdicke Scheiben schneiden, im Backrohr garen, bis sie etwa mittelweich sind. Blutwurstscheiben und Apfelscheiben über den Erdäpfeln anrichten.

(Salzburg)

Gebackene Kalbsfüße

2 Kalbsfüße
Salz
Mehl
1 Ei
Brösel
Fett zum Backen

Kalbsfüße reinigen und in Salzwasser weich kochen. Fleisch vom Knochen lösen und in Stücke schneiden. In Mehl, verschlagenem Ei und Semmelbrösel wenden und in heißem Fett goldgelb backen.

• Als Beilage: Gemüse.

(Wien)

Foto: GUSTO / Stefan Liewehr

Eierspeis mit Kürbis

(STEIERMARK)

(siehe Rezept Seite 62)

Foto: GUSTO / Stefan Liewehr

Liptauer
(NIEDERÖSTERREICH)

(siehe Rezept Seite 70)

Foto: GUSTO / Stefan Liewehr

Sulz mit Gemüse

(STEIERMARK)

(siehe Rezept Seite 73)

Foto: GUSTO / Stefan Liewehr

Überbackene Zanderfilets

(VORARLBERG)

(siehe Rezept Seite 84)

Foto: GUSTO / Das Foto / Graz

Wurzelkarpfen

(VORARLBERG)

(siehe Rezept Seite 85)

Foto: GUSTO / Hauer

Blunzengröstl

(STEIERMARK)

(siehe Rezept Seite 91)

Foto: GUSTO / Stefan Liewehr

Esterházy-Rostbraten
(Wien)

(siehe Rezept Seite 94)

Foto: GUSTO / Stefan Liewehr

Faschiertes Butterschnitzel

(Wien)

(siehe Rezept Seite 95)

Gebackenes Hirn

50 dag Kalbshirn
Salz
1 Ei
Mehl
Semmelbrösel
Fett zum Backen
½ Zitrone

Hirn im lauwarmen Wasser abhäuten und gut abtropfen lassen. Salzen, in Mehl, versprudeltem Ei und Bröseln wenden und in reichlich Fett hellbraun backen. Mit Zitronenspalten servieren.

• Als Beilage: grüne Erbsen, gemischter Salat oder Erdäpfelsalat.

(Wien)

Gedünsteter Kohl

2 kleine Kohlköpfe (60–70 dag)
10 dag Selchspeck
25 dag gekochtes Selchfleisch
wenig Salz
Muskatblüte
1–2 Knoblauchzehen
¼ l Rindsuppe

Die Kohlköpfe vierteln und kurz mit kochendem Salzwasser überbrühen. Den Speck kleinwürfelig schneiden, das Selchfleisch hacken und in eine Kasserolle oder feuerfeste Form zunächst die Hälfte des Specks streuen, dann den Kohl daraufheben, gehacktes Selchfleisch dazwischenstreuen und den restlichen Speck gleichmäßig darüber verteilen. Den Kohl mit der Rindsuppe übergießen, würzen und im Rohr dünsten.

• Als Beilage: Salzerdäpfel.

(Steiermark)

Gefüllte Kalbsbrust

Für 12–15 Personen
1 Kalbsbrust (vom Fleischer eine Tasche einschneiden lassen)
Öl
Kalbsknochen
1 Bund Suppengrün
Mehl zum Bestäuben
etwas Weißwein

Für die Fülle:
10 dag Butter
5 Eier
Salz
Pfeffer
Muskat
Speck oder Schinken
Petersilie
6 Semmeln
Semmelbrösel

Für die Fülle Butter mit Eiern, Salz, Pfeffer, Muskat, kleingeschnittenem Speck oder Schinken und Petersilie gut verrühren. Die Semmeln abrinden, einweichen und gut ausdrücken, dazumischen. Diese Masse mit Bröseln festigen, falls nötig, und die Kalbsbrust damit füllen und zunähen. Kalbsbrust mit Öl, kleingehackten Kalbsknochen und Wurzelwerk unter mehrmaligem Begießen 2 Stunden lang bei mäßiger Hitze braten. Das Fleisch herausnehmen, den Fond reduzieren lassen, überschüssiges Fett abschütten, leicht mit Mehl stauben, mit Weißwein und etwas Fleischsuppe aufgießen, nochmals aufkochen lassen und servieren.

(Tirol)

Hauptgerichte mit Fleisch

Gefüllte Kohlrabi

4 Kohlrabi
4 Scheiben Toastbrot oder 2 entrindete Semmeln
½ l Milch
40 dag Faschiertes
3 Eier
Salz
Pfeffer
Muskatnuß
etwas Butter
2 dag Mehl
2 dag Butter
2 EL Schlagobers
Petersilie
Schnittlauch

Die geschälten Kohlrabi etwa zur Hälfte aushöhlen. In kochendem Salzwasser etwa 5 Minuten lang garen und mit kaltem Wasser abschrecken. Den Gemüsesud aufheben. Toastbrot oder entrindete Semmeln in Milch einweichen, gut ausdrücken und mit Faschiertem und Eiern vermischen. Mit Salz, Pfeffer und Muskatnuß würzen. Die Kohlrabi füllen und in eine bebutterte Auflaufform setzen. Mit dem Gemüsesud aufgießen und auf kleiner Flamme etwa 20 Minuten lang dünsten. Die Kohlrabi herausnehmen und warm stellen. Mehl mit Butter fein verhacken, in den Sud einrühren und kurz aufkochen, mit Obers, Petersilie und Schnittlauch abrunden. Die gefüllten Kohlrabi mit der Sauce übergießen und servieren.

• Als Beilage: Erdäpfelpüree. Das Herausgeschnittene der Kohlrabi kann man für eine Gemüsesuppe verwenden.

(Oberösterreich)

Hauptgerichte mit Fleisch

Gefüllte Krautrollen mit Paprikakraut

1 Krauthäuptel
Für die Fülle:
2 Semmeln
1 Zwiebel
3 dag Schmalz
2 TL gehackte Petersilie
45 dag faschiertes Schweine- und Rindfleisch
1 Ei
Pfeffer
Salz
Majoran
1 Knoblauchzehe
Für das Paprikakraut:
4 dag Schmalz
6 dag Selchspeck
1 TL gehackte Zwiebel
½ roter Paprika
½ grüner Paprika
1 EL Paprika
¼ l Wasser
30 dag Sauerkraut
etwas Kümmel
1 Lorbeerblatt
2 Knoblauchzehen
Salz
⅛ l Sauerrahm
1 dag Mehl

Aus dem Krautkopf den Strunk herausschneiden, den Kopf etwa 5 Minuten lang in kochendem Salzwasser blanchieren, dann herausnehmen, die Blätter ablösen, einzeln in das kochende Wasser zurückgeben und kernig weich kochen. Herausnehmen und gut abtropfen lassen. Inzwischen für die Fülle die Semmeln in etwas Wasser einweichen, dann gut ausdrücken und passieren. Zwiebel in Streifen schneiden und in heißem Fett goldgelb rösten. Gehackte Petersilie beigeben. Etwas überkühlt mit dem Faschierten, der Semmelmasse, dem Ei, etwas kalter Milch, den zerdrückten Knoblauchzehen und den Gewürzen gut vermischen und zu einer geschmeidigen Masse verarbeiten. Nun die Krautblätter auflegen, etwas flachklopfen und mit Fülle belegen. Seitlich einschlagen und zu Rollen formen. Mit der „Naht" nach unten in eine befettete Auflaufform legen und leicht salzen. Im Rohr etwa 15 Minuten lang braten. Inzwischen für das Paprikakraut den Selchspeck würfelig schneiden und in heißem Schmalz glasig rösten. Paprika nudelig schneiden, dazugeben, feingeschnittene Zwiebel beigeben und alles kurz durchrösten. Paprizieren und sofort mit Wasser aufgießen. Sauerkraut und die Gewürze dazugeben, zugedeckt weich dünsten. Sauerrahm mit Mehl verrühren und das Kraut damit leicht binden. Dieses Paprikakraut über die gefüllten Krautrollen geben und alles noch gut 1 Stunde zugedeckt langsam im Rohr dünsten.

● Als Beilage: Salzerdäpfel. Variante: Die Fülle aus Faschiertem mit Zwiebel, viel Knoblauch und 1 Handvoll vorgekochtem Reis bereiten, die Rouladen auf den restlichen Krautblättern und unter geschälten Paradeisern und einer kleingeschnittenen Paprikaschote dünsten. *(Oberösterreich)*

Hauptgerichte mit Fleisch

Gefüllte Paprika

12 grüne Paprika
60 dag Faschiertes vom Schwein
2 Zwiebeln
etwas Schmalz
1 Ei
10 dag Reis
Salz
Pfeffer
Paradeissauce

Die Paprikaschoten waschen, dann rund um den Stielansatz aufschneiden und den Stiel mitsamt dem Kerngehäuse herausnehmen, die weißen Adern im Innern entfernen. Die Zwiebeln kleinhacken und in etwas Schmalz anrösten. Den Reis halbgar kochen. Nun aus dem Faschierten, den Zwiebeln, dem Ei, dem Reis, Pfeffer und Salz die Füllung bereiten, indem man alle Zutaten mit der Hand gut vermischt und durchknetet. Die Masse in die Paprikaschoten füllen und diese in eine tiefe Kasserolle stellen oder legen. Reichlich Paradeissauce darübergießen und alles eine Stunde lang auf kleinem Feuer kochen lassen.

• Als Beilage: frisch gekochte Erdäpfel.   *(Burgenland)*

Gefüllter Kohl

1 großer Kohlkopf
Fleischreste oder Faschiertes
1 Bund Suppengrün
1 Semmel
1 Handvoll Reis
1 Ei
1 Zwiebel
Speck
Sauerrahm
Salz
Pfeffer

Den Kohlkopf halbweich kochen, dabei das Suppengemüse unzerteilt mitkochen. Nun den Kohl mit dem Strunk nach unten hinlegen und die Blätter vorsichtig auseinanderbiegen. Die Mitte herausnehmen und klein hacken, die Fleischreste faschieren, das Suppengemüse klein schneiden, die Zwiebel fein hacken, den Speck klein schneiden und anrösten, und alles mit einer Handvoll gekochtem Reis zu einer Fülle verarbeiten, die mit Salz und Pfeffer pikant abgeschmeckt wird. Diese Masse verteilt zwischen die Blätter des Kohlkopfes füllen, den Kohl vorsichtig zusammenbinden und in einen großen Topf geben. Mit Butter und großzügig bemessenem Sauerrahm 60 bis 90 Minuten lang dünsten lassen.

• Die Menge der Füllung richtet sich nach der Größe des Kohlkopfes und kann daher nicht genau angegeben werden. Als Beilage, wenn überhaupt: Erdäpfelsterz.

(Burgenland)

Hauptgerichte mit Fleisch

Gefüllter Schweinsbauch

1,5 kg Schweinsbauch
30 dag Knochen
Salz
Pfeffer
Für die Fülle:
3 altbackene Semmeln
2 Eier
Salz
Pfeffer
3 EL Schlagobers
⅛ l lauwarme Milch
frisch geriebener
Muskat
2 EL gehackte Zwiebel
2 EL gehackte Petersilie
2–3 dag weiche Butter
1 kleine rote
Paprikaschote
2–3 EL Semmelbrösel
Zum Braten:
5 dag Butter
1 geviertelte Zwiebel
1 geviertelte Karotte
½ l heiße Fleischsuppe
5 EL trockener
Weißwein
3 EL Schlagobers

Den Schweinsbauch vom Fleischer einschneiden lassen. Innen und außen kräftig mit Salz und Pfeffer würzen und mit einem sehr scharfen Messer die Schwarte kreuzweise einschneiden. Für die Füllung Eier mit Salz, Pfeffer, Obers, Milch sowie Muskat gut verschlagen, über die kleingeschnittenen Semmeln gießen, Zwiebeln und Petersilie in Butter andünsten und dazugeben, alles gut vermischen und etwa 30 Minuten lang durchziehen lassen. Den sehr fein gewürfelten Paprika zur Semmelmasse geben, untermischen und die Masse nötigenfalls mit Semmelbröseln festigen. Den Schweinsbauch damit füllen und zubinden oder mit Zahnstochern zustecken. Das Backrohr auf 190–210°C vorheizen. In einem großen Bräter Butter erhitzen, Knochen, kleingeschnittene Karotte, feingehackte Zwiebel und Fleisch darin kurz anbraten, ¼ l heiße Fleischsuppe angießen, dann den Bräter in das Backrohr schieben und das Ganze etwa 2 Stunden lang unter mehrmaligem Begießen braten lassen. Den Braten herausnehmen, den Fond aufkochen, durchpassieren und mit Wein und Rahm abrunden. Die Naht entfernen, den Braten aufschneiden und die Sauce separat dazu servieren.

(Salzburg)

Gefülltes Brathendl

1 Hendl
1 Semmel
1 Ei
etwas Milch
5 dag Butter
1 kleine Zwiebel
Majoran
Petersilie
Pfeffer
Salz
1 EL Brösel
Kümmel
etwas Butter

Das Hendl waschen und sauber putzen. Außen und innen salzen. Die Semmel in Milch einweichen. Gut ausdrücken, mit der Butter und dem Ei verrühren, die kleingehackte Zwiebel, 1 EL feingehackte Petersilie, etwas Salz, Pfeffer und Majoran sowie die Brösel dazugeben und das ganze gut durchmischen. Das Hendl damit füllen, Butterflocken daraufsetzen und mit etwas Kümmel bestreuen. Im geschlossenen Bräter etwa eine Stunde lang im Rohr braten, dann den Deckel abnehmen und weiterbraten, bis die Haut schön braun und knusprig ist.

(Burgenland)

Hauptgerichte mit Fleisch

Gefülltes Poulard

1 steirisches Poulard
1 TL Salz
etwas Pfeffer
4 dag Fett
Für die Fülle:
2 Semmeln
⅛ l Milch
1 Ei
Hühnerleber
1 Zweigerl Rosmarin
1 TL feingehackte Petersilie
etwas Salz
⅛ l Weißwein
etwas Butter
Wasser

Das Poulard putzen, ausnehmen und mit Salz und Pfeffer einreiben. Nun für die Fülle die Semmeln blättrig schneiden und in einem Gemisch von Milch und Ei einweichen, feingehackte Hühnerleber, Rosmarin, Petersilie und Salz dazurühren. Diese Fülle in die Bauchhöhle des Huhns geben und zunähen. Mit der Brust nach unten in eine Pfanne mit heißem Fett legen und im Rohr braten. Dabei öfters mit heißem Wasser und Wein begießen. Am Schluß den Saft entfetten und eventuell mit Butter verbessern. *(Steiermark)*

Gekochter Sauschädl

1 Sauschädl
3 Knoblauchzehen
Salz
1/16 l Essig
9 Pfefferkörner
5 Wacholderbeeren
1 Zwiebel
2 Bund Suppengrün
Kren

Sauschädl waschen und mit Knoblauch, Salz und Gewürzen in Wasser langsam 1–2 Stunden kochen. Wurzelwerk in Streifen, Zwiebel in Würfel schneiden und 15 Minuten vor Beendigung der Kochzeit beigeben. Sobald das Fleisch weich ist, Sauschädl herausnehmen. Das Fleisch von den Knochen lösen und in fingerdicke Stücke schneiden. Mit reichlich weichgekochtem Wurzelwerk, mit Suppe und dem frisch gerissenen Kren anrichten. Mit Salzerdäpfeln servieren.

● Als Silvesterschmaus läßt man den Sauschädl im Ganzen und bringt ihn als Glücksschwein mit brennenden Sternspuckern und attraktiv garniert auf den Tisch. Als Beilage: Linsen, damit man im ganzen Jahr genug Geld hat.

(Oberösterreich)

Gekochtes Rindfleisch

1 kg Rindfleisch
1 Bund Suppengrün
½ Zwiebel
6 Pfefferkörner

Das Fleisch klopfen, In die siedende Wurzelsuppe legen und etwa 1½ bis 2 Stunden lang auf kleiner Flamme kochen. Fleisch in möglichst gleiche Stücke schneiden und auf eine Schüssel legen. Mit Suppe übergießen, aber nur mit so viel, daß es saftig aussieht.

(Wien)

Gerollter Kalbsnierenbraten

80 dag ausgelöster Nierenbraten (beim Fleischer vorbestellen)
Salz
5 dag Butter
2 dag Butter

Die Knochen herausnehmen, die starken Sehnen entfernen. Die Nieren halbieren, salzen und auf das Fleisch auflegen, straff zusammenrollen und mit einer Schnur binden. Das gerollte Nierenbratenstück gut salzen und auf Knochenunterlage ins Rohr schieben. Mit Butter und dem sich bildenden Bratensaft häufiger begießen, etwa 1¼ Stunden braten.

- Beilage: Reis mit Erbsen.

(Wien)

Geröstete Nieren

2 Kalbsnieren
5 dag Butter
1 Zwiebel
Salz

Eine Rein messerrückendick mit Butter bestreichen. Zwiebel kleinschneiden und darin anrösten, die Nieren blättrig schneiden und dazugeben. Nur kurz durchrösten lassen und gesalzen servieren.

(Wien)

Geselchte Saumaisen

½ kg fettes Schweinefleisch
½ kg mageres Schweinefleisch
3 Zwiebeln
1 Knolle Knoblauch
Salz
Pfeffer
Paprika
Zitronenschale
1 Schweinsnetz

Fleisch, Zwiebeln und Knoblauch 3 mal faschieren, damit die Masse ganz fein ist. Würzen und gut durchmischen. 3–4 Stunden zugedeckt stehen lassen. Aus dem Schweinsnetz handgroße Quadrate schneiden. In die Mitte ein Häufchen von der Fleischmasse setzen, Netz darüberschlagen und mit Spagat abbinden. Einige Tage kühl selchen. Vor dem Verzehr durchbraten.

- Als Beilage: Sauerkraut und Erdäpfel.

(Oberösterreich)

Hauptgerichte mit Fleisch

Gespicktes Kalbsbries

1 kg Bries
Salz
10 dag Speck
5 dag Butter
etwas Suppe

Bries 1 Stunde in lauwarmem Wasser liegen lassen. Die Rosen aus dem Fleisch lösen und alle Adern entfernen. In Salzwasser einige Minuten kochen. Mit kaltem Wasser übergießen und auf ein Brett legen. Mit einem zweiten Brett bedecken und beschwert erkalten lassen. Mit Speck spicken und in einer Kasserolle mit Butter und Suppe im Rohr dünsten. Wenn es weich und gar ist, in Scheiben schneiden.

• Als Beilage: Sauerampferpüree oder grüne Erbsen. Das Gemüse auf eine Platte geben und die Fleischstücke im Kreis herum anrichten. *(Wien)*

Girardi-Rostbraten

4 dünne Scheiben Rostbraten
Salz
Pfeffer
etwas Mehl
1 Zwiebel
5 dag Fett
⅛ l Weißwein
⅛ l Suppe
10 dag Speck
12 dag Champignons
Petersilie
Zitronenschale
7 Kapern
¼ l Sauerrahm
evtl. 2 dag Mehl

Rostbratenscheiben klopfen und am Rand mehrfach einschneiden, damit sie sich beim Braten nicht einrollen. Von beiden Seiten gut würzen und auf einer Seite durch Mehl ziehen. Schweineschmalz in einer großen Pfanne erhitzen. Rostbratenscheiben mit der bemehlten Seite zuerst in das heiße Fett legen und bei starker Hitze von jeder Seite kurz, aber kräftig anbraten. Danach das Fleisch herausnehmen und im Bratenrückstand feingehackte Zwiebel anrösten. Mit Wein löschen, mit Suppe aufgießen und die Rostbraten darin gardünsten lassen. Für die Sauce kleingehackten Speck, Champignons, Petersilie, Kapern und Zitronenschale miteinander anrösten, mit Sauerrahm aufgießen und eventuell mit Mehl binden. Die Rostbraten mit dieser Sauce übergossen servieren.

• Als Beilage: Nockerln, Reis oder Knödel. *(Wien)*

Hauptgerichte mit Fleisch

Hasenpfeffer

Klein und Läufe von einem Hasen
½ l Rotwein
etwas Fleischsuppe
2 dag Mehl
Pfeffer
Nelken
Muskatnuß
abgeriebene Zitronenschale
10 dag Speck
2 dag Butter

Hinter- und Vorderläufe sowie das Klein in Stücke schneiden, von restlichen Haaren reinigen und mit dem Blut in eine Schüssel geben. Mit Wein übergießen und zugedeckt an einem kühlen Ort einen bis zwei Tage marinieren lassen. Dann die Stücke in heißem Fett goldgelb braten, in eine Schüssel legen, in dem Bratfett Mehl anrösten, mit Fleischsuppe aufgießen und die Fleischstücke darin mit Suppe bedeckt sieden lassen. Mit Pfeffer, Nelken, Muskatnuß, Zitronenschale, und fein gewiegtem Speck würzen. Zugedeckt weiterkochen lassen. Wenn es weich ist, etwas von der Beize dazugeben und anziehen lassen. Unmittelbar vor dem Anrichten ein Stück Butter in die Sauce geben. *(Wien)*

Hasenrücken in Rahmsauce

2 Hasenrücken
6 dag Selchspeck
Wacholderbeeren
etwas Butterschmalz
1 Bund Suppengrün
½ Zwiebel
1/16 l Rotwein
1 Zitronenscheibe
Thymian
1 Lorbeerblatt
5 Pfefferkörner
3 Pimentkörner
3 Gewürznelken
⅛ l Schlagobers
1 dag Mehl
½ TL Senf
2 TL Preiselbeerkompott
ev. Zitronensaft

Speck in dünne Streifen schneiden und damit die Hasenrücken spicken, mit Salz, Pfeffer und zerdrückten Wacholderbeeren einreiben. In einer Pfanne Fett erhitzen und Hasenrücken rasch anbraten, dann die Hitze reduzieren und die Rücken in eine Kasserolle legen. Im Bratenrückstand den restlichen Speck auslassen, Suppengrün und Zwiebel würfeln, beigeben und goldbraun rösten, mit Rotwein ablöschen. Etwa ¼ l Wasser und restliche Gewürze zugeben, kurz aufkochen lassen und dem Fleisch beigeben. Zugedeckt auf kleiner Flamme dünsten. Wenn der Hasenrücken gar ist, herausnehmen und entlang der Knochen aufschneiden. Die Sauce mit Schlagobers und Mehl binden, mit Preiselbeerkompott, Senf und eventuell Zitronensaft würzen, nach Geschmack passieren und über das Fleisch gießen.

● Als Beilage: Knödel, Erdäpfelkroketten, Teigwaren, gedünstete Apfelscheiben, Kohlsprossen mit Bröselbutter oder Preiselbeerkompott. *(Oberösterreich)*

Hauptgerichte mit Fleisch

Herrengröstl

1 kg Kalbsschnitzelfleisch
1½ kg Erdäpfel
16 dag Butter
10 dag Öl
1 mittlere Zwiebel
2 Lorbeerblätter
Petersilie
Majoran
Bratensauce
Salz
Pfeffer aus der Mühle

Die Zwiebel fein hacken und in Butter und Öl hellgelb werden lassen, das Fleisch schnetzeln, dazugeben und schnell abbraten. Die Erdäpfel kochen, schälen und in Scheiben schneiden, schön rösten und dann zum Fleisch geben, würzen. Gut durchschwenken, etwas Bratensaft angießen und mit Petersilie bestreut servieren. *(Tirol)*

Hirn mit Ei

50 dag Kalbshirn
1 Zwiebel
4 dag Butter
Petersilie
Salz
4 Eier

Hirn waschen, abziehen und hacken. Zwiebel in Butter anlaufen lassen. Das Hirn dazugeben, kurz durchrösten und die Eier darüberschlagen. Kurz bevor die Eier stocken, vom Feuer nehmen und mit Schnittlauch bestreuen. *(Wien)*

Hirschgulasch

1 kg Hirschfleisch
(Hals, Rippen, Brust)
½ l Buttermilch
6 Wacholderbeeren
6 dag Speck
1 Zwiebel
ca. 2 dag Mehl
⅛ l Rotwein
Salz
Pfeffer
Thymian
Knoblauch
Lorbeerblatt

Fleischstücke 2 Tage lang in einer Beize aus Buttermilch und Wacholderbeeren liegen lassen. Dann das Fleisch aus der Beize nehmen, diese jedoch nicht weggießen. Abtropfen lassen und abtrocknen. Inzwischen Zwiebel und Speckwürfel anrösten, Fleischstücke dazugeben und gut durchrösten. Mit Mehl bestäuben und mit Rotwein löschen. Würzen und mit ca. 2 Tassen von der Buttermilchbeize aufgießen. Etwa 90 Minuten lang zugedeckt dünsten.

• Als Beilage: Schwarzplentenspatzlan und Gemüse. *(Tirol)*

Hauptgerichte mit Fleisch

Hühnerbrust in Wurzelsauce

4 Hühnerbrüste
Salz
Rosmarin
4 dag Butter
12 dag Karotten
10 dag Sellerieknolle
2 kleine Zwiebeln
5 dag Petersilwurzel
¼ l Fleischsuppe
5 EL Schlagobers
Salz
Pfeffer

Das Hühnerfleisch mit Salz und Rosmarin würzen und beidseitig in Butter anbraten, dann ins heiße Rohr stellen. Inzwischen das Gemüse kleinschneiden und im Bratenrückstand anrösten und mit Suppe aufgießen. 20 Minuten lang kochen lassen, dann passieren, würzen und geschlagenes Obers darunterheben. Fleisch in Scheiben schneiden und mit Wurzelsauce anrichten.

(Vorarlberg)

Hühnerfrikassee

1 Huhn
etwas Salz
Pfeffer
einige Gewürznelken
1 Lorbeerblatt
4 EL Zitronensaft
1 Bund Suppengrün
4 EL Butter
4 EL Mehl
⅛ l Weißwein
2 Eidotter
4 EL Schlagobers
1 EL gehackte Petersilie

Das Huhn halbieren und mit dem kleingeschnittenen Suppengrün, Zitronensaft und den Gewürzen zum Kochen bringen. Nach dem Aufkochen abschäumen und zugedeckt auf kleiner Flamme 1½ Stunden lang kochen. Das Huhn herausnehmen, Fleisch von den Knochen lösen, die Haut davon abziehen und Fleisch in Stücke schneiden. Die Hühnersuppe entfetten. Aus Mehl und Butter eine Schwitze bereiten, mit Wein löschen, mit Suppe aufgießen und bis zum Aufkochen rühren. Das Hühnerfleisch dazugeben, kurz aufkochen und vom Feuer nehmen. Zitronensaft, Obers und Eidotter einrühren, aber nicht mehr kochen lassen. Mit Petersilie überstreut servieren.

- Als Beilage: trockenen Reis. Man kann die Einbrenn mit 10 dag blättrig geschnittenen Champignons oder einer Dose Spargelspitzen anreichern. Variante: mit Curry würzen.

(Wien)

Hauptgerichte mit Fleisch

Jägerbraten mit Grumpera

**1 altbackene Semmel
etwas Milch
½ Bund Petersilie
1 Ei
50 dag gemischtes
Faschiertes vom Rind
und Schwein
Salz
Pfeffer
Muskat
1 EL Senf
20 dag Gouda
Butter zum Einfetten
1 kg Erdäpfel
⅛ l Schlagobers**

Die Semmel in Milch einweichen und gut ausdrücken. Mit der feingehackten Petersilie, dem Senf und dem Ei zum Faschierten geben, gut verkneten und kräftig würzen, eventuell etwas Milch zugeben. Aus der geschmeidigen Masse einen länglichen Laib formen, in eine große feuerfeste Form legen, in der Mitte etwas auseinanderdrücken und den in dicke Riegel geschnittenen Käse einlegen. Mit Fleischteig umschließen. Die Grumpera (Erdäpfel) schälen, in dünne Scheiben hobeln, jetzt abspülen und gut abtropfen lassen. Um das Fleisch in die Form legen und mit Obers begießen. Alles bei 180–200 °C im vorgeheizten Backrohr in 60–70 Minuten garen.

• Statt des Käses kann man auch hartgekochte Eier (geschält, aber ganz) oder Essiggurkerln im Fleisch „verstecken".

(Vorarlberg)

Jägerfleisch

**4 Rindschnitzel
Salz
Pfeffer
Mehl zum Wenden
Fett zum Ausbraten
1 Zwiebel
4 EL Essig
6 EL Suppe**

Schnitzel dünn klopfen und mit Salz und Pfeffer würzen. Die Schnitzel in warmem Fett und dann in Mehl wenden. Erst kurz vor dem Anrichten abbraten. In dem Fett Zwiebelringe goldgelb anlaufen lassen, mit Essig löschen, Suppe dazugeben und kurz aufkochen lassen.

• Als Beilage: Erdäpfel.

(Wien)

Hauptgerichte mit Fleisch

Kalbsbeuschel

½ kg Beuschel
1 l Fleischsuppe oder Wasser
etwas Öl
1 Zwiebel
1 Knoblauchzehe
Paprika
Neugewürz
Nelkenpulver
Zitronenschale
Pfeffer
Muskatnuß
Salz
Lorbeerblätter
einen Schuß Essig oder Zitronensaft
30 dag Erdäpfel

Zwiebel würfelig schneiden und anrösten. Das Beuschel faschieren und dazugeben, würzen und gut durchrösten. Mit Wasser oder Suppe aufgießen, die Lorbeerblätter, einen Schuß Essig und die geschälten, gewürfelten Erdäpfel dazugeben. Alles 30 Minuten lang kochen lassen. Abschmecken und servieren.

• Anstatt die Erdäpfel mitzugaren, können Sie auch Polenta oder Knödel als Beilage reichen. *(Tirol)*

Kalbskoteletts in Papier

4 Kalbskoteletts
Salz
10 dag Speck
½ Zwiebel
Petersilie
6 Schalotten
1 Semmel
Milch
2 Eidotter
2 dag Butter

Fleisch gut waschen, klopfen und salzen. Nun Speck, Zwiebel, Petersilie, Schalotten, die in Milch eingeweichte und gut ausgedrückte Semmel miteinander kleinhacken und mit Dotter verrühren. Aus Papier herzförmige Teller schneiden und mit Butter bestreichen. Die Koteletts auf beiden Seiten mit Farce bestreichen, auf die Herzln legen und die Ränder umbiegen. Auf einem Rost über frischer Glut oder im Rohr bei starker Hitze braten. *(Wien)*

Kalbsnierenbraten

80 dag Nierenbraten vom Kalb (beim Fleischer vorbestellen)
Salz
5 dag Butter
etwas Fleischsuppe

Nierenbraten gut waschen und eingesalzen liegen lassen. Auf einen Spieß stecken und während des Bratens mit Butter und Fleischsuppe begießen. Beim Anrichten mit Butter aus der Bratpfanne übergießen. *(Wien)*

Hauptgerichte mit Fleisch

Kalbsvögelen

4 Kalbsschnitzel à 6 dag
Salz
Pfeffer
2–4 Scheiben Schinken
4 Scheiben Käse
8 große Spinatblätter
Petersilie
Oregano
1 Schuß Weißwein
½ EL Mehl
2 EL Rahm

Den Spinat blanchieren und abtropfen lassen. Die Kalbsschnitzel würzen und mit blanchiertem Spinat, Schinken, Käse belegen und mit feingehackten Kräutern bestreuen. Fest einrollen und mit Zahnstochern fixieren. In einer heißen Pfanne von allen Seiten gut anbraten und mit Weißwein löschen, stauben, aufgießen und zugedeckt 10 Minuten lang garen lassen. Zum Schluß den Rahm unterrühren.

- Als Beilage: Polenta, Salat. *(Tirol)*

Kaltes Rindfleisch

1 kg Rindfleisch
Salz
¼ l Wein
Muskatblüte
Gewürznelken
6 Pfefferkörner
2 Lorbeerblätter
Zitronenschale
5 dag Speck

Rindfleisch mit Pfeffer bestreuen und mit kleinfingerdick geschnittenem Speck durchziehen. In einem gerade passenden Topf mit Wasser und Salz erhitzen. Aufschäumen lassen, dann Wein, Muskatblüte, Gewürznelken, Pfefferkörner, Lorbeerblätter und Zitronenschale dazugeben und das Fleisch kochen, bis es weiß ist. Aus dem Sud nehmen, in ein reines Tuch wickeln und kühl stellen, vollständig abgekühlt servieren. *(Wien)*

Kaninchen mit Paprika

Kaninchenvorderteil
2 Zwiebeln
10 dag Speck
1 TL Paprika
2 dag Mehl

Fleischteile in große Stücke schneiden. In dem kleingeschnittenen Speck die Zwiebeln anlaufen lassen und das Fleisch hineingeben. Anbraten und mit Paprika bestreuen. Mit Mehl stauben, durchrösten, mit Wasser aufgießen. Kurz garkochen lassen.

- Beilage: Knödel oder Nudeln. *(Wien)*

Kärntner Ritschert

20 dag Rollgerste
10 dag weiße Bohnen
1 geselchte Schweinsstelze oder 40 dag Selchfleisch
1 Bund Suppengrün
1 Bund Liebstöckel
Salbei
Salz
eventuell etwas Essig

Rollgerste und Bohnen über Nacht einweichen. Das Wurzelwerk teilen. Einen Teil des Wurzelwerks unzerkleinert mit den Bohnen, der Gerste und den Gewürzen kalt zustellen und so lange kochen, bis die Zutaten weich sind und der Ritschert seine leicht „schmierige" Konsistenz hat, dabei immer wieder umrühren. Selchfleisch mit dem anderen Teil des unzerteilten Wurzelwerks gesondert kochen. Die Schwarte entfernen, das Fleisch kleinwürfelig schneiden und zum Ritschert geben. Kurz weichkochen und Ritschert eventuell vor dem Fertigkochen etwas säuern. Sellerie und Porree herausnehmen, die Karotten etwas kleinschneiden und wieder hineingeben.

(Kärnten)

Katzeng'schroa

3 Zwiebeln
35 dag Schweinefleisch
35 dag Leber und oder Nierndln
6 dag Fett
geriebene Zitronenschale
Kümmel, gemahlen
Muskatnuß
1 TL Senf
2 EL Mehl
etwas Rindsuppe
1 Spritzer Essig
3 EL Sauerrahm
Schnittlauch

Die Zwiebeln in Ringe schneiden, anrösten und das dünnblättrig geschnittene Fleisch hinzugeben und mitrösten, mit Zitronenschale, Kümmel, Muskat und Senf würzen. Mit Mehl stauben und mit etwas Rindsuppe aufgießen. Fleisch in dieser Sauce gardünsten. Mit etwas Essig würzen. Zum Schluß mit Sauerrahm verfeinern und mit Schnittlauch bestreut servieren.

● Als Beilage: Nockerln und Salat. Statt mit Muskat können Sie es auch mit Ingwer würzen.

(Oberösterreich)

Hauptgerichte mit Fleisch

Kloanbrein

50 dag Lammschulter
1 Bund Suppengrün
1 Stengel Liebstöckel
1 kleines Lorbeerblatt
2 Stengel Bohnenkraut
Salz
25 dag Hirse
2 mittlere Zwiebeln
1 Knoblauchzehe
3 dag Schmalz

Wasser zum Kochen bringen, Das Suppengrün würfelig schneiden, das Fleisch kurz waschen und beides zusammen mit den Kräutern in einen Topf geben. So viel kochendes Wasser aufgießen, daß das Fleisch gerade bedeckt ist. Salzen und etwa 1 Stunde lang köcheln lassen. Dann das Fleisch herausnehmen. Die Suppe eventuell abseihen und wieder aufkochen lassen, die Hirse einrühren, nur kurz aufkochen und dann bei ganz niedriger Hitze etwa 30 Minuten lang ausquellen lassen. Inzwischen das Fleisch in mundgerechte Würfel schneiden. Wenn die Hirse gar ist, das Fleisch wieder dazugeben, die Zwiebeln fein würfeln und im heißen Butterschmalz goldgelb rösten, den Knoblauch über den Spitzen einer Gabel fein reiben und kurz mitrösten und alles über die Brein gießen. Rasch servieren. *(Kärnten)*

Krautfleisch

5 dag Schmalz
3 große Zwiebeln
1 kg Schweinefleisch
1 EL Paprika
Salz
1 EL Mehl
1/2 l Wasser
1/2 kg Sauerkraut
Sauerrahm

Die Zwiebeln fein hacken und im Schmalz rösten. Das Fleisch in Würfel schneiden, dazugeben und weichdünsten. Mit Salz und Paprika würzen und mit etwas Mehl stauben. Mit Wasser aufgießen. Das Sauerkraut waschen, dazugeben und das Krautfleisch garkochen lassen. Zum Schluß mit Rahm binden und kräftig abschmecken.

- Als Beilage: Knödel. *(Burgenland)*

Krautgulasch

1/2 kg Schweinefleisch
1/2 kg Sauerkraut
1 Zwiebel
3 dag Schweineschmalz
1 EL Paprika
Salz
Pfeffer
Kümmel
1/8 l Sauerrahm
1 EL Mehl

Die Zwiebel fein hacken und im Schmalz rösten. Das Fleisch in Würfel schneiden, dazugeben und anrösten. Mit Salz, Pfeffer, Paprika und Kümmel würzen, Sauerkraut untermischen und das Gulasch weichdünsten lassen. Mehl mit Sauerrahm vermischen, das Gulasch damit binden und kurz aufkochen lassen. *(Oberösterreich)*

Hauptgerichte mit Fleisch

Krenfleisch

1 kg Schweinefleisch mit Schwarte
1 l Wasser
1 kg Erdäpfel
17 dag Kren
⅛ l Essig
1 Zwiebel
1 Lorbeerblatt
etwas Salz
Pfefferkörner
Wacholderbeeren
1 Bund Suppengrün

Kaltes Wasser zum Kochen bringen und kleingeschnittenes Wurzelwerk, Gewürze und Essig darin kochen. Schweinefleisch in 10–12 Scheiben schneiden und zu den Wurzeln geben. Die Erdäpfel in kleine Stücke schneiden und ebenfalls in den Topf geben, zugedeckt weichkochen. Das Gericht auf einer heißen Platte anrichten, mit Wurzelwerk garnieren und mit geriebenem Kren überstreuen.

• Krenfleisch vom Rind bereitet man fast genauso zu, allerdings wird das Fleisch (Brust- oder Beinfleisch) erst nach dem Garen (etwa 2 Stunden) in Scheiben geschnitten, die Wacholderbeeren werden weggelassen, und die Erdäpfel werden separat gekocht. *(Wien)*

Kümmelfleisch

80 dag Schweinefleisch
5 dag Fett
2 Zwiebeln
1 EL Kümmel
½ TL Paprika
Salz
Pfeffer

Die Zwiebeln nudelig schneiden und in Öl anlaufen lassen, würzen. Das Fleisch blättrig schneiden und dazugeben, kurz durchrösten und im eigenen Saft gut eine Stunde lang weich dünsten.

• Beilage: Salzerdäpfel oder Erdäpfelknödel und Kraut.

(Wien)

Lammpörkelt

10 dag Speck
2 große Zwiebeln
1 Knoblauchzehe
2 Paprikaschoten
2 Paradeiser
½ l Suppe (oder Wasser)
75 dag Lammfleisch (Brust, Hals, Schulter)
1 EL Mehl
1 EL Paprika
etwas geriebene Zitronenschale

Das Fleisch auslösen und in Würfel schneiden. Den Speck in einem großen Bratentopf auslassen, die Zwiebeln klein würfeln, die Knoblauchzehe über den Spitzen einer Gabel zerreiben, die Paprikaschoten putzen und klein würfeln, dieses Gemüse im Speck andünsten. Die Paradeiser schälen und entkernen, grob würfeln und mitdünsten lassen, nun das Fleisch hinzugeben und unter Rühren kurz anrösten. Mit etwas Suppe ablöschen. Suppe und Saft verdunsten lassen, dann vom Feuer nehmen und mit Paprika (edelsüß) und Mehl stauben, gut durchrühren und mit der restlichen Suppe angießen. Wieder aufs Feuer stellen und auf kleiner Flamme weichkochen. Eventuell mit Zitronenschale abschmecken.

• Dazu: Tarhonya und grüner Salat. *(Burgenland)*

Lammschlegel mit Gurken

1 kg Lammschlegel
1 TL Salz
etwas Pfeffer
5 dag Selchspeck
Wurzelwerk
1 Zwiebel
1 Knoblauchzehe
3 Zweige Thymian
2 Lorbeerblätter
Nelken
¼ l Wasser
2 EL Essig
1 EL Mehl
½ kg Gurken
½ TL Salz
2 dag Butter

Den Schlegel mit Salz und Pfeffer einreiben. Speck und Zwiebel würfeln, das Wurzelwerk nudelig schneiden, alles in eine große Rein geben und das Fleisch darauflegen. Nun die Gewürze, Wasser und Essig hinzugeben und zugedeckt etwa 1¼ Stunden lang im Rohr dünsten lassen. Den Saft mit Mehl stauben, gut verkochen und passieren. Die Gurken schälen, entkernen und in kleinfingergroße Stücke schneiden, salzen, in Butter dünsten und in den Bratensaft geben. Das Fleisch portionieren, mit den Gurken umlegen und mit dem Saft begossen servieren.

• Als Beilage: Semmelknödel. *(Steiermark)*

Lavanttaler Leberlan

Für den Germteig:
30 dag Weizenmehl
2 dag Germ
½ TL Salz
½ TL gehackter Kümmel
gut ⅛ l Wasser oder
Milch

Für die Fülle:
20 dag Lunge
20 dag Schweinefleisch
10 dag Herz
1 TL Salz
1 EL Essig
Wasser
10 dag Leber
1 Ei
½ TL Salz
5 dag Selchspeck
5 dag Zwiebeln
2 Knoblauchzehen
1 TL Basilikum
1 TL Majoran
1 Schweinsnetz oder
5 dag Fett

Lunge, Fleisch und Herz in Salz-Essigwasser kochen, abkühlen lassen und faschieren. Die rohe Leber schaben, Zwiebeln und Knoblauch kleinwürfeln und in feingehacktem Speck rösten, mit der Leber, dem Ei und den übrigen Gewürzen dazugeben.

Inzwischen den Germteig bereiten und gut aufgehen lassen. Auf dem bemehlten Brett eine etwa 6 cm dicke Teigrolle formen und zu 2 cm dicken Scheiben schneiden. In der Hand auseinanderdrücken, mit marillengroßen Kugerln aus der Fülle belegen und zu Knöderln formen. Etwa eine halbe Stunde lang rasten lassen, locker mit Schweinsnetz überziehen oder von allen Seiten mit Fett bepinseln. Die Leberlan locker nebeneinander in ein Reindl setzen und nach abermaligem Aufgehen im Rohr bei mittlerer Hitze schön braun backen.

• Für die Leberlan können Sie auch Fleischreste und Brotteig verwenden. Als Beilage: Sauerkraut oder saure Rüben. Restliche Leberlan sind kalt ein deftiger Imbiß, zu dem man Bier oder Most trinkt. *(Kärnten)*

Hauptgerichte mit Fleisch

Lembraten

1 Rindsniere
1 Zwiebel
5 dag Fett
etwas Petersilie
Salz
Majoran
Pfeffer
Paprika
1 EL Mehl
1 TL Senf
1 TL Essig
Wasser

Niere von Häuten und Harnsträngen befreien und gut auswässern. Zwiebel fein schneiden und mit feingehackter Petersilie in Fett rösten. Niere blättrig schneiden und dazugeben, bei starker Hitze durchrösten. Mit Mehl stauben, mit Wasser aufgießen, mit Salz, Majoran, Pfeffer und Paprika würzen. Mit Essig und Senf fein abschmecken und kurz durchkochen. Sofort servieren. *(Niederösterreich)*

Mostbratl

¾ kg Lungenbraten
Salz
Ingwer
Pfeffer
Speck
½ l Most
2 dag Mehl

Den Lungenbraten im ganzen Stück mit Salz, Ingwer und Pfeffer gut einreiben, mit schmalen Speckstreifen bedecken und bei 200° C im Backrohr von allen Seiten braun braten, dabei öfters mit Bratensaft und Most übergießen. Vor dem Servieren Bratensaft mit Mehl stauben, mit Most aufgießen und kurz einkochen lassen.

• Als Beilage: Erdäpfelknödel und warmer Krautsalat. Ein rustikaleres Mostbratel wird mit 1 kg Schopf- statt Lungenbraten auf die gleiche Weise zubereitet. Bratzeit: etwa 1½ Stunden. *(Oberösterreich)*

Paprikahendl

1 Junghendl
1 EL Schmalz
2 Zwiebeln
Paprika
Salz
¼ l Suppe
1 Knoblauchzehe
½ l Sauerrahm
etwas Mehl

Das Hendl ausnehmen und in Stücke teilen. In einer Kasserolle Schmalz erhitzen, die Zwiebeln klein hacken und darin anrösten, die Hühnerteile hineingeben und salzen. Paprika dazugeben und mit etwas Suppe und der Hälfte des Rahms aufgießen. Das Huhn darin weichdünsten lassen. Wenn sich das Fleisch von den Knochen zu lösen beginnt, herausnehmen, die Haut abziehen und die Knochen herauslösen. Nun etwas Mehl mit dem restlichen Rahm versprudeln, in die Kasserolle geben, das Hühnerfleisch ebenfalls, alles nochmals aufkochen lassen und pikant abschmecken.

• Als Beilage Nockerln oder Tarhonya. Wer das Hendl ganz ohne Mehl zubereiten möchte, kann die Sauce stattdessen mit 1 EL Paradeismark binden. *(Burgenland)*

Pökelzunge

1 gepökelte Rindszunge
5 dag geriebener Kren
Petersilie

Gepökelte Zunge 3–4 Stunden im Wasser kochen, etwas vom Pökelsaft dazugießen. Die Haut abziehen und die Zunge schräg in Scheiben schneiden. Mit geriebenem Kren und Petersilie anrichten.

• Als Beilage: Erbsen- oder Erdäpfelpürre, gekochte Erdäpfeln, Nudeln oder Sauerrahmpudding. Genauso bereitet man auch eine Schweinszunge zu. *(Wien)*

Pusztaschnitzel

4 Schweinsschnitzel
etwas Mehl
Schmalz
5 dag Speck
2 Paprikaschoten
2–3 Paradeiser
2 Knoblauchzehen
1 Zwiebel
Kümmel
Salz
Paprika
etwas Sauerrahm

Die Schnitzel klopfen, die Hautränder einschneiden, salzen, in Mehl wälzen und rasch auf beiden Seiten hellbraun braten. Warmstellen, Bratensaft aufheben. Inzwischen in einer Kasserolle etwas Schmalz zergehen lassen, den Speck kleinwürfelig schneiden und glasig dünsten, die Paprika (am besten einen roten und einen grünen) in Streifen schneiden, die Zwiebel grob würfeln und mitdünsten, würzen, die geschälten und entkernten Paradeiser dazugeben und alles garen, das Gemüse soll aber noch kernig sein. Nun das Letscho über die Schnitzel verteilen, in die Mitte jeweils einen Teelöffel Sauerrahm geben und alles mit dem heißen Bratensaft der Schnitzel übergießen.

- Als Beilage: Salzkartoffeln oder Reis.   (Burgenland)

Rahmgeschnetzeltes

60 dag Rinderfilet
Salz
Pfeffer
5 dag Butter
5 dag Zwiebeln
5 dag Paprikaschoten
1/8 l Weißwein
etwas Rindssuppe
1 EL Mehl
1/8 l Obers
1/8 l Sauerrahm
Paprika

Das Fleisch schnetzeln (blättrig schneiden), salzen, pfeffern und in der Butter kurz anbraten. Die Zwiebeln und die Paprika (rote und grüne) kleinwürfelig schneiden, das Fleisch aus dem Topf nehmen und die Paprika darin andünsten. Nun das Fleisch wieder hineingeben und fertigdünsten, dabei immer wieder mit trockenem Weißwein und Suppe angießen. Obers mit Mehl versprudeln, Rahm unterziehen und zum Geschnetzelten geben. Abschmecken mit Salz, Pfeffer und Paprika.

- Als Beilage: Kroketten oder Erdäpfel und grüner Salat, auch Reis oder Teigwaren. Statt Rinderfilet können Sie auch Schweinefilet oder Putenbrust verwenden.

(Burgenland)

Hauptgerichte mit Fleisch

Rehrücken

1 Rehrücken
10 dag Speck
Salz
Wacholderbeeren oder Piment
Pfeffer
Schmalz
¼ l Sauerrahm
½ EL Mehl
1 Schuß Rotwein

Den Rehrücken sehr dicht spicken, mit Salz, Pfeffer und zerstoßenen Wacholderbeeren einreiben. Das Schmalz stark erhitzen und damit den Rehrücken übergießen, damit sich die Poren schließen. Nun den Rehrücken in einer tiefen Pfanne mit etwas Schmalz braten, zunächst mit der gespickten Seite nach unten, dann wenden, dabei mit eigenem Saft wiederholt begießen. Nach etwa einer Stunde – das Fleisch soll innen noch rosa sein – herausnehmen und warmstellen. Nun die Sauce mit etwas Rotwein oder Suppe loskochen, mit viel Sauerrahm und etwas Mehl andicken und eventuell passieren. Die Sauce wird extra serviert.

• Als Beilage: Erdäpfelkroketten oder Serviettenknödel, Preiselbeeren, grüne Bohnen. *(Burgenland)*

Rehschlegel mit Rahm

1 Rehschlegel
1 El Schmalz
40 dag Selchspeck
2 Zwiebeln
6 Wacholderbeeren
¼ l Sauerrahm
⅛ l Rotwein
Für die Beize:
¼ l Rotwein
¼ l Rotweinessig
1 l Wasser
Wurzelwerk
Lorbeerblatt
Wacholderbeeren

Die Beize ¼ Stunde lang kochen, dann abkühlen lassen und kalt über den Rehschlegel gießen, der mindestens 24 Stunden darin liegen soll. Am nächsten Tag in eine große Rein etwas Fett, dann den gebeizten, enthäuteten Rehschlegel geben, der dicht mit Speckscheiben belegt wird, und rundherum kleingeschnittenes Wurzelwerk, Zwiebeln und Wacholderbeeren. Ins vorgeheizte Rohr schieben und während des Bratens bei 220°C öfters mit Beize begießen. Nach ca. 1 Stunde Bratzeit Sauerrahm und Rotwein über den Schlegel gießen und noch 30 Minuten lang braten. Dann das Fleisch warmstellen und die Sauce passieren.

• Als Beilage: Preiselbeeren, Rotkraut und Erdäpfelknödel. Man kann aber auch das Wurzelgemüse unpassiert zum Wild reichen. *(Steiermark)*

Hauptgerichte mit Fleisch

Reisfleisch

1 kleine Zwiebel
etwas Öl
18 dag Rindsschulter
etwas Paprika
Salz
Pfeffer
Knoblauch
1 Schuß Rotwein
30 dag Reis
4 dag Parmesankäse
Petersilie zum
Bestreuen

Die Zwiebel fein würfeln, in Öl anrösten. Das Fleisch würfeln und mitrösten. Paprika dazugeben. Mit Rotwein löschen, mit Wasser aufgießen und würzen. Dünsten lassen und 15 Minuten vor Ende der Garzeit den Reis unterrühren. Dick mit Parmesankäse und Petersilie bestreut servieren.

• Variante: Statt mit Rotwein und Knoblauch wird das Reisfleisch in Niederösterreich mit Majoran und Kümmel gewürzt. Dazu ißt man dort Salat, am liebsten Erdäpfelsalat.

(Tirol)

Rhitaler Kuttla

1 kg Kutteln
Salz
Pfeffer
1 Bund Suppengrün
1 Lorbeerblatt
einige zerstoßene
Pfefferkörner
Saft einer ½ Zitrone
15 dag durchwachsener Speck
1 Zwiebel
3 dag Mehl
⅛ l trockener Weißwein
1 EL Paradeismark
1 TL gehackte Petersilie

Die Kutteln in Salzwasser einmal aufkochen, anschließend gründlich waschen und auf kleiner Flamme mit den Gewürzen weichkochen. Das Wurzelwerk kleinschneiden und dazugeben. Nach 3–4 Stunden die Kutteln aus dem Sud nehmen, etwas abkühlen lassen, feinnudelig schneiden und mit Pfeffer sowie Zitronensaft würzen. Nun in einem größeren Topf den gewürfelten Speck anrösten, die Kutteln mitrösten, mit Mehl bestauben, mit Wein ablöschen und mit etwas Kochsud aufgießen. Das Paradeismark einrühren und nochmals kräftig aufkochen lassen, mit Petersilie bestreut servieren.

(Vorarlberg)

Rinderherz auf Bauernart

1 kg Rinderherz
Salz
Pfeffer
Majoran
Thymian
1 Zwiebel
1 Knoblauchzehe
1 Bund Suppengrün
2 Essiggurkerln
4 Erdäpfel
8 dag Selchspeck
2 EL Paradeismark

Das Herz halbieren, gut auswaschen und in Scheiben schneiden, würzen. Kleinwürfelig geschnittenen Speck anschwitzen lassen und das Herz mit kleingehackter Zwiebel und geriebenem Knoblauch dazugeben, anrösten. Das in feine Streifen geschnittene Wurzelwerk, Gurkerln und Paradeismark dazugeben und fingerhoch mit Wasser auffüllen. Zugedeckt langsam weichkochen. Feinstreifig geschnittene Erdäpfel dazugeben und so lange weichkochen, bis die Erdäpfel zerfallen.

• Als Beilage: Bauernbrot.

(Salzburg)

Rindsvogel

1 kg Rindfleisch, z. B. Beiried oder Rindsschulter
Salz
Pfeffer
30 dag vorgekochter, gut abgetropfter Spinat
1 Knoblauchzehe
6 dag Butter
1 Zwiebel
20 dag faschiertes Rindfleisch
1 TL Senf
etwas Majoran
etwas gemahlener Kümmel
¼ l Fleischsuppe
¼ l trockener Rotwein
Schlagobers zum Verfeinern

Das Fleisch der Länge nach so schneiden, daß es sich auseinanderklappen läßt. Etwas flachklopfen, dann von beiden Seiten salzen und pfeffern. Den Spinat gleichmäßig darauf verteilen. Die feingewürfelte Zwiebel in etwas Butter glasig dünsten, das Faschierte hinzufügen und rundum anbraten, dabei kräftig mit Salz, Pfeffer, Senf, Majoran und Kümmel würzen. Etwas überkühlt über dem Spinat verteilen. Das Fleisch nun fest zusammenrollen und zusammenbinden oder mit Zahnstochern feststecken. Die restliche Butter in einer Bratrein erhitzen, den „Rindsvogel" darin von allen Seiten anbraten, mit Fleischsuppe ablöschen und auf niedriger Stufe zugedeckt etwa 2 Stunden schmoren lassen. Gelegentlich wenden und begießen. Auf eine Platte geben und warmstellen. Den Bratensatz mit etwas Wasser loskochen, mit Rotwein auffüllen, aufkochen lassen, abschmecken und mit Obers verfeinern. Das Fleisch aufschneiden und mit der Sauce anrichten.

• Als Beilage: Bandnudeln oder G'schupfte Nudeln und Karottensalat. Das gleiche Gericht läßt sich auch mit Schweineschnitzeln zubereiten, die mit feingewiegtem Selchfleisch und Spinat gefüllt und mit Weißweinsauce angerichtet werden.

(Vorarlberg)

Hauptgerichte mit Fleisch

Rostbraten Tiroler Art

**4 Scheiben Rostbeef
(je Person 15 dag)
Pfeffer
Salz
3 Zwiebeln
Butter
2–3 Paradeiser**

Das gut abgelagerte Rostbeef mit frisch gemahlenem Pfeffer und Salz würzen und bei guter Hitze nicht ganz durchbraten. Zwiebeln in Ringe schneiden, dünsten und kurz mitrösten. Rostbraten anrichten. In die Pfanne etwas Butter und Bratensaft geben und über das Fleisch gießen. Mit gebratenen Paradeisern garnieren.

- Dazu: Speckerdäpfel. *(Tirol)*

Salzburger Bierfleisch

**70 dag Rindfleisch
aus dem Bug oder
von der Keule
20 dag magerer
Schinken
1 große Zwiebel
5 dag Butter
1 EL Mehl
½ l dunkles Bier
Salz
Pfeffer
½ Lorbeerblatt
etwas Petersilie
2 EL Essig
1 Prise Zucker**

Die feingeschnittene Zwiebel in heißer Butter anrösten. Fleisch und Schinken in Streifen oder Würfel schneiden, dazugeben und mitrösten. Mit Mehl bestäuben, kurz einbrennen lassen, mit Bier ablöschen, umrühren und kräftig würzen. Zugedeckt etwa 45 Minuten lang weichdünsten. Kurz vor dem Servieren mit Essig und Zucker abschmecken.

- Als Beilage: Knödel oder Nudeln. *(Salzburg)*

Saure Boana

**1 kg fleischige
Schweinsripperln
1 TL Salz
¼ TL Pfeffer
4 dag Fett
1 TL Kümmel
2 Zwiebeln
2 EL Essig
⅛ l Wasser**

Die Schweinsripperln mit Salz und Pfeffer gut würzen und in heißem Fett scharf anbraten. Mit Kümmel und feingehackter Zwiebel bestreuen und mit Essigwasser ablöschen. Das Fleisch langsam weichdünsten und vor dem Servieren Flüssigkeit abgießen und gesondert reichen.

- Als Beilage: Salzerdäpfel, in der Schale gekochte Erdäpfel und warmer Krautsalat. *(Oberösterreich)*

Hauptgerichte mit Fleisch

Saure Schweinsnierndln

50 dag Schweinsnieren
Pfeffer
1 gute Prise Majoran
4 dag Butter
1 Zwiebel
1 EL Mehl
¼ l Fleischsuppe
2 EL Essig
1 EL Zitronensaft
3–4 EL Schlagobers
Salz

Die Nieren gut ausspülen, das Weiße entfernen, die Nieren etwas kleinschneiden und mit Pfeffer und Majoran würzen. Nun die Butter erhitzen, die Zwiebel kleinwürfelig schneiden und darin andünsten, die Nieren dazugeben und leicht anrösten. Mit Mehl bestäuben, kurz durchbraten und mit Fleischsuppe aufgießen. Etwa 5–8 Minuten lang (nicht länger!) garen lassen. Mit Essig, Zitronensaft und Obers abschmecken, dann erst salzen. Sofort servieren, weil die Nierndln rasch hart werden.

- Als Beilage: Nudeln, Hafaloab oder Polenta und nach Belieben süßsaure Gurken.

(Vorarlberg)

Schinkenauflauf

1 kg mehlige Erdäpfel
15 dag Butter
4 Eier
35 dag gekochtes Selchfleisch
6 dag Semmelbrösel
4 dag geriebenen Käse
Butter zum Begießen

Erdäpfel kochen, erkalten lassen, schälen und fein reiben. Selchfleisch fein hacken. 3 Eier trennen. Butter mit einem ganzen Ei und 3 Dottern schaumig rühren, dabei nach und nach Erdäpfel und Selchfleisch hineinrühren. Würzen und zum Schluß den Schnee von 3 Eiklar mit den Semmelbröseln darunterziehen. Die Masse in eine gut eingefettete und mit Semmelbrösel ausgestreute Auflaufform füllen und 1 Stunde im mittelheißen Rohr backen. Vor dem Servieren stürzen, mit brauner Butter übergießen und mit geriebenem Käse bestreuen.

- Als Beilage: grüner Salat oder Gemüse.

(Niederösterreich)

Hauptgerichte mit Fleisch

Schinkenfleckerln

Für den Teig:
25 dag Mehl
2 Eier
Salz

10 dag Butter
3 Eier
1/8 l Rahm
25 dag gekochten Schinken
Parmesan
1/2 l Bechamel
Muskat
Majoran
Salz

Aus Mehl, Eiern und etwas Salz einen Nudelteig kneten. Den Teig dünn ausrollen und Fleckerln schneiden. Kurz übertrocknen lassen, dann in Salzwasser gut abkochen, abseihen und abkühlen lassen. Die Eier teilen, den Schinken kleinwürfelig schneiden, Butter mit Eidottern verrühren, Rahm und etwas Parmesan dazugeben, die Bechamel mit Salz, Muskat und Majoran würzen und alles gut vermischen. Zuletzt die Eiklar zu festem Schnee schlagen und unterziehen. In gebutterte Gratinschüssel abfüllen, mit Parmesan bestreuen, mit zerlassener Butter überträufeln und 15–20 Minuten lang gratinieren.

(Tirol)

Schöpsernes mit Wurzelsauce

1 kg Schaffleisch
25 dag Wurzelwerk (Karotten, Petersilie, Zeller, Lauch und Zwiebel)
Pfefferkörner
Lorbeerblatt
Majoran
Liebstöckel
Thymian
Rosmarin
4 dag Olivenöl
1/8 l Sauerrahm

Wasser mit Gewürzen und Wurzelwerk aufkochen. Fleischstücke in das kochende Wasser einlegen und kochen, bis das Fleisch gar ist. Fleischstücke herausnehmen und in Mehl wälzen. In Öl auf allen Seiten knusprig anbraten und mit der Kochsuppe übergießen. Im Rohr bei 200° C kurz braten. Suppe mit Wurzelwerk im Mixer pürieren und abschmecken. Mit Sauerrahm verfeinern.

- Beilage: Rosmarinerdäpfel oder eingebrannte Erdäpfel.

(Tirol)

Schöpsernes, steirisches

1 bis 1½ kg Schöpsenschulter
etwas Wasser
Salz
Essig
1 Bund Suppengrün
1 Zwiebel
½ kg Erdäpfel
Kümmel
Lorbeerblatt
Nelken

Die Schulter in Würfel schneiden und mit so viel Wasser kochen, daß das Fleisch gerade bedeckt ist. Salzen und mit Essig säuern nach Geschmack, zirka eine Stunde kochen. Suppengrün und Zwiebel nudelig schneiden, die Erdäpfel schälen und vierteln und alles mitsamt den Gewürzen zu dem Schöpsernen geben und nochmals etwa 45 Minuten dünsten lassen. Die Suppe soll am Schluß fast eingekocht sein. Vor dem Anrichten werden die Knochen von dem Fleisch entfernt.

• In Kärnten würzt man das Schöpserne nicht mit Kümmel, Lorbeer und Nelken, sondern mit Pfeffer, Knoblauch und Muskatnuß, gibt auch gerne ½ Kohlkopf, feinnudelig geschnitten, dazu. *(Steiermark)*

Schweinspaprikas

80 dag Schweinsschulter
40 dag Zwiebeln
8 dag Schmalz
2 EL Paprika
2 Knoblauchzehen
1 TL Kümmel
4 Paradeiser
Salz
Wasser
¼ l Sauerrahm
1 gehäufter EL Mehl

Die Zwiebeln feinwürfelig schneiden und in dem heißen Schmalz goldgelb rösten, Paprika darüberstreuen und mit etwas Wasser ablöschen. Die Paradeiser häuten, vierteln und entkernen, das Fleisch in Würfel schneiden und alles zu den Zwiebeln geben. Den Kümmel hacken, den Knoblauch über den Spitzen einer Gabel zerreiben, dazugeben, salzen und alles zugedeckt auf kleiner Flamme dünsten. Eventuell Wasser oder Suppe nachgießen. Kurz bevor das Fleisch gar ist, das Mehl mit dem Sauerrahm verrühren und an das Gulyás geben, gut durchrühren und fertigdünsten.

• Statt der Schweinsschulter können Sie auch andere Fleischarten verwenden (Wild, Geflügel). *(Burgenland)*

Hauptgerichte mit Fleisch

Senfbraten

1 kg Schweinsschopf
Salz
Pfeffer
8 dag mittelscharfer Senf
etwas Öl
1 Zwiebel
4 Gewürznelken
¼ l Weißwein
eventuell Mehl
Petersilie

Das Fleischstück mit Salz und Pfeffer würzen. Auf allen Seiten gut anbraten und mit Wein löschen. Erst jetzt mit Senf bestreichen und mit etwas Wasser oder Suppe aufgießen. Die mit den Nelken gespickte Zwiebel hinzufügen. Im vorgeheizten Rohr etwa 1¼ Stunden garen lassen. Dabei öfters mit heißer Flüssigkeit begießen und wenden. Die Sauce passieren, eventuell mit etwas Mehl binden und gehackte Petersilie unterrühren. Den Braten aufschneiden und servieren.

- Als Beilage: Reis oder Knödel und Gemüse. *(Tirol)*

Steirischer Rostbraten

Für 6 Personen
6 kleine Rostbraten
Salz, Pfeffer
Salbei, Kümmel
¾ kg feste Erdäpfel
2 große Zwiebeln
etwas Margarine
Rindsuppe zum Aufgießen

Rostbraten leicht klopfen, einschneiden und mit Salz, Pfeffer, Kümmel und feingehacktem Salbei würzen. Die Zwiebeln grob schneiden, die Erdäpfel schälen und in Scheiben schneiden, schichtenweise mit dem Fleisch in die gut gefettete feuerfeste Schüssel legen. Zirka 1½ Stunden im Rohr schmoren, von Zeit zu Zeit mit Rindsuppe aufgießen.

- Als Beilage: Endiviensalat. *(Steiermark)*

Steirisches Hirschenes

60 dag Hirschschulter
Wurzelwerk zusätzlich 2 Karotten
2–3 Zwiebeln
Salz
6 Basilikumblätter
6 Pfefferkörner
2 Lorbeerblätter
1 Knoblauchzehe
4 EL Essig
¼ kg Erdäpfel

Das Fleisch würfeln, die Zwiebeln in Ringe schneiden und alles mit dem nudelig geschnittenen Wurzelwerk und den Gewürzen in einen Topf geben. Mit soviel Wasser aufgießem, daß alles gerade bedeckt ist. Wenn das Fleisch fast gar ist, die geschälten Erdäpfel, in Stücke schneiden und darauflegen, gemeinsam fertigkochen. Nach Geschmack mit Salz und Essig nachwürzen. *(Steiermark)*

Hauptgerichte mit Fleisch

Steirisches Wurzelfleisch

1 kg Schweinsbraten
Petersilienwurzeln
Selleriewurzel
2 Karotten
1 EL Essig
Salz
Pfefferkörner
1 Zwiebel
2–3 Knoblauchzehen
1½ l Wasser

Das Wasser zum Kochen bringen, das Fleisch hineingeben und Essig, Pfeffer, Zwiebel und Knoblauch dazugeben, salzen, eine halbe Stunde kochen lassen. Nun die Wurzeln und Karotten im Ganzen dazugeben und so lange weiterkochen, bis alles weich ist. Das Fleisch in Portionen schneiden, die Wurzeln nudelig schneiden und etwas von der Suppe und dem Gemüse über das Fleisch geben.

- Als Beilage: Semmelkoch.   *(Steiermark)*

Szegediner Gulyás

1 kg Schweinsschulter und -rippen
Schmalz
2 große Zwiebeln
1½ kg Sauerkraut
1 EL Paprika
Salz
1 TL Kümmel
½ l Sauerrahm

Die Zwiebeln kleinschneiden und in einem großen Kochtopf in dem Schmalz anrösten. Das Fleisch in Würfel schneiden, salzen und zu den Zwiebeln geben, kräftig anbraten. Nun den Kümmel dazu und das Fleisch weichdünsten. Erst dann den Paprika und das Sauerkraut daruntermischen. Mit Sauerrahm aufgießen und weiterdünsten, bis das Sauerkraut gar ist. Eventuell nochmals abschmecken.

- Mit gebratenen Erdäpfeln ein Gedicht!   *(Burgenland)*

Tafelspitz

1½ kg Tafelspitz
2 l Wasser
1 Suppengrün
2 Knoblauchzehen
1 Zwiebel
1 Lorbeerblatt
12 Pfefferkörner
1 Bund Schnittlauch
Salz

Wasser mit Suppengrün, Pfeffer und Lorbeer zum Kochen bringen, das Fleisch hineingeben und auf niedriger Stufe etwa 2 ½ Stunden lang garziehen lassen. Das Salz erst kurz vor Ende der Garzeit hinzufügen. Wenn man mit einem spitzen Messer in das Fleisch stechen kann, ist es fertig. Fleisch aus dem Topf nehmen, quer zur Faser aufschneiden und auf einer vorgewärmten Platte anrichten. mit Suppe übergießen, das Gemüse zur Dekoration dazulegen und mit geschnittenem Schnittlauch bestreuen.

- Als Beilage: Apfelkren und Erdäpfelschmarrn.   *(Wien)*

Hauptgerichte mit Fleisch

Tellerfleisch

80 dag fettes Rindfleisch
1 Suppengrün
½ Zwiebel
6 Pfefferkörner
Salz

Saftige, fette Fleischstücke und Gemüse eine Stunde lang kochen, salzen, dann auf einen Teller anrichten und mit einem Schöpflöffel voll lichter Suppe übergießen.

• Wird auch oft als Jause gegessen. *(Wien)*

Tiroler Bauernschmaus

1½ kg Sauerkraut
Wacholderbeeren
1 Lorbeerblatt
1 Zwiebel
etwas Mehl
Butter
1 kg Schweinskarree
Knoblauch
Kümmel
1 kg Selchkarree
Bratwürstel
Erdäpfel
Speckknödel

Schweinskarree salzen, mit Knoblauch einreiben und mit Kümmel bestreuen, braten.
Selchkarree kochen.
Sauerkraut waschen, unter Beigabe von Salz, Wacholderbeeren und Lorbeerblatt mit Wasser kochen. Inzwischen die Zwiebel kleinwürfelig schneiden und anrösten. Zwiebeln an das Kraut geben, mit Butter und Mehl binden. Darauf das Fleisch und die abgebratene Bratwurst anrichten.
Erdäpfel schälen, kochen und mit den Knödeln dazu servieren. *(Tirol)*

Waldviertler Jungschweinsbraten

1 kg Jungschweinernes (mit Schwarte)
2 Knoblauchzehen
Salz
1 TL Kümmel
1 Zwiebel
1 Apfel
Pfeffer
Thymian
1 Lorbeerblatt
⅛ l klare Suppe
⅛ l herber Wein

Knoblauch mit Salz und Kümmel gut zerdrücken und damit das Fleisch einreiben. Mit der Schwarte nach oben in eine feuerfeste Form legen, die feingehackte Zwiebel, das Lorbeerblatt, Apfelspalten und die übrigen Gewürze dazugeben und mit der Suppe übergießen. Im Backrohr bei 250° C zugedeckt 60–90 Minuten lang braten. Dann den Deckel abnehmen, den Braten mit Wein übergießen und noch 10 Minuten lang bei Oberhitze bräunen.

• Als Beilage: Erdäpfel, Semmelknödel oder Waldvietler Knödel. *(Niederösterreich)*

Wiener Backhendl

2 Backhühner
Zum Panieren:
6 EL Mehl
Salz
3 Eier
12 EL Semmelbrösel
Backfett nach Bedarf
1 Zitrone

Junge, zarte Hühner in 4 Teile teilen. Hintereinander in Mehl, mit Salz verquirlten Eiern und Semmelbröseln wälzen und in heißem Fett knusprig herausbacken. Mit Zitronenscheiben garnieren.

• Als Beilage: Erdäpfelsalat, gemischter Salat oder Salatgurken.

(Wien)

Fiakergulasch

80 dag Rindfleisch
60 dag Zwiebeln
2 EL Schmalz
2 EL Paprikapulver
1 EL Essig
etwa ¾ l Fleischsuppe
1 Knoblauchzehe
etwas zerriebener Majoran
½ TL gemahlener Kümmel
1 Knoblauchzehe
Salz
Pfeffer
1 EL Paradeismark
Für die Garnierung:
4 Eier
2 Paar Frankfurter Würsteln
4 Gewürzgurken

Zwiebeln fein hacken und in Schmalz goldbraun anrösten. Paprikapulver, Salz, Kümmel, Majoran und zerdrückten Knoblauch darüberstreuen und mit Essig und einigen Eßlöffeln Suppe übergießen. Fleisch in gleichgroße Würfel schneiden und dazugeben. Auf kleiner Flamme etwa 1½ Stunden schmoren lassen, dabei öfters umrühren und immer wieder etwas Fleischsuppe hinzufügen. Am Ende der Garzeit die restliche Suppe und Paradeismark hinzufügen, 10 Minuten lang ziehen lassen und erneut abschmecken. Das Gulasch auf tiefe Teller verteilen und mit je einem Spiegelei, einem Frankfurter und je einer zu einem Fächer aufgeschnittenen Gewürzgurke garniert servieren.

• Als Beilage: frische Semmeln oder Palffy-Knödel. *(Wien)*

Foto: GUSTO / Stefan Liewehr

Gefüllte Kalbsbrust

(TIROL)

(siehe Rezept Seite 97)

Foto: GUSTO / Stefan Liewehr

Gefüllte Paprika

(BURGENLAND)

(siehe Rezept Seite 100)

Foto: GUSTO / Stefan Liewehr

Gefülltes Brathendl

(BURGENLAND)

(siehe Rezept Seite 101)

Hasenpfeffer
(Wien)

(siehe Rezept Seite 105)

Foto: GUSTO / Stefan Liewehr

Kalbsbeuschel mit Spiegelei

(Tirol)

(siehe Rezept Seite 109)

Foto: GUSTO / Stefan Liewehr

Kalbsnierenbraten

(WIEN)

(siehe Rezept Seite 109)

Foto: GUSTO / Stefan Liewehr

Gefüllter Mostbraten

(OBERÖSTERREICH)

(siehe Rezept Seite 115)

Szegediner Gulyás im Kessel

(BURGENLAND)

(siehe Rezept Seite 126)

Wiener Schnitzel

4 Kalbsschnitzel von der Nuß
Salz
1–2 Eier
5 dag Mehl
10 dag Semmelbrösel
Öl zum Ausbraten
Butter zum Bestreichen
1 Zitrone
Petersilie

Das Fleisch klopfen und unmittelbar vor dem Panieren salzen. Eier mit Salz in einem tiefen Teller verquirlen. Öl in einer großen Pfanne erhitzen. Die Schnitzel in Mehl andrücken, durch das Ei ziehen und in Bröseln wenden, dann bei mäßiger Hitze etwa 3–5 Minuten ausbraten. Zwischendurch wenden. Schnitzel auf einem Stück Küchenpapier abtropfen lassen und mit weicher Butter bestreichen. Mit Zitronenscheiben und Petersilie garniert servieren.

• Als Beilage: Erdäpfelsalat, auch wenn Kinder lieber Pommes frittes hätten.

(Wien)

Wildragout

60 dag Wildfleisch (Schulter vom Reh oder Hirsch)
3 dag Butter
5 dag Selchspeck
2 kleine Zwiebeln
2 Karotten
¼ Zellerknolle
1 Knoblauchzehe
1 Lorbeerblatt
½ TL Thymian
Pfefferkörner
Neugewürzkörner
Wacholderbeeren
1 TL Salz
1 EL Zitronensaft
1 EL Mehl
1 Schuß Rotwein
2 EL Preiselbeeren

Selchspeck, Wurzelwerk und Zwiebeln feinwürfelig schneiden und in der Butter hellbraun anrösten. Fleisch, Gewürze und Zitronensaft dazugeben, mit Wasser aufgießen, sodaß das Fleisch bedeckt ist, und alles gardünsten. Nun das Fleisch herausnehmen. Die Sauce mit Mehl stauben, Wein und Preiselbeeren dazugeben und gut verkochen, nach Geschmack passieren. Das Fleisch in kleine Würfel schneiden, diese in die Sauce geben, nochmals erhitzen und abschmecken.

(Steiermark)

Hauptgerichte mit Fleisch

Zunge mit Linsen

40 dag geselchte
Rindszunge
Liebstöckel
40 dag Linsen
1 TL Bohnenkraut
2 Lorbeerblätter
1 Zweiglein Rosmarin
4 dag Fett
2 Zwiebeln
2 Knoblauchzehen
3 dag Mehl
1 TL Salz
1 TL Essig

Die Linsen über Nacht einweichen und am nächsten Tag mit Bohnenkraut, Lorbeer und Rosmarin weichkochen. Feingehackte Zwiebeln und Knoblauch in Butter goldbraun anlaufen lassen, mit Mehl durchrösten und damit die gekochten Linsen binden, mit Salz und Essig abschmecken. Die Zunge mit Liebstöckel in reichlich Wasser garkochen und abhäuten. Einen Teil davon in Scheiben, den anderen in kleine Würfel schneiden, diese unter die fertigen Linsen mischen. Linsen mit den Zungenscheiben belegt servieren. *(Salzburg)*

Zwiebelrostbraten

4 Stück Rostbraten
etwas Salz
etwas Pfeffer
2–3 Zwiebeln
5 dag Schweineschmalz
kleines Stück Butter
Suppe zum Aufgießen

Das Fleisch klopfen und an den Rändern leicht einschneiden (damit es sich beim Braten nicht einrollt). Würzen und in sehr heißem Fett rasch von beiden Seiten braten. Das Fleisch beiseite legen und im gleichen Fett Zwiebelringe goldbraun anrösten. Ein Stückchen Butter dazugeben, mit etwas Suppe zu einem Saft verkochen lassen und über die Rostbraten gießen.

• Beilage: Rösterdäpfel oder breite Bandnudeln. *(Wien)*

Gemüse, Beilagen, Saucen und Salate

Gemüse, Beilagen, Saucen und Salate

Apfelkren

1 EL Öl
1 EL Essig
etwa 2 EL frisch
geriebene Krenwurzel
1 EL Staubzucker
1–2 Äpfel
1 Prise Salz
Pfeffer

Essig und Öl werden zu gleichen Mengen gemischt. Soviel Kren reiben, wie die Sauce aufnimmt, und würzen. Nun die gleiche Menge geriebene Äpfel wie Kren dazugeben.

• Als Beilage zu Rindfleisch das klassische burgenländische Hochzeitsessen. *(Burgenland)*

Apfelrotkraut

1 kg Rotkraut
3 Äpfel
1 TL Kümmel
Salz
Pfeffer
Saft einer Zitrone
8 dag Schmalz
2 dag Zucker
1 Zwiebel
1 Spritzer Essig
⅛ l Rotwein
3–4 EL Preiselbeeren

Rotkraut fein hobeln, Äpfel fein würfeln, beides mit Kümmel, Salz, Pfeffer und Zitronensaft gut vermischen und zugedeckt und zusammengepreßt mindestens 2 Stunden lang durchziehen lassen. Nun den Zucker in heißem Schmalz karamelisieren, die Zwiebel in feine Ringe schneiden und darin goldgelb anrösten. Mit etwas Essig löschen, das Kraut und etwas beigeben und dünsten lassen. Nach einer Weile mit Rotwein aufgießen, Preiselbeeren beigeben und nachdünsten.

• Beilage zu Gans, Knödeln und Wild. *(Oberösterreich)*

Apfelsauce

75 dag Äpfel
5 dag Butter
⅛ l Weißwein

Äpfel schälen, entkernen, in dicke Scheiben schneiden und in Butter mit Weißwein dünsten. Warm auftragen.

• Besonders gut zu fettem Fleisch. *(Steiermark)*

Gemüse, Beilagen, Saucen und Salate

Birestock

65 dag reife Birnen
⅛ l Wasser
⅛ l trockener Weißwein
5 dag Zucker
Saft einer Zitrone
etwas Zimt
4 dag Butter
1 EL Zucker
2 dag Semmelbrösel

Die Birnen halbieren, Kerngehäuse entfernen und in grobe Stücke schneiden. Wasser mit Wein, Zimt, Zitronensaft und Zucker aufkochen, die Birnen dazugeben. Bißfest dünsten. Nun Butter und Zucker bräunen, die Semmelbrösel dazugeben und alles zusammen gut durchrösten. Die Birnen samt Saft dazugeben und unter ständigem Rühren dick einkochen lassen.

• Auf die gleiche Weise können Sie auch ein Kirschenkompott bereiten. Auch als Beilage zu Hafeloab und Erdäpfelgerichten. *(Vorarlberg)*

Bohnensalat mit Kresse

25 dag trockene Bohnen
etwas Bohnenkraut
4 Handvoll Brunnen- oder Gartenkresse
1 TL Salz
6 EL Essig
4 EL Kernöl

Die Bohnen über Nacht einweichen und mit dem Bohnenkraut garkochen, dann noch heiß mit Salz und Essig vermischen, abkühlen lassen. Dann erst die Kresse kleinschneiden und mit dem Öl unter die Bohnen mischen, etwas ziehen lassen.

• Genauso können Sie auch Linsensalat zubereiten. In diesem Fall entfällt das Bohnenkraut. *(Steiermark)*

Bohnensalat mit Rettich

25 dag Bohnen
25 dag Rettich
1 TL Salz
Thymian
Sauerrahm oder Buttermilch

Bohnen über Nacht einweichen, dann mit Salz und Thymian weichkochen. Den Rettich reiben, mit den Bohnen mischen und mit Sauerrahm oder Buttermilch durchziehen lassen. *(Kärnten)*

Gemüse, Beilagen, Saucen und Salate

Braterdäpfel

1 kg Erdäpfel
Salz
Kümmel
5 dag Speck
1 Zwiebel

Erdäpfel waschen und ungeschält mit Salz und Kümmel kochen. Abgießen, schälen und in Würfel schneiden. Speck- und Zwiebelwürfel anbraten. Die Erdäpfel dazugeben und knusprig braten.

- Als Beilage zu kräftigen Fleischgerichten, Rührei in Paradeisern usw. *(Wien)*

Champignongemüse

3 dag Butter
1 Zwiebel
40 dag Champignons
1 EL Mehl
1 Schuß Weißwein
⅛ l Schlagobers
1 EL Sauerrahm
Schnittlauch
Petersilie
Salz

Geschnittene Zwiebel und Champignons in Butter anrösten, stauben, kurz durchrösten und mit Wein aufgießen. Würzen, noch etwas dünsten lassen und zum Schluß Obers und Sauerrahm daruntermengen.

- Paßt sehr gut zu Fleisch und Gemüsegerichten ohne Sauce. Natürlich können statt der Champignons auch andere Schwammerln verwendet werden. *(Vorarlberg)*

Champignonsauce

10 dag Champignons
3 dag Butter
2 dag Mehl
etwas Suppe
4 EL Sauerrahm
Pfeffer
Salz

Champignons waschen und blättrig schneiden. In Butter dünsten, stauben, mit Suppe aufgießen und mit Sauerrahm abrunden. Mit Salz und Pfeffer abschmecken. *(Wien)*

Dillensauce

4 dag Butter
1 kleine Zwiebel
4 dag Mehl
½ l Milch
2 Bund Dille
Salz
Zitronensaft
⅛ l Rahm

Die Zwiebel fein hacken, mit der Butter leicht anschwitzen lassen, mit dem Mehl stauben und mit kalter Milch aufgießen. Nun die Dille fein hacken und mit der Bechamelsauce einige Zeit mitkochen. Mit Salz und Zitronensaft abschmekken, mit Rahm verfeinern. *(Burgenland)*

Eferdinger Spargel

etwa 2 kg Solospargel oder I. Qualität
Für den Sud:
3 l Wasser
3 TL Salz
5 dag Butter
2 TL Zucker
Für die Butterbrösel:
5 EL Semmelbrösel
10 dag Butter
Salz

Den Spargel vom Kopf nach unten vorsichtig schälen, die untersten 1–2 cm abschneiden. Mit Spagat oder Bast portionsweise bündeln, in den Sud einlegen und 20–25 Minuten lang kochen. Der Spargel ist gar, wenn er sich, auf einer Gabel liegend, nur leicht biegt (max. 1 cm). Für die Butterbrösel die Brösel in Butter hellbraun anrösten und leicht salzen. Den Spargel mit den Butterbröseln anrichten.

• Sie können die Schalen, wenn Sie sie nicht für einen Gemüsesud verwenden wollen, auch in den Topf legen und mitkochen, das macht den Spargel schmackhafter. Und wenn Sie den Spargel die ersten 10 Minuten stehend so kochen, daß die Köpfe nicht im Wasser sind, und ihn dann erst hinlegen, bleiben auch die Köpfe schön knackig. Dieses Gericht kann auch mit dem würzigen grünen Spargel zubereitet werden, der meist nicht geschält, sondern nur am Ende 1–2 cm gekürzt werden muß. *(Oberösterreich)*

Eingebrannte Erdäpfel

1 kg Erdäpfel
Salzwasser
5 dag Fett
5 dag Mehl
4 Knoblauchzehen
¼ l Milch
Salz

Die Erdäpfel schälen, vierteln und in Salzwasser weich kochen. Aus Fett und Mehl eine Einbrenn zubereiten. Die Erdäpfel abseihen und fein zerstampfen, die Knoblauchzehen über den Spitzen einer Gabel fein zerreiben und zu den Erdäpfeln geben, die Einbrenn und die Milch dazugeben, salzen.

• Als Beilage zu Gesottenen Strudeln oder Fleisch.

(Burgenland)

Gemüse, Beilagen, Saucen und Salate

Eingebrannte Linsen

25 dag Linsen
1 Zwiebel
10 dag Speck
1 EL Mehl
Essig
Thymian
Pfeffer
Salz
etwas Suppe
1 Lorbeerblatt
1 Knoblauchzehe

Linsen über Nacht einweichen und kochen. Zwiebel fein schneiden und mit Speck anrösten. Mit Mehl stauben. Essig, die Kräuter, Salz und Linsen dazugeben. Mit Suppe angießen und alles gut verkochen lassen. *(Wien)*

Eingebrannte grüne Fisolen

1 kg grüne Fisolen
5 dag Butter
Petersilie
3 dag Mehl
Fleischsuppe

Fisolen waschen, putzen und in schmale Streifen schneiden. Kochen, abseihen und in Butter mit etwas Petersilie dünsten. Mit Mehl bestauben und mit Fleischsuppe aufgießen.
(Wien)

Eingelegter Kürbis süß-sauer

4 kg Speisekürbis
¼ l Essig
⅛ l Wasser
50 dag Zucker
Schale einer Zitrone
6 Gewürznelken
1 Zimtstange

Den Kürbis waschen, schälen, entkernen (es bleiben noch etwa 2 kg übrig) und in gleich große Stücke von etwa 6 cm Größe schneiden. Essig und Wasser aufkochen, die Gewürze mitkochen lassen und alles über den Kürbis gießen. 24 Stunden stehen lassen, dann abseihen und die Flüssigkeit noch einmal, diesmal mit Zucker, aufkochen, den Kürbis dazugeben und ihn kochen, bis er glasig, aber noch fest ist. Die Kürbisstücke noch heiß dicht in Gläser füllen und mit dem Essig übergießen, sodaß der Kürbis ganz vom Essig bedeckt ist. Gläser verschließen.

• Als pikante Beilage zu kalten Speisen und besonders zu Wildbret oder Lamm. *(Steiermark)*

Gemüse, Beilagen, Saucen und Salate

Eingemachter Kohlrabi

75 dag Kohlrabi
1 Zwiebel
5 dag Speck
3 dag Butter
¼ l Sauerrahm
Salz
Pfeffer
Muskat
Schnittlauch
Kerbel

Die geschälten Kohlrabi in Stifte oder Streifen schneiden. Feingehackte Zwiebel mit dem gewürfelten Speck kurz in Butter anrösten. Kohlrabi dazugeben, würzen, mit etwas Wasser aufgießen und zugedeckt weichdünsten. Mit Rahm legieren und mit den Kräutern abschmecken.

• Als Beilage zu gekochtem Rindfleisch und zu Erdäpfeln.

(Oberösterreich)

Erbsenpüree

50 dag Spalterbsen
1 Gewürznelke
1½ Zwiebeln
1 EL Fett
etwas Semmelbrösel

Die Erbsen mit einer Zwiebel und der Gewürznelke sehr weich kochen und durch ein Sieb drücken. Mit Semmelbröseln bestreuen und mit in Fett gerösteten, in Ringe geschnittenen Zwiebeln belegen.

• Varianten: Mit heißem Fett übergießen oder etwas Mehl in Butter gelbbraun rösten und darunterheben. *(Wien)*

Erdäpfel mit Majoran

50 dag Erdäpfel
4 dag Mehl
3 dag Fett
Majoran
Essig
etwas Rindsuppe

Erdäpfel kochen, schälen und blättrig schneiden. Eine gelbbraune Einbrenn zubereiten, mit Rindsuppe aufgießen und mit Erdäpfeln und etwas Majoran und Essig verkochen.

(Wien)

Erdäpfelpüree

1kg mehlige Erdäpfel
6 dag Butter
Salz
Milch

Rohe Erdäpfel schälen, blättrig schneiden und in Salzwasser langsam kochen. Wenn sie sich zerdrücken lassen, in eine Schüssel geben und mit der nötigen Menge warmer Milch vermengen. Schaumig schlagen und mit heißer Butter übergossen servieren.

• Variante: Püree mit in Butter braun gebratenen Zwiebelringen übergießen. *(Wien)*

Erdäpfelbrose

50 dag mehlige Erdäpfel
Salzwasser
30 dag Mehl
etwas Milch
2 Eier
Salz
Pfeffer
Muskat
8 dag Butter

Die Erdäpfel schälen, in Salzwasser kochen, abseihen und abkühlen lassen. Dann reiben, mit Mehl, etwas Milch, Eiern und Gewürzen zu einer festeren Masse verkneten und etwa 30 Minuten lang rasten. In einer größeren Pfanne etwas Butter erhitzen, nacheinander aus der Masse mehrere Schmarrn abbacken, dabei zuerst die eine Seite goldbraun anrösten, dann wenden und auch die andere Seite gut bräunen. Anschließend mit zwei Gabeln zerreißen und etwas ausdünsten lassen. Warm servieren.

• Als Beilage: gemischter Salat. *(Vorarlberg)*

Erdäpfelgulyás

1 kg Erdäpfel
2 Zwiebeln
5 dag Schmalz
1 EL Paprika
1 EL Essig
½ TL Kümmel
Majoran
1 Knoblauchzehe
Salz
Suppe
2 Paar Debreziner Würstel

Die Zwiebeln fein hacken und in Schmalz anrösten, die Gewürze hinzugeben. Die Erdäpfel schälen, vierteln und ebenfalls dazugeben. Nun mit soviel Suppe aufgießen, daß die Masse gerade bedeckt ist, und kochen lassen, bis die Kartoffeln weich sind. Nun die Würstel in Scheiben schneiden und kurz mitkochen lassen – fertig.

• Zum Veredeln eignet sich hervorragend ein guter Schuß Rahm, am Schluß untergezogen, Sie können aber auch eine feinnudelig geschnittene grüne Paprikaschote mitkochen lassen. Als Beilage: grüner Salat. *(Burgenland)*

Erdäpfelkrapferln

½ kg Erdäpfel
5 dag grobe Semmelbrösel
5 dag Grieß
2 Eier
Salz
Mehl
gesalzene Milch
Semmelbrösel zum Panieren
Fett zum Ausbacken

Erdäpfel kochen, schälen und heiß reiben. Die Semmelbrökkerln in wenig Fett rösten und zu den Erdäpfeln mischen. Salz, Grieß, Eier und soviel Mehl dazugeben, daß ein fester Teig entsteht. In eine dicke Wurst rollen, davon 2 cm dicke Scheiben herunterschneiden und zu Laibchen formen. Diese in gesalzener Milch und Bröseln wenden und bei guter Hitze in einer Pfanne ausbacken.

• Als Beilage zu Wild und Schweinebraten.
(Niederösterreich)

Gemüse, Beilagen, Saucen und Salate

Erdäpfelkroketten

1 kg Erdäpfel
Salzwasser
2 Eier
etwas Milch
Salz
Muskatnuß
Schmalz zum Ausbacken
Zum Panieren:
1–2 Eier
Mehl
Brösel

Die Erdäpfel in Salzwasser kochen, schälen und passieren. Die Eier mit etwas Milch versprudeln, salzen, Muskat daranreiben und mit den Erdäpfeln in einer Kasserolle zu einer homogenen Masse vermischen. Bei mittlerer Hitze etwas durchrösten, dabei immer wieder umrühren, damit sie nicht anbrennt. Abkühlen lassen und Kroketten formen, in Mehl, Ei und Brösel tauchen und in Schmalz goldgelb ausbacken.

- Die klassische Beilage zu Wildgerichten.   *(Burgenland)*

Erdäpfellaiberl

1 kg Erdäpfel
20 dag Wurst
2 Eier
Salz
10 dag Mehl
Pfeffer
Majoran
2 Knoblauchzehen

Erdäpfel kochen, schälen und nach dem Auskühlen zerteilen. Die Wurst faschieren und mit den Erdäpfeln, Eiern und Mehl zu einem festen Teig vermischen, würzen. Zu einem Striezel formen, davon dreifingerdicke Scheiben abschneiden, in eine stark befettete Pfanne legen und mit dem Messerrücken ein Karo in jedes Laibchen drücken. Auf beiden Seiten im Rohr backen.

- Als Beilage: beliebiger Salat.   *(Niederösterreich)*

Erdäpfelpuffer

75 dag mehlige Erdäpfel
3 EL Mehl
1 Zwiebel
2 Knoblauchzehen
Salz
Petersilie
Öl zum Braten

Die rohen Erdäpfel schälen und grob reiben. Zwiebel fein schneiden, Knoblauch fein zerreiben und alles mit Mehl und den Gewürzen vermischen. Die Masse etwas anziehen lassen und dann sehr flache Laibchen in Öl braten.

- Dazu: grüner Salat oder Gemüsesuppe. Auch Apfelkompott, in diesem Fall aber statt des Knoblauchs lieber etwas mehr Zwiebeln verwenden.   *(Oberösterreich)*

Gemüse, Beilagen, Saucen und Salate

Erdäpfelsalat mit Radieschen

50 dag Salaterdäpfel
4 Frühlingszwiebeln
2 Bund Radieschen
20 dag magerer Schinken
2 Gewürzgurken
⅛ l Gemüsesuppe
20 dag Sauerrahm
3 EL Gewürzgurkensaft
1 EL Senf
1 EL Petersilie
frisch gemahlener Pfeffer
Salz

Erdäpfel auf den Punkt kochen. Inzwischen Frühlingszwiebeln feinnudelig schneiden, dabei viel Grün mitschneiden. Radieschen und Gewürzgurken feinblättrig schneiden und zusammen in eine große Schüssel geben. Mit kalter Gemüsesuppe, Sauerrahm und Gurkensaft übergießen, feingeschnittenen Schinken dazugeben, würzen, gut durchmischen, die geschälten Kartoffeln in dünne Scheiben schneiden und gut durchziehen lassen. Vor dem Anrichten mit gehackter Petersilie bestreuen. *(Vorarlberg)*

Erdäpfelsalat mit Rahmmayonnaise

1 kg Erdäpfel
⅛ l Rindsuppe
3 EL Essig
3 Dotter
10 dag Öl
1 EL Sauerrahm
6 EL Weinessig
Senf
Salz
Pfeffer

Erdäpfel kochen und noch heiß in dünne Scheiben schneiden. Mit heißer Rindsupupe und 3 EL Essig übergießen. Dotter schaumig abrühren und nach und nach tropfenweise Öl dazugeben. Wenn die Masse dick geworden ist, Rahm, Essig, Senf, Salz und Pfeffer darunterrühren. Die Hälfte der Mayonnaise mit den Erdäpfeln in einer Schüssel vermischen, mit der anderen Hälfte der Mayonnaise übergießen. *(Wien)*

Erdäpfelsalat

¾ kg Erdäpfel
Salz
Staubzucker
Öl
½ Zwiebel
Pfeffer
Für die Marinade:
½ EL Zucker
½ EL Essig
1 Prise Salz
1 EL Öl
5 EL Wasser

Die Erdäpfel kochen, dann schälen und in Scheiben schneiden. Salzen, mit etwas Staubzucker bestreuen und etwas Öl darüber geben. Gut durchmischen. Die Zwiebel kleinwürfelig schneiden und mit der süßsauren Marinade vermischen, dem Salat beigeben und gut durchmischen. Ziehen lassen. Vor dem Anrichten mit etwas Pfeffer bestreuen.

• Als Beilage zu faschiertem Braten, Fleischlaibchen oder gebackenem Karpfen. *(Burgenland)*

Gemüse, Beilagen, Saucen und Salate

Erdäpfelsauce

50 dag Erdäpfel
½ TL Basilikum
½ TL Majoran
½ TL Thymian
½ TL Kümmel
2 Lorbeerblätter
etwas Muskat
4 dag Fett
4 dag Mehl
1 EL Essig
1 EL Kren
1 TL Salz

Die Erdäpfel schälen, dickblättrig schneiden und mit den Gewürzen und wenig Wasser weichkochen. Aus Fett und Mehl eine braune Einbrenn bereiten, mit den Erdäpfeln verkochen lassen. Zuletzt mit Kren, Essig und Salz würzen.

• Als Sauce zu gekochtem Selch- oder Rindfleisch, zu abgeschmalzenen Nudeln oder Nockalan. Variation: mit blättrig geschnittenen Essiggurkerln statt Kren. Eventuell mit etwas Sauerrahm verfeinern. *(Kärnten)*

Erdäpfelschmarrn

75 dag Erdäpfel
5 dag Butter
Salz
1 Zwiebel

Erdäpfel weichkochen, schälen und blättrig schneiden. Butter in einer Pfanne heiß werden lassen, Zwiebel in Streifen schneiden und gelbbraun anrösten. Erdäpfel hineingeben und öfters wenden, daß sie schön braun werden. *(Wien)*

Erdbeersauce

½ kg Erdbeeren
15 dag Staubzucker
Saft von ½ Zitrone
2 EL Orangenlikör
(Cointreau)

Erdbeeren waschen, trockentupfen und feinst pürieren. Erdbeeren mit Staubzucker und Zitronensaft einmal aufkochen lassen und mit Orangenlikör abschmecken.

• Als Beilage zu Topfenknödeln oder zu Vanilleeis.

(Oberösterreich)

Gemüse, Beilagen, Saucen und Salate

Essigzwetschken

2 ½ kg Zwetschken
75 dag Zucker
³⁄₈ l Essig
¼ l Wasser
1 Zimtstange
2 Gewürznelken

Reife, einwandfreie Zwetschken mit einem Tuch abreiben, mehrmals einstechen und in ein hitzebeständiges Gefäß geben. Zucker, Essig, Wasser, Zimtrinde und Gewürznelken miteinander aufkochen, kochend heiß über die Früchte gießen und 24 Stunden ziehen lassen. Am nächsten Tag die Flüssigkeit abgießen, erneut aufkochen und heiß über die Früchte gießen. Am Tag darauf die Flüssigkeit noch einmal aufkochen, bis die Zwetschken platzen. Etwas abkühlen lassen, in Gläser füllen und die Gläser luftdicht verschließen.

• Zum Anstechen dürfen Sie aus Gründen der Sterilität nur eine Silbernadel oder eine Stricknadel aus Plastik oder Bein verwenden. *(Steiermark)*

Estragonsauce

1 Handvoll Estragonblätter
2 EL Mehl
3 dag Butter
Suppe oder Wasser
Salz
eventuell Sauerrahm

Mehl in zerlassener Butter kurz anlaufen lassen. Dann feingeschnittene Estragonblätter dazugeben und mit Wasser aufgießen. Salzen und das Ganze unter öfterem Rühren verkochen und eventuell mit Sauerrahm legieren.

• Als Beilage zu gekochtem Rindfleisch. *(Niederösterreich)*

Fisolen in Dillensauce

70 dag Fisolen
3 dag Butter
2 dag Mehl
1 Zwiebel
⅛ l Sauerrahm
1 Knoblauchzehe
4 dag Dillenkraut
Zucker
Zitrone
Salz
Pfeffer
Petersilie

Die Fisolen putzen, in Wasser garen und abgießen, den Kochsud aber auffangen. Die Fisolen warmhalten. Inzwischen die Zwiebel feinhacken und in Butter andünsten, mit Mehl stauben und mit dem heißen Fisolensud aufgießen. Einkochen lassen, bis die Sauce sämig wird, dann die Fisolen hineingeben und mit Salz, Zucker, Pfeffer, dem Saft einer halben Zitrone, dem zerdrückten Knoblauch und dem feingehackten Dillenkraut würzen. Den Sauerrahm hinzufügen, kurz aufkochen lassen und noch ein paar Minuten auf kleiner Flamme durchziehen lassen. Mit Petersilie bestreut servieren.

• Wollen Sie nur die Dillensauce zubereiten, gießen Sie sie mit Rindsuppe auf und lassen Sie eventuell den Knoblauch weg. Köstliche Beilage zu gekochtem Rindfleisch! *(Burgenland)*

Gemüse, Beilagen, Saucen und Salate

Fisolen mit Bröseln

50 dag Fisolen
10 dag Semmelbrösel
12 dag Butter
Salz
Pfeffer

Fisolen waschen, putzen, nötigenfalls abfädeln und in Salzwasser weich kochen. Abseihen und in eine Servierschüssel geben. In einer größeren Pfanne die Butter aufschäumen und die Brösel darin hellbraun rösten. Würzen und über den Fisolen verteilt servieren.

• Man kann den Fisolen beim Kochen eine Prise Zucker und eine Knoblauchzehe beigeben. Auf die gleiche Art wird auch Karfiol mit Butter und Bröseln zubereitet, der noch mit geriebenem Muskat bestreut werden kann. *(Wien)*

Fruchtsauce

¼ kg Beerengemisch
15 dag Erdbeeren (tiefgekühlt)
10 dag Gelier- oder Staubzucker
Zitronensaft

Die Erdbeeren mit dem Zucker einmal aufkochen und durch ein feines Sieb streichen. Die Beerenmischung beifügen und erhitzen. Mit Zitronensaft abschmecken und die Fruchtsauce warmstellen.

• Als Beilage zu Topfenknödeln, Topfennockerln oder Eis. *(Oberösterreich)*

Frühlingskräutersalat

Frühlingskräuter (von einer ungedüngten Wiese) wie Spitzwegerich, junge Löwenzahnblätter, wenig Schafgarbe, eventuell Veilchenblätter, eventuell Erdbeerblätter, Gundelrebe, Sauerampfer
6–8 kleinere Erdäpfel
12 dag Speckwürfel
Essig
Salz
Pfeffer
1 Knoblauchzehe

Die Kräuter waschen und trocken schleudern. Die Erdäpfel kochen und schälen, in Scheiben schneiden und mit den Kräutern vermischen. Knuspig gebratene Speckwürfel dazugeben und mit Essig, Salz und Pfeffer sowie zerdrücktem Knoblauch marinieren. *(Salzburg)*

Gemüse, Beilagen, Saucen und Salate

Gailtaler Speck

30 dag frische Zwiebeln
etwas Salz
⅛ l Sauerrahm

Die Zwiebeln blättrig schneiden, salzen und mit Sauerrahm verrühren.

• Der Name ist natürlich ironisch gemeint, trotzdem eine gesunde Köstlichkeit zu Schwarzbrot als Jause oder als Beilage zu Fleischspeisen, Schmalzgebackenem oder gesalzenen Mehlspeisen.

(Kärnten)

Gebackene Zucchini

80 dag Zucchini
Salz
10 dag Mehl
3 Eier
6 dag geriebener Emmentaler
20 dag Sonnenblumenöl

Die Zucchini waschen, Stengel- und Blütenansätze abschneiden, in ½ cm dicke Scheiben schneiden, salzen und etwa 10 Minuten lang ziehen lassen. Inzwischen die Eier mit Käse verquirlen. Die abgetrockneten Zucchini in Mehl tauchen, in der Eiermasse wenden und in heißem Öl auf jeder Seite 1–2 Minuten lang goldbraun backen. Sofort servieren.

(Burgenland)

Gebackener Karfiol

1 große Karfiol
5 dag Butter
¼ l Rahm
3 Dotter
2 EL Semmelbrösel

Karfiol putzen und in Salzwasser kochen. Eine Auflaufform mit Butter bestreichen und mit 2 EL Rahm den Boden bedecken. Restlichen Rahm mit Eidotter verquirlen. Karfiolrose in die Schüssel geben und mit der Eiermischung übergießen. Mit Semmelbröseln bestreuen und 30 Minuten lang im Rohr backen.

• Auf dieselbe Art kann auch Broccoli zubereitet werden.

(Wien)

Gemüse, Beilagen, Saucen und Salate

Gebackenes ungarisches Kraut

8 dag Fett
2 Zwiebeln
50 dag Sauerkraut
1 EL Mehl
½ l Suppe
2 TL Zucker
¼ l Rahm
10 dag Speckscheiben
6 Pfefferkörner
20 dag Reis
2 dag Butter
3 Eier
Paprika
30 dag Schinken

Sauerkraut überkochen. Eine Zwiebel in Fett gelblich anrösten, Sauerkraut hineingeben und dünsten, bis es weich ist. Mit Mehl stauben und mit Rindsuppe aufgießen. Zucker und Rahm dazugeben. Eine Kasserolle mit Speckschnitten auslegen und kleine verschnittene Zwiebel, Pfefferkörner und Reis hineingeben. Mit Rindsuppe vergießen und den Reis dick werden lassen. Eine Form mit Butter beschmieren, eine Lage Kraut, gewiegten Schinken, dann Reis und wieder Kraut hineingeben. Vorgang wiederholen, bis die Form voll ist. ¼ l Suppe mit ganzen Eiern und etwas Sauerrahm verquirlen und über das Kraut gießen. Im Rohr backen.

- Man kann das Kraut auch mit Paprika würzen. *(Wien)*

Gedünstete Melanzani

3–4 Melanzani
5 dag Olivenöl
Pfeffer
Salz
3 Paradeiser
Majoran
Basilikum
4 dag Parmesankäse

Melanzani schälen und in große Würfel schneiden. In Butter mit Pfeffer, Salz, einigen Paradeisern und etwas Majoran dünsten. Vor dem Anrichten mit Parmesankäse und etwas Basilikum bestreuen. *(Wien)*

Gedünstetes Blaukraut

60 dag Blaukraut
2 EL Essig
4 dag Fett
2 kleine Zwiebeln
1 EL Zucker
1 TL Salz
1 TL Kümmel
5 Gewürznelken
1 Apfel
⅛ l Rotwein

Das Blaukraut fein aufhobeln und sofort mit Essig vermischen, damit es seine Farbe behält. Nun die Zwiebeln feinhacken und mit dem Zucker im Fett hellbraun rösten, Kraut und Gewürze dazugeben und mit etwas Wasser und dem Wein aufgießen. Den Apfel schälen, vierteln und kurz vor Ende der Garzeit mit dem Blaukraut gemeinsam weichdünsten.

- Im Winter können Sie zusätzlich geschälte und halbierte Maroni mit dem Kraut weichdünsten. Als Beilage zu Wild, Geflügel oder Rindfleisch, auch zu verschiedenen Knödeln. *(Steiermark)*

Gemischter Wintersalat

15 dag Linsen
18 dag Bohnen
1 große Zellerknolle
½ kg Erdäpfel
2 Eier
Salz
1 TL Senf
1 Prise Pfeffer
1 Prise Zucker
gut 1/16 l Öl
⅛ l Essig
⅛ l Wasser

Linsen und Bohnen separat über Nacht einweichen, am nächsten Tag weich kochen, desgleichen Zeller, Erdäpfel und Eier getrennt kochen, alles auskühlen lassen. Inzwischen für das Dressing die Eidotter passieren, würzen, mit Öl abtreiben und mit etwas Essig abschmecken. Sellerie und Erdäpfel blättrig schneiden, jedes Gemüse separat zuerst mit einem Essig-Wasser-Gemisch ansäuern, dann mit dem Dotterdressing anmachen und auf einer Salatplatte nebeneinander anrichten. Das Eiweiß fein hacken und zum Garnieren verwenden.

(Kärnten)

Grammelschöberl

1 kg rohe Erdäpfel
15 dag Grammeln
1 TL Salz
Pfeffer
1 EL Mehl
2–5 Zehen Knoblauch
Öl

Die rohen Erdäpfel schälen und reiben, abtropfen lassen. Dann in eine Schüssel geben, Salz, Pfeffer, Grammeln, Mehl sowie nach Geschmack zerdrückten Knoblauch dazugeben und alles gut durchkneten. In eine Kasserolle mit heißem Öl füllen und diese 45 Minuten lang im Rohr backen.

• Mit grünem Salat servieren.

(Oberösterreich)

Grenadiermarsch

½ kg Erdäpfel
ca. 30 dag Bandnudeln
Salzwasser
1 EL Schmalz
2 große Zwiebeln
Salz
scharfer Paprika

Die Erdäpfel kochen, schälen und in Scheiben schneiden. Die Nudeln kochen, abgießen, mit kaltem Wasser abschrecken. Die Zwiebeln schälen und kleinhacken, in einer tiefen Pfanne mit dem Schmalz goldbraun rösten. Mit scharfem Parika würzen, nun die Erdäpfel und die Nudeln dazugeben. Immer wieder umdrehen, bis der Grenadiermarsch gut durchgeweicht ist. Sehr heiß servieren.

• Als Beilage: grüner Salat, im Winter stattdessen Essiggurkerln zum Knabbern.

(Burgenland)

Gemüse, Beilagen, Saucen und Salate

Grießblatteln

10 dag Grieß
½ l Milch
3 Eier
5 dag Butter
Salz
Muskat
Bröseln zum Panieren
Öl zum Ausbacken

Aus Milch, Butter, Eiern, Salz, Muskat und Grieß wird ein Brei 10 Minuten lang gekocht. Auf eine Marmorplatte 5 mm dick ausstreichen, erkalten lassen, mit beliebiger Form ausstechen, panieren und in heißem Öl goldgelb backen. *(Tirol)*

Grüne Sauce

je 1 TL Kerbelkraut,
Sauerampfer, Petersilie,
Estragonblätter,
Zitronenmelisse
4 dag Butter
4 dag Mehl
¼ l Suppe
3 EL Sauerrahm
Salz

Die feingeschnittenen Kräuter mit Butter gut verrühren. In einer Kasserolle Butter erhitzen, die Kräuter hineingeben, mit Mehl stauben und mit Suppe aufgießen, Sauerrahm dazugeben, salzen und gut verkochen lassen.

• Als Beilage zu Kalbsschnitzeln, Karbonaden oder gebackenem Kalbfleisch. *(Wien)*

Grüner Salat

1 Häuptel grünen Salat
Für die Marinade:
½ EL Zucker
½ EL Essig
1 Prise Salz
1 EL Öl
5 EL Wasser

Den Salat vorsichtig zerlegen, waschen, welke Teile entfernen, in ein Küchentuch legen und auf dem Balkon oder der Terrasse kräftig ausschleudern. In Ermangelung eines Balkons tut's auch eine Salatschleuder. Die trockenen Salatblätter in mundgerechte Stücke zupfen. Die Zutaten für die Marinade verrühren, über den Salat gießen und etwas ziehen lassen.

• Grüner Salat mit dieser süßsauren Marinade ist die klassische Beilage zu vielen fleischlosen Hauptgerichten wie Grenadiermarsch, Erdäpfelgulasch, Schinkenfleckerln oder Topfenfleckerln. *(Burgenland)*

Gemüse, Beilagen, Saucen und Salate

Grünes Paradeiskompott

1 kg grüne Paradeiser
²/₃ l Wasser
¹/₃ l Weinessig
1 kg Zucker
1 aufgeschlitzte Vanilleschote

Die Paradeiser waschen und achteln. Wasser und Weinessig zum Sieden bringen, die Paradeisstücke hineingeben und einmal aufkochen lassen, dann herausnehmen. Den Zucker zum Wasser geben, einmal aufkochen, die Vanilleschote und Paradeiser dazugeben und so lange kochen, bis die Früchte glasig sind, dann herausnehmen. Den Saft wieder aufkochen, über die Paradeiser gießen, auskühlen lassen. Dies so lange wiederholen, bis der Saft dicklich ist. Endgültig über die Paradeiser gießen und kalt stellen.

(Oberösterreich)

Gurkenmilch

½ l Sauermilch
Salz
Kümmel, gemahlen
Knoblauch
1 große Salatgurke

Milch und Gewürze verquirlen, den Knoblauch fein reiben und dazugeben. Die Gurke waschen, schälen, hobeln und mit der Sauermilch vermischen. Noch etwas ziehen lassen – fertig.

• Als Beilage zu in der Schale gekochten Erdäpfeln als sommerliche Mahlzeit, oder als Jause mit einem Stück Schwarzbrot servieren.

(Kärnten)

Hafeloab

25 dag Maisgrieß
6 dag Mehl
1 Prise Salz
⅛ l Wasser
½ l Milch
5 dag Butter
2 Eier

Grieß mit Mehl vermischen und salzen. Milch und Wasser und Butter zum Kochen bringen und das Getreide langsam einrühren. Der Brei muß sich von der Pfanne lösen. Abkühlen lassen, dann die Eier darunterrühren. Aus diesem Teig kleine, etwa 5 cm große Laibe formen, in kochendes Salzwasser einlegen und gut 30 Minuten lang ziehen lassen.

• In Scheiben geschnitten als Beilage zu Fleischgerichten, zu Sauerkraut und Speck, als Suppeneinlage, aber auch zu Dörrobst und Kompotten. Die Masse kann auch in Knödelform in Gerstensuppe gegart werden und wird dann mit dieser gemeinsam gegessen.

(Vorarlberg)

Gemüse, Beilagen, Saucen und Salate

Heidelbeersauce

**25 dag Heidelbeeren
(frisch oder tiefgekühlt)
⅛ l Rotwein
2–4 EL Staubzucker
4 EL Sauerrahm**

Heidelbeeren mit Rotwein und Zucker einige Minuten lang aufkochen, vom Feuer nehmen und pürieren. Sauerrahm unterziehen. Sauce auf Tellern anrichten und mit etwas abgerührtem Rahm garnieren. *(Vorarlberg)*

Hering-Apfel-Salat

**2 Heringe
4 Äpfel
2 EL Essig
1 EL Öl
Schnittlauch**

Heringe putzen, ausnehmen, entgräten und in Würfel schneiden. Äpfel schälen und ebenfalls in Würfel schneiden. Die Milch der Heringe passieren und mit Essig und Öl verrühren. Schnittlauch dazugeben und mit Herings- und Äpfelwürfeln gut vermischen.

• Nach Belieben kann man auch würfelig geschnittene Erdäpfel dazumischen. *(Wien)*

Heringssalat

**1 Salzhering
3 Erdäpfel
1 Zwiebel
3 kleine Äpfel
3 Essiggurkerln
1 EL Öl
2 EL Essig
1 TL Senf
Salz
Pfeffer**

Den Hering über Nacht in kaltem Wasser liegen lassen. Dann gut waschen, entgräten und in schmale Streifen schneiden. Die Heringsmilch mit Öl und Essig zu einer glatten Sauce verrühren, mit Pfeffer und Senf würzen. Äpfel würfelig schneiden und in die Sauce geben. Die Zwiebel fein hacken, Gurkerln und Hering kleinschneiden und zuletzt die gekochten, geschälten und würfelig geschnittenen Erdäpfel dazugeben. *(Wien)*

Gemüse, Beilagen, Saucen und Salate

Heurigensalat

8 dag Linsen
8 dag weiße Bohnen
2 Erdäpfel
½ Zellerknolle
1 Zwiebel
Weinessig
Salz
Pfeffer
2–3 EL Mayonnaise
1 EL Senf
Salz
Paprika
1 EL Zitronensaft

Zum Salat:
1 marinierter Hering
3 Essiggurkerln
5 dag Extrawurst
2 Sardellen

Linsen und Bohnen über Nacht in kaltem Wasser einweichen und am nächsten Tag getrennt mit frischem Wasser weichkochen, im Sud auskühlen lassen, gut abtropfen lassen und in eine große Schüssel geben. Alle anderen Zutaten würfelig schneiden oder fein hacken. Erdäpfel, Zellerknolle und Zwiebel mit dem Gemüse vermischen. Mit Salz, Pfeffer und Weinessig würzen. Ziehen lassen, dann mit Mayonnaise, Salz, Paprika und Zitronensaft abschmecken. Russen, Essiggurkerln, Extrawurst und Sardellen dazugeben. Den Salat einige Stunden gekühlt stehen lassen. Zum Schluß auf grünen Salatblättern anrichten und nach Geschmack garnieren.

(Niederösterreich)

Himmel und Hölle

50 dag Erdäpfel
50 dag saure Äpfel
15 dag Speck
2–3 Zwiebeln

Erdäpfel kochen, schälen, zerstampfen und salzen. Saure Äpfel schälen, entkernen und vierteln. In etwas Wasser dünsten. Wenn sie weich sind, zu den Erdäpfeln mischen. Diese Masse in eine vorgewärmte Schüssel geben. Kleinwürfelig geschnittenen Speck rösten und Zwiebelringe darin knusprig braun rösten, beides über die Äpfel-Erdäpfelmasse schütten.

• Als Beilage zu abgebratener Blutwurst oder gebratener Leber. Seinen Namen hat das Gericht von der Herkunft der beiden „Äpfel". Unter der Erdoberfläche beginnt das Reich der Unterirdischen, die Hölle, aus der ja die Erdäpfel kommen.

(Salzburg)

Gemüse, Beilagen, Saucen und Salate

Hollermandl

½ l Wasser
20 dag Zucker
1 Zimtstange
3 Nelken
½ kg Hollerbeeren
2 EL Maizena

Wasser mit Zucker und Gewürzen aufkochen lassen. Hollerbeeren mitkochen. Maizena mit etwas kaltem Wasser anrühren und Kompott damit eindicken.

- Eine köstliche Zuspeise zu Germteigspeisen oder zu Vanilleeis. Ebenso können auch Moosbeeren (Heidelbeeren) zubereitet und verwendet werden. *(Tirol)*

Hollersauce

1 l Hollersuppe
3 dag Butter
3 dag Mehl

Aus Butter und Mehl eine lichte Einbrenn bereiten. Die fertige Hollersuppe glatt einrühren, aufkochen lassen, eventuell nachzuckern. Heiß servieren.

- Als Beilage zu Germ- oder Topfenknödeln. Hollersauce kann auch kalt als Dessert mit einem Tupfen Schlagobers serviert werden. *(Kärnten)*

Italienischer Salat

1 Hering
3 Sardellen
8 dag Pistazien
8 dag Pignolie
3 EL Kapern
3 EL Oliven
3 Äpfel
3 Erdäpfel
1 Zellerknolle
4 Eier
Für die Marinade:
3 EL Essig
3 EL Öl
Salz
Pfeffer

Eier hart kochen, Zeller kochen. Alle Zutaten mit Ausnahme der Oliven, Kapern und Pignolie in kleine Würfel schneiden, mit Öl, Essig, Salz und Pfeffer anmachen. *(Wien)*

Kalte Senfsauce

4 hartgekochte Eier
3 Sardellen oder 1 EL Sardellenpaste
2 EL Petersilie
Senf
Zucker
Weinessig

Eier und die von Haut und Gräten befreiten Sardellen kleinhacken oder pürieren. Mit Petersilie vermischen und mit Senf, Zucker und Weinessig zu einer schmackhaften Sauce verrühren. *(Niederösterreich)*

Karfiolauflauf

1 Karfiol
Salz
Butter
20 dag gekochte Erdäpfel
15 dag Schinken
10 dag geriebener Bergkäse
Für die Sauce:
4 dag Butter
1 Zwiebel
4 dag Mehl
¼ l Rindsuppe
¼ l Schlagobers
Salz
Pfeffer
1 TL Aniskörner
2 Dotter

Karfiol waschen, in Salzwasser kernig kochen und in Röschen zerteilen. Eine Auflaufform einfetten, den Karfiol und die gekochten Erdäpfelscheiben hineingeben und mit kleingeschnittenem Schinken bestreuen. Inzwischen die gehackte Zwiebel in Butter anrösten, Mehl anschwitzen, mit Suppe ablöschen und kurz einkochen lassen. Mit Dotter verrührtes Obers einrühren und würzen, schwach kochen lassen und dann gleichmäßig über den Auflauf verteilen. Mit Käse bestreut bei 200° C im Rohr 15–20 Minuten lang backen. *(Oberösterreich)*

Karottengemüse

60 dag Karotten
4 dag Butter
4 dag Mehl
½ l Milch
Salz
etwas Zucker
Petersilie

Karotten grob raspeln und weich dünsten. Aus Butter und Mehl eine helle Einbrenn bereiten. Mit Milch aufgießen und die Karotten dazugeben. Kurz aufkochen und nach Geschmack würzen.
• Eventuell etwas feingeschnittenen Knoblauch dazugeben. *(Oberösterreich)*

Gemüse, Beilagen, Saucen und Salate

Karottenrohkost

25 dag Karotten
25 dag Zeller
3 säuerliche Äpfel
1 Becher Sauerrahm
Zitronensaft
5 dag Nüsse

Karotten, Zeller und Äpfel fein reißen. Mit Zitronensaft beträufeln und mit Sauerrahm vermischen. Zuletzt mit den geriebenen Nüssen bestreuen. *(Oberösterreich)*

Karottensalat

50 dag Karotten
2 EL Zitronensaft
½ TL Salz
½ TL Prise Zucker
3 EL Öl
Salatblätter

Karotten reiben und mit Zitronensaft beträufeln. Nun Öl mit Zucker und Salz zu einer Marinade verschlagen und die Karotten darin ziehen lassen. Karotten auf Salatblättern servieren.

• Wegen der fettlöslichen Vitamine in den Karotten sollten Sie bei diesem Salat das Öl nicht weglassen. *(Wien)*

Kartoffelpuffer

1½ kg Erdäpfel
1 große Zwiebel
Salz
Pfeffer
2 Eier
2 EL Zwiebelgrün
4 EL Mehl
3 Knoblauchzehen
Fett zum Braten

Die rohen Erdäpfel schälen und in kaltes Wasser reiben, damit sie nicht dunkel werden. Durch ein Tuch über eine Schüssel abseihen und durch das Tuch ausdrücken, in einem Weitling mit Mehl vermischen. Aus der Schüssel das Preßwasser vorsichtig abgießen, die am Boden abgesetzte Stärke zu den Erdäpfeln geben. Die Zwiebel reiben und mit Salz, Pfeffer, Eiern, zerdrücktem Knoblauch und feingeschnittenem Zwiebelgrün ebenfalls dazugeben, alles gut vermischen. In heißem Fett dünne Fladen knusprig herausbacken.

• Als Beilage: Salat oder Apfelkren, aber auch Apfelmus, dann aber ohne Knoblauch zubereiten. *(Niederösterreich)*

Käsedressing für Blattsalate

10 dag Edelpilzkäse
3 EL Obers
3 EL Zitronensaft
1 EL Senf
Salz
Pfeffer
2 EL kaltgepreßtes Keimöl

Den Käse mit einer Gabel fein zerdrücken, den Pfeffer frisch darübermahlen und mit allen Zutaten vermischen.

• Schmeckt auch vorzüglich zu Kompottbirnen.

(Vorarlberg)

Kirschensauce

20 dag Kirschen
2 Scheiben Zitrone
1 Zimtstange
3 Nelken
1 EL Speisestärke
8 cl Kirsch-Rum

Die Kirschen entkernen und klein schneiden. Mit Zitronenscheiben und den Gewürzen etwa 3 Minuten lang köcheln lassen. Speisestärke mit Rum verquirlen und unter Rühren an die Kirschen gießen. 1 Minute lang durchkochen lassen. Heiß oder kalt servieren.

• Als Beilage zu Kraisibröseln, Kirschauflauf und Knödeln. Sie können auch die entsprechende Menge an Kompottkirschen oder auch nur Kirschsaft für diese Sauce verwenden.

(Vorarlberg)

Kletzenpfeffer

50 dag Kletzen (Dörrbirnen)
1 Zimtstange
10 Nelken
2 EL Rum
½ l Wasser
Zitronenmelisse
3 dag Butter
3 dag Mehl

Die Kletzen über Nacht einweichen und dann mit den Gewürzen weichkochen. Kerne, Stiele und Blütenreste entfernen und die Früchte fein hacken oder faschieren. Nun in wenig Butter etwas Mehl anschwitzen lassen, mit dem Kochwasser aufgießen, die Kletzen einrühren und mit dem Rum würzen.

(Kärnten)

Gemüse, Beilagen, Saucen und Salate

Knoblauchkraut

60 dag Weißkraut
etwas Wasser
Salz
1 Lorbeerblatt
1 TL Kümmel
5 dag Grammelfett
4 Knoblauchzehen

Das Weißkraut feinschneiden und mit den Gewürzen in etwas Wasser dünsten. Knoblauch hacken, im Grammelfett kurz erhitzen und über das Kraut geben.

• Statt Weißkraut können Sie Sauerkraut ebenso zubereiten.

(Kärnten)

Kohl nach Wiener Art

1 großer Kohlkopf
(ca. 80 dag)
etwas Salz
2 rohe Erdäpfel
Kümmel
weißer Pfeffer
1 gehackte Zwiebel
1 zerdrückte
Knoblauchzehe
3 dag Schweineschmalz
3 dag Mehl
1/8 l heiße Rindsuppe

Kohlkopf in größere Stücke zerteilen und die groben Rippen entfernen. In reichlich gesalzenem Wasser mit den würfelig geschnittenen Erdäpfeln sowie Kümmel und Pfeffer weichkochen und abseihen. Knoblauch und Zwiebel in heißem Schmalz anrösten und mit Mehl bestäuben, kurz durchziehen lassen und mit der Rindsuppe ablöschen, zu einer dickflüssigen Sauce einkochen lassen. Kohl dazugeben und kurz durchkochen lassen. Zuletzt nochmals abschmecken.

• In Kärnten wird ein ebenso bereitetes Kohlgemüse am Schluß mit etwas Essig gewürzt. Als Beilage zu vielen Fleischgerichten.

(Wien)

Kohlsprossen mit Speck

50 dag Kohlsprossen
12–15 dag Selchspeck
1 kleine Zwiebel

Die Kohlsprossen putzen und in Salzwasser nicht zu weich kochen und abseihen. Den Speck kleinwürfelig schneiden, auslassen und die feingehackte Zwiebel darin anrösten. Speck und Zwiebel über die heißen Kohlsprossen gießen.

• Als Beilage zu Wildspezialitäten. Eventuell mit etwas Muskat und einer Prise Zucker würzen.

(Oberösterreich)

Gemüse, Beilagen, Saucen und Salate

Kohlsprossen

1 kg Kohlsprossen
Butter
1–2 EL Sauerrahm
Salz
Pfeffer
Muskat

Kohlsprossen putzen und in Salzwasser kochen und abseihen. Butter in einer Kasserolle erhitzen und die Kohlsprossen hineingeben. Würzen und mit etwas Rahm noch einmal dünsten lassen, dabei vorsichtig umrühren.

(Niederösterreich)

Kopfsalat mit Radieschen

1 Kopfsalat
2 Bund Radieschen
3 EL Essig
3 EL Öl
1 Msp. Senf
1 TL Zucker
Salz
Pfeffer
½ Bund Petersilie
½ Bund Schnittlauch

Salat putzen, waschen und zerpflücken. Radieschen waschen und mit einem kleinen Küchenmesser ringsherum etwas einkerben. Essig, Öl, Senf, Zucker, Salz, Pfeffer, gehackte Petersillie und Schnittlauchröllchen zu einer Sauce verrühren. Radieschenröschen darin marinieren und kurz vor dem Anrichten den Kopfsalat mit der Sauce mischen.

(Wien)

Kräuterrahmsauce

4 dag Schalotten
⅛ l Rindsuppe
¼ l Obers
⅛ l trockener Weißwein
4 dag Butter
1 EL Kerbel
1 EL Estragon
1 EL Zitronenmelisse
1 TL Minze
1 TL Liebstöckel
Salz
Pfeffer
1 Spritzer Zitronensaft
2 EL geschlagenes Schlagobers

Schalotten klein schneiden und in Rindsuppe etwas kochen. Mit Obers auffüllen und einkochen, bis die Sauce cremig wird. Weißwein dazugeben, kurz aufkochen und vom Feuer nehmen, einige eiskalte Butterflocken unterziehen. Die Kräuter hacken und in die Suppe geben, mit Salz, Pfeffer und Zitronensaft würzen und mit Schlagobers abrunden.

(Salzburg)

Gemüse, Beilagen, Saucen und Salate

Kräutersauce

¼ l Sauerrahm
2 EL Öl
2 Knoblauchzehen
1 EL Petersilie
1 EL Schnittlauch
½ TL Kerbelkraut
½ TL Estragon
½ TL Salz

Den Knoblauch über den Spitzen einer Gabel reiben, die Kräuter sehr fein hacken und alle Zutaten gut vermischen.
• Als Marinade zu Salaten, zu gekochtem oder gebratenem Fleisch oder Fisch. *(Kärnten)*

Krautsalat mit warmem Speck

50 dag Weißkraut
1 TL Salz
1 TL Kümmel
5 dag Speck
4 EL Essig

Das Kraut fein aufhobeln, mit Salz und Kümmel würzen und gut durchmischen. Nun den Speck würfelig schneiden und auf großer Flamme ausbraten, den Essig dazugeben und alles heiß mit dem Kraut vermischen. *(Kärnten)*

Kukuruzsalat

1 Dose Kukuruz
2 Paprikaschoten
Essig
Öl
Zucker
Salz
Pfeffer

Den Kukuruz abgießen, die Paprikaschoten entkernen und in feine Streifen schneiden, aus Essig, Öl, Zucker, Pfeffer und Salz eine pikante Vinaigrette bereiten und den Salat ziehen lassen.
• Wenn Sie einen besonders farbenfrohen Salat wünschen, nehmen Sie doch eine rote und eine grüne Paprikaschote! *(Burgenland)*

Kürbis mit Zucker und Honig

1 kg Kürbis
¼ l guter Weinessig
⅛ l Wasser
13 dag Zucker
3 Nelken
1 Prise Salz
einige Pfefferkörner

Den Kürbis schälen und in längliche kleine Stücke schneiden. Den Weinessig, Wasser, Zucker, Nelken, Salz und Pfefferkörner zum Sieden bringen und die Kürbisstücke darin gut durchkochen, bis sie glasig erscheinen. Mit einem Schaumlöffel herausnehmen und in eine Kompottschale legen. Den Saft noch ca. 30 Minuten lang einkochen, über die Kürbisstücke gießen. Das Kompott kalt stellen.
• Als Beilage zu Grießnudeln und verschiedenen Braten. *(Steiermark)*

Kürbissalat

50 dag Speisekürbis
1 TL Salz
⅛ l Sauerrahm
2 EL Essig
1 TL Paprika

Den Kürbis schälen, entkernen und fein aufhobeln, mit Salz vermischen und 30 Minuten lang stehen lassen. Dann leicht ausdrücken. Nun den Sauerrahm mit Essig verrühren und unter den Kürbis mischen. Mit Paprika bestreut servieren.

• Variation: 2 grüne Paprikaschoten fein nudelig schneiden und unter den Kürbis mischen. *(Steiermark)*

Ländle-Apfelsalat

35 dag Äpfel
35 dag Karotten
Saft von 1 Zitrone
Saft von 2 Orangen
2 EL Honig
8 dag Butter
15 dag gehackte Walnüsse

Die Walnüsse in Butter rösten. Äpfel und Karotten fein raspeln, mit Zitronen- und Orangensaft beträufeln und mit Honig süßen. Vor dem Anrichten mit angerösteten Walnüssen bestreuen. *(Vorarlberg)*

Letscho

2 große Zwiebeln
1 EL Schmalz
4–6 grüne Paprika
½ kg Paradeiser
4 Eier
etwas Milch
Salz
evtl. scharfer Paprika (Pulver)

Die Zwiebeln grob hacken und in Schmalz anrösten. Die Paprika in grobe Stücke schneiden und mitrösten. Die Paradeiser kurz in heißes Wasser legen oder mit kochendem Wasser übergießen, schälen, vierteln und dazugeben. Alles gut weichdünsten, die Flüssigkeit soll dabei weitgehend verdampfen. Nun Salz hinzugeben, die Eier mit etwas Milch verquirlen und darübergießen. So lange gut durchmischen, bis das Ei gestockt ist, gleich servieren.

• Dazu reicht man Schwarzbrot. Eigentlich verwendet man scharfe grüne Paprikaschoten. Da diese immer schwieriger zu bekommen sind, können Sie mit scharfem Paprika nachwürzen. Ein herrlich leichtes Gericht, das Sie mit anderen Gemüsen wie Zucchini oder Mais verfeinern können. Wenn Sie gerade keine Eier im Haus haben, können Sie auch ¼ l Sauerrahm mit 1 EL Mehl versprudeln und damit das Letscho andicken, oder Sie lassen Eier und Milch ganz weg.

(Burgenland)

Gemüse, Beilagen, Saucen und Salate

Linsensalat

50 dag Linsen
Lorbeer
Thymian
Für die Marinade:
2 EL Weinessig
1 TL scharfer Senf
3 TL Sonnenblumenöl
1 große Zwiebel
1 roter Paprika
Schnittlauch
Essiggurken nach Geschmack
Salz
Pfeffer
Zucker
Wasser

Linsen über Nacht mit Lorbeerblatt und Thymian einweichen lassen. Am nächsten Tag die Linsen weichkochen. Inzwischen für die Marinade die Zwiebel in feine Ringe, den Paprika nudelig und Gurkerln in dünne Scheiben schneiden, den Senf mit dem Essig verrühren und das Öl dazugeben, abschmecken und alles mit den Linsen vermengen. Der Salat muß einige Stunden ziehen. Mit Schnittlauch bestreut servieren.

- Als Beilage zu gekochtem, kaltem Rindfleisch.

(Oberösterreich)

Mandelkren

Butter
2 EL Mehl
Milch
5 dag geriebene Mandeln
1 TL Zucker
Kren

Mehl in einem vormals nußgroßen Stück heißer Butter anlaufen lassen und soviel Milch dazugeben, daß eine sämige Sauce entsteht. Kurz aufkochen lassen, Mandeln und Zucker dazugeben, noch einmal aufkochen lassen, die Sauce vom Feuer nehmen und Kren nach Geschmack darunterrühren.

(Niederösterreich)

Marillensauce

50 dag Marillen
¼ l Weißwein
12 dag Zucker
Saft von 1 Zitrone
1 Msp. Ingwer
1 cl Rum oder Marillenlikör

Die Marillen entkernen und in Wein kochen, durchpassieren. Das Marillenmark mit Zucker und Zitronensaft vermischen und eventuell mit ein bißchen Kochsud verdünnen. Mit Ingwer und Rum oder Marillenlikör abschmecken.

(Niederösterreich)

Marinade für Blattsalate

1 TL Senf
1 Ei
1 Prise Salz
1 Prise Zucker
Saft von ½ Zitrone
1 Knoblauchzehe
2 EL Essig
½ Becher Sauerrahm
3 EL Öl

Das Ei hart kochen und schälen, Eidotter mit einer Gabel mit dem Senf passieren, Salz, Zucker und Zitronensaft untermengen, den Knoblauch über den Gabelzinken fein zerreiben und in die Masse einarbeiten, alles mit Sauerrahm, Essig, Öl und dem feingehackten Eiweiß verrühren und ziehen lassen.

• Zu Endivien-, Eichlaub-, Radicchio- und Rucolasalat, aber auch zu Eisberg- und gewöhnlichem Kopfsalat. *(Salzburg)*

Melanzanigemüse

4 Melanzani
4 kleine Kürbisse
6 Paradeiser
2 große Zwiebeln
5 dag Olivenöl
1 Knoblauchzehe
1 EL gehackte Petersilie
Pfeffer
Salz

Melanzani, Kürbisse und Paradeiser schälen und in grobe, längliche Stücke schneiden. Zwiebeln fein schneiden und mit Knoblauch und Petersilie in Öl rösten. Geschnittenes Gemüse dazugeben und mit Salz und Pfeffer würzen. 1 Stunde lang im Rohr zugedeckt dünsten lassen. *(Wien)*

Montafoner Käserdöpfl

1 Knoblauchzehe
2–3 dag Butter für die Form
1 kg mehlige Erdäpfel
Salz
Pfeffer
8 dag geriebener Käse z. B. Emmentaler
⅛ l Schlagobers
¼ Milch
4 dag Butter

Eine halbhohe Auflaufform mit Knoblauch ausreiben und mit Butter befetten. Eine Schicht rohe, in dünne Scheiben geschnittene Erdäpfel in die Form geben, würzen und mit etwa 4 dag Käse bestreuen. Die zweite Hälfte Erdäpfel darübergeben, mit dem restlichen Käse bestreuen, ebenfalls würzen, mit Milch und Obers übergießen und Butterflöckchen aufsetzen. Im auf 180–200°C vorgeheiztem Backrohr goldbraun backen (etwa 1 Stunde lang).

• In Scheiben geschnittene Zucchini zwischen den Erdäpfelscheiben machen das Gericht saftiger. *(Vorarlberg)*

Gemüse, Beilagen, Saucen und Salate

Nußcremesauce

6 Eidotter
20 dag Staubzucker
½ l Milch
10 dag gemahlene Haselnüsse

Eidotter mit Staubzucker schaumig rühren. Nach und nach mit kochendheißer Milch verschlagen, bis die Masse sämig ist. Nüsse dazugeben. Da die Sauce nicht kochen darf, gibt man sie in ein Wasserbad. Zum Abkühlen zur Seite stellen und immer wieder mit dem Schneebesen durchrühren.

(Niederösterreich)

Orangenkompott

Orangen
Zucker zum Bestreuen
1 Glas Weißwein

Die Orangen schälen, von den weißen Häuten befreien und in gleichmäßige dünne Streifen schneiden. In eine Kompottschale legen und 30 Minuten lang stehen lassen. Während dieser Zeit mehrmals mit Zucker bestreuen. Vor dem Servieren mit Wein übergießen.

• Orangen kann man auch wie einen Apfel schälen und dann für Salate oder Kompott verwenden, man benötigt allerdings ein sehr scharfes Messer dazu.

(Niederösterreich)

Paradeiskraut

1 großes Häuptel Kraut
Salzwasser
1 kg Paradeiser
1 gehäufter EL Schmalz
1 EL Mehl
1 TL Zucker
Salz

Das Kraut feinnudelig schneiden und in Salzwasser weich kochen. Inzwischen die Paradeiser kochen, bis sie zerfallen, dann passieren. Nun aus Schmalz und Mehl eine Einbrenn bereiten und mit den passierten Paradeisern aufgießen. Das Kraut abseihen, zu der Paradeissauce geben und mit Salz und Zucker abschmecken.

• Wenn Sie eine Schweinsstelze mit dem Kraut mitkochen lassen, schmeckt es noch besser. Als Beilage zu gekochtem Rindfleisch mit Kartoffeln oder zu Faschiertem.

(Burgenland)

Gemüse, Beilagen, Saucen und Salate

Paradeissauce I

Die urtümliche Form:

**1 kg Paradeiser
1 EL Schmalz
Mehl
Salz
Zucker**

Die Paradeiser in wenig Wasser kochen, bis sie zerfallen, dann passieren. Nun aus Schmalz und Mehl eine dicke Einbrenn bereiten und mit den passierten Paradeisern aufgießen. Salzen, gut zuckern und nochmals aufkochen lassen.

• Als Beilage zu Faschiertem, zu Serviettenknödeln und zu gefüllten Paprika.

Paradeissauce II

Die von internationaler Küche angehauchte Variante:

**1 kg Paradeiser
1 Zwiebel
1 Knoblauchzehe
2 EL Olivenöl
2 Lorbeerblätter
4 dag Butter
4 dag Mehl
½ l Milch
Salz
Zucker
Pfeffer
Rahm**

Die Zwiebel fein hacken, die Paradeiser vierteln und mit dem Knoblauch und den Lorbeerblättern im Öl 20 Minuten lang dünsten lassen. Nun die Butter, das Mehl und die Milch zu einer Bechamelsauce verarbeiten. Die Paradeismasse passieren und mit der Bechamel mischen, mit Zucker, Salz und etwas Pfeffer abschmecken und zum Schluß mit etwas Rahm verfeinern.

Paradeissauce III

**1 kleine Zwiebel
2 Knoblauchzehen
2 EL Olivenöl
1–2 Karotten
⅛ Sellerieknolle
40 dag Paradeiser
2 Lorbeerblätter
Basilikum
Thymian
Oregano
Salz
Pfeffer
5 dag Schlagobers**

Zwiebel und Knoblauch fein schneiden, in Olivenöl andünsten, kleingeschnittene Karotten und Sellerie kurz mitdünsten. Gewürfelte, geschälte Paradeiser, Lorbeerblätter und die fein zerhackten Kräuter dazugeben und etwa 20 Minuten lang zugedeckt köcheln lassen, bis alles weich ist. Nach Geschmack fein pürieren, abschmecken und mit einem Schuß Obers verfeinern. Mit kleinen Basilikumblättern bestreut servieren.

(Vorarlberg)

Gemüse, Beilagen, Saucen und Salate

Paradeisstrankerln

60 dag Strankerln
(Fisolen)
30 dag Paradeiser
6 dag Fett
1 Zwiebel
½ TL Salz
Bohnenkraut
1 Msp. Paprika

Die Strankerln waschen, putzen und mit schrägen Schnitten in mundgerechte Stücke schneiden. Die Paradeiser vierteln. Die Zwiebel klein würfeln und im heißen Fett hellgelb anlaufen lassen. Paradeiser und Strankerln dazugeben, würzen und mit wenig Wasser weichdünsten.

- Als Beilage zu gekochtem Selchfleisch. Variante: Statt mit Bohnenkraut mit einer Prise Zucker und 1–2 geriebenen Knoblauchzehen würzen. *(Kärnten)*

Polentaschnitten

½ l Wasser
25 dag Maismehl
5 dag Fett
½ TL Salz

Salzwasser zum Kochen bringen, das Fett hineingeben, das Maismehl unter ständigem Rühren einlaufen und auf kleiner Flamme ausdünsten lassen. Die fertige Polenta in eine mit kaltem Wasser ausgespülte Form drücken, stürzen und in Scheiben schneiden. Man kann sie auch nach dem Erkalten schneiden und die Scheiben auf einem gefetteten Blech überbacken.

- Als Beilage zu vielen Fleischgerichten. *(Steiermark)*

Quittenkompott

10 Quitten
Wasser zum Kochen
12 EL guter Weinessig
25 dag Zucker

Die Quitten schälen, achteln und vom Kerngehäuse befreien. Reichlich Wasser zum Sieden bringen und die Fruchtstücke darin weich kochen. Auch die Schalen und Kerngehäuse dazugeben, weil dadurch das Kompott eine schöne, rote Farbe erhält. Die Quittenachtel mit einem Schaumlöffel herausnehmen und in eine Kompottschale legen. Den Fruchtsaft mit Weinessig und Zucker etwa 30 Minuten lang dick einkochen, durchseihen und über die Früchte gießen. Auskühlen lassen. *(Kärnten)*

Gemüse, Beilagen, Saucen und Salate

Rettichsalat mit Kresse

50 dag weißer Rettich
2 EL Speiseöl
1 EL Apfelessig
⅛ l Sauerrahm
Salz
weißer Pfeffer
2 EL Kresse

Den hauchdünn geschälten Rettich grob raspeln und gleich mit Essig, Öl und Rahm marinieren, würzen. Vor dem Servieren mit frisch geschnittener Kresse bestreuen.

• Zu gebackenem Karpfen und kaltem Schweinernen, oder einfach mit einem Butterbrot, wenn es sehr heiß ist. Statt der Kresse kann man auch gehackte Petersilie nehmen.

(Oberösterreich)

Rahmkürbis

60 dag Kürbis
1 TL Salz
4 dag Fett
1 Zwiebel
1 EL Essig
1 TL Kümmel
⅛ l Sauerrahm
1 TL Mehl
1 TL Dillkraut

Den Kürbis schälen, entkernen, grob raspeln und salzen. Die Zwiebel fein hacken und in Fett hellbraun rösten. Nun den Kürbis und die Gewürze dazugeben und alles etwa 15 Minuten lang gardünsten. Sauerrahm mit Mehl verrühren und mit dem Kürbis einmal aufkochen. Zuletzt noch etwas Dillkraut hinzufügen.

• Im Burgenland bereitet man den Rahmkürbis ohne Essig, aber mit etwas zerdrücktem Knoblauch und einem geschälten Paradeiser zu, den man mitdünsten läßt. Steirische Kürbisruabn werden statt des Dillkrauts mit einem TL Paprikapulver gewürzt, ansonsten aber genauso zubereitet.

(Kärnten)

Ribisel-Rotweinsauce

5 EL Ribiselgelee
⅛ l trockener Rotwein
1 EL Honig
1 EL Zucker
1 Pkg. Vanillezucker

Das Ribiselgelee mit Rotwein, Honig, Zucker und Vanillezucker aufkochen, gut durchrühren und abkühlen lassen. Lauwarm servieren.

(Niederösterreich)

Gemüse, Beilagen, Saucen und Salate

Roher Karfiolsalat

1 Karfiol
25 dag gelbe Rüben
2 grüne Äpfel
5 dag Haselnußkerne
1 Becher Joghurt
1 Zitrone
Salz
Pfeffer
Zucker
einige Tropfen Speisewürze
2 EL Öl

Gemüse putzen, den Karfiol in kleine Röschen teilen, die Rüben raspeln, die Äpfel vierteln, mit der Schale in feine Scheiben schneiden, und alles mit den gehackten Nüssen vermischen, dabei einige Nüsse zum Garnieren ganz lassen. Joghurt mit den übrigen Zutaten verrühren und die Karfiol-Rohkost mit dieser Sauce marinieren. Alles in eine Glasschüssel füllen und mit den ganzen Nüssen garnieren.

• Genauso kann man eine Sellerie-Rohkost zubereiten, in diesem Fall die gelben Rüben weglassen. *(Wien)*

Rosmarinerdäpfel

1 kg Erdäpfel
Olivenöl
Rosmarin
Salz

Die Erdäpfel schälen, in etwa 5 mm dicke Scheiben schneiden und in heißem Olivenöl anbraten. Mit (nach Möglichkeit) frischem Rosmarin bestreuen und fertigbraten, erst dann salzen.

• Wenn Sie die Erdäpfel im Rohr garen wollen, müssen Sie mit etwa 45 Minuten Zubereitungszeit rechnen. Mit grünem Salat ein würziges Abendessen. Als Beilage zu kräftigen Fleischgerichten. *(Tirol)*

Rote Rüben-Gemüse

1 kg Rote Rüben
10 dag Butter
3 EL Mehl
¼ l Sauerrahm
Salz
Kümmel

Rote Rüben waschen, kochen, schälen und feinhacken. Mehl in Butter anlaufen lassen und sofort den Sauerrahm und die Roten Rüben dazugeben. Salzen, Kümmel hinzufügen und eventuell etwas Wasser oder Suppe nachgießen. Noch 15 Minuten lang langsam dünsten lassen.

(Niederösterreich)

Gemüse, Beilagen, Saucen und Salate

Rote-Rüben-Salat

1 kg rote Rüben
¼ l verdünnter Essig
Salz
Kümmel
2 EL Öl
1 EL Kren

Die roten Rüben waschen und in Salzwasser kochen. Schälen, in Scheiben schneiden und noch warm mit Essig, Öl etwas Kümmel, Kren und Salz anrichten.

• Dies ist die klassische Art. Variante: Rüben würfeln und mit 2 EL Zitronensaft, 3 EL Öl, Pfeffer und Salz anmachen.

(Wien)

Roter Heringssalat

Für 6 Personen
1 Glas Russen
1 Glas Gewürzgurkerln
½ kg rote Rüben
2 Äpfel
1 Pkg. Heringsfilets in Oberssauce

Die Russen entgräten, klein schneiden, die Gewürzgurkerln und die Äpfel klein schneiden und mit den Russen und den ebenfalls kleingeschnittenen Heringen vermischen, die roten Rüben etwa 1 Stunde lang kochen, auskühlen lassen, schälen, würfeln und zum Fisch geben. Alles mit der Oberssauce marinieren, eine Gabel voll Zwiebeln aus dem Russenglas klein schneiden und dazugeben und mit etwas Essigsud von den Gewürzgurkerln abschmecken.

(Wien)

Rotkrautsalat

1 kleines Häuptel Rotkraut
Für die Salatsauce:
1 feingeriebener Apfel
Saft einer Zitrone
1 feingewiegte Zwiebel
Salz
1 Spritzer Apfelessig
geriebener Kren
4 EL Öl
3 EL Sauerrahm

Das Rotkraut waschen, fein hobeln und mit der Salatsauce vermischen, gut durchziehen lassen.

• Wer mag, kann noch 2 in Stücke geschnittene Äpfel dazugeben. Eine andere Variante: mit heißem, kleinwürfelig geschnittenem, ausgelassenem Speck übergießen, eventuell etwas Preiselbeerkompott dazugeben.

(Oberösterreich)

Gemüse, Beilagen, Saucen und Salate

Rüblesalat

1 kg Karotten
½ l Wasser
Salz
1 Prise Zucker
1 Bund frisches Basilikum
200 ml Schlagobers
Saft von 1 Zitrone
weißer Pfeffer

Die Rüble (Karotten) sauber bürsten und in kochendes Wasser geben, dem Salz und eine Prise Zucker beigegeben wurden, etwa 10 Minuten lang garen. Herausnehmen und etwas abkühlen lassen, nun nötigenfalls ganz dünn schälen, in 1 cm starke schräge Scheiben schneiden. Die Basilikumblätter in Streifen schneiden, unter die Rüblescheiben mischen. Obers mit Zitrone, Salz und Pfeffer leicht verschlagen und ansprechend über die Rüble verteilen.

- Als Beilage zu gebratenem Fleisch und Fisch.

(Vorarlberg)

Sauce-Tatare

3 Dotter
3 EL Butter
Kapern
Essiggurken
Petersilie
Prise Salz
Pfeffer
Saft einer Zitrone
ev. Zwiebel

Die Butter schaumig rühren, nach und nach die Dotter einrühren, dann die anderen Zutaten, alle feingehackt, und so lange rühren, bis eine dickliche Sauce entsteht. Wenn die Sauce sofort verwendet wird, kann man auch etwas feinstgehackte Zwiebeln daruntergeben.

- Zu Gebackenem in jeder Form.

(Wien)

Sauerkrautsalat

30 dag Sauerkraut
20 dag Weintrauben
1 roter Paprika
1 Apfel
1 kleine Zwiebel
Salz
Pfeffer
Zitronensaft
etwas Zucker
Oliven- oder Distelöl

Das Sauerkraut ein- bis zweimal durchschneiden und in eine große Schüssel geben. Den Apfel waschen, das Kerngehäuse entfernen und blättrig schneiden. Paprika nudelig schneiden. Weintrauben waschen, halbieren und Kerne entfernen. Zitronensaft, Öl, Salz, Pfeffer, Zucker und etwas Wasser versprudeln und über das Sauerkraut gießen. Die Zwiebel fein hacken und mit den übrigen Zutaten untermischen.

- Man kann auch noch 10 dag feinnudelig geschnittenen Schinken dazugeben.

(Oberösterreich)

Gemüse, Beilagen, Saucen und Salate

Schlamperkraut

1 Krautkopf
Essig
Salz
Kümmel
2 kleine Zwiebeln
3 dag Butter

Das Kraut fein schneiden und in Essigwasser etwa 1 Stunde lang auf kleiner Flamme kochen lassen, Salz und Kümmel dazugeben. Kurz vor Ende der Garzeit die Zwiebeln fein schneiden und in Butter goldgelb rösten. Das Kraut abseihen und die Zwiebeln dazugeben.

- Als Beilage zu Topfenplattn. *(Tirol)*

Schokoladenrahm

6 dag zartbittere Schokolade oder Mokkaschokolade
7 dag Schlagobers
Orangenlikör nach Geschmack

Schokolade hacken, mit Schlagobers in eine Schüssel geben und über einem heißen Wasserbad unter ständigem Rühren schmelzen lassen. Nach Geschmack mit Likör aromatisieren. *(Niederösterreich)*

Schwammerlgulasch

75 dag Eierschwammerln
6 dag Butter
1 große Zwiebel
1 TL Paprika
Salz
1 EL Mehl
1/8 l Sauerrahm

Fein gehackte Zwiebel in Butter goldgelb anrösten, Paprika und die geputzten Eierschwammerln dazugeben und solange dünsten, bis die Schwammerln weich sind. Mit Mehl stauben, mit ganz wenig Wasser aufgießen, salzen und dem Sauerrahm einrühren. Kurz aufkochen und servieren.

- Als Beilage: Knödel oder Salzkartoffeln. *(Wien)*

Schwammerlreis

2 Handvoll Eierschwammerln
1 Zwiebel
etwas Butter
2 Handvoll Reis
Fleischsuppe
Salz
Pfeffer
Knoblauch
Petersilie
Käse
1 Schuß Weißwein

Die Zwiebel feinhacken und in Butter anschwitzen, den Reis dazugeben, gut heiß werden lassen, mit Fleischsuppe aufgießen und unter öfterem Umrühren 15–18 Minuten lang kochen lassen. Die Schwammerln waschen, in Scheiben schneiden, rösten und mit Salz, Pfeffer und Knoblauch sowie Petersilie gut abschmecken. Zu dem Reis geben und alles mit Butter, grob geriebenem Käse und etwas Weißwein verfeinern. *(Tirol)*

Gemüse, Beilagen, Saucen und Salate

Schwammerlsalat

25 dag Champignons
4 Paradeiser
1 Zwiebel
2 Eier
Salz
Pfeffer
Petersilie
Olivenöl
Essig

Die Schwammerln putzen und feinblättrig schneiden, in etwas Öl 10 Minuten lang dünsten. Paradeiser in dünne Scheiben schneiden, Zwiebel ganz fein würfeln oder reiben, die Eier hart kochen, dann grob hacken, alles mit den Gewürzen vermischen und in einer Marinade aus einem Schuß Essig und viel Olivenöl eine Stunde ziehen lassen. *(Burgenland)*

Schwämmlaibchen

75 dag Schwämme
1 Zwiebel
¼ l Sauerrahm
3 Sardellen
Pfeffer
Salz
Brösel
Kümmel
5 dag Butter
2 Eier
Mehl

Schwämme säubern und mit kochendem Wasser überbrühen, dann sehr fein hacken. Feingehackte Zwiebel in Butter anlaufen lassen und die Schwämme dazugeben. Dünsten und mit wenig Sauerrahm, gehackten Sardellen, Pfeffer und Salz mischen. Schließlich 2 EL Brösel und Kümmel daruntergeben. Wenn die Schwämme etwas überkühlt sind, ein Ei hineinrühren und kleine Laibchen formen, in Ei und Bröseln wenden und in heißem Fett ausbacken.

- Als Beilage zu Erbsen- und Fisolengemüse. *(Wien)*

Schwarzwurzelsalat

50 dag Schwarzwurzeln
15 dag Frühlingszwiebeln
15 dag Wälderschinken
¼ l Sauerrahm
2 EL Joghurt
3 Knoblauchzehen
Essig
Distelöl
Kräutersalz
Schnittlauch

Schwarzwurzeln schälen, in 4 cm lange Stücke schneiden und vorsichtig weichdünsten. Frühlingszwiebeln und Schinken in dünne Streifen schneiden, alles vermischen und mit einer Marinade aus dem restliche Zutaten übergießen und etwas ziehen lassen. *(Vorarlberg)*

Sellerisalat

2 große Sellerieknollen (Zeller)
Saft einer Zitrone
2 TL Zucker
Salz
Vinaigrette

Den Zeller schälen und feinblättrig schneiden. Nun in soviel Wasser geben, daß die Scheiben gerade bedeckt sind, Zitronensaft und Zucker dazugeben und die Sellerie darin vorsichtig weichdünsten. Abgießen, abkühlen lassen und in Vinaigrette anrichten. *(Burgenland)*

Selleriesauce

20 dag Sellerie (Zeller)
3 dag Butter
2 EL Petersilie
Salz
Muskatblüte oder -nuß
1 EL Mehl

Petersilie fein hacken und in Butter kurz anrösten. Zeller nudelig oder würfelig schneiden und dazugeben. Sofort mit Wasser oder Suppe aufgießen, würzen und weichkochen. Mehl mit kaltem Wasser verrühren und dazugeben. *(Niederösterreich)*

Semmelkren, warm

¼ l Rindssuppe
3 Semmeln
5 dag frischer Kren
2 EL Milch
2 dag Butter
Salz
Essig
Zucker

Die Semmeln entrinden, blättrig schneiden und in der kalten Suppe einweichen. Aufkochen, versprudeln und inzwischen den Kren reiben. Mit dem Obers in die Suppe geben und mit Essig, Zucker und Salz pikant abschmecken. *(Burgenland)*

Speckerdäpfel

75 dag Erdäpfel
etwas Öl
12 dag Bauchspeck

Die Erdäpfel schälen, in dickere Scheiben oder mundgerechte Stücke schneiden und kurz aufkochen, abseihen, mit Öl im Rohr goldgelb braten. Bauchspeck kleinwürfelig schneiden, abrösten und unter die Erdäpfel mischen. *(Tirol)*

Spinat mit Sauerampfer

50 dag Spinat
50 dag Sauerampfer
4 dag Fett
3 dag Mehl
etwas Knoblauch
etwas Zwiebel
Muskat
Salz
Pfeffer
Fleischsuppe

Gemüse waschen und zugedeckt mit einem Stück Butter weichdünsten. Mit Mehl bestauben, mit Fleischsuppe aufgießen und mit etwas Knoblauch, Zwiebel, Muskat, Salz und Pfeffer verkochen.

- Eventuell mit Rahm verfeinern. *(Wien)*

Spinat

1 kg Spinat
4 dag Fett
3 dag Mehl
einige Schalotten
etwas Fleischsuppe
Knoblauch
Muskat
Salz
Pfeffer

Spinat putzen, waschen und kochen. Dann abseihen, mit frischem Wasser abspülen, gut ausdrücken und fein zusammenhacken. Aus Mehl und Fett eine lichte Einbrenn machen, kleingeschnittene Schalotten und etwas Knoblauch hineingeben, den Spinat hinzufügen und mit Fleischsuppe aufgießen. Mit Pfeffer, einem Hauch Muskat und Salz verkochen lassen. *(Wien)*

Spinatsalat

50 dag Spinat
1 Zwiebel
Für die Marinade:
3 EL Öl
Kräuter
1 EL Zitronensaft
Salz
Pfeffer
2 hartgekochte Eier zum Garnieren

Spinat sorgfältig waschen, gut abtropfen lassen und in ½ cm breite Streifen schneiden. Zwiebel in feine Ringe schneiden und mit dem Spinat mischen. Die restlichen Zutaten zu einer Marinade verrühren, den Salat darin etwas ziehen lassen. Mit den geviertelten Eiern garniert servieren. *(Salzburg)*

Stöcklkraut

1 Krautkopf
Wasser
Salz
Kümmel
Essig
15 dag Speckwürfel

Krautkopf vierteln und so mit Wasser, Salz und Kümmel in einen passenden hohen Topf setzen, daß die Teile nicht auseinanderfallen, sondern wie im ganzen Kopf beieinanderliegen. Kraut kernig weich kochen und vorsichtig in eine Schüssel setzen. Mit gewässertem Essig würzen und mit gerösteten Speckwürfeln übergießen.

• Statt der Speckwürfeln können Sie auch Bratenfett zum Übergießen nehmen. Als Beilage zu Fleisch- oder Grammelknödeln.

(Oberösterreich)

Süeßlaschnitz

gut 1 kg reife Kochäpfel
¼ l trockener Weißwein
1 Zimtstange
5 dag Zucker
Saft von ½ Zitrone
1 EL Rum
5 dag Butter
½ Semmel

Die Äpfel schälen, vierteln, das Kerngehäuse entfernen und in dünne Scheiben schneiden. Mit Wasser, Wein, Zimt, Zucker und Zitronensaft und der in Scheiben geschnittenen Semmel weichkochen. Etwas abgekühlt durchpassieren und dabei die Kochflüssigkeit auffangen. Unter beständigem Rühren Rum und die Butter hinzugeben und mit einen Teil der Kochflüssigkeit erhitzen, jedoch nicht mehr kochen.

• Als Beilage zu Hafeloab, zu Erdäpfelgerichten und zu fettem Fleisch. Auf die gleiche Weise wird eine Kirschensauce zubereitet, die allerdings mit etwas Kirschwasser statt mit Rum gewürzt wird.

(Vorarlberg)

Gemüse, Beilagen, Saucen und Salate

Sure Grumpera

75 dag mehlige Erdäpfel
1 Zwiebel
5 dag Butter
3 dag Mehl
3 EL Essig
½ l kräftige Fleischsuppe
2 zerstoßene Wacholderbeeren
½ TL Kümmel
Salz
Pfeffer
1 Knoblauchzehe

Die geschälten Grumpera (Erdäpfel) in Salzwasser kochen. Abseihen und abkühlen lassen. Die feingeschnittenen Zwiebel in heißem Fett rösten, mit Mehl bestäuben und auch dieses braun rösten. Mit Essig löschen, mit Fleischsuppe aufgießen. Die Gewürze dazugeben und etwa 20 Minuten langsam köcheln lassen. Inzwischen die Erdäpfel grobblättrig schneiden, dazugeben, alles miteinander aufkochen und nochmals abschmecken. Zuletzt die gepreßte Knoblauchzehe darüber verteilen. Gut umgerührt heiß servieren.

• Als Beilage zu Flädle (gerollte Palatschinken).

(Vorarlberg)

Szegediner Kraut

75 dag Sauerkraut
3 dag Schmalz
3 dag Selchspeck
2 kleine Zwiebeln
1–2 TL Paprika
2 Knoblauchzehen
1 TL Kümmel
¼ l Sauerrahm
1 EL Mehl

Das Sauerkraut etwas kürzer schneiden und ausdrücken, mit Kümmel und den Knoblauchzehen in Wasser weichdünsten. Inzwischen Schmalz erhitzen, Speck kleinwürfelig schneiden und anrösten, Zwiebeln in feine Ringe schneiden, ebenfalls anrösten. Mit Paprika stauben, mit etwas Kochflüssigkeit ablöschen und unter das dünstende Kraut rühren. Zuletzt das Mehl mit etwas Wasser glattrühren, mit dem Sauerrahm vermischen und unter das Sauerkraut ziehen, kurz aufkochen lassen und heiß servieren.

• Eine Wiener Variante: Kümmel und Knoblauch weglassen, dafür dem dünstenden Kraut eine feingeschnittene halbe Paprikaschote und Dillkraut beigeben.

(Burgenland)

Tiroler Krautsalat

1 kleines Häuptel Weißkraut
Salz
Pfeffer
Essig
Speck
Kümmel

Das Weißkraut fein schneiden, mit dem Kümmel kurz dünsten. Den Speck kleinwürfeln, auslaufen lassen, mit Essig löschen und über das Kraut gießen. Mit Pfeffer und Salz abschmecken.

(Tirol)

Tiroler Salat

1 Blattsalat
Essig
Speck

Den Salat waschen, abtropfen lassen und in mundgerechte Stücke zupfen. Den Speck klein würfeln, auslaufen lassen, mit Essig löschen und über den Salat gießen. Abschmecken.

• In Oberösterreich kommt zusätzlich eine rohe feingehackte Zwiebel und viel Schnittlauch an den Specksalat.

(Tirol)

Überbackenes Sauerkraut

1 große Zwiebel
10 dag magerer Speck
50 dag Sauerkraut
1 TL Kümmel
3 Wacholderbeeren
75 dag mehlige Erdäpfel
¼ l heiße Milch
Salz
Pfeffer
Muskat
5 dag Butter
Butter und 2 EL Semmelbrösel für die Form
Butterflöckchen
geriebener Emmentaler

Die feingeschnittene Zwiebel in dem ausgelassenen gewürfelten Speck anrösten. Das Sauerkraut dazugeben, kurz durchrösten, Kümmel und die zerstoßenen Wacholderbeeren hinzugeben. Das Kraut mit etwas Wasser angießen, zugedeckt 30 Minuten lang dünsten, dabei ein- oder zweimal vorsichtig umrühren, dabei eventuell noch etwas Flüssigkeit nachgießen. Inzwischen Erdäpfel schälen und in reichlich Salzwasser kochen, abgießen. In eine Rührschüssel geben und unter Zugabe von heißer Milch und Butter zu einem geschmeidigen Püree verarbeiten. Mit Salz, Pfeffer und Muskat würzen. Eine größere Auflaufform mit Butter und Bröseln vorbereiten. Das Sauerkraut einfüllen und mit dem Püree abdecken. Großzügig mit Käse bestreuen und Butterflöckchen aufsetzen. Im vorgeheizten Backrohr bei 200–225° C in 25–35 Minuten goldbraun überkrusten.

(Vorarlberg)

Ungarisches Paprikagemüse

4 Zwiebeln
4 Paradeiser
4 grüne Paprikaschoten
4 Erdäpfel
5 dag Butter
1–2 Knoblauchzehen
Dille

Die Zwiebeln grob hacken, die Paprika waschen, entkernen und klein schneiden, die Erdäpfel schälen und blättrig schneiden, die Paradeiser häuten und halbieren. Die Butter in einem Topf schmelzen lassen und das Gemüse darauf schichten: erst die Zwiebeln, dann die Erdäpfel, dann die Paradeiser, schließlich die Paprika. Eine halbe Tasse Salzwasser darübergießen und auf kleiner Flamme etwa 25 Minuten lang dünsten. Mit geriebenem Knoblauch würzen, nun warmgestellt noch 5 Minuten lang ziehen lassen. Mit feingewiegter Dille bestreut servieren.

• Rezepte für Paprikagemüse gibt es sicher so viele wie gute Köchinnen. Eine Variante aus Oberösterreich gibt statt Knoblauch und Erdäpfeln glasig gedünsteten Speck dazu und würzt mit Oregano, Thymian und Liebstöckel.

(Burgenland)

Vanillesauce I

2 Dotter
1 Eßlöffel Erdäpfelmehl
8 dag Zucker
2 Pkg. Vanillezucker
½ l Milch

Die Dotter mit dem Stärkemehl, dem Zucker und dem Vanillezucker in etwas kalter Milch glattrühren. Nun die restliche Milch zum Kochen bringen und dazugeben. Diese Masse über Dunst solange schlagen, bis sie leicht dicklich wird.

(Burgenland)

Vanillesauce II

⅛ l Milch
1 Vanilleschote
3 Eidotter
7 dag Zucker
etwas Schlagobers

Die Milch mit der Vanilleschote zum Kochen bringen. In einer Schüssel Eidotter und Zucker verrühren, damit die kochende Milch aufgießen und unter ständigem Rühren bis zum Siedepunkt bringen. Die Sauce passieren und mit etwas Schlagobers verfeinern.

(Tirol)

Foto: GUSTO / Stefan Liewehr

Erdäpfelgulasch
(BURGENLAND)

(siehe Rezept Seite 139)

Foto: GUSTO / Stefan Liewehr

Fisolen in Dillensauce

(BURGENLAND)

(siehe Rezept Seite 143)

Foto: GUSTO / Das Foto

Grenadiermarsch

(BURGENLAND)

(siehe Rezept Seite 147)

Hafeloab

(VORARLBERG)

(siehe Rezept Seite 149)

Foto: GUSTO / Das Foto

Kartoffelpuffer
(NIEDERÖSTERREICH)

(siehe Rezept Seite 154)

Foto: GUSTO / Stefan Liewehr

Kukuruzsalat mit Schinken

(BURGENLAND)

(siehe Rezept Seite 158)

Foto: GUSTO / Das Foto

Eierschwammerlgulasch

(WIEN)

(siehe Rezept Seite 169)

Schwarzwurzelsalat mit Schinken

(VORARLBERG)

(siehe Rezept Seite 170)

Vogerlsalat

25 dag frischer Vogerlsalat
1 gehackte Zwiebel
2 EL Zitronensaft
Salz
Pfeffer
4 EL Keimöl
2 EL Kräuter nach Jahreszeit
½ gepreßte Knoblauchzehe

Vogersalat an der Wurzel knapp abschneiden, gründlich waschen und sehr gut abtropfen lassen. Für die Marinade die gehackte Zwiebel mit Zitronensaft, Salz, Pfeffer, den Kräutern und dem Knoblauch vermischen, das Keimöl dazugeben und alles gut verrühren. Die Salatblätter hineingeben und kurz durchziehen lassen.

● Sie können den Vogerlsalat noch um eine Handvoll frische, grobgehackte Walnußkerne erweitern. Als Beilage zu Hühnerschnitzeln oder hellen Fleischgerichten. *(Wien)*

Wälder Käsesalat

15 dag Wälderschinken
15 dag Karotten
15 dag Bergkäse
5 Essiggurken
1 Zwiebel
20 dag Lauch
etwas Essig
2 EL Öl
2 EL Joghurt
Senf
Salz
Pfeffer
Dille
Petersilie

Käse feinwürfelig schneiden, Karotten, Lauch und Essiggurken in feine Scheiben schneiden, Zwiebel und Schinken in feine Streifen schneiden, alles mischen und in einer Marinade aus den restlichen Zutaten etwas ziehen lassen.

(Vorarlberg)

Warmer Erdäpfelsalat

1 kg Erdäpfel
12 dag Speck
1 Zwiebel
2 EL Essig
Salz
Senf
Pfeffer
Majoran
3 EL Öl

Speck würfelig schneiden und mit feingehackter Zwiebel hellbraun anrösten. Dann die gekochten und in Scheiben geschnittenen Erdäpfel hineingeben. Mit Essig, Salz, Senf und Pfeffer gut vermengen. *(Wien)*

Gemüse, Beilagen, Saucen und Salate

Weinchaudeau

3 Dotter
1 ganzes Ei
10 dag Staubzucker
¼ l Weißwein

Ei und Dotter mit dem Zucker glattrühren und mit Weißwein aufgießen. Nun über heißem Wasserdampf zu einer heißen, dichtschaumigen Masse aufschlagen und sofort servieren, denn wenn die Masse länger steht, wird sie wieder flüssig.

- Ganz einfach und mundet doch köstlich: Butterkekse hineintunken! *(Burgenland)*

Weiße Ruabn

60 dag weiße Rüben
4 dag Schmalz
1 EL Mehl
1 TL Zucker
1 TL Salz
1 Prise Neugewürz
1 TL Kümmel
1 EL Essig

Die Rüben würfelig schneiden, mit kochendem Wasser überbrühen, kurz stehen lassen und dann abseihen. Das Mehl ins heiße Fett einrühren und mit dem Zucker hellbraun rösten, Rüben, Gewürze und etwas Wasser zugeben und die Rüben gardünsten.

- Eventuell zuletzt mit Rahm verfeinern. Als Beilage zu abgeschmalzenen Erdäpfeln, Fleischnudeln, Schöpsernem oder Schweinsbraten. *(Steiermark)*

Wiener Erdäpfelsalat

1 kg Kipfler
1 Zwiebel
2 EL Essig
3 EL Öl
Salz
Pfeffer
Senf
Majoran

Erdäpfel kochen, schälen und in feine Scheiben schneiden. Die restlichen Zutaten zu einer Marinade verrühren und die Erdäpfel darin ziehen lassen.

- Zu gebackenem Huhn, Karpfen, Schnitzel usw. *(Wien)*

Gemüse, Beilagen, Saucen und Salate

Zigoriesalat

3 Handvoll junge
Zigorieblätter
(Löwenzahnblätter)
4 mittlere Erdäpfel
2 EL Essig
3 EL Öl
1 TL Senf
1 Zwiebel
1–2 Knoblauchzehen
1 Prise Salz
1 Prise Pfeffer

Zigorie-(oder Löwenzahn-)blätter waschen und in kaltem Wasser einweichen, damit sie die Bitterstoffe verlieren. Erdäpfel kochen, schälen und blättrig schneiden. Mit einer Marinade aus Essig, Öl, Senf, Zwiebeln und Knoblauch anmachen. Zuletzt die in Streifen geschnittenen Zigorieblätter untermischen.

• In Wien und der Steiermark heißt dieser Salat Zigeunersalat. Die Marinade wird hier ohne Senf und Knoblauch bereitet, und statt der gekochten Erdäpfel gibt man auch einen geriebenen rohen Apfel dazu. *(Tirol)*

Zwetschken-Brombeer-Röster

1 kg Zwetschken
1/8 l Rotwein
Zucker nach Geschmack
1/4 kg Brombeeren

Gewaschene Zwetschken entkernen. Ein Drittel davon mit Rotwein und Zucker weichkochen, dann durch ein Sieb passieren. Mit den restlichen Zwetschken nochmals kurz aufkochen lassen. Vor dem Kaltstellen Brombeeren unterheben. *(Vorarlberg)*

Zwetschkenpfeffer

50 dag Dörrzwetschken
1/2 l Wasser
1 Zimtstange
Nelken
1 EL Butter
1 EL Mehl
1 Stamperl Schnaps
eventuell Zucker nach Geschmack

Dörrzwetschken über Nacht einweichen, am nächsten Tag mit den Gewürzen weichkochen. Das Wasser nicht weggießen, die Zwetschken entkernen und faschieren. Nun Mehl in Butter goldgelb rösten, mit Zwetschkenkochwasser aufgießen, das Zwetschkenmus dazugeben, kurz zu einem sämigen Brei verkochen lassen und mit Schnaps und Zucker nach Geschmack würzen.

• Als Beilage zu Krapfen und allerlei Knödeln. *(Steiermark)*

Zwetschkenröster

60 dag Zwetschken
5 dag Zucker
etwas Zimt

Zwetschken entkernen. Zucker in einer trockenen Pfanne karamelisieren lassen, Zwetschken dazugeben und bei starker Hitze rasch durchrühren. Wenn der Saft austritt, Hitze zurückdrehen, Zimt dazugeben und den Röster bei mittlerer Hitze noch etwa 10 Minuten lang einkochen lassen.

- Als Beilage zu Topfenschmarrn, zu Knödeln und manchen Strudeln.

(Niederösterreich)

Zwetschkensauce

40 dag Zwetschken
9 dag Zucker
1 Zimtstange
2 EL Zitronensaft
2 EL Zwetschkenbrand

Zwetschken waschen, entkernen, vierteln und in kleine Stücke schneiden. Mit Zucker, Zimtstange, Zitronensaft sowie etwas Wasser aufkochen. Zu einem Mus kochen und die Zimtstangen entfernen. Pürieren und kaltstellen.

(Vorarlberg)

Koche, Muse, Sterze, Schmarrn

Apfel-Topfenauflauf

1 kg Äpfel
½ kg Topfen
4 Eier
½ l Sauerrahm
1 Pkg. Vanillezucker
5 EL Zucker
Zimt

Äpfel waschen, entkernen, hobeln und in eine gefettete Auflaufform geben. Mit Zucker und Zimt bestreuen. Topfen mit Rahm, Eiern und Zucker vermischen und über die Äpfel gießen. 30–40 Minuten bei 180°C backen. *(Tirol)*

Apfelauflauf

20 dag Butter
3 Eier
15 dag Staubzucker
1 Pkg. Vanillezucker
Rum
30 dag Mehl
½ Pkg. Backpulver
1 kg Äpfel
Rosinen
Zimt
Nelkenpulver
10 dag Zucker

Die Eier trennen. Butter mit Staubzucker und Dotter schaumig rühren, Vanillezucker und Rum dazugeben. Eiklar zu einem festen Schnee schlagen. Abwechselnd Mehl versiebt mit Backpulver und Dotterabtrieb unter den Schnee heben. Äpfel raspeln und mit Zucker, Rosinen, Zimt und Nelkenpulver vermischen. Form befetten und abwechselnd eine Schicht Teig und Äpfel einschichten und mit Teigmasse abdecken. 45 Minuten bei 180°C backen und heiß servieren.

• Was übrig bleibt, kann als saftiger Apfelkuchen gegessen werden. *(Tirol)*

Apfelkoch

½ kg Äpfel
3 EL glattes Mehl
½ l Wasser
Zucker
Zimt

Die geschälten, entkernten und in Stücke geschnittenen Äpfel in einen Kochtopf geben, knapp mit Wasser bedecken und so lange kochen, bis sie zerfallen. Nun das Mehl darüberstreuen, durchsprudeln, mit Wasser aufgießen, nochmals aufkochen lassen und mit Zimt und Zucker abschmecken. *(Steiermark)*

Apfelmuas

50 dag Äpfel
40 dag Mehl
½ TL Salz
¼ l Milch
eventuell 1 Ei
15 dag Butter

Die Äpfel schälen, blättrig schneiden und mit dem Mehl sehr gut vermischen. Soviel Milch und eventuell 1 Ei dazurühren, daß ein dicker Teig entsteht. Butter in einer eisernen Pfanne erhitzen, den Teig hineingeben und unter ständigem Bewegen mit der Schmarrnschaufel bei schwacher Hitze zu einem kleinbröckeligen Muas ausdünsten lassen.

- Dazu trinkt man kalte Milch. *(Salzburg)*

Apfelschmarrn

15 dag
Schwarzpolentamehl
(Buchweizen)
5 dag Weizenmehl
2 Eier
Salz
⅜ l Milch
2 Äpfel
etwas Öl
Staubzucker

Mehl, Milch und Salz zu einem eher festen Teig verrühren. Eier unterrühren und den Teig etwas ziehen lassen, besonders dann, wenn Sie Vollkornmehl verwenden. Öl erhitzen und einen Teil des Teiges eingießen. Apfelwürfel darüberstreuen und von beiden Seiten goldgelb backen. In Stücke reißen und mit Zucker bestreut servieren.

- Dazu trinkt man Milch. *(Tirol)*

Apfelschüssel

50 dag Äpfel
5 EL Zucker
1 EL Zimt
7 EL Brösel
Butter
⅛ l Welschriesling

Äpfel schälen, Kerngehäuse entfernen und in Scheiben schneiden. Eine Auflaufform dick mit Butter ausstreichen und mit Bröseln bestreuen. Abwechselnd eine Lage Äpfel und eine Lage der Mischung aus Bröseln, Zucker und Zimt einfüllen. Den Wein zugießen. Mit Bröseln und Zucker bestreut und mit Butterflocken belegt im heißen Rohr bei 180–200° C zu schöner Farbe backen. *(Steiermark)*

Bachlkoch

50 dag Mehl
½ l Sauerrahm
25 dag Butter
1 EL Anis
Salz
5 dag Zucker
5 dag Rosinen
½ TL Zimt
1 Ei
2 EL Rum

Gesiebtes Mehl mit Sauerrahm vermischen und abbröseln. In einer großen Pfanne Butter zergehen lassen, die Rahmbrocken hineingeben und mit Anis und einer kräftigen Prise Salz würzen, unter beständigem Rühren langsam kochen lassen, Zucker und Rosinen dazugeben. Zuletzt die Pfanne vom Feuer nehmen und das Ei und den Rum unterrühren, mit Zimt bestreut warm servieren.

• Von diesem Bachl- oder Perchtenkoch müssen alle im Haus in der Zeit zwischen Weihnachten und Neujahr essen, damit sie im kommenden Jahr gesund bleiben. Etwas davon gehörte auch aufs Hausdach und an die Obstbäume.

(Salzburg)

Besoffener Bauer

6 Semmeln
8 dag Butter
¼ l Wein
6 dag Zucker
5 dag Rosinen
20 dag Marmelade

Die Semmeln in Scheiben schneiden und in Fett rasch ausbacken. Eine feuerfeste Form mit Butter bestreichen und die Scheiben hineinlegen. Den Wein nach Geschmack zukkern, über die Semmeln gießen, diese noch mit Rosinen und Marmelade belegen und im Rohr backen.   *(Wien)*

Birnenkoch mit Mokkasauce

8 dag Rosinen
3 EL Birnenschnaps
4 altbackene Semmeln
¼ l warme Milch
4 Eier
7 dag Zucker
8 dag gemahlene Mandeln
35 dag Birnen (eine kleine, aromatische Sorte)
Butter und gemahlene Mandeln für die Form

Für die Sauce:
15 dag Mokkaschokolade
¼ l Schlagobers
2 EL lösliches Kaffeepulver

Die Rosinen heiß abwaschen, abtropfen lassen und im Birnenschnaps marinieren. Die Semmeln klein schneiden, mit warmer Milch übergießen und quellen lassen. Die Eier trennen, Eiklar zu Schnee schlagen. Dotter mit Zucker und 2 EL warmem Wasser schaumig schlagen und nacheinander Mandeln, Rosinen und Semmeln unterziehen. Birnen schälen, entkernen, würfelig schneiden und ebenfalls dazugeben. Alles gut verrühren und den Schnee unterheben. Eine Puddingform (auch den Deckel) bebuttern und mit Mandeln ausstreuen. Den Teig hineinfüllen und die Form verschließen. Im heißen Wasserbad ca. 75 Minuten lang garen. Inzwischen für die Sauce die Schokolade hacken und im Schlagobers in einem Topf schmelzen lassen. Das Kaffeepulver in sehr wenig Wasser auflösen und unterziehen. Den Pudding in der Form überkühlen lassen, dann vorsichtig stürzen und mit der Mokkasauce servieren. *(Niederösterreich)*

Bluttommerl

⅓ l Milch
⅓ l Wasser
⅓ l Schweineblut
25 dag Mehl
4 kleine Zwiebeln
5 dag Schweineschmalz
5 dag fetter Speck
1 Knoblauchzehe
1 Ei
Salz
Pfeffer
Thymian
Majoran

Die Zwiebeln in feine Ringe schneiden, den Speck feinwürfelig schneiden, in einer gußeisernen Pfanne in Schmalz auslassen und die Zwiebeln darin rösten. Wasser, Milch, Schweineblut, Ei, Mehl und Gewürze gut durchrühren und über die heißen Zwiebeln gießen, alles im Backrohr backen. In der Pfanne sofort servieren. *(Steiermark)*

Böhmische Dalken

Für den Teig:
25 dag Mehl
2 dag Germ
1 EL Zucker
¼ l lauwarme Milch
4 dag Butter
2 Eier
1 Prise Salz
6 dag Fett zum Backen
Powidl und etwas Rum zum Füllen

Aus den angegebenen Zutaten einen dickflüssigen Germteig bereiten. Wenn dieser aufgegangen ist, in die Vertiefungen der Dalkenpfanne etwas Fett geben und erhitzen. In jede Vertiefung gut 1 EL Teig füllen, anbacken lassen, wenden und auch die andere Seite langsam backen. Je 2 Dalken mit Powidl, den man mit Rum abgeschmeckt hat, bestreichen und zusammensetzen. Noch warm servieren.

• Wer es gern süßer hat, kann zu Staubzucker oder Zimtzucker greifen und die Dalken nach Geschmack damit bestreuen.

(Wien)

Böhmischer Sterz

1 kg Erdäpfel
½ kg Mehl
Salz
5 dag Butter
3 Eier

Erdäpfel schälen, würfelig schneiden und in Salzwasser kochen, bis sie zerfallen. Das Wasser abgießen, Mehl und Salz hineingeben und so lange rühren, bis ein gleichmäßiger Teig entsteht. Mit einem befetteten Löffel Nockerln abstechen, in Butter durchrösten. Zum Schluß Eier darüberschlagen, salzen und den Sterz unter oftmaligem Wenden ausdünsten.

• Mit Salat servieren. Nach Geschmack können Sie statt der Eier auch 8 dag gemahlenen Mohn und 4 dag Zucker über den Sterz streuen.

(Niederösterreich)

Bregenzer Eiertosche

20 dag Mehl
1/4 l Milch
1 Prise Salz
2 EL Staubzucker
1 Pkg. Vanillezucker
Schale einer 1/2 Zitrone
6 Eier
1 TL Zitronensaft
Schmalz zum Ausbacken
6 dag Weinbeeren (Rosinen)
Staubzucker zum Bestreuen

Die Eier trennen, die Eiklar mit Zitronensaft zu steifem Schnee schlagen. Die übrigen Zutaten bis auf die Dotter verrühren, die Dotter erst nach und nach darunterrühren. Diesen Teig etwa 20 Minuten lang rasten lassen. Dann den Eischnee vorsichtig unter den Teig heben. In einer größeren Pfanne einen Teil des Schmalzes erhitzen, die Hälfte des Teiges hineingeben und nach Belieben einige gewaschene Weinbeeren darüber verteilen. Auf einer Seite goldgelb backen, wenden, noch etwas backen lassen, dann mit Hilfe von zwei Gabeln zerreißen und unter weiterem Wenden fertigbacken. Warmstellen und mit der zweiten Hälfte genauso verfahren. Mit reichlich Staubzucker bestreut servieren.

(Vorarlberg)

Breintommerl

30 dag Brein (Hirse)
3/4 l Milch
1/2 TL Salz
5 dag Butter
2 EL Zucker
3 Eier
1/2 kg entkernte Kirschen
Butter für die Form
Zucker zum Bestreuen

Den Brein waschen und in der leicht gesalzenen Milch weichkochen. Auskühlen lassen. Inzwischen die Kirschen entkernen. Nun die Eier trennen. Butter, Zucker und Dotter schaumig rühren, Brein und den steifen Eischnee unterziehen. Die Früchte in eine gut bebutterte Auflaufform legen, die Breinmasse darüber streichen und bei mittlerer Hitze im Rohr backen. Gestürzt und gezuckert servieren.

• Anstelle der Kirschen können Sie auch Apfelspalten, Birnen, Ringlotten oder andere Früchte verwenden. Eventuell stärker zuckern.

(Steiermark)

Brennsterz

40 dag Roggen- oder dunkles Weizenmehl
1 TL Salz
1/2 l Wasser
5 dag Schmalz

Das Mehl mit kochendem Salzwasser übergießen und rasch durchrühren. In einer Pfanne das Fett erhitzen, den Teig hineinschütten, etwas anbraten, mit der Schmarrnschaufel zerteilen und gut durchrösten.

• Dazu: Saure Milchsuppe oder Kaffee. Sehr gut schmeckt dieser Sterz auch aus grobem Gerstenmehl.

(Steiermark)

Brotauflauf

50 dag altbackenes Schwarzbrot
3/8 l Milch
5 dag Butter
8 dag Zucker
3 Eier
1 TL Zimt
1 TL Zitronenschale
1 Messerspitze Nelkenpulver
2 EL Wein
2 EL Weizengrieß
50 dag Zwetschken
5 dag Zucker

Das Brot in kleine Stücke schneiden und mit Milch übergießen, durchziehen lassen. Inzwischen die Eier trennen, die Eiklar zu Schnee schlagen und die Dotter mit Butter, Zucker und den Gewürzen schaumig schlagen. Das Brot, den Grieß und zuletzt den Eischnee darunterrühren. Eine Auflaufform einfetten, die Hälfte der Brotmasse hineingeben, halbierte Zwetschken darauflegen und anzuckern, die zweite Hälfte der Brotmasse darübergeben und den Auflauf bei 150° C etwa 45 Minuten lang backen.

● Dazu paßt Vanillesauce. Variante: Die gesamte Auflaufmasse, die mit Kakao eingefärbt werden kann, zuunterst in die Form geben, und mit halbierten, entkernten Birnen belegen. Anstelle der Kerngehäuse etwas Preiselbeermarmelade, mit Rotweinchaudeau servieren. *(Salzburg)*

Eierschwammerlgröstel

50 dag Eierschwammerln
1 kleine Zwiebel
etwas Öl
Salz
Pfeffer
1 Knoblauchzehe
1 Schuß Weißwein
1/8 l Fleischsuppe
70 dag Erdäpfel
3 EL Rahm
Petersilie

Die Erdäpfel schälen und kochen. Die Zwiebel würfeln, in Öl anrösten und grob gehackte Eierschwammerln dazugeben. Den entstehenden Saft einkochen lassen, dann mit Weißwein löschen. Gehackten Knoblauch, Salz und Pfeffer beifügen. Die Erdäpfel in Scheiben schneiden, dazugeben und mit etwas Suppe aufgießen. Dünsten lassen, zuletzt den Rahm unterziehen und mit Petersilie bestreut servieren. *(Tirol)*

Ennstaler Rahmkoch

1/2 l Sauerrahm
20 dag groben Grieß
1 TL Anis
Salz
2 EL Rosinen
Zimt
Zucker

In einer eisernen Pfanne den Sauerrahm zum Kochen bringen und den Grieß einstreuen. Umrühren, dann etwa 1 Stunde auf kleiner Flamme garen lassen. Etwa 10 Minuten vor dem Anrichten die Rosinen darunterrühren. Mit Zimt und Zucker bestreuen.

● Dazu: Holler- oder Heidelbeerröster, oder auch Almkaffee (Kaffee mit Schnaps). *(Steiermark)*

Erdäpfelsterz I

1 kg Erdäpfel
30 dag griffiges Mehl
15 dag Schmalz
Salz

Die Erdäpfel kochen, schälen und stampfen. Das trockene Mehl in einer Kasserolle erhitzen, dabei ständig rühren, es darf nicht braun werden. Wenn das Mehl durchgeröstet ist, die gestampften Erdäpfel dazugeben, gut durchmischen, das Fett erhitzen und heiß über die Masse gießen. Diese mit der Bratschaufel immer wieder auseinanderreißen und durcharbeiten, so daß mundgerechte Klumpen entstehen. Zuletzt kräftig salzen.

- Als Suppeneinlage löffelweise zu essen, oder mit grünem Salat, Gurkensalat oder Kompott als Beilage. Wem das Linden des Mehls zu mühsam ist, der kann stattdessen auch 50 dag Brösel in etwas Fett erhitzen und gut durchrösten. *(Burgenland)*

Erdäpfelsterz II

½ kg Erdäpfel
1 TL Salz
etwas Wasser
10 dag Mehl
5 dag Butter oder Grammelschmalz

Die Erdäpfel schälen und würfeln, in wenig Salzwasser kernig weich kochen. Die Hälfte des Kochwassers abschütten, aber aufbewahren. Das Mehl über die Erdäpfel geben und alles bei schwacher Hitze noch 10 Minuten dünsten. Mit einer Gabel gut durchrühren, eventuell noch etwas von dem Kochwasser zugeben. Vor dem Auftragen abschmalzen.

- Mit gerösteten Zwiebeln und geriebenem Hartkäse oder mit geriebenem Mohn und etwas Zucker bestreut, ist der Erdäpfelsterz noch besser. Dazu paßt Salat, süße oder saure Milch oder Kompott. *(Kärnten)*

Falsche Fische

Für den Palatschinkenteig:
½ l Milch
1 Ei
Salz
Mehl nach Bedarf

Für die Fülle:
30 dag Faschiertes
1 Zwiebel
Salz
Pfeffer
Petersilie
Brösel
1 Ei

Zum Panieren:
Mehl
1 Ei
Brösel
Fett zum Ausbacken

Palatschinken machen und auf den beiden gegenüberliegenden Seiten je ein Scherzel wegschneiden, damit sie, sobald sie gefüllt sind, besser aussehen. Für die Fülle die feingehackte Zwiebel anrösten und Faschiertes dazugeben, 15 Minuten lang dünsten lassen und eventuell Wasser beimengen. Mit Salz, Pfeffer und Petersilie würzen und mit Ei und Brösel binden. Die Palatschinken mit der Fülle bestreichen und von der runden Seite her einrollen. Die falschen Fische vorsichtig in Mehl, Ei und Bröseln panieren, dabei mit den Fingern links und rechts zusammenhalten und rasch von beiden Seiten hellgelb ausbacken.

- Als Beilage: grüner Salat.   *(Niederösterreich)*

Fedlkoch

Für die Fedln:
25 dag Butter
¼ l Milch
50 dag glattes Mehl
2 Eier
Salz

Für das Koch:
Milch
Zucker
Zimt
Rosinen

Für die Fedln Mehl mit Eiern und Salz gut abbröseln, Milch mit Butter erhitzen und die Mehlbröseln hineingeben. Bei mäßiger Hitze unter ständigem Rühren wie Grießschmarrn dämpfen. Noch im heißen Zustand daraus 4 Knödel formen und auskühlen lassen, dabei werden sie fest. Für den Koch Milch mit Zimt, Zucker und Rosinen erhitzen, die Fedln auf einem feinen Reibeisen hineinreiben und aufkochen.

(Niederösterreich)

Frigga

Für die Plentn:
35 dag Maisgrieß
1 l Wasser
1 TL Butter
Salz
10 dag Butter
3 Dotter
Muskat

Für den Belag:
30 dag Schinkenspeck
20 dag in Scheiben geschnittenen Edamer

Butter zerlassen, Polenta darin leicht erhitzen, Wasser und Salz dazugeben und ausdünsten lassen. Butter, Dotter, Salz und Muskat schaumig rühren und in die ausgekühlte Polenta kneten. Die Masse gleichmäßig auf ein befettetes Blech drücken. Mit Schinkenspeck und Käse belegen. Im vorgeheitzten Rohr bei 200°C etwa 40 Minuten lang auf der Mittelschiene backen.

• Sie können Speck und Käse auch in der Pfanne erhitzen und direkt auf die ausgedünstete Polenta geben, sobald der Käse zerfließt. Falls der Schinkenspeck zu trocken ist, bestreichen Sie die Polenta zuerst mit einer gut gewürzten Paradeissauce, ehe Sie Schinken und Käse daraufgeben. Als Beilage: Sauerkraut oder Salat. *(Kärnten)*

Gegossene Dalken

25 dag Mehl
3 Eier
½ TL Salz
⅜ l Milch
2 dag Germ
1 TL Zucker
Fett zum Backen

Aus den Zutaten einen dickflüssigen Germteig bereiten und aufgehen lassen. Die Dalkenpfanne erhitzen. In jede Form ein paar Tropfen Fett geben und 1 EL Teig einfüllen. Bei starker Hitze rasch beidseitig herausbacken und mit Zucker bestreut sofort servieren.

• Dazu trinkt man kalte Milch. Sie können je zwei Dalken mit Marmelade zusammensetzen. Wunderbar eignet sich dieses Rezept zum Verwenden von Vollmehl. *(Kärnten)*

Gemüsebrein

25 dag Hirse
1 Zwiebel
2 EL Butter
½ l Gemüsesuppe
Salz
Rosmarin
40 dag Saisongemüse (Karfiol, Karotten, Kohlrabi, Kürbis, Lauch, Kohlsprossen, Zeller, Weißkraut)
3 EL Butter
3 Knoblauchzehen
1 Prise Zucker
Salz
⅛ l Obers
¼ l Sauerrahm
2 Eier
10 dag Bergkäse

Feingeschnittene Zwiebel in Butter goldgelb anlaufen lassen, Hirse dazugeben und mit der Gemüsesuppe aufgießen. Mit Rosmarin und Salz abschmecken, ein wenig dünsten. Inzwischen Gemüse (2–4 verschiedene Arten) fein schneiden, mit Salz, Zucker und Knoblauch in Butter kernig rösten und würzen. Hirse und Gemüse in eine bebutterte Auflaufform füllen, Obers mit Sauerrahm und Eiern verquirlen und über die Masse gießen. Mit geriebenem Bergkäse bestreuen und bei 180°C etwa 30 Minuten lang backen.   *(Vorarlberg)*

Grießauflauf

¾ l Milch
15 dag Grieß
1 Prise Salz
6 dag Butter
6 dag Zucker
3–4 Eier
ungespritzte Zitronenschale
1 Stamperl Rum

Milch erhitzen, den Grieß einkochen und ausquellen lassen. Die Eier trennen, Butter, Zucker und Dotter abtreiben, Rum und Zitronenschale dazugeben. Eiklar mit einer Prise Salz zu einem festen Schnee schlagen. Dann abwechselnd überkühlte Grießmasse und Abtrieb unter den Schnee heben. In eine Auflaufform füllen und 30 Minuten bei 180°C backen.

• Mit Kompott servieren, oder frisches Obst untermischen. Mit Vollgrieß eine kernige Köstlichkeit! Variation aus Salzburg: Wenn Sie Eier aus einer zuverlässigen Quelle bekommen, können Sie auf ähnliche Weise auch ein Kaltes Grießkoch zubereiten: Milch, Zucker und Grieß aufkochen, den Brei ausquellen und abkühlen lassen, 2 Dotter mit etwas kalter Milch verschlagen unterrühren und Eischnee unter die Masse ziehen. Im Kühlschrank kaltstellen, dazu Himbeersaft oder Kompott reichen. Eine niederösterreichische Variante vermischt den Grieß ungekocht mit dem Dotterabtrieb und dem Schnee und gibt erst nach der halben Backzeit soviel Milch hinzu, wie der Teig aufnimmt, also bis zu einem halben Liter.   *(Tirol)*

Hadnsterz – Heidensterz I

40 dag Hadnmehl (Heidenmehl oder Buchweizen)
½ l Wasser
1 TL Salz
5 dag Butter oder Grammelschmalz

Das Hadnmehl bei schwacher Hitze so lange trocken rösten, bis kein Wasserdampf mehr aufsteigt. Nun in einem Topf das Salzwasser zum Sieden bringen, das Mehl auf einmal dazuschütten und kurz aufkochen lassen. Dann den Sterz mit der Gabel auflockern, mit dem heißen Fett übergießen und gleich servieren.

(Kärnten)

Heidensterz II

gut 1 l Wasser
½ TL Salz
30 dag Heidenmehl (Buchweizen)
10 dag Speck

Salzwasser zum Kochen bringen, das Heidenmehl auf einmal hineinschütten, nicht umrühren! Den sich bildenden Knödel etwa 10 Minuten kochen lassen, dann mit dem Kochlöffelstiel in der Mitte ein Loch machen und weitere 10 Minuten lang kochen lassen. Nun das restliche Wasser abgießen und den Knödel mit einer Gabel fein zerkrümeln. Den Speck kleinwürfelig schneiden, auslassen und darüberschütten.
(Steiermark)

Heidentommerl

40 dag Heidenmehl (Buchweizen)
2 Eier
½ TL Salz
⅜ l Milch
20 dag Germ
5 dag Butter

Die Germ in der Milch auflösen, Eier und Salz damit versprudeln und das Heidenmehl einrühren. In einer feuerfesten Pfanne die Butter erhitzen, die Masse eingießen und bei mittlerer Hitze im Rohr backen.

- Dazu Heidelbeeren und Milch.

(Steiermark)

Hoadelbeermuas

50 dag Heidelbeeren
20 dag Zucker
1 Zimtstange
1 Prise Salz
3 EL Mehl
etwas kalte Milch
3 dag Butter

Die sauber verlesenen Beeren mit Zucker, Zimtstange und Salz in etwas Wasser weichkochen. Das Mehl in kalter Milch glattrühren, zu den kochenden Beeren geben und die Mischung etwa 20 Minuten lang zu einem dicklichen Brei einkochen. Zuletzt mit Butter verfeinern.

• Auf die gleiche Art kann man Mus aus Kirschen, Holunderbeeren, Zwetschken oder Äpfeln bereiten. Ein solches Mus bildet ein nahrhaftes Frühstück. *(Vorarlberg)*

Hollerkoch

60 dag Hollerbeeren
20 dag Zwetschken
1/4 l Wasser
3 EL Zucker
1 Zimtstange
Saft einer Zitrone
1/2 Pkg. Puddingpulver

Holler waschen, abrebeln und mit den entkernten, halbierten Zwetschken kochen. Gewürze mitkochen und Zucker dazugeben. Puddingpulver mit Wasser anrühren und in das kochende „Kôh" geben, abschmecken.

(Oberösterreich)

Holzhackerschmarrn

25 dag Mehl
5 Eier
3/8 l Milch
4 EL Schlagobers
1 Prise Salz
15 dag geriebener Emmentaler
6 dag Butter

Aus Mehl, Eiern, Milch, Schlagobers und Salz mit dem Schneebesen einen glatten Palatschinkenteig rühren. Dann den Käse dazugeben. In einer Pfanne die Butter erhitzen, den Teig hineingießen, zudecken und steigen lassen. Nach ca. 10 Minuten mit der Backschaufel wenden, in größere Stücke reißen, zudecken und nun den Schmarrn hellgelb fertigbacken. Auf einer Platte servieren.

• Beilage: pikanter Paradeissalat oder grüner Salat.

(Burgenland)

Kaiserschmarrn

5 dag Rosinen
2 EL Rum
15 dag Mehl
1 Prise Salz
1 EL Staubzucker
Saft und Schale einer ½ Zitrone
3 Eier
⅛ l Milch
7 dag Butter
Vanillezucker zum Bestreuen

Rosinen mit heißem Wasser überbrühen, abtropfen lassen, mit Rum beträufeln und ziehen lassen. Die Eier trennen. Gesiebtes Mehl mit Salz, Staubzucker, abgeriebener Zitronenschale, Eidotter und Milch dazugeben. Mit dem Mixer zu einem flüssigen Teig verarbeiten und etwa 20–30 Minuten lang rasten lassen. Eiklar mit Staubzucker und einigen Tropfen Zitronensaft zu sehr steifem Schnee schlagen, vorsichtig unter den Teig heben. In einer großen Pfanne Butter erhitzen. Den Teig hineingeben und die Rosinen darüber verteilen. Zugedeckt goldgelb backen, dann mit zwei Gabeln in Stücke reißen und etwas ausdünsten lassen. Mit Vanillezucker bestreut heiß servieren.

- Als Beilage: Zwetschkenröster, Apfelmus oder ein anderes Kompott.

(Wien)

Karamelkoch

10 dag Zucker
6 dag Butter
6 dag Mehl
⅛ l Obers
4 Eier
5 dag geriebene Mandeln
Für die Creme:
10 dag Zucker
¼ l Milch
3 EL Vanillepudding

Die Eier trennen. Die Hälfte des Zuckers in einer trockenen Kasserolle karamelisieren lassen. Butter darin zergehen lassen, mit dem Mehl kurz anrösten und mit Obers aufgießen. Alles verrühren, bis es glatt ist, vom Feuer nehmen. In einer Schüssel Dotter mit Mandeln und dem restlichen Zucker schaumig rühren, die ausgekühlte Mehlmasse und den steifen Eischnee vorsichtig darunterziehen, in eine mit Butter ausgestrichene Form füllen und im Dunst kochen. Für die Creme gut die Hälfte des Zuckers karamelisieren lassen, mit Milch aufgießen und den restlichen Zucker darunterrühren, so lange weiterrühren, bis aller Zucker aufgelöst ist. Dann das in kalter Milch aufgelöste Puddingpulver in die Milch geben und darin aufkochen. Diese Creme auskühlen lassen und über den ausgekühlten Pudding gießen, kalt servieren.

(Niederösterreich)

Karottenkoch

35 dag Karotten
1 Prise Salz
4 dag Zucker
1 Zitrone
2 Äpfel
7 dag Butter
3 Eier
4 dag Grieß
Fett für die Form
Staubzucker zum Bestreuen

Karotten schälen, grob würfeln, mit Salz, etwas Zucker, 4 EL Wasser und abgeriebener Zitronenschale in einem kleinen Topf weichdünsten, abtropfen und pürieren. Die Äpfel schälen, entkernen und kleinwürfelig schneiden. Sofort mit Zitronensaft beträufeln und unter das Karottenpüree rühren. Die Eier trennen, Butter schaumig schlagen, Dotter, Zucker und Grieß daruntermengen. Eiklar zu Schnee schlagen und unter die Masse heben. Alles in die befettete Puddingform füllen, verschließen und im Wasserbad etwa 75 Minuten garen. Kurz in der Form abkühlen lassen, dann stürzen und mit Staubzucker bestäuben.

- Dazu: Fruchtsauce oder Apfelkompott.

(Niederösterreich)

Käsefondue

25 dag Bergkäse
25 dag Greyerzer
25 dag Emmentaler
5 TL Maizena
gut ¼ l kräftiger Weißwein
1 TL Zitronensaft
1 Knoblauchzehe
4 cl Kirschenschnaps oder Obstler
2 Baguettes oder Weißbrot

Den feingeriebenen Käse mit Stärkemehl vermischen und gemeinsam mit Weißwein und Zitronensaft in die mit Knoblauch ausgeriebene Form geben. Unter ständigem Rühren (auf Ihrem Küchenherd) den Käse schmelzen und aufkochen lassen. Mit Kirschschnaps abschmecken. Nachdem der Käse die Flüssigkeit ganz aufgenommen hat, noch etwas weiter kochen lassen. Anschließend auf das Stövchen stellen und während des Essens weiterköcheln lassen. Dazu Weißbrotwürfel stellen.

- Als Abendgericht mit frischen Blattsalaten, Erdäpfeln, Sauergemüse und Früchten (Birnen, Kirschen, Ananas, ...) servieren. Das Weißbrot auf die Fonduegabel spießen und damit etwas Käse angeln. Asterix-Leser wissen, was demjenigen blüht, der sein Weißbrotstück im Käse verliert ...

(Vorarlberg)

Kletzenkoch

15 dag Kletzen
(Dörrbirnen)
15 dag getrocknete
Apfelringe
5 dag getrocknete
Zwetschken
2–3 altbackene
Semmeln
¼ l lauwarme Milch
2 Eier
3 dag gehackte
Mandeln
Zimt
Butter und Semmelbrösel für die Form

Kletzen, Apfelringe und entkernte Zwetschken über Nacht in lauwarmem Wasser einweichen. Am nächsten Tag im Einweichwasser 5 Minuten lang kochen lassen. Dann abtropfen und feinhacken. Die würfelig geschnittenen Semmeln mit der Milch übergießen und quellen lassen, dann Eier, Mandeln, Zimt und zuletzt die Früchte untermengen. In eine gebutterte, mit Semmelbröseln ausgestreute Puddingform füllen. Im Wasserbad 75 Minuten lang garen. Überkühlt aus der Form stürzen.

• Dazu: Vanillesauce. *(Niederösterreich)*

Kohlpalatschinken

1 Kohlhäuptel
3 dag Butter
3 EL Semmelbrösel
Salz
Pfeffer
Kümmel
3 Eier
1 EL Rahm
Für die Palatschinken:
¼ l Milch
1 Ei
Salz
Mehl nach Bedarf
⅛ l Rahm

Kohlhäuptel vierteln, vom Strunk befreien und in Salzwasser weichdünsten. Den Kohl gut ausdrücken und fein hacken. Semmelbrösel in Butter anrösten, das Kraut dazugeben und alles gut durchmischt dünsten, vom Feuer nehmen. Eier und Rahm verschlagen und mit der überkühlten Krautmasse mischen, sodaß eine weiche, streichfähige Masse entsteht. Nun die Palatschinken backen, mit der Kohlmasse bestreichen, zusammenrollen und nebeneinander in eine ausgeschmierte Auflaufform legen. Mit Rahm übergießen und bei guter Hitze im Rohr backen. *(Niederösterreich)*

Kraisibrösel

1 l Milch
1 TL Salz
10 dag Butter
½ kg Maisgrieß
1 kg Kirschen
10 dag Butter zum Ausbacken

Milch mit Butter und Salz zum Kochen bringen. Grieß einstreuen, gut umrühren und beim Abkühlen quellen lassen. Butter in der Pfanne erhitzen und die Grießmasse unter ständigem Auflockern und Auseinanderreißen fein anbraten. Die frischen Kirschen dazugeben und noch einige Minuten mitbraten.

• Nach Geschmack den Riebel mit Zucker bestreut oder mit einem Becher Milch servieren. *(Vorarlberg)*

Krautpalatschinken

Für den Palatschinkenteig:
20 dag Mehl
etwa ¼ l Milch
2 Eier
etwas Salz
1 EL Öl

Für die Fülle:
1 kl. Krautkopf
1 Zwiebel
1 EL Zucker
1 rote Paprikaschote
1 grüne Paprikaschote
2 Knoblauchzehen
Salz
Pfeffer
1 TL Paprikapulver
½ TL Kümmel

Die Zutaten zum Palatschinkenteig verrühren und diesen etwas stehen lassen. Dann 8 Palatschinken daraus backen. Inzwischen feingewürfelte Zwiebel und Paprika mit Zucker in Öl anrösten. Das Kraut fein hobeln und mitrösten, bei schwacher Hitze weich dünsten. Im Topf sollte am Schluß keine Flüssigkeit mehr sein. Zuletzt mit Knoblauch, Salz, Pfeffer, Paprikapulver und Kümmel würzen. Die Fülle gleichmäßig auf die Palatschinken verteilen, diese einrollen und im sehr heißen Rohr kurz erhitzen. *(Oberösterreich)*

Lesachtaler Milchmuas

1 l Milch
etwas Salz
4 dag Grieß
7 dag Weizenmehl
2 EL Butter

Milch salzen und aufkochen lassen, unter ständigem Rühren Mehl und Grieß einrieseln lassen. Alles zu einer sämigen Masse verkochen. Auf Suppenteller verteilen, mit zerlassener Butter abschmalzen, fertig.

• Variation: Mit Zucker und Zimt oder Kakao bestreuen. Mit einem Salat ein vollständiges Abendessen.

Ähnlich wird das Lungauer Koch zubereitet: In die gesalzene Milch unter Rühren je 15 dag Maisgrieß und Weizenmehl (vermischt) einlaufen lassen, 10 Minuten kochen lassen, ohne zu rühren, und mit heißer Butter begossen anrichten. Dazu serviert man Milch. *(Kärnten)*

Liwanzen

20 dag Mehl
2 dag Germ
2 Eier
4 dag Zucker
1 Prise Salz
4 dag Butter
Milch nach Bedarf
Speck zum Befetten der Pfanne
Powidl zum Zusammensetzen
Zimtzucker zum Bestreuen

Die Eier trennen und mit den restlichen Zutaten zu einem lockeren Germteig verarbeiten. Teig gehen lassen, inzwischen die Pfanne mit Speck befetten. Mit einem Eßlöffel Häufchen vom Teig in die Pfanne geben und langsam von beiden Seiten backen. Die fertigen Liwanzen einzeln mit Zimtzucker bestreuen oder mit zerlassener Butter bestreichen, oder zwei und zwei mit Powidl zusammensetzen und dann mit Zimtzucker bestreuen. *(Niederösterreich)*

Mehlsterz

½ kg Mehl
Salz
Wasser
Schmalz oder Butter oder Margarine

Das Mehl mit etwas Salz ohne Fett in einer Kasserolle erhitzen (linden) und unter Rühren 20–30 Minuten lang heiß rösten. Es darf jedoch nicht braun werden. Wasser zum Kochen bringen und damit das Mehl abbrennen, umrühren, sodaß ein großer Klumpen entsteht. Diesen mit heißem Fett begießen und mit der Bratschaufel immer wieder zerteilen, gut durchrösten.

• Dazu gibt es im Sommer je nach Geschmack Apfel- oder Kirschenkompott oder aber Gurkensalat, auch grünen Häuptelsalat. Mit einer pikanten Suppe als Vorgericht eine vollständige Mahlzeit.

Der Sterz kann auch löffelweise in eine Einbrennsuppe getaucht und mit dieser gemeinsam gegessen werden.

(Burgenland)

Milchbrein

¼ l Wasser
¼ l Milch
25 dag Brein (Hirse)
etwas Salz
Zitronenmelisse
1 Handvoll Weinbeeren (Rosinen)
etwas Butter

Zuerst Brein und Wasser mit einer Prise Salz kochen, dabei einige Zeitlang nicht umrühren, gegen Schluß der Garzeit warme Milch begeben. Mit Zitronenmelisse würzen, Weinbeeren hinzufügen und mit etwas Butter darauf servieren.

(Steiermark)

Milchreis

1 l Milch
125 g Reis
Zucker
Zimt
1 Prise Salz
1 EL Butter

Milch mit Salz aufkochen lassen und den Reis einstreuen. Auf kleiner Flamme leise kochen lassen, bis er gar ist. Mit Zucker und Zimt bestreuen und eventuell 1 EL Butter darübergeben.
• Auf die gleiche Weise wird Grießmuas oder Haferbrei bereitet, indem man statt Reis die gleiche Menge Grieß oder Haferflocken verwendet.

(Tirol)

Nußauflauf

8 dag Butter
4 Eier
geriebene Schale von 1 Zitrone
1 Prise Zimt
2 Semmeln
⅛ l Milch
8 dag Nüsse
2 dag Zwiebackbrösel
8 dag Zucker

Die Eier trennen. Butter und Eigelb mit Zitronenschale und Zimt schaumig rühren. Die in Milch eingeweichten, ausgedrückten und passierten Semmeln, geriebenen Nüsse und Brösel dazurühren. Zuletzt den mit Zucker steifgeschlagenen Schnee unterziehen. In eine gebutterte und mit Brösel ausgestreute Form füllen und bei 180°C etwa 45 Minuten lang backen.
• Als Beilage: Weinchaudeau oder Vanillesauce.

(Vorarlberg)

Oasterz

½ kg Mehl
¼ l siedendes Wasser
Salz
1 Ei
ca. 15 dag Schmalz

Mehl in eine Schüssel geben, salzen, mit siedendem Wasser überbrühen und rasch grob verrühren. Den bröckeligen Klumpen, der dabei entsteht, in das heiße Fett geben und mit zwei Kochlöffeln zerreißen und ständig wenden, sodaß ein feinkrümeliger Sterz entsteht.

• Dazu Kaffee (mit oder ohne ein Stamperl Schnaps), süße oder saure Milch, Salate oder Apfelkompott servieren.

(Niederösterreich)

Orangenschmarrn

3 unbehandelte Orangen
4 Eier
1 Prise Salz
4 EL Zucker
25 dag Sauerrahm
15 dag Mehl
Butter zum Ausbacken
Kakaopulver zum Bestäuben

Die Orangen heiß waschen und die Schale fein abreiben oder abziehen. Die Fruchtspalten zwischen den Trennhäutchen herausschneiden und zur Seite stellen. Eiweiß zu steifem Schnee schlagen und dabei Salz und die Hälfte des Zuckers einrieseln lassen. Eidotter mit Sauerrahm, dem restlichen Zucker und etwas Orangenschale glattrühren, dann Mehl und zuletzt den Schnee unterziehen. Butter in einer weiten, beschichteten Pfanne aufschäumen lassen und den Teig hineingießen. Auf der Unterseite goldgelb werden lassen, dann wenden und mit zwei Gabeln in Stücke reißen. Die Orangenstücke dazugeben. Einige Minuten unter häufigem Wenden weiterbacken und ausdünsten lassen. Mit Orangenschale und Kakaopulver bestreut servieren. *(Niederösterreich)*

Palatschinken – Grundrezept

25 dag Mehl
2 Eier
½ l Milch oder Sodawasser
1 Prise Salz
10 dag Butter
Fett zum Ausbacken

Mehl mit der Flüssigkeit versprudeln, dann Eier, zerlassene Butter und Salz dazu geben und alles zu einem glatten Teig verrühren. Mindestens 30 Minuten lang ausquellen lassen. In einer mittelgroßen Pfanne das Fett erhitzen und einen Schöpflöffel Teig hineingeben. Die Pfanne leicht schwenken, damit der Teig sich gleichmäßig verteilt. Bei schwacher Hitze beidseitig goldgelb backen. Die fertigen Palatschinken ins warme Rohr stellen, bis alle gebacken sind, dann füllen wie angegeben. *(Wien)*

Palatschinken mit Nußfülle

Palatschinkenteig nach Grundrezept
10 dag Haselnüsse
5 dag Zucker
1 Msp. Zimt
6–8 EL Schlagobers

Gemahlene Nüsse mit Zucker und Zimt mischen und so viel Obers schaumig rühren, daß eine cremige Masse entsteht. Die Palatschinken damit bestreichen, aufrollen und noch warm servieren.

(Wien)

Palatschinken mit Schokolade

Palatschinkenteig nach Grundrezept
20 dag geriebene Schokolade
1 Becher Schlagobers
1 EL Zucker

Frisch gebackene Palatschinken mit der Hälfte der geriebenen Schokolade bestreuen, einrollen und auf Desserttellern anrichten. Mit der restlichen Schokolade bestreuen, das Schlagobers schlagen und dazu reichen.

(Wien)

Pfnotter

½ l Buttermilch
25–30 dag Roggenmehl
Salz
Fett zum Dünsten

Saure Milch salzen und nach und nach das Mehl einrühren. 20–30 Minuten lang stehen lassen. Nun in einer weiten Kasserolle Fett erhitzen. Den Teig hineingeben und unter öfterem Wenden gut durchdünsten. Damit der Pfnotter nicht zu fett wird, lieber später noch mehr Fett dazugeben.

(Niederösterreich)

Polenta mit Steinpilzen

20 dag Polentamehl
1 l Wasser
Salz
30 dag Steinpilze
½ Zwiebel
1 EL Mehl
Pfeffer
Petersilie
1 EL Rahm

Polentamehl in das kochende Wasser einrühren, aufkochen und etwa 45 Minuten lang ausquellen lassen. Inzwischen die Zwiebel würfelig schneiden und anrösten. Die Pilze putzen, blättrig schneiden, dazugeben, mit Mehl stauben und würzen. Mit Wasser aufgießen und knapp 20 Minuten lang dünsten lassen. Zum Schluß mit Petersilie und Rahm abschmecken. Mit der Polenta auf Tellern anrichten und servieren.

• Eine köstliche Art der Resteverwertung besteht darin, in übriggebliebene Polenta Käsestücke (Graukas, Ziegerkas, Bergkäse, Tilsiter) zu stecken und sie nochmals zu erhitzen.

(Tirol)

Rahmmuas

2 dag Butterschmalz zum Ausstreichen der Pfanne
14 dag Mehl
14 dag Weizengrieß
etwas Wasser
1 Prise Salz
½ l Obers
½ l Milch
5 dag flüssige Butter

Eine recht große, halbhohe Pfanne mit Fett ausstreichen. Salz, Obers und Milch in der Pfanne aufkochen. Mehl und Weizengrieß mischen und mit etwas Wasser glattrühren, langsam in die Milch einrühren und bei milder Hitze zu einem dicken Mus einkochen. Dabei ständig umrühren. Etwas abkühlen lassen, mit flüssiger Butter begießen und warm servieren. *(Vorarlberg)*

Rahmtommerl

4 EL Rahm
4 EL Zucker
5 Eier
4 EL Mehl

Die Eier trennen. Rahm, Zucker, Mehl und Dotter versprudeln, die Eiklar zu einem steifen Schnee schlagen und unterziehen. Das Ganze in einer gut eingefetteten Auflaufform bei Mittelhitze backen. Stürzen und mit Zucker bestreuen. *(Niederösterreich)*

Reis Trauttmansdorff

1 Tasse Reis
5 Tassen Milch
4 dag Butter
1 Prise Salz
geriebene Schale von einer ½ Zitrone
3 EL Zucker
4 Blatt Gelatine
¼ l Schlagobers
1 EL Maraschino
Himbeeren
Himbeersaft zum Garnieren

Den Reis in der gesalzenen Milch mit Zucker und Zitronenschale zu einem sehr weichen Milchreis verkochen. Vom Feuer nehmen, die eingeweichte, gut ausgedrückte Gelatine unterrühren und auskühlen lassen. Kurz bevor der Reis zu stocken beginnt, das Schlagobers steif schlagen, etwas davon zur Seite geben, die pürierten, mit Maraschino beträufelten Himbeeren unterziehen und vorsichtig unter den Reis mengen. Den Reis in eine Pudding- oder Guglhupfform geben und im Kühlschrank festwerden lassen. Mit dem restlichen Obers und Himbeersaft garnieren.

• Natürlich können Sie auch andere Früchte verwenden, entweder frische oder kleingeschnittene Kompottfrüchte. *(Niederösterreich)*

Reisauflauf

20 dag Reis
1 l Milch
1 Prise Salz
12 dag Butter
8 dag Zucker
Zitronenschale
Rosinen
2 Eier
Butter und Brösel
für die Form

Reis in gesalzener Milch weichkochen. Die Eier trennen, Butter und Zucker schaumig rühren, abgeriebene Zitronenschale und Eidotter dazurühren. Dann Milchreis und Rosinen dazugeben. Zuletzt wird der steife Schnee untergezogen. Eine Auflaufform mit Butter ausstreichen und mit Bröseln bestreuen, die Reismenge einfüllen und im mäßig heißen Backrohr langsam backen. Noch heiß servieren.

• Als Beilage Kompott oder Himbeersaft. Sie können auch statt der Rosinen etwa 25 dag beliebiges Obst unter die Masse rühren und mitbacken lassen. *(Wien)*

Riebel mit Grumpera

½ l Milch
6 dag Butter
16–18 dag Grieß
1 TL Salz
30 dag vorgekochte
Erdäpfel (Grumpera)
10 dag Butter zum
Ausrösten

Milch mit Butter und Salz aufkochen, Grieß einlaufen lassen, zu Brei kochen und auskühlen lassen. In Butter ausrösten, dabei am Vortag gekochte, geschälte und blättrig geschnittene Grumpera dazugeben. *(Vorarlberg)*

Riebel

1 l Milch
2 TL Salz
3 EL Obers
35 dag Grieß
12 dag Butter

Milch, Salz, Rahm und die Hälfte der Butter aufkochen. Grieß einrühren und beim Abkühlen in Ruhe quellen lassen. Die Masse zerstoßen und unter ständigem Auflockern langsam in Butter braten.

• Dieses Grundrezept können Sie beliebig abwandeln, etwa indem Sie Dinkel- oder Maisgrieß oder eine Mischung davon verwenden, ihn vor dem Servieren mit etwas kalter Milch begießen oder Obst kurz mitbraten. Traditionell gehört er als Frühstück zum Kaffee. Mit Süeßlaschnitz (eine Art Apfelmus, siehe S. 173), Birestock (Birnenkompott, siehe S. 134), sonstigem Kompott bzw. Heidelbeermus servieren.

(Vorarlberg)

Salzburger Nockerln mit Rotweinsauce

Für die Nockerln:
4 dag Butter
⅛ l Schlagobers
1 Pkg. Vanillezucker
4 Eidotter
6 dag Zucker
2 EL Rum
4 dag Mehl
1 Prise Salz
8 Eiklar
etwas Zitronensaft
Staubzucker

Für die Ribisel-Rotweinsauce:
3 EL Ribiselgelee
⅛ l trockener Rotwein
1 EL Honig
1 Pkg. Vanillezucker

Zuerst das Backrohr mit eingesetztem Rost auf 200–220° C vorheizen. Dann Butter, Schlagobers und Vanillezucker in einen Kochtopf geben und unter kräftigem Schlagen mit der Schneerute kurz aufkochen lassen. Diese Rahmsauce in eine feuerfeste Form füllen.
Eidotter mit Zucker in einer Rührschüssel sehr schaumig rühren. Rum, gesiebtes Mehl und Salz dazugeben und weiterrühren, bis die Masse sehr cremig ist. Nun die Eiklar unter Zugabe von Zitronensaft zu sehr steifem Schnee schlagen und rasch unter die Eidottermasse ziehen. Diese Schneemasse mit einem Teigschaber in großen Nockerln auf die Rahmsoße setzen, die Form sofort in das heiße Backrohr stellen und etwa 15–20 Minuten lang goldgelb backen. Inzwischen für die Sauce das Ribiselgelee mit Rotwein, Honig und Vanillezucker aufkochen und gut durchrühren. Die Nockerln auf Desserttellern anrichten, mit reichlich Staubzucker bestreuen und mit Sauce umgießen. Sofort servieren.

● Das Backrohr muß vorher ausreichend vorgeheizt worden sein und darf auch während des Backens nicht geöffnet werden, da die Nockerln sonst zusammenfallen. *(Salzburg)*

Salzburger Nockerln

8 Eiklar
1 Prise Salz
2 EL feinen Grießzucker
1 Pkg. Vanillezucker
4 Eidotter
2 EL glattes Mehl
1 TL Butter
⅛ l Milch
Staubzucker zum Bestreuen

Das Backrohr auf 180° C vorheizen. In eine niedrige Auflaufschüssel geschmolzene Butter geben und Milch dazugießen. Nun Eiklar mit Salz zu einem festen Schnee schlagen, Zucker und Vanillin hineinschlagen. Eidotter und Mehl vorsichtig darunterziehen. Diese Masse in großen Nocken in die Auflaufschüssel setzen und im Rohr bei 180° C ca. 10 Minuten lang backen. Bezuckern und sofort servieren.

● Beim Backen nicht das Rohr öffnen, sonst fallen die Nockerln zusammen. *(Salzburg)*

Scheiterhaufen

6 abgeriebene Semmeln
gut ¼ l Milch
10 dag Zucker
3 Eier
6 dag Butter
5 dag Rosinen
5 dag Mandeln
Zitronenschale
50 dag Äpfel
Zimt nach Geschmack

Semmeln in dünne Scheiben schneiden und in gezuckerter und mit Eiern versprudelter Milch einweichen. Eine Auflaufform mit Butter bestreichen und die Scheiben hineinlegen. Feingeraspelte Äpfel, Zimt, Zucker, Rosinen, gestiftelte Mandeln und etwas Zitronenschale drüberstreuen. Vorgang wiederholen, bis die Form voll ist. Den Rest der Milch darüberschütten, mit Zucker bestreuen und goldgelb backen.
(Wien)

Schmalzmuas

30 dag Mehl
2 Eier
12 dag Schmalz
1 l Milch
Salz
6 dag Rosinen
Staubzucker und Zimt
zum Bestreuen

Mehl mit Eiern zu einem festen Reibteig verkneten, mit einem groben Reibeisen reiben und trocknen lassen. Das Schmalz erhitzen und das Reibgerstl darin etwas anlaufen lassen. Die Milch erhitzen und heiß über das Gerstl gießen, salzen und wie Reis etwa eine Stunde lang auf kleiner Flamme ausdünsten lassen. Nach der Hälfte der Zeit die Rosinen darunterrühren. Wenn die Flüssigkeit aufgesogen ist, mit Zucker und Zimt bestreut servieren.

• Dazu trinkt man Milchkaffee. *(Kärnten)*

Schwammerlsterz

50 dag Eierschwammerln
5 dag Butter
5 dag Zwiebeln
1 TL Salz
Pfeffer
10 dag Weizengrieß
½ l Milch oder Wasser

Die Schwammerln waschen, putzen, kleinschneiden. Nun Zwiebeln fein würfeln und in Butter hellbraun rösten, die Schwämme dazugeben, salzen, pfeffern und etwa 10 Minuten lang dünsten lassen. Dann den Grieß einrühren, mit Wasser oder Milch aufgießen und den Sterz im Rohr ausdünsten lassen. Zuletzt mit einer Gabel zerkleinern.

• Dazu: Salate. Variante: mit Polenta statt mit Weizengrieß zubereiten. *(Steiermark)*

Schwarzbeerlaibchen

½ kg Schwarzbeeren
(Heidelbeeren)
3 Eier
6 dag Mehl
Salz
1 Pkg. Vanillezucker
Butter für die Pfanne
Zucker

Schwarzbeeren, Eier, Zucker, Salz und Mehl verrühren. In einer Pfanne Butter erhitzen und Schwarzbeermasse mit einem Löffel in die Pfanne geben und zu kleinen Laibchen formen. Diese von beiden Seiten goldgelb backen und mit Zucker bestreut servieren.

- Anstelle der Schwarzbeeren kann man auch Äpfel verwenden. Dazu trinkt man Milch. *(Tirol)*

Schwarzplenten mit Käse

35 dag feines
Schwarzplentenmehl
(Buchweizen)
10 dag grobes
Schwarzplentenmehl
Salz
1½ l Wasser
5 dag Butter
6 dag Graukäse

Das Wasser zum Kochen bringen und salzen. Mehl hineinschütten, nicht umrühren und zugedeckt bei mäßiger Hitze 45 Minuten lang wallen lassen. Dann kräftig umrühren und vom Feuer nehmen, 15 Minuten lang nachdünsten lassen. In zerlassene Butter tauchen und mit geriebenem Käse bestreuen.

- Variante: mit geriebenem Mohn an Stelle von geriebenem Käse bestreuen. *(Tirol)*

Schwozar Mus

6 EL Mehl
Milch nach Bedarf
1 Prise Salz
viel Butter zum
Ausbacken

Das Mehl mit soviel Milch glattrühren, daß ein Teig entsteht, der etwas dünner als Obers ist. Diese Masse salzen und in die heiße Butter einrühren, es muß dabei aufschäumen. Das Mus goldgelb anbraten lassen und immer wieder schaufelweise drehen, sodaß gelbangebratene Klumpen entstehen. In etwa 15–20 Minuten ist das Schwozar Mus mit seinem markanten Duft fertig.

- Für den Teig können Sie Vollkornmehl, ein Gemisch aus Milch und Wasser oder etwas Rahm nehmen, wie Sie mögen. Wichtig ist, daß Sie viel Fett zum Ausbraten nehmen, auch wenn ein Teil davon in der Pfanne bleibt. Mit Kaffee servieren. *(Vorarlberg)*

Semmelkoch

2 Semmeln
⅛ l Rindssuppe
2–3 EL Kren
Muskatnuß
Salz
3 EL saurer Rahm
1 Eidotter

Semmeln blättrig schneiden und mit siedender Suppe aufgießen. Frischgeriebenen Kren, Muskatnuß und Salz dazugeben und alles kurz aufkochen lassen. Sauerrahm mit Eidotter versprudeln und daruntermischen.

• Als Beilage zu Steirischem Wurzelfleisch. *(Steiermark)*

Semmelschmarrn

10 alte Semmeln
⅜ l Milch
3 Eier
5 dag Zucker
5 dag Rosinen
etwas Salz
10 dag Butter zum Rösten

Milch mit Eiern versprudeln. Die würfelig geschnittenen Semmeln mit der Eiermilch übergießen und kurz einweichen lassen. Butter in einer Pfanne zergehen lassen und die Semmelmasse darin rösten. Nach Geschmack Rosinen und Zucker dazugeben und mitrösten, im Rohr ausdünsten.

• Dazu als Getränk: Milch. In Salzburg serviert man den Semmelschmarrn mit Preiselbeerkompott oder mischt statt der Rosinen auch Kirschen darunter. In Wien wird kalter oder warmer Weinchaudeau zum Semmelschmarrn serviert.

(Tirol)

Semmelschniedl

5 Semmeln
¼ l Milch
etwas Zucker
Butter für die Form
Für das Schmalzkoch:
25–30 dag Grieß
Salz
Schmalz
½ l Wasser

Die Semmeln in Scheiben schneiden und mit der gesüßten Milch einweichen. Für das Schmalzkoch den Grieß salzen und im Schmalz anrösten. Mit Wasser aufgießen und gut durchgaren. In eine gebutterte Auflaufform schichtweise Semmeln und Schmalzkoch geben, im Rohr bei schwacher Hitze backen.

• Zusammen mit einer kräftigen Suppe als Vorgericht eine vollständige Mahlzeit! *(Burgenland)*

Süßer Plenten

1 l Wasser
Salz
35 dag Polenta (Maisgrieß)
Butter zum Abschmalzen
Heidelbeermarmelade
Zucker und Zimt

Wasser und Salz zum Kochen bringen, Polenta einkochen und ausquellen lassen. Die Hälfte in eine Form einfüllen. Marmelade darübergeben und mit Polenta abdecken. Mit Butter abschmalzen und mit Zucker und Zimt bestreuen.

- Dazu trinkt man Milch.

(Tirol)

Topfen-Reisauflauf mit Kirschen

½ Tasse Reis
2 ½ Tassen Milch
1 TL Salz
5 dag Butter
5 dag Zucker
feingeriebene Schale einer Zitrone
4 Eier
3 Tropfen Bittermandelöl
25 dag Speisetopfen
30 dag Kirschen

Milch und Salz zum Kochen bringen, den gewaschenen Reis einstreuen und bei geringer Hitze ausquellen lassen (darauf achten, daß der Reis nicht zu weich wird). Die Eier trennen. Butter, Zucker, Zitronenschale und Eidotter schaumig rühren. Bittermandelöl und Topfen kurz mitrühren. Unter diese Masse den überkühlten Reis mischen. Eiklar zu steifem Schnee schlagen und unterheben, alles in eine mit Butter ausgestrichene Auflaufform füllen. Kirschen entkernen, darauflegen und den Auflauf bei 180° C etwa 40 Minuten lang goldgelb backen.

- Als Beilage: Kompott oder frisch gepreßter Fruchtsaft.

(Vorarlberg)

Topfenkoch

4 Eier
2 EL Kristallzucker
50 dag Topfen
¼ l Sauerrahm
4 EL Staubzucker
3 EL Grieß
1 Pkg. Vanillezucker
1 TL Salz
feingeriebene Schale von 2 Zitronen

Die Eier trennen, die Eiklar zu steifem Schnee schlagen und den Kristallzucker hineinschlagen. Dotter mit allen anderen Zutaten glattrühren, den Schnee unterheben und alles in eine gebutterte Auflaufform geben. Bei 200° C etwa 20 Minuten lang backen.

(Vorarlberg)

Topfenmuas

50 dag Topfen
25 dag Mehl
1 TL Salz
¼ l Milch
10 dag Butter

Milch mit Butter in einer Rein aufkochen lassen, Topfen, Salz und Mehl gut vermischen, in die Milch einrühren und bei schwacher Hitze unter oftmaligem Auflockern mit der Schmarrnschaufel ausdünsten.

- Dazu trinkt man heiße Milch. *(Salzburg)*

Topfenpalatschinken

Palatschinkenteig nach Grundrezept
4 dag weiche Butter
8 dag Zucker
2 Eier
25 dag Topfen
1 Pkg. Vanillezucker
1 Prise Salz
Saft und Schale einer ½ Zitrone
5 dag Rosinen

Butter mit Zucker und Eidottern schaumig rühren. Abgetropften Topfen, Vanillezucker, Salz, abgeriebene Zitronenschale sowie -saft daruntermischen. Eiklar steif schlagen und unterziehen. Zuletzt die Rosinen dazugeben. Palatschinken mit der Topfenmasse bestreichen, aufrollen und mit reichlich Staubzucker bestreut servieren.

- Das Rezept enthält rohe Eier – achten Sie darauf, daß Sie diese aus zuverlässiger Quelle beziehen. *(Wien)*

Topfenschmarrn

¼ l Milch
3–4 Eier
Salz
15 dag Mehl
25 dag trockenen Topfen
Fett zum Backen

Milch, Eier, Mehl und Salz zu einem Tropfteig verrühren. Den trockenen Topfen untermischen. In einer weiten Pfanne das Fett erhitzen und den Teig hineingießen. Zuerst zugedeckt die Unterseite goldbraun backen, dann den Schmarrn wenden. Die Oberseite bräunen und vor dem Servieren den Schmarrn mit zwei Gabeln zerreißen.

- Als Beilage: Salat oder Kompott. *(Kärnten)*

Topfentommerl

25 dag Topfen
3 Eier
4 dag Zucker
15 dag Mehl
1 Prise Salz
½ l Milch
Butter für die Form

Die Eier trennen, die Eiklar zu festem Schnee schlagen. Dotter und Zucker schaumig rühren, dann nacheinander Topfen, Mehl und Milch unterrühren, zuletzt den Eischnee unterheben. Eine Auflaufform bebuttern, die Masse hineinstreichen und bei mittlerer Hitze im Rohr etwa 45 Minuten lang backen.

- Dazu Zwetschkenröster oder ein anderes Kompott.

(Steiermark)

Türkensterz

40 dag Maisgrieß
¾ l Wasser
1 TL Salz
5 dag Butter oder Grammelschmalz

Das Salzwasser zum Kochen bringen, den Maisgrieß langsam einrühren und gut 30 Minuten bei schwacher Hitze ausdünsten lassen. Mit einer Gabel krümelig auflockern und mit zerlassenem Fett übergießen. Der Sterz muß sehr trocken sein.

- Mit Milch ein kräftiges Frühstück. Sie können den Sterz auch mit reichlich heißem Grammelschmalz übergießen und die heiße Milch dazu reichen. *(Kärnten/Steiermark)*

Türkentommerl I

½ l Milch
28 dag Polentamehl
⅛ l Sauerrahm
etwas Salz
2 EL Zucker
2 dag Germ
½ kg Äpfel
2 EL Zimtzucker
Rosinen
5 dag Butter

Maisgrieß in eine Schüssel geben und die kochende Milch einrühren, auskühlen lassen. Rahm, Zucker und Salz unterrühren, die Germ einbröseln und verrühren, es ist jedoch kein Dampfl nötig. Die Äpfel schälen, grobblättrig schneiden und mit Zimtzucker vermischen. Eine Auflaufform mit Butter gut ausstreichen. Das Polentagemisch abwechselnd mit den Äpfeln einfüllen, mit Polenta enden. Butterflocken darübergeben. Im vorgeheizten Rohr 30 Minuten lang backen, bis die Oberfläche bräunlich wird. *(Kärnten)*

Türkentommerl II

15 dag Butter
4 Eier
2 EL Zucker
1 l Apfelsaft
½ kg Maismehl
½ kg Äpfel

Den Apfelsaft erhitzen und über das Maismehl gießen, kurz durchziehen lassen. Die Eier trennen. Butter, Dotter und Zucker fein abtreiben, das mit Apfelsaft verrührte Maismehl und den steifgeschlagenen Schnee unterheben. Die Masse in eine befettete Form geben, mit Apfelspalten belegen und 45 Minuten lang bei 180–200°C backen.

• Natürlich können Sie statt des Apfelsaftes auch Milch verwenden.

(Steiermark)

Waldviertlersterz

4 große Erdäpfel
Salzwasser
1 Prise Kümmel
15 dag Selchspeck
25–30 dag Roggenmehl
3 dag Butter

Erdäpfel schälen, vierteln und in Salzwasser mit Kümmel sehr weich kochen. Nun das Wasser bis zu ca. ¼ der Höhe der Erdäpfel abseihen, würfelig geschnittenen Speck in Fett anrösten und mit dem Fett zu den Erdäpfeln geben. Eßlöffelweise das Mehl dazugeben und die Masse im Topf zu einem trockenen, glatten Teig verrühren. Butter in einer Pfanne erhitzen und den Sterz hineingeben, mit zwei Kochlöffeln in Klumpen zerreißen und zerstechen und zum Ausdünsten ins Rohr stellen. Der Sterz muß schön trocken sein.

• Dazu trinkt man heiße, leicht gesalzene Milch.

(Niederösterreich)

Walnußbröselkoch

4 Eier
20 dag Zucker
15 dag geriebene Walnüsse
5 dag Biskuitbrösel
10 dag Mehl
1 Pkg. Vanillezucker
Fett und Brösel für die Form
½ l Glühwein

Die Eier trennen, Dotter und Zucker schaumig rühren, die Eiklar zu steifem Schnee schlagen und abwechselnd mit dem Mehl, das mit Bröseln und Nüssen vermischt ist, darunterziehen. Den Teig in einer Gugelhupf- oder Ringform bei 180°C etwa 30–45 Minuten lang backen, sofort herausstürzen und mit heißem Glühwein übergießen.

• Für Kinder und Autofahrer Stücke abteilen und mit heißem Kinderpunsch übergießen. Oder mit etwas Schokoladenrahm übergießen.

(Steiermark)

Weinkoch

5 Eier
15 dag Kristallzucker
12 dag Brösel
etwas Zimt
Für den Glühwein:
1 l Wein
4 Nelken
1 Zimtstange
geriebene Schale einer ½ Zitrone
Zucker nach Geschmack

Die Eier trennen, Zucker mit Zimt und Dottern schaumig rühren, Eiklar zu Schnee schlagen und abwechselnd mit den Bröseln unter die Eimasse ziehen. In einer gefetteten Puddingform im Wasserbad etwa 1 Stunde garen und dann in eine Schüssel stürzen. Inzwischen den Glühwein zubereiten und heiß löffelweise über das Weinkoch gießen, so daß es sich durch und durch vollsaugt. Abkühlen lassen und kalt servieren.

• Sollten Sie keine verschließbare Puddingform besitzen, geben Sie die Masse in eine Guglhupfform, decken sie mit einem Teller ab und stellen sie in einer tiefen mit Wasser aufgefüllten Bratpfanne ins Rohr. *(Niederösterreich)*

Zuckermuas

30 dag Mehl
3–4 Eier
1 Prise Salz
ca. ½ l Milch
Butter zum Ausbacken
Zucker zum Bestreuen

Mehl mit Salz vermischen und mit Milch abrühren, Eier leicht unterheben. Butter in einer Pfanne erwärmen und die Masse in mehreren Partien eingießen. Von beiden Seiten backen und in kleine Stücke stampfen. Mit Zucker bestreut servieren.

• Variationen: Mit Zimtzucker bestreuen, als Beilage Preiselbeermarmelade oder Apfelmus, im Sommer Obst, das zu dem noch flüssigen Teig in die Pfanne gegeben oder bereits vorher mit diesem verrührt werden kann. Dazu trinkt man Milch. *(Tirol)*

Knödel, Nockerln, Nudeln

Knödel, Nockerln, Nudeln

Abgeschmalzene Nudeln

50 dag Mehl
3 Eier
etwas Wasser
Salzwasser zum Kochen
Zum Wälzen:
6 dag Butter
8 dag Brösel

Aus Mehl, Eiern und etwas Wasser einen festen Teig kneten und daraus kleinere Laibchen formen. Diese messerrückendick auswalken und davon Nudeln schneiden. In Salzwasser kochen. In einer Kasserolle Butter erhitzen und Semmelbrösel darin anlaufen lassen. Die Nudeln darin gut wälzen und gleich servieren.

• Als Beilage: Salate, Kraut, Kompotte. *(Wien)*

Apfelknödel

50 dag Äpfel
1 TL Salz
1 Ei
15 dag Mehl
Salzwasser
5 dag Butter
5 dag Zucker
1 TL Zimt

Die Äpfel schälen, kleinwürfelig schneiden und mit Salz, Ei und Mehl gut vermengen. Etwa 1 Stunde durchziehen lassen. Dann kleine Knödel formen, die man in kochendes Salzwasser einlegt und 10 Minuten lang ziehen läßt. Sie werden vor dem Servieren in zerlassener Butter mit Zimt und Zucker geschwenkt.

• Als winterliches Dessert oder einfach so. *(Kärnten)*

Äpfelknöderln in Glühwein

10 große Äpfel
7 dag Butter
3 Eier
7 dag Zucker
7 dag Brösel
3 dag geriebene Mandeln
Schale einer ½ Zitrone
2 l Wein
Zucker nach Geschmack
2 Zimtstangen
8 Nelken

Die Äpfel im Rohr braten und passieren, die Eier trennen, Eiklar zu Schnee schlagen. Aus Butter, Dottern und Zucker einen flaumigen Abtrieb machen. Brösel, Mandeln und Zitronenschale hineinrühren. Zum Schluß abwechselnd Äpfel und Schnee vorsichtig einrühren. Kleine Knödel formen und in kochendem, gewürztem Wein 10 Minuten lang ziehen lassen.

(Niederösterreich)

Apfelnockerln

½ kg Äpfel
5 dag Butter
Für den Nockerlteig:
25 dag Mehl
⅛ l Milch
1 Ei
½ TL Salz
Salzwasser zum Kochen
Zucker und Zimt zum Bestreuen

Zunächst Nockerln zubereiten wie oben beschrieben. Nun die Äpfel schälen, blättrig schneiden und in Butter kurz dünsten. Die gekochten, abgeschreckten Nockerln daruntermengen und mit Zimt und Zucker bestreuen.

• Dazu trinkt man heiße oder kalte Milch oder Kaffee. Mit einer dicken Suppe vorweg eine vollständige Mahlzeit.

(Steiermark)

Apfelsailing

50 dag Äpfel
½ TL Salz
1 Ei
etwa 15 dag Mehl
Fett zum Ausbacken
Zucker und Zimt zum Bestreuen

Die Äpfel schälen, grob reiben und rasch mit den anderen Zutaten zu einem Teig von der Konsistenz eines Nockerlteiges verrühren. Daraus Nockerln ausstechen, flach drücken und in heißem Fett herausbacken. Mit Zucker und Zimt bestreut servieren.

(Steiermark)

Badner Nockerln

12 dag Butter
3 Eier
3 EL Mehl
1 EL Zucker
1 Prise Salz
Zum Kochen:
¼ l Obers
2 dag Butter
2 dag Zucker
Zum Bestreuen:
geriebene Schokolade oder Zimtzucker

Die Eier trennen. Butter schaumig rühren und nach und nach abwechselnd Dotter und Mehl dazurühren. Eiklar mit Salz und Zucker zu steifem Schnee schlagen und vorsichtig unterheben. Inzwischen Obers mit Zucker und Butter aufkochen lassen. Mit einem Löffel Nockerln abstechen und nebeneinander in die Milch legen. Nach 2 Minuten wenden, herausnehmen und mit Zimtzucker oder Schokolade bestreut servieren.

(Niederösterreich)

Böhmische Knödel

20 dag Mehl
1 Ei
Salz
Wasser
4 altbackene Semmeln
3 dag Butter

Mehl, Salz und Wasser zu einem glatten Teig verschlagen. Würfelig geschnittene Semmeln in Butter goldgelb anrösten, unter den Teig mischen. Diesen zu Rollen von etwa 5 cm Durchmesser formen und in Salzwasser kochen. In daumendicke Scheiben geschnitten servieren. *(Niederösterreich)*

Brennesselknöderln

5 dag Brennesselblätter von jungen Pflanzen
2 dag Butter
1 Ei
4 mittelgroße Erdäpfel
12 dag Semmelbrösel
Salz

Butter und Ei flaumig rühren. Erdäpfel kochen, schälen und passieren. Brennesselblätter fein hacken und zusammen mit den Erdäpfeln zum Abtrieb geben. Salzen und mit den Bröseln binden. Kleine Knödel formen und in siedendem Salzwasser garkochen. Am besten in Rahmsuppe oder Gemüsesuppe servieren. *(Niederösterreich)*

Bröselknödel

2 altbackene Semmeln
1 Ei
etwas Milch
3 dag Butter
3 dag Brösel
Salz
Pfeffer
Muskatnuß
Petersilie

Die Semmeln grobblättrig schneiden, in Milch einweichen, auspressen und passieren, die Milch noch nicht weggießen. Die Semmelmasse mit Butter, Ei, feingehackter Petersilie und den Bröseln gut vermischen, sollte die Masse zu trocken sein, etwas Milch hinzugeben. Pfeffer und Salz dazugeben und die Masse etwa eine Viertelstunde lang anziehen lassen. Kleine Knöderln formen und in der Suppe etwa 5 Minuten lang leise ziehen lassen.

- Als Suppeneinlage. Man kann die Knödel auch in heißem Schmalz schwimmend herausbacken. Ebenso bereitet man Markknödel: dafür zusätzlich 6 dag Rindermark zerkleinern, schmelzen und mit dem Dotter gut verrühren, das Eiklar weglassen und die doppelte Menge Brösel verwenden.

(Oberösterreich)

Burek mit Topfen

**Strudelteig von
50 dag Mehl
50 dag trockener Topfen
2 TL Salz
10 dag Olivenöl zum
Bestreichen**

Den Topfen salzen und mit der Gabel zerdrücken. Eine runde Backform gut mit Öl ausfetten. 3 Teigblätter hineinlegen und mit Öl bestreichen. Einen Teil des Topfens gleichmäßig darauf verteilen, mit Teigblättern abdecken und so abwechselnd weiterfahren, bis die Zutaten verbraucht sind. Die letzte Schicht ist Teig. Diesen wieder einölen und im vorgeheizten Rohr bei 200° C ca. 30 Minuten lang backen.

(Kärnten)

Buttermilchnudeln

**1 l Buttermilch
14 dag Grieß
1 Prise Salz
Mehl
15 dag Butter
10 dag Brösel**

Buttermilch mit Salz und Grieß versprudeln und 30 Minuten lang kaltstellen. Danach unter ständigem Rühren aufkochen und soviel Mehl dazugeben, daß sich die Masse wie bei einem Brandteig vom Geschirr löst. Nun auf ein bemehltes Brett stürzen und noch im warmen Zustand in lange Schlangen ausrollen, davon kleine nudelähnliche Stückerln abschneiden. In einer Rein Butter auflösen und Semmelbröseln darin goldbraun rösten. Die Nudeln ungekocht hineingeben und unter Rütteln gut erhitzen, auch wohl teilweise ankrusten lassen. Diese Nudeln können ungezuckert mit Salat oder gezuckert mit Kompott oder Zwetschkenröster serviert werden.

(Niederösterreich)

Knödel, Nockerln, Nudeln

Dampfnudeln

Für den Teig:
50 dag Mehl
2 dag Germ
5 dag Butter
2 Eier
2 EL Zucker
1 EL Rum
1 Prise Salz
ca. 1/4 l lauwarme Milch
Zum Einlegen:
1/4 l Milch
2 EL Butter
Vanille
1 Stamperl Rum

Alle Zutaten für den Teig zu einem mittelfesten Germteig abschlagen. Zugedeckt gehen lassen. In einer Pfanne Milch, Zucker, Butter, Vanille und Rum erwärmen. Vom Germteig mit einem Löffel Stücke abstechen und in die warme Milch einlegen. Zugedeckt und langsam kochen lassen. Deckel nicht öffnen, sonst fallen die Dampfnudeln zusammen.

• Die Variationsmöglichkeiten sind so vielfältig wie köstlich: Der Teig kann mit Rosinen oder Vollkornmehl zubereitet werden, als Beilage können Sie Kompott oder Vanillesauce reichen, und die Dampfnudeln können auch in Karamelmilch eingekocht werden: Zucker in der Pfanne karamelisieren lassen, mit Milch aufgießen, loskochen und dann Rum, Butter und Vanillezucker dazugeben wie oben. Dazu trinkt man Milch. *(Tirol)*

Dukatennockerln

Für den Teig:
2 dag Germ
1/8 l lauwarme Milch
1 TL Zucker
4 dag Butter
5 Eidotter
1 Prise Salz
40 dag Mehl
Für den Belag:
5 dag Rosinen
15 dag geschälte, geriebene Mandeln
1 TL Staubzucker
Butter für die Form und zum Bestreichen
Staubzucker zum Bestäuben
Marmelade

Aus den Zutaten einen weichen Germteig bereiten und an einem warmen Ort gehen lassen. Inzwischen Mandeln, Rosinen und Staubzucker mischen. Den Germteig noch einmal abarbeiten, dann auf dem Nudelbrett gut fingerdick ausdrücken und mit einem kleinen Pogatscherlstecher runde Formen ausstechen. Die Guglhupfform gut ausbuttern und die Nockerln reihenweise dicht beieinander hineinsetzen, mit zerlassener Butter bestreichen und mit der Rosinenmischung bestreuen. Den Vorgang wiederholen, bis die Form mit wechselnden Schichten zu drei Vierteln gefüllt ist und alle Zutaten verbraucht sind. Mit Butter bepinseln, nochmals 30 Minuten gehen lassen und im vorgeheizten Rohr bei 180° C etwa 45 Minuten backen. Stürzen, mit Staubzucker bestäuben und mit heißer, flüssiggerührter Marmelade auftragen.

• Ebenso bereiten Sie gefüllte Dukatenbuchteln zu: Aus dem Germteig Quadrate ausschneiden, darauf je 1 TL Powidl geben und zusammenfalten, in die Form legen und mit Butter bestreichen. Dazu serviert man Vanillesauce. *(Wien)*

Eiernocken

Nocken (siehe dort)
Butter
4 Eier
⅛ l Rahm
Schnittlauch
etwas Öl

In Butter geschwenkte Nocken mit aufgeschlagenen Eiern und etwas Rahm übergießen, gut durchrösten und mit Schnittlauch bestreuen.

- Dazu: grüner Salat. *(Tirol)*

Erdäpfelknödel

¾ kg Erdäpfel
1 Ei
12 dag Mehl
2 EL Grieß
Salz
Muskatnuß

Die Erdäpfel in der Schale kochen, schälen und noch heiß passieren. Mit Mehl, Ei, Grieß, Salz und etwas geriebener Muskatnuß zu einem Teig verarbeiten. Den Teig einige Zeit rasten lassen. Inzwischen Salzwasser zum Kochen bringen. Nun aus dem Teig kleine Knödel formen und hineingeben. Die Knödel bei offenem Topf etwa 10 Minuten lang leise kochen lassen, dann aus dem Wasser nehmen und gleich servieren.

- Als Beilage zu Schweinefleisch und Wildgerichten. Man kann noch 3 dag Butter (und etwas mehr Mehl) an den Teig geben, dann müssen die Knödel aber raschestmöglich verarbeitet werden, da der Teig sonst zu weich wird.

(Burgenland)

Erdäpfelknödel Wiener Art

50 dag Erdäpfel
1 EL Mehl
2 Eier
etwas Milch oder Rahm
Salz
Zwiebel
Fett

Rohe Erdäpfel schälen und schnitzeln, in Salzwasser weichkochen und zerrühren. Mehl daruntermengen und Eier hineinschlagen, eventuell etwas Milch oder Rahm hinzugeben. Butter in eine Schüssel geben, mit einem öfters in Milch getauchten Löffel die Knödel abstechen und in die Schüssel geben. In Salzwasser kochen lassen, inzwischen feingehackte Zwiebel in Fett rösten und die gekochten Knödel darin rollen. *(Wien)*

Erdäpfelnudeln

75 dag Erdäpfel
15 dag griffiges Mehl
1 TL Salz
2 Eier
5 dag Schmalz
½ l Milch

Erdäpfelteig zubereiten und zu Wutzeln rollen und goldgelb rösten, wie im vorigen Rezept beschrieben. Dann gibt man die Nudeln in eine Rein, gießt die kochende Milch darüber und läßt sie solange dünsten, bis die Milch verdampft ist.

- Dazu: Gemüse oder Salat. Mit Zucker und Zimt bestreut, ißt man Zwetschkenröster, Apfelsauce oder Kompott dazu. Oberösterreichische Variante: statt der Milch einen Becher Rahm darübergießen, dazu als Beilage warmes Sauerkraut. Oder in Butterbröseln wälzen und kalte Milch dazu trinken. *(Steiermark)*

Erdäpfelsailing

75 dag Erdäpfel
15 dag griffiges Mehl
1 TL Salz
2 Eier
5 dag Schmalz

Mehlige Erdäpfel kochen, schälen und noch heiß fein auspressen. Nach dem Abkühlen mit Mehl und Salz vermischen und mit den Eiern rasch zu einem Teig verkneten. Zur Rolle formen, kleine Stückchen davon abschneiden und daraus fingergroße „Wuzerln" rollen. In einer Pfanne Schmalz erhitzen und die Nudeln darin hellbraun anrösten.

- Dazu ißt man gedünstetes Kraut oder Rahmsuppe.

(Steiermark)

Erdäpfelspatzen

4 große Erdäpfel
Fett
Kümmel
½ kg Mehl
Salz
Wasser

Erdäpfel roh schälen, blättrig schneiden und in heißem Fett braten. Inzwischen Mehl, Wasser und Salz zu einem Nockerlteig abrühren. Mit einem Löffel Spatzen abstechen und in siedendem, mit einer Prise gemahlenen Kümmel versetztem Wasser kochen. Abseihen, mit kaltem Wasser abschrecken und unter die fertiggebratenen Erdäpfel mischen.

- Als Beilage: Salat, Sauerkraut, Milch oder eingebrannten Kohl.

(Niederösterreich)

Feldkirchner Dampfnudeln

Für den Germteig:
40 dag Mehl
Salz
6 dag Butter
6 dag Zucker
2 Dotter
1/8 l Milch
4 dag Germ
1 TL Zucker
1/8 l Milch

Für die Fülle:
15 dag faschierte Dörrzwetschken
Rum
Zimt
geriebene Schale einer Zitrone
Öl

Aus den Zutaten einen mittelfesten Germteig bereiten und 30 Minuten lang gehen lassen. Inzwischen alle Zutaten für die Fülle miteinander vermischen. Den Teig daumendick ausrollen, in 10 x 10 cm große Quadrate schneiden bzw. ausradeln, die Fülle darauf verteilen und die Teigquadrate zusammenschlagen. Auf einem bemehlten Tuch zur doppelten Höhe aufgehen lasssen. Diese großen Nudeln vorsichtig mit Öl bestreichen. In Dampf kochen, dazu im Untersatz eines Dampfentsafters zum Kochen bringen, auf das Sieb ein nasses, ausgedrücktes Tuch legen, die Dampfnudeln darauflegen und den Topf mit dem Deckel verschließen. Nun 1 Stunde (wie beim Entsaften) dämpfen lassen. Die Dampfnudeln vorsichtig mit dem Tuch aus dem Sieb nehmen und mit zwei Gabeln zerteilen. Dazu bekommt jede Person 1/4 l gezuckerte, warme Milch mit 1–2 EL Butterschmalz in einem Schüsselchen zum Eintunken.

• Sie können statt der Milch auch Vanillecreme dazu servieren. *(Kärnten)*

Feldkirchner Schwarzbeernudeln

Weicher Nudelteig
Für die Fülle:
40 dag schnittfester Topfen
40 dag Schwarzbeeren (Heidelbeeren)
3 EL Zucker
1/2 TL Zimt
3 EL Brösel
3 EL Rum
Butter zum Abschmalzen

Nudelteig bereiten und rasten lassen. Inzwischen für die Fülle den Topfen passieren und mit den übrigen Zutaten vermengen. Kugeln formen und sofort Nudeln füllen und kochen, mit zerlassener Butter abschmalzen.

• Eventuell mit Zimt und Staubzucker bestreut servieren. Dazu trinkt man kalte Milch. *(Kärnten)*

Foto: GUSTO / Stefan Liewehr

Apfelschmarrn mit Rosinen

(Tirol)

(siehe Rezept Seite 184)

Foto: GUSTO / Das Foto

Brennsterz

(STEIERMARK)

(siehe Rezept Seite 188)

Erdäpfelsterz mit Schwammerlsuppe

(BURGENLAND, KÄRNTEN)

(siehe Rezepte Seite 190)

Foto: GUSTO / Stefan Liewehr

Kaiserschmarrn mit Zwetschkenröster

(WIEN)

(siehe Rezept Seite 196)

Foto: GUSTO / Stefan Liewehr

Liwanzen

(NIEDERÖSTERREICH)

(siehe Rezept Seite 200)

Foto: GUSTO / Graz

Palatschinken
(Wien)

(siehe Rezepte Seiten 202-203)

Foto: GUSTO / Stefan Liewehr

Salzburger Nockerln

(SALZBURG)

(siehe Rezept Seite 206)

Eiernocken

(TIROL)

(siehe Rezept Seite 222)

Fleischfarferln

1 große Zwiebel
20 dag geräucherter Speck
4 dag Butter
20 dag gekochtes Rindfleisch
2 vorgekochte Erdäpfel
3 Eier
Salz
Pfeffer
2 EL gehackte Petersilie
20 dag Mehl
¼ l kräftige Fleischsuppe
Salzwasser
2–3 EL frischgehackter Schnittlauch

Zwiebel und Speck in feine Würfel schneiden und in heißer Butter anrösten. Das sehr feinwürfelig geschnittene Rindfleisch dazugeben und mitrösten, die Pfanne vom Feuer nehmen. Die gekochten Erdäpfel schälen und darüberreiben. Nun in einem Weitling Eier mit Salz, Pfeffer, Petersilie und Mehl gut verrühren, die Fleisch-Erdäpfel-Mischung dazugeben und alles zu einem eher festen Teig verarbeiten. Fleischsuppe mit Salzwasser zum Kochen bringen. Mit einem Eßlöffel vom Teig große Nocken ausstechen und diese etwa 10 Minuten lang garziehen lassen. Die Nocken auf tiefe Teller geben, etwas Kochsuppe darübergeben und mit reichlich Schnittlauch bestreut servieren.

• Als Beilage: Erdäpfel-Gurkensalat. *(Salzburg)*

Fleischknödel

Für den Teig:
1 kg Erdäpfel
4 Eidotter
Salz
1 EL Schweineschmalz
etwa 40 dag griffiges Mehl

Für die Fülle:
45 dag Braten- oder Wurstreste
2 kleine Zwiebeln
Salz
Pfeffer
Petersilie

Die Erdäpfel kochen, schälen und passieren. Noch heiß mit Dotter, Salz, Fett und Mehl nach Bedarf zu einem mittelfesten Teig kneten und daraus eine Rolle formen. Inzwischen für die Fülle die Bratenreste faschieren, die Zwiebeln feinwürfelig schneiden und rösten, alles mit gehackter Petersilie vermischen, Salz, Pfeffer hinzufügen, und zu kleinen Knöderln formen. Von der Teigrolle kleine Stücke abschneiden, in der Handfläche auseinanderdrücken und mit Fülleknöderln füllen, den Teig darüber zusammenschlagen und Knödel formen. Salzwasser zum Kochen bringen und Knödel einlegen, langsam 15–20 Minuten lang ziehen lassen.

• Als Beilage: Sauerkraut oder warmer Speckkrautsalat. Man kann die Knödel auch im Rohr mit einem Überguß von ¼ l Rahm und 1 Ei backen. *(Oberösterreich)*

Fleischnudeln

Weicher Nudelteig
Für die Fülle:
50 dag faschiertes Selchfleisch oder Fleischreste
10–15 dag Brösel
1 Zwiebel
1 Knoblauchzehe
4 dag Fett
1–2 Eier
Salz
2 gehäufte TL Kräuter (Basilikum, Majoran, Petersilie, Lustock)

Die Kräuter fein hacken, die feingehackte Zwiebel und den Knoblauch in Fett hellgelb anlaufen lassen, das Fleisch kurz mitrösten und mit allen übrigen Zutaten vermischen, dabei nur so viele Brösel verwenden, daß die Masse bindet. Zu Kugerln formen und die Nudeln damit füllen.

- Variante: Auf die gleiche Art bereiten Sie Grammelnudeln; verwenden Sie statt Fleisch einfach 50 dag trockene Grammeln, leicht angeröstet. Sollte diese Fülle zu trocken sein, dann feuchtet man die Brösel mit etwas Suppe oder Wasser an. Fleischnudeln eignen sich als Einlage in klarer Suppe, oder man reicht dazu als Beilage Sauerkraut, saure Rüben oder Salate. *(Kärnten)*

Gebackene Apfelknödel

40 dag säuerliche Äpfel
1 Zitrone
2 EL Staubzucker
2 Eier
4 EL Rum
16 dag geriebene Haselnüsse
16 dag Biskuitbrösel
1 Prise Zimt
8–10 dag geriebene Haselnüsse zum Wälzen
Fett zum Ausbacken
Staubzucker

Die geschälten Äpfel in sehr kleine Würfel schneiden, mit Zitronensaft beträufeln. Zucker, Eier und Rum schaumig rühren, nach und nach die Nüsse, Brösel und den Zimt unterrühren und alles mit den Apfelwürfeln vermengen. Aus dieser Masse kleine Knödel formen, in geriebenen Haselnüssen wälzen und in Fett schwimmend ausbacken. Mit Staubzucker bestreut servieren.

- Als Beilage: Heidelbeersauce. *(Vorarlberg)*

Gebackene Apfelnockerln

1 l Salzwasser
1 kg Mehl
30 dag Äpfel
½ TL Zimt
Fett zum Backen

Das Salzwasser zum Kochen bringen, inzwischen die Äpfel vierteln, Kerngehäuse entfernen und reiben. Das kochende Salzwasser über das Mehl gießen, die geriebenen Äpfel und Zimt dazugeben und gut durchrühren. Nockerln ausstechen und in dem heißen Fett schön braun backen.

- Auf die gleiche Art können Sie auch Käsenockerln und Schwarzbeernockerln zubereiten. *(Kärnten)*

Gebackene Topfennockerln

25 dag glattes Weizenmehl
25 dag Topfen
3 Eier
2 EL Zucker
½ TL Backpulver
½ TL Salz
geriebene Schale von 1 Zitrone
Öl zum Ausbacken
4 EL Zucker
1 TL Zimt

Mehl in einer Schüssel mit den restliche Zutaten verrühren. Mit einem Teelöffel Nockerln ausstechen und in heißem Fett schwimmend ausbacken. Auf Küchenpapier abtropfen lassen und noch heiß in Zimtzucker wälzen.

- Mit Kompott oder warmen Fruchtsaucen servieren.

(Vorarlberg)

Gefüllte Dampfnudeln

Für den Teig:
50 dag Mehl
3 dag Germ
1 EL Zucker
200 ml lauwarme Milch
2 Eier
4 dag weiche Butter
1 Prise Salz

Für die Fülle:
25 dag gemahlener Mohn
8 EL Wasser
4 EL flüssiger Honig
½ EL gemahlener Zimt
1 Prise Nelkenpulver

Zum Einlegen:
½ l Milch
2 EL Zucker
5 dag Butter

Aus den angegebenen Zutaten einen Germteig bereiten und an einem warmen Ort um sein doppeltes Volumen aufgehen lassen. In der Zwischenzeit für die Füllung den Mohn mit Wasser, Honig und den Gewürzen aufkochen und abkühlen lassen. Dann den Teig etwa fingerdick ausrollen und zu Quadraten schneiden. Jeweils etwas Füllung in die Mitte setzen, den Teig darüber zusammendrücken und Knödel formen. In einem großen Topf Milch mit Butter und Zucker einmal aufkoche, die Knödel einlegen und mit einem dicht schließenden Deckel verschließen. Bei nicht zu starker Hitze so lange kochen, bis es im Topf leicht zu knistern beginnt. Den Topfdeckel nicht öffnen, damit die Nudeln nicht zusammenfallen. Die warmen Dampfnudeln mit reichlich brauner Butter übergossen servieren.

(Kärnten)

Gefüllte Kärntner Nudeln

Für den weichen Nudelteig:
25–30 dag Mehl
1 Ei
1 TL Salz
etwa 8 EL lauwarmes Wasser (oder Milch)
reichlich Salzwasser zum Kochen

Der Teig reicht für 16–18 mittelgroße Nudeln

Alle Zutaten zu einem geschmeidigen Teig verkneten und diesen rasten lassen. Etwa messerrückendick ausrollen, die Fülle in kleinen Kugeln etwa 5 cm vom Rand in einer Reihe auflegen. Den Teig darüber schlagen, so daß man ihn rund um jede Kugel zusammendrücken kann. Mit dem Teigrad halbkreisförmig um die Kugeln herum ausradeln. Den Nudelrand gut festdrücken oder noch besser krendeln (mit Daumen und Zeigefinger den Rand mehrfach umlegen sodaß eine zopfähnliche Verzierung entsteht - hübsch, allerdings auch zeitaufwendig). Die Nudeln in viel kochendem Salzwasser kochen, dabei vor allem beim und nach dem Einlegen vorsichtig umrühren, damit sie nicht aneinanderkleben. Noch 5–10 Minuten lang weiterkochen lassen, je nach Größe der Nudeln. Anrichten und mit Butterschmalz oder Grammelfett übergießen.

- Als Beilage: grüner Salat oder Krautsalat. *(Kärnten)*

Germknödel mit Powidl

Für den Germteig:
½ kg Mehl
2 dag Germ (½ Würfel)
8 dag Butter
Salz
5 dag Zucker
2 Dotter
2 ganze Eier
etwa ¼ l Milch
die abgeriebene Schale von ½ Zitrone
Für die Fülle: Powidl
Zum Ausbacken:
8 dag Schmalz
¼ l Milch
Zum Begießen:
Butter
Staubzucker
geriebener Mohn

Aus den Zutaten einen Germteig bereiten, dabei darauf achten, daß die Germ erst gut aufgehen kann, ehe sie mit Salz und Butter in Berührung kommt. Diesen Teig eine Stunde gehen lassen, dann fingerdick ausrollen und in handtellergroße Quadrate schneiden. Jeweils 1 gehäuften TL Powidl in die Mitte setzen, den Knödel darüber zusammenschlagen und vorsichtig in bemehlten Händen rollen. Das Schmalz in einer tiefen Pfanne erhitzen und die Knödel dicht bei dicht hineinlegen. Mit der Milch begießen, Deckel daraufsetzen und die Knödel backen, bis sie flaumig sind. Eventuell etwas Milch nachgießen. Die Knödel herausnehmen, auf die Teller geben, mit der Gabel öffnen und mit brauner Butter, Staubzucker und geriebenem Mohn bestreuen. Ein Gedicht!

(Burgenland)

Geröstete Knödel

5 dag Fett
3–4 Knödel vom Vortag
2–3 Eier
Schnittlauch

Fett in einer Pfanne erhitzen und kleingeschnittene Knödel hineingeben. Mit zerschlagenen Eiern übergießen und bei mäßiger Hitze unter ständigem Wenden durchrösten. Mit gehacktem Schnittlauch bestreut servieren.

- Ein Reste-Essen. Statt der Eier kann man auch 15 dag feinwürfelig geschnittenen Speck verwenden. Dazu: Salat.

(Niederösterreich)

Gewürzknödel

6 Semmeln
¼ l Milch
3 Eier
25 dag gekochte, passierte Erdäpfel
1 Prise Pfeffer
1 Prise Neugewürz
1 TL feingeriebener Majoran
½ TL Salz
Mehl nach Bedarf

Eier mit Milch versprudeln und über die kleingeschnittenen Semmelstücke schütten. Einziehen lassen und erst dann die Erdäpfel und Gewürze dazugeben. Eventuell mit etwas Mehl zu einem festen Teig verarbeiten, aus dem man Knödel formt. In Salzwasser kochen.

- Mit Zwetschkenröster servieren.

(Niederösterreich)

Grammelknödel

Für den Erdäpfelteig:
75 dag Erdäpfel
15 dag griffiges Mehl
5 dag Weizengrieß
1 TL Salz
etwas Muskatnuß
1 Ei

Für die Fülle:
15 dag Grammeln
2 kleine Zwiebeln
Petersilie
½ TL Majoran

Mehlige Erdäpfel kochen, schälen und noch heiß fein auspressen. Nach dem Abkühlen mit Mehl, Grieß und Salz vermischen und mit dem Ei und geriebener Muskatnuß rasch zu einem Teig verkneten. Zur Rolle formen, Stücke davon abschneiden, leicht auseinanderdrücken und die Fülle daraufgeben. Nun die Enden gut verschließen und zu Knödeln rollen. In kochendes Salzwasser einlegen und 10 Minuten lang ziehen lassen.
Für die Fülle die Grammeln faschieren, die Zwiebeln feinwürfelig schneiden und beides mit gehackter Petersilie und Majoran anrösten.

- Als Beilage: Sauerkraut.

(Steiermark)

Knödel, Nockerln, Nudeln

Grießknödel

¼ l Milch
2–3 dag Butter
1 Prise Salz
12–13 dag Grieß
2 Eier
2 altbackene Semmeln
2 dag Butter
Salz

Milch mit Butter und Salz aufkochen, den Grieß einlaufen lassen und bei mittlerer Flamme rühren, bis die Flüssigkeit aufgenommen ist. Den Brei überkühlen lassen, inzwischen die Semmeln würfelig schneiden und in Butter anrösten. In die ausgekühlte Grießmasse Eier und Semmelwürfel einrühren, salzen und mit nassen Händen Knödel formen, in kochendes Salzwasser einlegen und je nach Größe etwa 10–15 Minuten lang ziehen lassen.

- Als Beilage zu Geselchtem. Variation: zusätzlich 10 dag würfelig geschnittenen Speck oder gehackte Petersilie an die Grießmasse geben. *(Oberösterreich)*

Grießnudeln

Für die Nudeln:
35 dag Mehl
3 Eier
Für das Schmalzkoch:
10 dag Grieß
½ TL Salz
1 EL Schmalz
⅛ l Wasser

Mehl und Eier zu einem festen Nudelteig verkneten und diesen etwas rasten lassen. Inzwischen 2 l Salzwasser zum Kochen bringen. Den Teig dünn auswalken und zu Fleckerln schneiden. Auf dem Brett ausbreiten, damit sie nicht zusammenkleben. Im siedenden Salzwasser kochen und die Nudeln mit kaltem Wasser abschrecken.
Den Grieß salzen und zunächst ohne Fett im Topf linden. Dann Schmalz und Wasser angießen und gut durchgaren lassen. Die gekochten Nockerln unter das Schmalzkoch mischen und nochmals gut durchwärmen.

- Als Beilage: Salat oder Kompott. *(Burgenland/Kärnten)*

Hadnwickler

Weicher Nudelteig
Für die Fülle:
**40 dag Hadnmehl (Buchweizen)
2 dag Germ
1 EL Zucker
2 EL Milch
1 TL Salz
¼ l Sauerrahm
Butter oder Grammelfett zum Abschmalzen**

Den Nudelteig zubereiten und rasten lassen, inzwischen für die Fülle das Hadnmehl leicht linden (in einer Pfanne ohne Fett unter Rühren erhitzen, bis kein Wasserdampf mehr aufsteigt) und auskühlen lassen. Mit Sauerrahm zu einer weichen, streichfähigen Masse verrühren und das Dampfl aus Germ, Milch, Salz und Zucker darunterrühren.
Nun den Teig zu zwei großen Blatteln auswalken, die man kreisrund ausrollt. Diese Teigflecken bestreicht man mit der Fülle. In der Mitte schneidet man ein handlanges Kreuz ein und rollt alle 4 Ecken nach außen ein. Die Ränder bestreicht man mit Eiklar und drückt sie gut zusammen. Diese Rolle wird mit dem Löffelstiel in etwa 10 cm lange Stücke geteilt, die man in reichlich kochendes Salzwasser einlegt und etwa 20 Minuten lang ziehen läßt. Nach dem Herausnehmen schneidet man sie in 2 cm breite Stücke, die man mit Butter oder Grammelfett abschmalzt.

• Als Beilage: Kraut oder Salate, saure Milch. Hadnwickler können auch mit Zimt und Zucker gegessen werden.

(Kärnten)

Heidenknödel

**2 EL Grammelfett
½ TL Salz
25 dag Heidenmehl (Buchweizen)
⅛ l heißes Wasser, Selch- oder Rindsuppe**

Das Fett erhitzen und Heidenmehl und Salz einrühren. Mit soviel heißer Flüssigkeit aufgießen, daß ein fester Brei entsteht. Diese Masse 30 Minuten lang rasten lassen, dann mit nassen Händen kleine Knödel formen, in kochendes Salzwasser einlegen und 10 Minuten lang ziehen lassen.

• Eine vorzügliche Beilage zu Geselchtem und Sauerkraut, auch als Suppeneinlage in klarer Rindsuppe. Resteverwertung: kalte Knödel nudelig aufschneiden und mit Grammelfett abrösten, als Sterz zur Suppe essen. Ebenso werden Ybbstaler Grießknödel zubereitet, allerdings verwendet man statt Heidenmehl Holzhackergrieß.

(Steiermark)

Herdflecken

1 kg gekochte Erdäpfel
2 Eier
2 EL Grieß
1 EL erweichtes Schmalz
Salz
Mehl nach Bedarf

Erdäpfel schälen, reiben und mit den übrigen Zutaten zu einem festen Teig verkneten. Diesen ½ cm dick auswalken und 10 x 10 cm Quadrate auschneiden. Auf eine gesäuberte Herdplatte legen und bei kleiner Hitze auf beiden Seiten braun rösten. Mit Fett bestreichen und sofort servieren.

(Niederösterreich)

Innviertler Grammelknödel

Für den Erdäpfelteig:
1 kg Erdäpfel
25 dag Mehl
etwas Salz
1–2 Eier
Für die Fülle:
Grammeln
Salz
Pfeffer
Schnittlauch

Aus gekochten, geriebenen Erdäpfeln, Mehl, Salz und Eiern einen Erdäpfelteig herstellen und 30 Minuten lang rasten lassen. Die Grammeln unzerteilt mit Salz, Pfeffer und Schnittlauch würzen, damit die Knödel füllen und in kochendem Salzwasser 7 Minuten lang ziehen lassen.

• Als Beilage: Sauerkraut.

(Oberösterreich)

Innviertler Speckknödel

Für die Fülle:
25 dag Surspeck oder
Selchfleisch
Salz
Pfeffer
Petersilie
Für den Teig:
30 dag Hausbrot
Salz
etwa ⅛ l Milch
1 Ei
griffiges Mehl

Für die Fülle am Vortag den Speck würfeln, mit Petersilie vermischen, würzen und zu nußgroßen Kugerln rollen. Diese über Nacht in den Kühlschrank stellen. Am nächsten Tag das Brot würfelig schneiden, Milch mit Ei versprudeln, über das Brot geben und salzen. Mit Mehl zu einem festen Knödelteig vermengen. Diese Masse zur Rolle formen, davon kleinere Stücke abschneiden, in der Handfläche auseinanderdrücken und Speckkugeln hineinlegen. Den Teig darüberschlagen und Knödel formen. In kochendes Salzwasser einlegen und gar kochen.

(Oberösterreich)

Kapuzinerknödel

12 dag Butter
6 Dotter
15 dag geriebene Mandeln
4 dag Zucker
1 Prise Salz
Zitronenschale
Schnee von 6 Eiklar
Zucker und Mehl zum Wenden
Schmalz zum Ausbacken
Milch mit Zucker und Zimt zum Aufkochen

Butter mit Dottern flaumig rühren. Mandeln, Zucker, Salz und Zitronenschale dazugeben, den Schnee darunter ziehen. Nun aus der Masse Knödel stechen, in einem Gemisch aus Zucker und Mehl wenden und in Schmalz schwimmend hellbraun ausbacken. Knödel abtropfen und überkühlen lassen. Milch mit Zucker und Zimt vermischen. Knödel darin noch einmal kurz aufkochen und servieren.

(Niederösterreich)

Käse-Speckknödel

40 dag gekochte Erdäpfel
15 dag geriebener Bergkäse
2 Eier
5 dag Grieß
4 dag Butter
10 dag griffiges Mehl
Salz
Für die Fülle:
15 dag Tilsiter
18 dag Speckwürfel
Knoblauch
Petersilie
Oregano

Gekochte Erdäpfel heiß pressen. Weiche Butter und alle anderen Zutaten unter die Erdäpfel mischen. Für die Fülle alle Zutaten fein schneiden und vermischen. Teigstücke mit einem Eßlöffel Fülle belegen und mit nassen Händen Knödel formen. In kochendes Salzwasser einlegen und 15 Minuten lang leise kochen lassen.

- Als Beilage: Sauerkraut, Krautsalat oder grüner Salat.

(Vorarlberg)

Kasknödel

10 Semmeln
25–30 dag Pinzgauer Kas
2 gekochte Erdäpfel
8 dag Fett
1 Zwiebel
Petersilie
3 Eier
¼ l Milch
10 dag Mehl
Salzwasser zum Kochen
Zwiebel
5 dag Butter zum Abschmalzen

Semmeln und Käse würfelig schneiden, die gehackte Zwiebel goldgelb anrösten. Alles in einen Weitling geben, Erdäpfel darüberreiben, Petersilie dazugeben und das Mehl daruntermischen. Milch mit Ei und Salz verquirlt darübergeben und alles kurz ziehen lassen. Mit nassen Händen Knödel formen und etwa 10 Minuten lang in Salzwasser kochen. Inzwischen Zwiebel in Butter rösten und zu den fertigen Knödeln in den abgeschmeckten Salzwassersud geben (abschmalzen).

- Als Beilage: Salat. Die gleiche Knödelmasse kann auch in der Pfanne flachgedrückt gebraten werden und wird dann entweder als Suppeneinlage verwendet oder mit Salat gegessen. *(Salzburg)*

Kasnockerln

40 dag Mehl
15 dag geriebener Käse
5 dag Butter
2 Eier
½ TL Salz
³⁄₁₆ l Milch
Salzwasser zum Kochen
5 dag Grammelschmalz

Die Butter schaumig rühren, Eier, Käse, Mehl, Salz und Milch gut untermengen. Mit zwei Löffeln Nockerln ausstechen, in kochendes Salzwasser einlegen und 5 Minuten lang ziehen lassen. Abgeschmalzen servieren.

- Variante: Man kann die Nockerln auch aus heißem Fett goldgelb herausbacken. *(Steiermark)*

Kasnudeln

Weicher Nudelteig
Für die Fülle:
40 dag Erdäpfel
40 dag trockener, grobkörniger Topfen
Salz
Nudelminze
Keferfil (Kerbel)
Petersilie
Majoran
1 Zwiebel
1 Knoblauchzehe
1 gehäufter EL Butter

Die Erdäpfel kochen, schälen und noch heiß passieren. Die Kräuter fein hacken, die feingehackte Zwiebel und den Knoblauch in der Butter anlaufen lassen, mit den übrigen Zutaten vermischen. Aus der Masse kleine bis mittelgroße Kugeln formen und die Nudeln damit füllen. *(Kärnten)*

Kasspatzln

40 dag Weizenmehl
¼ l Wasser
3 Eier
Salz
2 Zwiebeln
75 g Butter
weißer Pfeffer
20 dag geriebener Käse
2 EL Schnittlauch

Das Mehl mit Wasser, Eiern und etwas Salz rasch mit einem Lochlöffel zu einem glatten Teig verrühren. Reichlich Salzwasser zum Kochen bringen, den Spatzlnteig mit Hilfe eines Spätzlehobels in das Wasser gleiten und etwa zwei Minuten lang kochen lassen. Dann abseihen, mit kaltem Wasser abschrecken und gründlich abtropfen lassen. Die Zwiebeln fein würfeln und in 50 g Butter glasig braten. Die Spatzln dazugeben und unter Rühren 3–5 Minuten mitbraten. Mit Salz und Pfeffer würzen und mit dem geriebenen Käse in der Pfanne vermischen. Die restliche Butter in einer anderen Pfanne bräunen, dann über die Spatzln gießen. Mit geschnittenem Schnittlauch servieren. *(Tirol)*

Kletzennudeln mit Germteig

Für die Fülle:
25 dag Dörrzwetschken
10 dag Kletzen (Dörrbirnen)
30 dag Topfen
½ TL Zimt
2 EL Rum

Für den Teig:
20 dag Weizenmehl
20 dag Hadnmehl (Buchweizenmehl)
3 dag Germ
⅛ l Milch
1 TL Zucker
1 Ei
Salz
1/16 l Milch

Zum Abschmalzen:
15 dag Butter
3 EL Honig
1 Prise Zimt

Die Kletzen über Nacht einweichen und im Einweichwasser weichkochen. Kelche und Stiele entfernen und faschieren oder sehr fein hacken. Dörrzwetschken weichkochen, die Kerne herauslösen und ebenfalls faschieren. Die faschierten Früchte mit dem Topfen verkneten und mit Zimt und Rum abschmecken. Aus der Fülle Kugeln von etwa 2–3 cm Durchmesser formen. Aus ⅛ l lauwarmer Milch, 1 TL Zucker und der Germ ein Dampfl bereiten. Mit dem gesalzenen Mehl, 1/16 l lauwarmer Milch und dem Ei zu einem geschmeidig glatten Germteig verarbeiten. 30 Minuten lang rasten lassen, dann füllen, ausradeln und krendeln. Die Nudeln aufgehen lassen, in kochendes Salzwasser einlegen, zuerst mehrmals vorsichtig umrühren, dann 6 Minuten lang zugedeckt und ohne den Deckel zu lüften kochen lassen. Abseihen und sofort mit der heißen Butter-Honig-Zimtmischung servieren. *(Kärnten)*

Kloatzenschlutzkrapfen

Für den Teig:
30 dag Mehl
1 Prise Salz
2 Eier
4 EL Wasser

Für die Fülle:
20 dag Kloatzen
(getrocknete Birnen)
½ l Wasser
1 EL Rum
1 Pkg. Vanillezucker
Mohn zum Bestreuen

Mehl, Salz, Eier und lauwarmes Wasser zu einem mittelfesten Nudelteig verarbeiten und gut durchkneten. Den Teig 30 Minuten lang zugedeckt rasten lassen, inzwischen die Fülle bereiten. Dafür die Kloatzen mit Wasser weichkochen, passieren und mit Rum und Vanillezucker abschmecken. Nun den Teig dünn austreiben und Scheiben ausstechen. Mit der Fülle belegen, zusammenklappen und den Rand fest andrücken. Etwa 10 Minuten lang in Salzwasser leicht kochen lassen. Mit geriebenem Mohn bestreuen. *(Tirol)*

Klosterneuburger Knödel

6 altbackene Semmeln
8 dag Fett
1 Bund Petersilie
¼ l Milch
4 Eier
Salz
¼ kg Selchfleisch
eventuell etwas Mehl

Semmeln kleinwürfelig schneiden und mit gehackter Petersilie in Fett anrösten, in einen Weitling geben. Milch, Salz und Eier gut versprudeln und über die Semmeln gießen. Gut durchrühren und einige Zeit ziehen lassen. Inzwischen das gekochte Selchfleisch würfelig schneiden und mit der Semmelmasse vermischen. Erneut gut durchmischen und weitere 15 Minuten lang stehen lassen. Sollte die Masse nach dem Rasten zu feucht sein, mit etwas Mehl binden. Einen großen Knödel formen und in eine feuchte Serviette oder ein Geschirrtuch wickeln, 45 Minuten lang in Salzwasser kochen, nach der Hälfte der Kochzeit wenden. Den Knödel in Stücke zerreißen und mit grünem Salat servieren. *(Niederösterreich)*

Kluanmehlnudeln

30 dag Kluanmehl (sehr feines Maismehl)
25 dag Weizenmehl
1 Ei
Salz
etwas Wasser
etwas Grieß zum Bestreuen
Butter oder Schmalz zum Anbraten
1/8–1/4 l Sauerrahm

Mehl, Ei, Salz und Wasser zu einem festen Teig verarbeiten und gut durchkneten. Mindestens 30 Minuten lang zugedeckt stehen lassen und dann tellergroße dünne Blätter austreiben. Auf ein bemehltes Tuch zum Antrocknen auflegen (ca. 1/2–1 Stunde lang), dann leicht mit Grieß bestreuen und zusammenrollen (Teigblätter dürfen nicht zu trocken sein, sonst brechen sie). Wie Frittaten aufschneiden – die Nudeln dürfen nicht zusammenkleben. In einer Pfanne etwas Butter oder Schmalz erhitzen und die Nudeln darin anrösten. Zum Schluß Sauerrahm angießen und einkochen lassen. Heiß servieren.

• Wenn Sie Vollkornmehl verwenden, muß der Teig etwas länger ziehen, vielleicht ist ein zweites Ei nötig. Als Beilage: Salate nach Geschmack, zum Trinken: Buttermilch.   *(Tirol)*

Krautfleckerln

30 dag Fleckerln
1/2 kg Weißkraut
1 EL Schmalz
1 EL Zucker
1 Zwiebel
1 TL Essig
Salz
Pfeffer
Kümmel

Die Fleckerln in Salzwasser kochen, bis sie weich, aber noch kernig sind, abseihen und mit kaltem Wasser abschrecken. Das Kraut feinnudelig schneiden, die Zwiebel fein hacken und das Schmalz erhitzen. Darin zunächst den Zucker bräunen, dann die Zwiebel dazugeben und kurz durchrösten, mit dem Essig abschmecken. Das Kraut hinzugeben und salzen. Bei kleiner Flamme zugedeckt weichdünsten, nur ganz wenig Wasser zugeben. Das Kraut darf aber nicht anbrennen. Das fertige Kraut mit Salz, Pfeffer und Kümmel abschmecken und unter die Fleckerln mischen, alles zusammen nochmals gut erhitzen und gleich servieren.

• Aus Kärnten stammt die Variante, zusätzlich etwas Ingwer ans Kraut zu geben. Schmeckt edel. In Oberösterreich läßt man den Zucker weg und dünstet es offen unter ständigem Schwenken, sodaß das Kraut kernig bleibt.   *(Burgenland)*

Krautknödel

1 Krauthäuptel
5 dag Butter
2 Eier
1 EL Mehl
Muskatnuß
Salz

Das Kraut putzen, vierteln und vom Strunk befreien. In Salzwasser kochen, gut ausdrücken und feinhacken. In einer Schüssel Butter schaumig rühren, Eier, Gewürze, Mehl und ganz zum Schluß das Kraut dazugeben. Eventuell mit etwas Mehl festigen. 15 Minuten lang anziehen lassen, mit nassen Händen Knödel formen und in Salzwasser kochen.

- Als Beilage zu Enten-, Gänse- oder Schweinebraten.

(Niederösterreich)

Krautnocken

1 kg Sauerkraut
6 große Erdäpfel
4 Eier
Salz
etwas Milch
20 dag Mehl
Fett zum Ausbacken

Die rohen Erdäpfel schälen und fein reiben. Dann mit dem etwas kleingeschnittenen Sauerkraut und den übrigen Zutaten zu einem eher weichen Teig verrühren. Mit einem nassen Löffel Nockerln abstechen. In wenig Butter oder Schmalz herausbacken.

- Wenn Sie Vollkornmehl verwenden, lassen Sie den Teig etwas länger ziehen. Zusätzlich können Sie etwa Speck feinwürfeln und unter den Teig mischen. *(Tirol)*

Krautnockerln

1 große Zwiebel
4 dag Schmalz
5 dag Sauerkraut
1/8 l Wasser
1 TL Salz
Für die Nockerln:
40 dag Mehl
2 Eier
Salz
1/4 l Wasser
15 dag Speck zum Begießen

Die Zwiebel fein würfeln und in heißem Schweineschmalz goldgelb rösten. Das Sauerkraut einige Male durchschneiden und dazugeben, kurz anrösten und mit 1/8 l Wasser aufgießen. Würzen und etwa 1/2 Stunde auf kleiner Flamme dünsten. Aus Mehl, den Eiern, Salz und 1/4 l Wasser einen lockeren Nudelteig bereiten. Reichlich Salzwasser zum Kochen bringen. Von dem Teig mit 2 Teelöffeln, die zwischendurch immer wieder in das Kochwasser getaucht werden, kleine Nockerln abstechen, ins Wasser geben und kochen, bis sie nach oben steigen, dann mit einem Schaumlöffel herausnehmen. Den Speck fein würfeln und auslassen. Die Nockerln mit dem fertigen Sauerkraut vermengen. Mit dem Speck begießen und rasch servieren.

• Variante: das Kraut mit Weißwein und etwas Zucker dünsten. Eventuell ein paar Wacholderbeeren, Pfefferkörner und ein Lorbeerblatt mitdünsten. Ebenso bereitet man Krautspätzle, man gibt allerdings 4 Eier in den Teig und drückt diesen durch ein Spätzlesieb in kochendes Wasser. Man kann auch die Hälfte des Mehls durch Dinkelmehl ersetzen.

(Kärnten)

Leberknödel

40 dag Semmelbrot
¼ l Milch
3 Eier
15 dag faschierte Leber
2 Knoblauchzehen
1 Zwiebel
Salz
Pfeffer
Majoran
Thymian
Oregano
5 dag Butter
etwas Mehl

Das würfelig geschnittene Semmelbrot mit heißer Milch angießen und ziehen lassen. Die feingeschnittene Zwiebel in Butter andünsten und mit den restlichen Zutaten zu einem Knödelteig vermischen. Knödel formen und im Salzwasser oder Dampf garen.

• Die gleichen Knödel können Sie auch in Fett schwimmend langsam herausbacken; dann nicht als Suppeneinlage, sondern mit Salat oder Sauerkraut servieren. *(Tirol)*

Leberspätzle

25 dag Rindsleber
25 dag Mehl
1 Ei
evtl. etwas Wasser
1 Prise Salz
2 EL gehackte Petersilie
Salzwasser zum Kochen
8 dag Butter
3 EL Semmelbrösel

Die Leber häuten, fein schaben oder faschieren und mit Mehl, Ei, Salz, Petersilie sowie eventuell etwas Wasser zu einem geschmeidigen Spätzleteig verarbeiten. Mindestens 30 Minuten lang rasten lassen. Inzwischen Salzwasser zum Kochen bringen und den Teig durch ein Spätzlesieb hineindrücken. Etwa 10 Minuten garziehen lassen, gut abtropfen und mit in Butter gerösteten Semmelbröseln anrichten.

(Vorarlberg)

Lesachtaler Schupfkrapfen

Für den Nudelteig:
20 dag Weizenmehl
10 dag Roggenmehl
Salz
1 EL Öl
etwa 3/16 l lauwarmes Wasser

Für die Fülle:
65 dag Erdäpfel
1 Bund Schnittlauch
1 kleine Zwiebel
1 gehäufter EL Butter
1–2 Knoblauchzehen
ev. 1 EL Milch
Butter zum Abschmalzen

Die Zutaten zu einem weichen Nudelteig verarbeiten und 30 Minuten lang rasten lassen. Für die Fülle die Erdäpfel kochen, schälen und noch heiß passieren. Schnittlauch fein hacken, die Zwiebel und den Knoblauch fein hacken, in der Butter hellgelb anlaufen lassen und mit den übrigen Zutaten rasch unter die Erdäpfel ziehen, eventuell mit 1 EL Milch geschmeidig machen. Die Nudeln damit füllen und in Salzwasser langsam köcheln lassen, bis sie aufsteigen. Dann herausnehmen, mit warmem Wasser abschwemmen und sofort mit heißer Butter servieren.

- Dazu reicht man Milch oder grünen Salat.   *(Kärnten)*

Milchnudeln

1 l Milch
1/2 kg Mehl
1 Ei
Salz
etwas Wasser

Aus Mehl, Ei und Wasser einen Nudelteig bereiten. In dünne Flecken auswalken und übertrocknen lassen. Nudeln schneiden und in Salzwasser kochen. In leicht gesalzener Milch servieren.
(Niederösterreich)

Mohnnudeln

3/4 kg Erdäpfel
1/4 kg griffiges Mehl
Salz
2 Dotter

Zum Bestreuen:
5 dag Butter
10 dag Mohn
10 dag Zucker

Erdäpfel kochen, schälen und passieren. Mit den restlichen Zutaten rasch zu einem elastischen Teig zusammenkneten. In Rollen formen und davon kleinere Stücke abschneiden und zu etwa 5 cm langen Nudeln rollen. In Salzwasser kochen oder in Dampf garen. Mit Zucker und Mohn bestreuen und mit zerlassener Butter übergießen.

- Für den Teig können Sie Vollkornmehl nehmen, lassen Sie ihn dann aber etwas länger ziehen, denn Vollkornmehl quillt langsamer auf.   *(Tirol)*

Mohnzelten

25 dag glattes Mehl
25 dag gekochte Erdäpfel
Salz
Butter
⅛ l Rahm
1–2 Eier
Für die Fülle:
22 dag Mohn
3 EL Zucker
1 TL Rum
geriebene Zitronenschale
etwas Zimt

Erdäpfel, Mehl, etwas Fett, Eier, Salz und Rahm zu einem nicht zu weichen Teig verarbeiten und rasch abkneten. In handtellergroße Flecken drücken und mit geriebenem Mohn, der mit den restlichen Zutaten verrührt wurde, füllen. Knödel formen, flachdrücken und im Rohr backen.

(Niederösterreich)

Montafoner Käsknöpfle

Für den Teig:
½ kg griffiges Mehl
Salz
2–3 Eier
½ l Wasser
15–20 dag Montafoner „Surkäs"
6 dag Butter
2 große Zwiebeln

Aus Mehl, Salz, Eiern und Wasser einen Spätzleteig zubereiten, durch ein Spätzlesieb in kochendes Salzwasser drücken und garen. Abseihen und mit geriebenem Surkäse mischen. Mit in Butter goldbraun gerösteten Zwiebeln servieren.

• Genauso werden die Vorarlberger Kässpätzle zubereitet, nur daß für den Teig Milch genommen wird und die Nockerln mit Bergkäse vermischt werden.
Für Pinzgauer Kasnockn mischt man die abgeseihten Nocken mit 30 dag Pinzgauer Bierkäse und röstet alles mit Zwiebeln in Butter an.
Auch Schottnocken werden auf diese Weise zubereitet: Die gekochten, durch ein Sieb gedrückten Nockerln werden in einer Mischung aus heißer Butter und hineingebröseltem Schotten (Buttermilchtopfen) geschwenkt und mit frisch gepreßtem Knoblauch und Schnittlauch serviert. *(Vorarlberg)*

Moosbeernocken

½ kg Moosbeeren
(Heidelbeeren)
2 Eier
1 EL Mehl
1 Prise Salz
Butter zum Ausbraten
Zucker zum Bestreuen

Die Moosbeeren mit den Eiern, dem Mehl und dem Salz vermengen. Reichlich Butter in die Pfanne geben und erhitzen, darin kleine Laibchen goldgelb backen und mit Zucker bestreut servieren.

- Dazu trinkt man kalte Milch.

(Tirol)

Murauer Speckknödel

50 dag Mehl
10 dag Speck
3 Eier
Milch
Salz
2 Semmeln
2 l Wasser
Salz

Das Wasser mit etwas Salz zum Kochen bringen. Inzwischen den Speck kleinwürfelig schneiden, auslassen und rösten, die Eier in Milch versprudeln, mit dem Speck und dem Mehl zusammenmischen und salzen. Die Semmeln kleinwürfelig schneiden, alles gut verrühren und mit nassen Händen große Knödel formen und 20 Minuten in Salzwasser kochen.

- Als Beilage zu Selchfleisch und Kraut oder als Suppeneinlage.

(Steiermark)

Nockalan

25 dag griffiges Mehl
1 TL Salz
1 Ei
gut ⅛ l Milch oder Wasser
Salzwasser zum Kochen

Man vermischt alle Zutaten zu einem Teig und läßt diesen etwas anziehen. Daraus sticht man mit einem Teelöffel kleine Nockerln ab, die man in kochendes Salzwasser einlegt und etwa 5 Minuten leise ziehen läßt.

- Als Beilage zu Fleisch- oder Gemüsespeisen und zu Erdäpfelsauce. Mit Grammeln oder gerösteter Zwiebel abgeschmalzt, bilden sie mit einem Salat ein vollständiges Hauptgericht.

(Kärnten)

Nockerln – Grundrezept

30 dag Mehl
5 dag zerlassene Butter
2 Eier
etwa ⅛ l Milch
Salz

Salzwasser zum Kochen bringen. Inzwischen Mehl, Butter, Eier und Salz mit soviel Milch gut verrühren, daß ein nicht zu fester Teig entsteht. Den Teig kurz durcharbeiten und möglichst sofort mit einem nassen Teelöffel kleine Nockerln ausstechen und ins kochende Salzwasser geben oder durch ein Nockerlsieb streichen. Nockerln ein paar Minuten lang sprudelnd kochen lassen, dann abseihen und mit kaltem Wasser abschrecken. In heißer Butter schwenken und nochmals salzen.

- Einen Nockerlteig darf man vor dem Kochen nicht zu lange stehen lassen, sonst verkleistert das Mehl. Die Nockerln können auch durch ein umgekehrtes grobes Reibeisen gedrückt oder mit dem Messerrücken vom Nockerlbrett ins Salzwasser geschabt werden.
- Variation: Mit einem verrührten Ei pro Person, das darübergegeben wird, werden sie zu Eiernockerln.

(Oberösterreich)

Nudelteig – Grundrezept

Harter Nudelteig:
Auf 1 Ei 12–15 dag Mehl
(für Reibgerstl, Tarhonya und Schmalzmus)

Fester Nudelteig:
Auf 1 Ei 10–12 dag Mehl
(für Bandnudeln, Fleckerln, Suppennudeln)

Weicher Nudelteig:
30 dag Mehl
1 Ei
etwa ³⁄₁₆ l Wasser
(für gefüllte Nudeln)

Für den harten Nudelteig: Ei und Mehl verkneten und mit dem Reibeisen reiben.

Für den festen Nudelteig Ei und Mehl sorgfältig verkneten, der Teig darf keine Streifen aufweisen, wenn man ihn durchschneidet. Den Teig dünn oder dicker ausrollen, je nachdem, ob man Suppennudeln oder Spaghetti will. Etwas übertrocknen lassen und entsprechend schneiden. Vorsicht: Wenn sie zu lange getrocknet wurden, brechen die Teigblätter beim Schneiden.

Für den weichen Nudelteig einen geschmeidigen Teig kneten und vor dem Füllen längere Zeit rasten lassen. Gefüllte Nudeln immer in kochendes Salzwasser einlegen und sofort vorsichtig umrühren.

Nudeln müssen in viel kochendem Wasser gegart werden (auf 50 dag Nudeln etwa 5 l Wasser).

(Kärnten)

Nußknödel

Für die Fülle:
15 dag Zucker
1 dl Milch
25 dag geriebene Nüsse
Zitronenschale
3 dag gehackte Rosinen
Brösel nach Bedarf

Für den Teig:
6 dag Butter
1 Ei
2 Eidotter
1 Prise Salz
1 altbackene Semmel
etwas Milch
30 dag Topfen
30–35 dag Mehl
geriebene Nüsse und
Brösel zum Wälzen

Für die Fülle Milch mit Zucker aufkochen, Nüsse, Zitronenschale und Rosinen dazugeben. Wenn die Masse weich ist, einige Brösel beifügen. Kügelchen formen und erkalten lassen. Für den Teig Butter und Ei schaumig schlagen. Semmeln in Milch einweichen, ausdrücken und mit Topfen, Mehl, etwas Salz und Dottern verrühren. Alles zu einem festen Teig kneten. Teig ausrollen und kleine Scheiben ausstechen. Auf jede Scheibe ein Nußkügelchen setzen und zu Knödeln formen. Die Knödel etwa 10–15 Minuten lang in Salzwasser köcheln. Herausnehmen und in einem Gemisch aus geriebenen Nüssen und Bröseln wälzen. *(Niederösterreich)*

Nußnudeln

50 dag mehlige Erdäpfel
5 dag Butter
17 dag Mehl
5 dag Grieß
2 Eidotter
1 Prise Salz
etwas Muskat
Salzwasser zum Kochen

Zum Abschmalzen:
15 dag geriebene Nüsse
10 dag Zucker oder
Staubzucker
Butter

Erdäpfel in der Schale weichkochen und noch heiß schälen. Durchpressen und mit Butter, Mehl, Grieß, Eidottern und Salz zu einem glatten Teig verarbeiten. 30 Minuten lang rasten lassen. Dann in einem großen Topf reichlich gesalzenes Wasser erhitzen. Den Erdäpfelteig zur Rolle formen und davon kleine Stücke abschneiden. Diese zu kleinfingergroßen Nudeln formen, in das leicht kochende Wasser geben und etwa 8–10 Minuten lang auf kleiner Flamme kochen. Herausfischen, abtropfen lassen. Inzwischen in einer halbhohen Pfanne Butter mit geriebenen Nüssen und Zucker verrühren. Die abgetropften Nudeln hinzufügen und gut durchschwenken. Noch heiß servieren.

• Genauso können Sie natürlich auch Mohnnudeln zubereiten. *(Wien)*

Obstknödel aus Erdäpfelteig

Für den Erdäpfelteig:
40 dag mehlige Erdäpfel
10 dag glattes Mehl
1 EL Grieß
1 Prise Salz
3 dag flüssige Butter
1 Eidotter
Obst zum Füllen
Salzwasser zum Kochen
Butterbrösel zum Wälzen
Staubzucker zum Bestreuen

Erdäpfel kochen, schälen und noch heiß durch die Erdäpfelpresse drücken. Salzen, mit Mehl, Eidotter, Grieß und Butter verkneten und den Teig zur Rolle formen. Davon kleine Stücke abschneiden, in der Handfläche auseinanderdrücken und mit jeweils einer Frucht belegen, den Teig über die Frucht schlagen und Knödel formen. In kochendes Wasser einlegen und 10–12 Minuten lang ziehen lassen. Die fertigen Knödel in Butterbröseln wälzen und nach Geschmack mit Staubzucker bestreuen.

● Je nach der Art des verwendeten Obstes reichen Sie entsprechendes Kompott oder Fruchtsauce dazu. Sie können diesem Teig auch 35 dag gekochte, kleingeschnittene Birnen beimengen. Diese Birnenknödel werden hinterher in gemahlenen Haselnüssen gewälzt und mit zerlassener Butter beträufelt.

(Vorarlberg)

Obstknödel aus Topfenteig

Topfenmasse für gefüllte Knödel:
25 dag Topfen
6 EL glattes Mehl
1 EL Grieß
Salz
Obst zum Füllen

Zum Abschmalzen:
15 dag Butter
10 dag Semmelbrösel
Staubzucker zum Bestreuen

Topfen mit Mehl, Grieß und etwas Salz zu einem Teig verarbeiten, aus dem Teig eine Rolle formen und davon daumendicke Scheiben abschneiden. Auf jede Teigscheibe eine Frucht legen, mit dem Teig umhüllen und mit beiden Händen daraus glatte Knödel formen. Diese in kochendes Salzwasser einlegen und unter behutsamem Umrühren etwa 15 Minuten lang leicht kochen. Nun die Brösel in der heißen Butter goldgelb anrösten, die abgetropften Knödel darin wälzen, mit Staubzucker bestreuen und sofort servieren.

● Zum Füllen: Marillen, Zwetschken oder große Erdbeeren. Zum Bestreuen können Sie auch Zimtzucker nehmen, in diesem Fall die Knödel nicht in Butterbröseln wälzen.

(Burgenland)

Ödenburger Nudeln

15 dag Bandnudeln oder Fleckerln
½ l Milch
15 dag Mohn
4 dag Butter
1 Handvoll Rosinen
Zucker und Zimt nach Geschmack
5 dag Butter
3 Eier
8 dag Zucker
1 Pkg. Vanillezucker

Die Nudeln in Salzwasser kochen, abschrecken und kaltstellen. Den gemahlenen Mohn mit den Gewürzen in Milch zu einem dicken Brei kochen und kaltstellen. Die Eier trennen, Butter, Dotter und Zucker schaumig rühren und abwechselnd den steifen Schnee und die Nudeln darunter rühren. Eine Auflaufform mit Butter ausstreichen und abwechselnd eine Lage Nudeln und eine Lage Mohn einlegen. Die unterste und oberste Lage sollten jeweils Nudeln sein. 30 Minuten lang bei guter Hitze im Rohr backen. *(Burgenland)*

Osttiroler Schlipfkrapfen

Für den Teig:
30 dag glattes Mehl
1 Ei
Salz
ca. ¼ l lauwarmes Wasser

Für die Fülle:
30 dag gekochte Erdäpfel
15 dag Topfen
1 kleine Zwiebel
Prise Salz
4 dag Butter
10 dag geriebener Käse
Schnittlauch
zum Übergießen

Mehl, Ei, Salz und lauwarmes Wasser zu einem mittelfesten Nudelteig verarbeiten und etwa 20 Minuten lang zugedeckt rasten lassen, dann messerrückendick auswalken und rund ausstechen. Die Fülle in kleinen Häufchen auf die Teigblätter geben. Den Teig zusammenschlagen und die Ränder fest andrücken. Fertige Krapferln mit einem feuchtem Hangerl zudecken, bis der gesamte Teig verbraucht ist. Salzwasser zum Kochen bringen, die Krapfen in mehreren Partien einlegen und etwa 10 Minuten lang leicht kochen lassen. Abgießen, abschrecken und mit zerlassener Butter, geriebenem Käse und Schnittlauch servieren.

Für die Fülle: die Erdäpfel kochen, schälen und passieren. Den Topfen ebenfalls passieren und dazugeben. Zwiebel fein hacken und in Butter anrösten, dann zur Fülle dazugeben. Mit Salz und Schnittlauch abschmecken.

• Bei echten Osttiroler Schlipfkrapfen werden die Teigränder gepitscht, das heißt, mit Daumen und Zeigefinger wird der Rand mehrfach zu einem zöpfchenähnlichen Muster umgelegt. Erfordert Übung und Geduld der hungrigen Familie, also stellen Sie sie zum Helfen an. Als Beilage: Salat. Dazu trinkt man Milch. *(Tirol)*

Palffy-Knödel

10 altbackene Semmeln
¼ l lauwarme Milch
4 Eier
1 TL Salz
weißer Pfeffer
geriebene Muskatnuß
3 dag Butter
3 EL Petersilie
Butter zum Bestreichen
4 l Salzwasser zum Kochen

Semmeln kleinwürfeln. Eier mit Milch und Gewürzen versprudeln und über die Semmeln gießen, Petersilie in zerlassener Butter anrösten und dazugeben, gleichmäßig durchmischen und etwa 30 Minuten lang rasten lassen. Salzwasser in einem hohen, weiten Topf aufkochen. Den Teig mit nassen Händen zu einer großen, länglichen Rolle formen. Auf eine befeuchtete und mit Butter bestrichene Leinenserviette legen und locker einschlagen, damit die Masse während des Kochens noch aufgehen kann. Mit etwas Spagat an den Enden zubinden und und so an einem Löffelstiel anbinden, daß der Knödel an diesem im Wasser hängt. Zugedeckt 50–60 Minuten lang garziehen lassen. Den Palffy-Knödel aus dem Wasser heben, abschrecken, die Serviette entfernen und kurz ausdämpfen lassen. Mit einem scharfen Messer in dicke Scheiben schneiden und auf einer vorgewärmten Platte anrichten.

(Wien)

Pikante Topfenknödel

25 dag Topfen
2 Eier
2 altbackene Semmeln
10 dag Grieß
1 TL Salz
Schnittlauch
Muskat
10 dag Selchspeck
Salzwasser

Die Semmeln in Wasser einweichen, gut ausdrücken, passieren und mit den übrigen Zutaten vermischen. Den Selchspeck kleinwürfeln und scharf anbraten, dann unter die Knödelmasse mischen. Diese Masse etwa 30 Minuten lang durchziehen lassen. Nun Salzwasser zum Kochen bringen, mittelgroße Knödel formen und 10 Minuten lang ziehen lassen.

• Als Beilage: Gemüse, Sauerkraut oder Salate. *(Kärnten)*

Pinzgauer Greafleischknödel

45 dag Faschiertes, auch faschierte Fleischreste
1 Semmel
2 Erdäpfel
2 Eier
Salz
Pfeffer
Muskat
Majoran
1 Knoblauchzehe
Petersilie
10 dag Mehl

Die Semmel kleinwürfelig schneiden, einweichen und gut ausdrücken. Erdäpfel kochen, schälen, auskühlen lassen und reiben. Alle Zutaten zu einem Knödelteig verarbeiten, etwas anziehen lassen, mit nassen Händen Knödel formen und in kochendes Salzwasser einlegen, ca. 20 Minuten lang auf kleiner Flamme kochen.

- Als Einlage in Rindsuppe servieren, dazu Salat reichen.

(Salzburg)

Pomeranzenknödel

25 dag Topfen
25 dag Mehl
4 Dotter
7 dag Butter
6 EL Milch
Salz
Orangen-(Pomeranzen-)spalten
Parmesan
5 dag Butter

Topfen, Mehl, Dotter, Butter und Milch gut verrühren, salzen und den Teig auf einem Brett ausrollen. Kleine Vierecke ausschneiden, je 1 Orangen-(Pomeranzen-)spalte (entkernt) darauflegen und Knödel formen. 5 Minuten lang in kochendes Salzwasser geben. Butter zerlassen, geriebenen Parmesan hineinstreuen und über die Knödel geben. *(Kärnten)*

Powidltascherln

Für den Nudelteig:
40 dag Mehl
2 Eier
3/16 l Wasser
Salz
Powidl zum Füllen
Eiklar
Salzwasser
etwas Butter
Brösel
etwas Zucker

Das Mehl auf ein Nudelbrett sieben, in der Mitte eine Vertiefung machen und Eier, Wasser und Salz hineingeben. Zu einem festen Teig verarbeiten und diesen zehn Minuten rasten lassen. Nun den Teig hauchdünn auswalken und in zwei gleich große Teile schneiden. Auf den einen Teil in Abständen von 5 cm und etwa 3 cm vom Rand entfernt mit einem Teelöffel kleine Häufchen Powidl setzen und ringsum mit Eiklar bestreichen. Die zweite Teighälfte darauf legen und vorsichtig zwischen dem Powidl andrücken. Mit dem Teigradel Tascherln ausradeln. Die Ränder sicherheitshalber nochmals vorsichtig andrücken. Nun reichlich Salzwasser zum Kochen bringen, die Tascherln darin garen, inzwischen Brösel in Butter anrösten. Die Tascherln abtropfen lassen und in den Bröseln wälzen, zuckern und heiß servieren. *(Burgenland)*

Powidltatschkerl

Für den Teig:
25 dag Mehl
1–2 Eier
1 TL Salz
1 EL warmes Wasser
Für die Fülle:
Powidl
Salzwasser zum Kochen
Schweineschmalz
Zucker und Zimt zum Bestreuen

Alle Zutaten für den Teig vermischen und dünn auswalken. Quadrate von 6–8 cm Seitenlänge schneiden. In die Mitte jeweils einen Teelöffel Powidl geben und zu Dreiecken zusammenschlagen, die Ränder gut zusammendrücken. In einem großen Topf Salzwasser zum Kochen bringen. Die Tatschkerl einlegen und ziehen lassen, bis sie an die Oberfläche aufsteigen. Mit einem Schaumlöffel herausheben, kalt abschrecken und abtropfen lassen. In einer Pfanne Schmalz erhitzen und die Tatschkerl vorsichtig durchschwenken. Mit Zimt und Zucker bestreut servieren.

(Niederösterreich)

Räuberknödel

1 Stück Schweinsschopf
Für den Teig:
4 große Erdäpfel
1/2 kg Knödelbrot
Salz
3 EL Mehl
Salzwasser zum Kochen

Schweinsschopf braten und in ca. 3 x 3 cm große Stücke schneiden. Rohe Erdäpfel reiben, mit dem Knödelbrot, Salz und Mehl zu einem Teig kneten, eventuell etwas Wasser beigeben. Knödel formen und in die Mitte ein Stück Fleisch geben. In kochendes Salzwasser einlegen und eine halbe Stunde kochen lassen. Mit Bratensauce servieren.

• Als Beilage: Salat.

(Salzburg)

Reiberknödel

25 dag am Vortag gekochte Erdäpfel
75 dag rohe Erdäpfel
1–2 EL Erdäpfelmehl
Salz

Die rohen Erdäpfel schälen, reiben und in kaltes Wasser geben, damit sie nicht braun werden. Die gekochten Erdäpfel ebenfalls schälen und reiben. Die rohen Erdäpfel aus dem Wasser geben, durch ein Tuch auspressen und mit den gekochten Erdäpfeln, dem Erdäpfelmehl und Salz zu einem Teig verarbeiten. Daraus mit nassen Händen Knödel formen, in kochendes Salzwasser geben und darin ziehen lassen, bis sie sich drehen.

• Damit die Knödel besser zusammenhalten, können Sie in das kalte Kochwasser 1 EL Stärkemehl einrühren.

(Oberösterreich)

Knödel, Nockerln, Nudeln

Rohnennudeln

1 weichen Nudelteig
Für die Fülle:
50 dag fester Topfen
20 dag gekochte Rohnen (Rote Rüben)
Salz
3 dag Zucker
1 TL gemahlener Kümmel
Butter zum Abschmalzen
Kren

Den Nudelteig nicht zu dünn ausrollen, da die Fülle sehr saftig ist. Der Topfen muß sehr gut abgetropft sein. Die Rohnen kochen, noch heiß schälen und kalt fein reiben. Auspressen und mit den übrigen Zutaten zu einer Fülle verarbeiten. Die Nudeln kochen und mit Butter abgeschmalzt serviert.

• Zum Schluß eine Spur Kren darüber reiben. *(Kärnten)*

Saure Milchsailing

25 dag Mehl
½ l saure Milch
Salz
1 EL Sauerrahm
Öl zum Ausbacken

Alle Zutaten zu einem sämigen Teig verrühren. Mit zwei Teelöffeln runde Nockerln ausstechen und im heißen Öl ausbacken. *(Steiermark)*

Schinkenfleckerln

40 dag Fleckerln
Salzwasser
60 dag Selchfleisch
5 dag Butter
2 Dotter
¼ l Sauerrahm

Die Fleckerln in Salzwasser kochen, abseihen und kalt abschrecken. Inzwischen aus der Butter, den Dottern und dem Rahm einen flaumigen Abtrieb bereiten und das Selchfleisch, das nicht zu mager sein darf, grob schneiden. Alles vermischen, abschmecken und in eine gebutterte feuerfeste Form füllen. Im Rohr backen, bis die obersten Fleckerln goldbraun und knusprig sind.

• Als Beilage: grüner Salat. *(Burgenland)*

Schlutzkrapfen

20 dag Roggenmehl
20 dag Weizenmehl
2 Eier
2 El Öl
Salz
1 altbackene Semmel
⅛ l kochende Milch
3 Zwiebeln
1 Knoblauchzehe
75 g Butter
45 dag junger Blattspinat
geriebene Muskatnuß
Mehl zum Ausrollen
75 g geriebener Käse

Das Mehl auf die Arbeitsfläche sieben. In die Mitte eine Vertiefung drücken und die Eier darin mit etwas Mehl verrühren. Das Öl und ½ TL Salz zufügen und alles zu einem glatten Nudelteig kneten. Mit einem Tuch bedecken und 30 Minuten rasten lassen. Inzwischen die Semmel würfeln und mit Milch übergießen. Zwiebeln und Knoblauch fein würfeln, in einem großen Topf in 25 g Butter glasig braten. Den gewaschenen Spinat tropfnaß zufügen und unter Rühren zusammenfallen lassen. Dann grob hacken. Spinat und Semmelmasse vermengen, mit Salz und Muskatnuß abschmecken. Den Teig auf der bemehlten Arbeitsfläche etwa 3 mm dick ausrollen und zu Kreisen von 7 cm Durchmesser ausstechen, mit etwas Füllung versehen und zusammenfalten. Die Ränder mit einer Gabel festdrücken. Die Krapferln in reichlich kochendes Salzwasser einlegen. Wenn sie nach oben steigen, mit einem Schaumlöffel herausheben. Mit der restlichen zerlassenen Butter übergießen und mit Käse bestreut servieren.

• Statt mit Spinat können die Krapferln auch mit Sauerkraut, Topfen oder gehackten Fleischresten gefüllt werden. *(Tirol)*

Schneenockerln in Weinsuppe

4 Eiklar
10 dag Staubzucker
1 l Milch
Für die Weinsuppe:
⅜ l Wein
¼ l Wasser
1–2 Zitronenscheiben
Nelken
½ Zimtrinde
Zucker nach Geschmack

Die Eiklar zu einem steifen Schnee schlagen, den gesiebten Zucker leicht darunterziehen und mit einem Eßöffel mittelgroße Nockerln abstechen. Die Milch zum Sieden bringen, die Nockerln kurz einlegen und wieder herausnehmen, sobald die Milch wieder aufwallt. Inzwischen den Wein mit dem Wasser und den Gewürzen kurz aufwallen lassen und etwas überkühlt in Portionsschüsseln füllen. Die Nockerln einlegen und servieren.

• Man kann auch die Milch, wenn alle Nockerln gar sind, mit 1 EL Puddingpulver, 1 Dotter und etwas Zucker zu einer Vanillecreme verkochen und davon die Hälfte mit Schokolade schwarz färben. Die Creme ausgekühlt zu den Nockerln servieren, mit ein paar Walderdbeeren oder Himbeeren garnieren. *(Burgenland)*

Schomplattln

40 dag Mehl
3 Eier
Salz
Saure Milch
Zum Bestreuen:
Mohn mit geriebenen Kletzen
Zucker
Fett
Sirup aus Kaffee, Zucker, Vanillezucker und Rum

Aus Mehl, Eiern, Salz und saurer Milch einen Nudelteig herstellen, zu dünnen Blättern auswalken und an der Luft trocknen lassen. Die Schomplattln aufeinander legen und ins heiße Backrohr schieben. Gut durchrösten lassen, dann mit der Hand zerdrücken, in lauwarmem Wasser erweichen, abseihen und mit Mohn und geriebenen Kletzen bestreuen und mit Zucker, Fett und Sirup übergießen.

(Niederösterreich)

Schupfnudeln

50 dag Erdäpfel
5 dag trockene Grammeln
20 dag griffiges Mehl
1 TL Salz
etwas Muskat
1 Ei
Salzwasser zum Kochen
5 dag Butter zum Abschmalzen
10 dag Bröseltopfen
1 EL Schnittlauch

Die Erdäpfel kochen, schälen, auskühlen lassen und kalt reiben. Mit Grammeln, Mehl, Ei, Salz und Muskat vermischen und rasch verkneten. Den Teig zur Rolle formen, von dieser Stücke abschneiden und fingerlange, etwa 1½ cm dicke Röllchen formen. In reichlich kochendes Salzwasser einlegen und ziehen lassen. Wenn sie aufsteigen, sind sie gar. Herausnehmen, mit heißer Butter übergießen, mit Bröseltopfen und gehacktem Schnittlauch bestreuen.

• Als Beilage: verschiedene Salate. Variation: Statt mit Topfen und Schnittlauch mit Zucker und Zimt oder geriebenem Mohn bestreuen. Im Bregenzer Wald werden sie beim Abschmalzen mit geriebenem Käse überstreut und noch knusprig braun gebraten.

(Kärnten)

Schutznudeln

½ kg Mehl
25 dag Topfen
3 dag Germ
1 EL Zucker
2 Eier
1 Prise Salz
2 dag Butter
Saft und Schale einer Zitrone
etwas Milch
Butter zum Ausbacken

Alle Zutaten zu einem mittelfesten Germteig abschlagen und gehen lassen. Etwas Butter in einer Pfanne zerlassen und aus dem Teig Nudeln formen. Jeweils einige Nudeln in die Pfanne legen und schutzen (wenden), damit sie auf allen Seiten schön braun werden. Die Nudeln sollen aufreißen.

• Mit Kompott oder Apfelmus servieren. Dazu trinkt man Milch. Auch für diesen Teig kann man wunderbar Vollkornmehl verwenden, man muß ihn nur länger und mit etwas mehr Milch gehen lassen.

(Tirol)

Schwammerlknödel

½ kg Erdäpfel
2 EL Stärkemehl
Salz
Für die Fülle:
20 dag Schwammerln
2 EL Grammeln
4 Eier
Salz
Pfeffer
2–3 Knoblauchzehen
1 EL Fett

Die gekochten Eräpfel schälen, reiben und mit Stärkemehl und Salz zu einem festen Teig verkneten. Für die Fülle die Schwammerln mit wenig Fett und Salz dünsten, bis die Flüssigkeit verdunstet ist. Dann mit feingehackten Grammeln vermischen. Fett in einer Pfanne heiß werden lassen und die Eier darin zu einer festen Eierspeise rühren. Gut auskühlen lassen und mit den Pilzen vermischen. Salzen, pfeffern und viel Knoblauch dazugeben. Die Knödel in der Hand um diese Fülle herum formen und in reichlich Salzwasser etwa 15 Minuten lang kochen.

• Als Beilage: warmer oder kalter Krautsalat.

(Niederösterreich)

Schwarze Wasserspatzen

20 dag Schwarzmehl (Buchweizen)
Salz
¼ l kochendes Wasser
Salzwasser zum Kochen
5 dag Fett
1 Zwiebel

Das Mehl in einen Weitling schütten, salzen und nach und nach ¼ l kochendes Wasser darübergießen und zu einem weichen Teig verrühren. Einen Eßlöffel in heißes Wasser tauchen und Nockerln, in der Größe von Spatzen, ausstechen und in siedendes Salzwasser geben. Kochen lassen und dann auf ein Sieb legen. Zwiebel in Ringe schneiden und in Fett anlaufen lasesn. Die Nockerln hineingeben und rösten lassen.

• Als Beilage zu Gulyas und anderem Fleisch mit Sauce.

(Wien)

Schwarzplentenknödel

30 dag Semmelwürfel
¼ kg Bauchspeck
1 kleine Zwiebel
3–4 Eier
ca. ¼ l Milch
20 dag Schwarzplentenmehl (Buchweizen)
Salz
Petersilie

Semmelwürfel mit heißer Milch übergießen und ziehen lassen. Inzwischen den Speck kleinwürfelig schneiden und mit der feingeschnittenen Zwiebel anrösten. Mit der feingehackten Petersilie und dem Salz zum Knödelbrot geben, auch Eier und Buchweizenmehl daruntermischen und alles zu einem eher weichen Teig vermengen. Kurz rasten lassen und zu Knödel formen. Im Salzwasser oder im Dampf garen.

• Mit Sauerkraut eine komplette Mahlzeit, oder als Beilage zu Fleischgerichten. *(Tirol)*

Schwemmknödel

2 Eier
2 EL Butter
25 dag Grieß
etwa ¼ l Milch
Salz
Pfeffer
Petersilie

Eier mit Butter und etwas Milch kurz abtreiben. Feingehackte Petersilie, Salz und Pfeffer dazugeben. Unter Rühren den Grieß einlaufen lassen und nach Bedarf noch Milch dazugeben, sodaß ein weicher Teig entsteht. Etwa 30 Minuten lang quellen lassen, wobei der Teig fester wird. Knödel formen und in Salzwasser weichkochen.

• Mit Salat oder Schwammerlsauce servieren. *(Niederösterreich)*

Servietten-Grießknödel

2 altbackene Semmeln
7 dag Butter
¾ l Milch
30 dag Grieß
2 Eier
Salz
Muskat
3 l Salzwasser zum Kochen
Kompott

Die Semmeln in Würfel schneiden und in 5 dag zerlassener Butter goldgelb rösten. Die Milch mit der restlichen Butter aufkochen, den Grieß rasch hineinrühren und drei Minuten unter fortgesetztem Rühren weiterkochen lassen. Von der Herdstelle nehmen, abkühlen lassen. Die Eier und danach die gerösteten Semmelwürfel hinzugeben, mit Salz und Muskat abschmecken. Den Teig mit bemehlten Händen zu einer Rolle formen, diese in eine feuchte Serviette einschlagen, oben und unten abbinden und derart an einen Kochlöffel binden, daß der Knödel im siedenden (es darf nicht sprudelnd kochen) Salzwasser hängt. Den Topf abdecken und etwa 45 Minuten lang sieden lassen. Dann den Knödel herausnehmen, abtropfen lassen, aus der Serviette nehmen und mit Kompott servieren. *(Wien)*

Serviettenknödel

10 Semmeln
10 dag Schmalz
7 Eier
¼ l Milch
Petersilie
Salz
Salzwasser

Die Semmeln würfeln, das Schmalz erhitzen und über die Semmelwürfel gießen. Nun die Milch mit den Eiern versprudeln, Petersilie und Salz dazugeben und mit den Semmeln vermischen. Die Masse eine halbe Stunde lang ziehen lassen. Nun einen großen Topf Salzwasser zum Kochen bringen, die Knödelmasse in eine nasse Serviette wie in ein Bündel geben, oben zubinden und ins Salzwasser legen. Eine Stunde lang kochen, dabei nach einer halben Stunde den Knödel wenden. Das Bündel öffnen, den Knödel in Scheiben geschnitten servieren.

• Als Beilage zu Fleischgerichten und Wild, aber auch zu geschmortem Obst. *(Burgenland)*

Specknudel

Weicher Nudelteig
Für die Fülle:
10 dag durchzogener Bauchspeck
25 dag Bröseltopfen
3 Scheiben getrocknetes, geriebenes Schwarzbrot

Aus den Teigzutaten einen weichen Nudelteig bereiten. Für die Fülle den Speck kleinwürfelig schneiden, mit Brotbröseln vermischen, Bröseltopfen dazugeben und Kugeln formen. Den Teig damit füllen.

• Als Beilage: grüner Salat. *(Kärnten)*

Spinatknödel

40 dag Knödelbrot
¼ l Milch
20 dag Blattspinat
1 kleine Zwiebel
3 Knoblauchzehen
5 dag Butter
3 Eier
Muskat
Salz
Butter zum Abschmalzen
Käse zum Bestreuen

Knödelbrot würfelig schneiden, mit heißer Milch angießen und ziehen lassen. Zwiebel fein schneiden und in Butter andünsten. Blattspinat dazugeben, ebenfalls dünsten. Spinat mit den restlichen Zutaten zu einem Knödelteig mischen. Nun Knödel formen und in Salzwasser oder Dampf garen.

• Als Beilage: Salat. Oberösterreichische Variante: Teig nicht mit Knödelbrot, sondern aus 25 dag Erdäpfeln, 10 dag Semmelbröseln, keine Zwiebel, aber mit Knoblauch, Butter, Eiern und Gewürzen wie oben. In Vorarlberg gibt man noch 12 dag geriebenen Bergkäse an diese Knödelmasse, dafür etwas weniger Milch. *(Tirol)*

Spinatspatzlen mit Schinken

40 dag Weizenmehl
1/4 l Wasser
3 Eier
etwas passierter Spinat
Salz
4 Scheiben gekochten Schinken
5 dag Butter
1 Schuß Weißwein
1/8 l Rahm
20 dag geriebener Käse

Das Mehl mit Wasser, Eiern, Spinat und etwas Salz rasch mit einem Lochlöffel zu einem festen Spatzlteig verrühren. Reichlich Salzwasser zum Kochen bringen, den Teig mit Hilfe eines Spätzlehobels in das Wasser gleiten und etwa zwei Minuten lang kochen lassen. Dann abseihen, mit kaltem Wasser abschrecken und gründlich abtropfen lassen. In einer Pfanne in Streifen geschnittenen Schinken mit Butter anschwitzen, mit Weißwein löschen, einreduzieren lassen und Rahm dazugeben. Die gekochten Spatzlen beifügen, gut durchschwenken und mit Käse bestreut anrichten.

(Tirol)

Strapaziknödel

1 kg Erdäpfel
1/8 kg Topfen
1 Ei
Grieß nach Bedarf
Salz

Die Hälfte der Erdäpfel kochen, schälen, reiben und in einer Kasserolle warm stellen. Die andere Hälfte roh schälen, reiben, in eine Serviette geben und gut auspressen. Alle Erdäpfel mit Topfen, Ei und Grieß vermischen. Das Auspresswasser vorsichtig abgießen und die am Boden abgesetzte Stärke zur Knödelmasse geben, salzen. Kleine Knödel formen und in Salzwasser 15 Minuten lang kochen, die Knödel dürfen sich dabei nicht anlegen.

- Als Beilage zu Schweinsbraten und Sauerkraut.

(Niederösterreich)

Foto: GUSTO / Eisenhut & Mayer

Germknödel mit Mohn und Nüssen

(BURGENLAND)

(siehe Rezept Seite 228)

Foto: GUSTO / Eisenhut & Mayer

Grammelknödel

(STEIERMARK)

(siehe Rezept Seite 229)

Kasnudeln

(KÄRNTEN)

(siehe Rezept Seite 234)

Foto: GUSTO / Stefan Liewehr

Mohnnudeln

(TIROL)

(siehe Rezept Seite 240)

Nußnudeln

(WIEN)

(siehe Rezept Seite 244)

Foto: GUSTO / Stefan Liewehr

Powidltascherln

(BURGENLAND)

(siehe Rezept Seite 248)

Foto: GUSTO / Stefan Liewehr

Schlutzkrapfen

(Tirol)

(siehe Rezept Seite 251)

Foto: GUSTO / Dieter Brasch

Spinatknödel mit Parmesan
(Tirol)

(siehe Rezept Seite 255)

Sure Spätzle

Für die Sauce:
1 große Zwiebel
4 dag Butter
3 dag Mehl
½ l kräftige Fleischsuppe
1 EL Essig
1 kleines Lorbeerblatt
2 Gewürznelken
3 EL Sauerrahm

Für die Spätzle:
40 dag Mehl
4 Eier
⅛ l Wasser
1 TL Salz

Die feingehackte Zwiebel in Butter anrösten, mit Mehl bestauben, weiterrösten und mit Fleischsuppe ablöschen. Unter ständigem Rühren aufkochen, Essig und Gewürze dazugeben, dann auf niedriger Stufe zu einer sämigen, säuerlichen Sauce verkochen. Dabei immer wieder einmal umrühren. Inzwischen für die Spätzle Mehl, Eier, Wasser und Salz zu einem zähflüssigen Teig verrühren und 10 Minuten lang rasten lassen. Inzwischen reichlich Salzwasser zum Kochen bringen, den Teig durch ein großlochiges Spätzlesieb hineindrücken und je nach Größe etwa 1–3 Minuten lang kochen lassen. Die fertigen Spätzle mit einem Schaumlöffel herausheben, auf ein Sieb geben, kalt überbrausen und abtropfen lassen. Die Sauce mit Sauerrahm verfeinern, über die Spätzle geben und sofort servieren. *(Vorarlberg)*

Tarhonya

50 dag Mehl
2–4 Eier
Wasser

Aus Mehl, Eiern und etwas Wasser einen sehr festen Teig kneten. Diesen Teig etwas trocknen lassen, dann mit dem Reibeisen grobkörnig reiben. Das geriebene Eiergerstel auf einem Tuch ausbreiten und in der Sonne oder im Rohr trocknen. In luftdurchlässigen Stoffsäckchen als Vorrat aufhängen. Zubereitung bei Gebrauch: entweder in kochendem Salzwasser garen, abseihen und abtropfen lassen, inzwischen kleingewürfelten Speck zerlassen und die Tarhonya darin abschmalzen; oder roh in heiße Butter geben, nach und nach siedendes Salzwasser angießen und wie Risotto gardünsten. Mit geriebenem Parmesankäse anrichten.

• Als Beilage zu Fleischspeisen. Mit blättrig geschnittenen, in Butter mit Petersilie gerösteten Champignons eine Mehlspeise. *(Burgenland)*

Taschenknödel

Für den Teig:
50 dag Mehl
3 Eier
1 EL Keimöl
Salz
¼ l lauwarmes Wasser

Für die Fülle:
35–40 dag
Bratenfleischreste
1 größere Zwiebel
1 EL Butter
2 EL gehackte Petersilie
Salz
Pfeffer
Salzwasser
geschmolzene Butter

Das Mehl in eine Rührschüssel sieben und mit den übrigen Zutaten zu einem geschmeidigen Nudelteig verarbeiten, eventuell noch etwas Wasser hinzufügen. Mindestens 20 Minuten lang rasten lassen. Inzwischen für die Fleischfülle die Fleischreste sehr fein schneiden. Die Zwiebel würfeln und in Butter glasig dünsten, das Fleisch dazugeben, mitrösten und mit Petersilie sowie Salz und Pfeffer kräftig würzen. Jetzt die Arbeitsfläche mit Mehl bestreuen, den Teig in Stücke teilen und jedes Stück dünn etwa 25 x 25 cm groß auswalken. Mit etwas Fülle belegen und dann wie Golatschen zusammenfalten und mit einem Zahnstocher feststecken. Reichlich Salzwasser erhitzen, die z'sammg'legten Knödel hineingeben, einmal aufkochen und auf niedriger Stufe 10–15 Minuten lang garziehen lassen. Mit einer Schaumkelle vorsichtig herausheben, gut abtropfen lassen und mit geschmolzener Butter anrichten. Den Zahnstocher entfernen.

● Als Beilage: Speckkraut. Mindestens die Hälfte des Mehls sollte Roggenmehl sein, man kann hierfür sehr gut Vollkornmehl verwenden. Variante: Die gefüllten Taschen nicht kochen, sondern in Fett schwimmend ausbacken. *(Salzburg)*

Tiroler Fastenknödel

40 dag Semmelbrot
5 dag Butter
1 Zwiebel
Petersilie
Salz
3 Eier
¼ l Milch
evtl. etwas Mehl

Das Brot würfelig schneiden und mit heißer Milch angießen, etwas ziehen lassen. Inzwischen die Zwiebel klein schneiden und in der Butter anrösten. Alle Zutaten rasch zu einem Knödelteig verarbeiten und die Knödel in kochendem Salzwasser oder Dampf garen.

● Als Beilage zu Erbsensuppe, zu Fleisch- oder zu Pilzgerichten. Auf die gleiche Weise werden Kasknödel bereitet, indem Sie 25 dag geriebenen Käse zur Semmelmasse geben. Dazu eignet sich Tilsiter, Graukäse oder Bergkäse oder eine Mischung davon. *(Tirol)*

Topfenbaunzerln

25 dag Topfen
1 Ei
Mehl
10 dag Butter

Topfen mit einem Ei und Mehl zu einem eher festen Teig mischen. Kleine, viereckige Stücke in heißer Butter rösten.

• Dazu Kraut oder Kompott. *(Wien)*

Topfenhaluschka

60 dag Mehl
6 Eier
Salz
Wasser
20 dag Topfen
¼ l Sauerrahm
6 dag Schmalz
6 dag Räucherspeck

Mehl mit Eiern und Salz sowie etwas Wasser zu einem festen Teig verkneten. Rasten lassen. Den Teig dünn auswalken und in Fleckerln schneiden oder zupfen. Diese etwas auseinandergebreitet übertrocknen lassen, damit sie nicht aneinanderkleben. Inzwischen Wasser zum Kochen bringen, salzen und die Fleckerln darin kochen, abgießen und mit kaltem Wasser abschrecken. Nun das Schmalz in einer Kasserolle erhitzen, schichtweise die Fleckerln und sehr trockenen, zerbröselten Topfen hineingeben, jeweils mit Rahm übergießen. Speck würfelig schneiden und goldgelb rösten, über die Fleckerln geben.

• Als Beilage: grüner Salat. *(Burgenland)*

Topfenknödel

6 dag Butter
1 Prise Salz
1 Ei
25 dag Topfen
12 dag Weizenmehl
Butter und Brösel zum Wenden

Butter, Salz und Ei flaumig rühren. Topfen und gesiebtes Mehl unterrühren. Aus der Masse kleine Knödel formen und diese 15–20 Minuten in Salzwasser köcheln lassen. In einer Pfanne die Butter schmelzen, die Brösel hinein und leicht anrösten, darin die fertigen Knödel wälzen.

• Beilage: Salat oder Gemüse. Wenn Sie die Knödel lieber süß mögen: Erdbeer- oder Beerensauce dazu servieren, mit Staubzucker anzuckern. *(Tirol)*

Topfennockalan

**15 dag Bröseltopfen
25 dag Mehl
2 Eier
1 TL Salz
etwa 1/8 l Milch
Salzwasser
5 dag Butter oder Grammelfett**

Den Topfen aufbröseln und mit den anderen Zutaten zu einem Nockerlteig verarbeiten. Kurz anziehen lassen. Inzwischen Salzwasser zum Kochen bringen und mit einem Eßlöffel Nockerln abstechen, in das kochende Wasser einlegen und 5 Minuten lang ziehen lassen. Mit dem Schöpfer herausnehmen und mit zerlassener Butter oder heißem Grammelfett abschmalzen.

• Als Beilage: Kompott, Gemüse oder Salate. Variante: Die Nocken in einer Kasserolle in heißes Wasser schlichten, dem Schmalz beigesetzt wurde, und bei geschlossenem Deckel so lange im Rohr braten, bis man es knistern hört. Dann sollten sie auf der Unterseite schön braun geworden sein. Mit 3 EL Milch begießen, anzuckern und sofort servieren.

(Kärnten)

Topfennockerln

**25 dag Topfen
1–2 EL Zucker
1 Ei
1 Prise Salz
2 EL Semmelbrösel
3 EL Grieß
1 EL Öl
Salzwasser zum Kochen
Brösel
Margarine oder Butter
Staubzucker**

Alle Zutaten zu einem weichen Teig verrühren. Etwas anziehen lassen, inzwischen leicht gesalzenes Wasser zum Kochen bringen. Mit zwei Suppenlöffeln Nockerln abstechen und etwa 15 Minuten lang leise kochen lassen. Nun Brösel in Margarine oder Butter bräunen. Die heißen Nockerln darin wälzen und mit Staubzucker bestreuen.

• Dazu: Erdbeersauce, Fruchtsauce oder Powidl.

(Oberösterreich)

Topfennudeln I

12 dag Butter
2 Dotter
2 Eier
4 dag Zucker
13 dag Topfen
25 dag Mehl
Salz
1/3 Germwürfel
etwa 1/4 l Milch
5 dag Mandeln

Die Germ in etwas lauwarmer Milch auflösen. Die Hälfte der Butter schaumig rühren, Zucker, Dotter und Eier dazugeben, anschließend Topfen, Salz, Mehl und Germ. Gut durchschlagen, bis sich der Teig vom Löffel löst, dann eine Stunde lang gehen lassen. Auf ein bemehltes Brett stülpen und kleine Nudeln wutzeln. Die restliche Butter zerlassen, die Nudeln hineintauchen. In eine Auflaufschüssel die restliche, erwärmte Milch geben und die Nudeln nebeneinander einlegen, mit gehackten Mandeln bestreuen, nochmals aufgehen lassen und dann im heißen Rohr backen.

• Als Beilage Vanillecremesauce. *(Oberösterreich)*

Topfennudeln II

25 dag Topfen
1 Prise Salz
2 Eier
30 dag Weizenmehl
Butter zum Braten

Topfen, Salz und Eier gut verrühren. Nach und nach das Mehl unterarbeiten, zunächst verrühren, dann weiterkneten und rasch zu einem Teig durcharbeiten. Kleinfingerdicke und -lange Nudeln formen. In Salzwasser 10–12 Minuten lang ziehen lassen. Anschließend in Butter braten.

• Als Beilage: Zwetschkenröster oder ein beliebiges Kompott. *(Vorarlberg)*

Überbackene Schinkenfleckerln

Für die Fleckerln:
20 dag Mehl
2 Eier
Salzwasser zum Kochen
Zum Backen:
30 dag gekochter Schinken
1 Zwiebel
2 EL Butter
Butter für die Form
3 Eier
1/8 l Sauerrahm
Salz
weißer Pfeffer
frisch geriebener Muskat
3 dag Butter
Semmelbrösel

Die Teigzutaten zu einem festen Nudelteig verarbeiten und 30 Minuten lang zugedeckt rasten lassen. Auf bemehlter Arbeitsfläche messerrückendick ausrollen und etwa 10 Minuten lang trocknen lassen. Salzwasser aufstellen. Den Fleckerlteig in Quadrate schneiden, in Salzwasser etwa 8 Minuten lang bißfest garen. Abseihen, abschrecken und gut abtropfen lassen. Inzwischen den Schinken fein würfeln. Die feingewürfelte Zwiebel in Butter glasig dünsten. Schinkenwürfel dazugeben und kurz mitbraten lassen, dann mit den Fleckerln vermischen und in eine vorbereitete größere feuerfeste Form füllen. Eier und Sauerrahm verrühren, kräftig würzen und die Fleckerln mit Eierrahm übergießen. Butterflöckchen aufsetzen und nach Belieben mit Semmelbröseln bestreuen. Bei 200–220° C im Backrohr in 45–60 Minuten lang backen.

• Als Beilage: gemischter Salat. *(Wien)*

Überbackene Spinatschupfnudeln

Für die Nudeln:
50 dag Erdäpfel
10 dag passierter Spinat
15 dag Mehl
2 Dotter
Salz
Pfeffer
Muskatnuß
Für die Bechamelsauce:
1/4 l Milch
5 dag Butter
2 dag Mehl
10 dag Schinken
Salz
Pfeffer
Muskatnuß

Erdäpfel dämpfen, schälen, passieren und mit Spinat, Mehl, Dotter und Gewürzen rasch zu einem Teig verarbeiten. Zur Rolle formen, davon kleine Stücke herunterschneiden und zu etwa 3 cm langen Nudeln verarbeiten. In mehreren Portionen in kochendes Salzwasser geben, aufkochen lassen, abseihen und in eine befettete Auflaufform geben. Mit der Sauce übergießen und etwa 20 Minuten lang im heißen Rohr überbacken. Für die Sauce Butter schmelzen, Mehl einrühren und mit heißer Milch aufgießen. Mit Salz, Pfeffer und Muskatnuß würzen. Schinken würfelig schneiden und unterheben. *(Tirol)*

Knödel, Nockerln, Nudeln

Waldviertler Erdäpfelknödel

1 kg Erdäpfel
Salz
Salzwasser zum Kochen

Am Vortag ½ kg Erdäpfel weich kochen, noch heiß schälen, reiben und auf einem Teller zum Übertrocknen ausbreiten. Am nächsten Tag die zweite Hälfte der Erdäpfel roh schälen und in eine Schüssel mit Wasser reiben. Über einer zweiten Schüssel durch ein Tuch seihen und gut ausdrücken. Dann mit den gekochten Erdäpfeln vermischen. Das Auspreßwasser vorsichtig abgießen und die am Boden abgesetzte Stärke zu den Erdäpfeln geben. Salzen und zu einem glatten Teig kneten. Knödel formen und ca. 20 Minuten lang in Salzwasser leicht kochen lassen. Nach der Hälfte der Kochzeit die Knödel wenden.

- Als Beilage zu Schweinsbraten oder Selchfleisch.

(Niederösterreich)

Waldviertler Mohnnudeln

½ kg Erdäpfel
5 dag Butter
1 Ei
1 Prise Salz
15 dag dunkles Roggenmehl
20 dag geriebener Mohn
5 dag Zucker
3 dag Butter
etwas Milch
Sirup aus Zucker, Kaffee, Vanillezucker und Rum
Staubzucker

Erdäpfel kochen, schälen und reiben oder zerdrücken. Mit Butter, Salz, Ei und Mehl zu einem elastischen Teig verarbeiten. Daraus eine Schlange rollen, Stückchen davon runterschneiden und zu Nudeln verarbeiten. In Salzwasser kochen, abseihen und mit kaltem Wasser spülen. Inzwischen in einer weiten Pfanne Mohn, Zucker, Butter und etwas Milch anschwitzen. Gut umrühren und die Nudeln darin schwenken. Über die Nudeln 2 EL Sirup geben, der aus Zucker, Kaffee, Vanillezucker und etwas Rum gekocht wurde, und im Rohr gut ankrusten lassen. Mit Staubzucker bestreut servieren.

(Niederösterreich)

Walnußnocken mit Feigen

10 dag getrocknete Feigen
5 ml Grappa
4 dag zerlassene Butter
30 dag Topfen
2 Eier
4 dag gemahlene Walnüsse
2 dag Grieß
2 dag Zucker
Salz

Zum Wenden:
10 dag gemahlene Walnüsse
10 dag feingehackte Walnüsse
4 EL Zucker

Feigen würfelig schneiden, mit Grappa beträufeln und ziehen lassen. Zerlassene Butter mit Topfen, Eiern, Walnüssen, Grieß, Mehl und Zucker glattrühren. Abgetropfte Feigen darunterziehen. Den Teig etwa 1 Stunde lang kühl rasten lassen. Mit 2 Löffeln Nocken abstechen. In reichlich Salzwasser 12–15 Minuten lang ziehen lassen. In einer Mischung aus gemahlenen und gehackten Walnüssen und Zucker wenden und warm servieren.

(Kärnten)

Walser Käseknödel

4 altbackene Semmeln
Salz
1/8 l Milch
1 Ei
etwas Mehl
8 dag geriebener Käse
Bei Bedarf Semmelbrösel
2 l Salzwasser zum Kochen
5 dag Butter
1 Zwiebel

Die kleingeschnittenen Semmeln salzen, mit der Milch anfeuchten, zudecken und etwa 20 Minuten lang ziehen lassen. Dabei gelegentlich umrühren. Nun das verquirlte Ei, Mehl und Käse hinzufügen und die Mischung zu einem geschmeidigen Teig verkneten. Erneut 20 Minuten lang rasten lassen. Sollte der Teig noch zu weich sein, mit Semmelbröseln festigen. Reichlich Salzwasser zum Kochen bringen, mit nassen Händen Knödel formen, in das heiße Wasser geben, die Hitze reduzieren und die Käseknödel etwa 15 Minuten lang garziehen lassen. In einer Pfanne die Butter erhitzen und die feingewürfelte Zwiebel darin rösten. Über die Knödel geben und gleich servieren.

(Vorarlberg)

Weizene Kasnocken

50 dag Knödelbrot
½ l Milch
20 dag Graukas
3 dag Mehl
3 Eier
Salz
5 dag Schnittlauch
Petersilie
1 Zwiebel
Reibkäse
Butter

Feingeschnittene Zwiebel abrösten und unter das Knödelbrot mischen. Milch und Eier verrühren, über das Brot gießen, Schnittlauch, Salz und würfelig geschnittenen Käse daruntermengen und alles 10 Minuten ziehen lassen. Nun Nocken formen. Ungefähr 10 Minuten lang kochen und mit Reibkäse bestreuen. Mit brauner Butter übergossen servieren.
(Tirol)

Wiener Semmelknödel

8 altbackene Semmeln
1 kleine Zwiebel
2–3 EL gehackte Petersilie
10 dag Butter
¼ l lauwarme Milch
4 Eier
1 TL Salz
weißer Pfeffer
geriebener Muskat
2 EL Mehl
3 l Salzwasser zum Kochen

Semmeln feinwürfelig schneiden, feingehackte Zwiebel und Petersilie in Butter leicht anrösten und Semmelwürfel dazugeben. Alles in eine Schüssel geben, mit Mehl anstauben, Milch, Eier und Gewürze versprudeln und über die Semmelmischung geben. Durchkneten und etwa 15 Minuten lang rasten lassen. Mit nassen Händen gleichmäßig große Knödel formen, diese in kochendes Salzwasser legen. Hitze reduzieren und die Knödel etwa 15 Minuten lang garziehen lassen. Mit einer Schaumkelle herausheben und servieren.

• Um den Jahreswechsel herum sollten Sie kleine Zettelchen mit Wünschen in die Knödel stecken. Derjenige, dessen Knödel als erster aufsteigt, geht sicher in Erfüllung. Auch den Namen ihres Zukünftigen kann die Köchin auf diese Weise vielleicht erfahren.
(Wien)

Wuzelnudeln

35 dag Weizenmehl
10 dag Roggenmehl
lauwarmes Wasser
45 dag geselchtes, gekochtes Rindfleisch oder ähnliche Fleisch- und Wurstreste
Butter

Weizen- und Roggenmehl mit warmem Wasser zu einem Nudelteig kneten. Eine Rolle formen und in 2–3 große Stücke teilen. Von einem solchen Stück zwischen Daumen und Zeigefinger der linken Hand winzige Stücke abreißen und in der rechten Handinnenfläche zu länglichen Nudeln wuzeln, die in der Mitte etwas dicker und an den Enden zugespitzt sind (etwa 2–3 cm lang). Diese Nudeln auf einen Teller legen und leicht mit Mehl stauben, damit sie nicht zusammenkleben. Salzwasser zum Kochen bringen, die Nudeln in mehreren Portionen einlegen, kurz aufkochen, abschrecken und abseihen. Fleischreste klein schneiden, in eine Pfanne mit heißer Butter geben, gut anrösten, die Wuzelnudeln dazugeben, durchrösten und servieren. *(Salzburg)*

Strudel

Strudel

Adventstrudel

Topfenblätterteig
Für die Fülle:
½ **kg frisches Obst (Äpfel, Birnen)**
½ **kg getrocknetes Obst (Feigen, Datteln und Zwetschken)**
25 **dag Walnüsse**
10 **dag Zucker**
½ **TL Nelken**
1 **TL gemahlenen Zimt**
5 **EL Rum**
10 **dag Butter**
10 **dag Zwiebackbrösel**
1 **Ei zum Bestreichen**

Geschältes, entkerntes Obst in feine Spalten schneiden. Trockenfrüchte kurz in lauwarmem Wasser einweichen, dann in feine Streifen schneiden. Nüsse grob hacken. Zucker hinzufügen und mit den Gewürzen abschmecken. Butter zerlassen, Brösel darin kurz anrösten und alles miteinander vermengen. Den Teig zu einem Rechteck ausrollen und die Fülle daraufgeben. Strudel formen und mit kaltem Wasser besprengen, mit dem verquirlten Ei bestreichen und mit der Gabel einstechen. Bei 180° C etwa 50 Minuten lang backen. *(Vorarlberg)*

Apfelstrudel I

Strudelteig
Für die Fülle:
1½ **kg Äpfel**
15 **dag Zucker**
10 **dag Schmalz (Butter)**
etwas Zimt
eine Handvoll Rosinen
evtl. gehackte Nüsse
Brösel
etwas Butter

Die Äpfel schälen und in dünne Scheiben schneiden. Brösel in etwas Butter goldgelb abrösten. Das Schmalz zerlassen und damit den gezogenen Strudelteig bestreichen. Die Butterbröseln darüber streuen. Die Äpfel mit Zucker und mit den übrigen Zutaten vermischt auf den Teig geben, den Strudel einrollen, nochmals mit Butter bestreichen und etwa 45 Minuten bei mittlerer Hitze goldgelb backen lassen. *(Burgenland)*

Apfelstrudel II

Für den Mürbteig:
35 **dag Mehl**
25 **dag Butter**
6 **EL Weißwein**
3 **EL Rahm**
2 **Dotter**
Für die Fülle:
1 **kg Äpfel**
Zimt
Zucker
Eiklar zum Bestreichen

Aus den Zutaten rasch mit kühlen Händen einen Mürbteig zubereiten und diesen kühl rasten lassen. Inzwischen die Äpfel klein schneiden. Den Teig rechteckig auswalken und in der Mitte mit kleingeschnittenen Äpfeln belegen, mit Zucker und Zimt bestreuen. Den Teig von beiden Seiten zur Mitte zusammenschlagen und mit Eiklar bestreichen. Auf befettetem Blech etwa 40 Minuten lang bei 180° C backen. In Stücke schneiden, solange er warm ist. *(Oberösterreich)*

Bohnenstrudel

Strudelteig
Für die Fülle:
15 dag Grieß
10 dag Schmalz
30 dag Bohnen
Salz
Pfeffer
Majoran
15 dag Speck
Schmalz zum Ausbacken

Die Bohnen über Nacht einweichen. Den Grieß mit dem Schmalz anrösten und mit etwas Wasser aufgießen. Die Bohnen weichkochen, abseihen und mit Pfeffer, Salz und Majoran kräftig würzen. Den Speck in kleine Würfel schneiden und goldbraun anrösten. Nun den Strudelteig ausziehen, nacheinander mit dem Grieß, den Bohnen und den Speckwürfeln bestreuen und zusammenrollen. Mit dem Löffelstiel etwa 8 cm breite Stücke abtrennen und in heißem Schmalz ausbacken.

• Dazu: kräftig gewürzter Salat. *(Burgenland)*

Erdäpfel-Birnen-Strudel

Für den Teig:
30 dag mehlige Erdäpfel
25 dag Mehl
1 Pkg. Backpulver
2 EL Speisestärke
10 dag weiche Butter
10 dag Zucker
1 EL Vanillezucker
2 Eier
Mehl zum Ausrollen
3 dag Butter zum Bestreichen
Für die Fülle:
60 dag Birnen
8 dag Korinthen
1 TL Zimtpulver
1 EL Zucker

Erdäpfel am Vortag kochen und schälen. Am nächsten Tag reiben oder durchpressen. Mit Mehl, Backpulver und Speisestärke vermischen. Butter, Zucker und Eier schaumig rühren und mit der Erdäpfelmasse zu einem glatten Teig verkneten, eventuell noch etwas Mehl dazugeben. Auf einer bemehlten Fläche den Teig ca. 1 cm dick ausrollen. Birnen schälen, in dünne Spalten schneiden und mit den Korinthen auf dem Teig verteilen. Mit Zucker und Zimt bestreuen. Zusammenrollen, auf ein mit Backpapier belegtes Blech heben und den Strudel mit zerlassener Butter bestreichen. Im Rohr ca. 50 Minuten lang backen.

• Dazu: Vanille- oder Walnußeis oder Vanillesauce.

(Niederösterreich)

Erdäpfelstrudel I

Für den Teig:
25 dag Erdäpfel
10 dag Butter
2 Eier
35 dag Mehl
2 dag Germ
etwas Milch
Salz

Für die Fülle:
60 dag Erdäpfel
6 dag Fett
1 Zwiebel
25 dag Schinken
2 Eier
2 EL Sauerrahm

Für den Teig Erdäpfel schälen, kochen und reiben. Die Butter erhitzen und über die Erdäpfel gießen, die Germ in etwas warmer Milch auflösen, eine Prise Salz, Eier und Mehl zu den Erdäpfeln geben und alles mit der Germ zu einem Strudelteig verkneten. Den Teig auswalken, mit der Fülle belegen, einrollen und im Rohr backen. Für die Fülle Erdäpfel schälen, vierteln und in Salzwasser mehlig kochen. Inzwischen die Zwiebel kleinwürfeln, in dem heißen Fett anrösten, den Schinken kleinhacken und mitrösten lassen, und hiermit die fein passierten Erdäpfel übergießen. Die Eier und der Rahm werden mit der Masse vermengt und diese Fülle auf den Strudelteig gegeben.

• Natürlich können Sie die gleiche Fülle auch in einen gezogenen Strudelteig geben. *(Burgenland)*

Erdäpfelstrudel II

Strudelteig
Für die Fülle:
1 kg Erdäpfel
1 l kaltes Wasser
2 EL Schmalz
2 Zwiebeln
Salz
Pfeffer
½ l saurer Rahm
10 dag flüssiges Fett zum Bestreichen

Die Erdäpfel schälen und ins kalte Wasser reiben, damit sie nicht schwarz werden. Die Zwiebeln blättrig schneiden und in einer großen Pfanne im Schmalz anrösten. Die gut ausgedrückten Erdäpfel dazugeben, salzen und pfeffern. Zum Schluß den Sauerrahm unterrühren und etwas auskühlen lassen. Inzwischen den Strudelteig ausziehen und mit flüssigem Fett bestreichen. Die Fülle daraufgeben, zusammenrollen und in eine gut mit Fett ausgestrichene Strudelrein schneckenförmig hineinlegen. Mit Fett beträufeln. Bei 200° C backen, bis der Strudel eine hellbraune Kruste bekommt. *(Steiermark)*

Strudel

Erdäpfelstrudel, süß

Strudelteig
Für die Fülle:
1 kg Erdäpfel
10 dag Fett
Salz
Zucker
Zimt
Butter oder Sauerrahm
Semmelbrösel

Die Erdäpfel mit der Schale kochen, anschließend schälen und mit einem Reibeisen fein reiben. In einer Pfanne Fett erhitzen, darin die Erdäpfel rösten und mit etwas Salz, Zucker und Zimt nach Geschmack würzen. Nun den Strudelteig ausziehen und mit zerlassener Butter oder Sauerrahm bestreichen, Semmelbrösel darüberstreuen und die Erdäpfelfülle gleichmäßig verteilen. Den Strudel zusammenrollen und goldgelb backen.

● Wer Zimt nicht mag, kann die Füllung durch eine Handvoll Rosinen, eine feingeriebene Zitronenschale und 3 Eier abwandeln, wobei das Eiklar als Schnee untergehoben wird. In diesem Fall sind 75 dag Erdäpfel für die Fülle ausreichend. *(Burgenland)*

Fleischstrudel

Strudelteig
Für die Fülle:
30 dag Roastbeef- oder Bratenreste
½ Zwiebel
Petersilie
2 EL Mehl
Pfeffer
Salz
Kümmel
Majoran

Das Fleisch sehr fein wiegen. Die feingewiegte Zwiebel mit den Gewürzen in Butter gelblich anlaufen lassen, mit Mehl stäuben. Dann das Fleisch hineingeben, würzen und mit Suppe aufgießen, gut verkochen lassen. Den Strudelteig ausziehen, mit der Fülle bestreichen, zusammenrollen und backen.

● Mit feinem Gemüse als Vorspeise oder in Stückchen geschnitten zur braunen Suppe servieren. *(Wien)*

Gesottener Strudel

Für die Fülle:
25–30 dag Grieß
Salz
Schmalz
½ l Wasser
Für den Strudelteig:
50 dag Mehl
etwas Salz
etwa ½ l Wasser

Für die Fülle den Grieß salzen und im Schmalz anrösten. Mit dem Wasser aufgießen und gut durchgaren. Vom Feuer nehmen, auskühlen lassen.
Den Strudelteig hauchdünn ausziehen, auf bemehltem Tuch ausbreiten, mit dem ausgekühlten Schmalzkoch belegen und einrollen. Salzwasser zum Kochen bringen und mit dem bemehlten Kochlöffelstiel 6–8 cm große Stücke abtrennen (nicht mit dem Messer, sonst fällt die Fülle seitlich heraus!), in Salzwasser kochen.

Strudel

• Dazu passen eingebrannte Erdäpfel, im Frühling und Sommer stattdessen Salat in süßsaurer Marinade. In Niederösterreich wird der gesottene Grießstrudel vornehmer mit einer Fülle aus 15 dag Butter, 25–30 dag Grieß, 5 getrennten Eiern und ¼ l Rahm bereitet, dazu wird je nach Gegend Essigkren oder eingebranntes Gemüse gereicht, er wird aber auch mit brauner Butter übergossen und mit Zucker und Zimt bestreut oder mit Kompott serviert. *(Burgenland)*

Kapuzinerstrudel

Für den Teig:
28 dag Mehl
14 dag Butter
1 EL Staubzucker
Salz
1 Eidotter
2 dag Germ
etwas Milch

Für die Fülle:
14 dag Zucker
0,2 l Wasser
20 dag abgezogene Mandeln
1 TL Zimt
Schale einer ½ Zitrone
10 dag Rosinen
4 EL Rum

Für die Schokoladeglasur:
14 dag Zucker
5 EL Wasser
14 dag Schokolade

Alle Zutaten für den Teig zu einem eher festen Germteig verarbeiten, der sich aber doch noch leicht ziehen läßt. 30 Minuten lang zugedeckt gehen lassen. Inzwischen für die Fülle Zucker in Wasser kochen und die geriebenen Mandeln, Rosinen, Gewürze und zuletzt den Rum dazugeben, alles zu einer streichfähigen Masse abtreiben. Den Strudelteig nicht zu dünn ausziehen und mit der Masse bestreichen. Strudel zusammenrollen und auf ein befettetes Blech legen. Vor dem Backen noch 30 Minuten lang gehen lassen. Den ausgekühlten Strudel mit der Schokoladeglasur übergießen. Dafür den Zucker in Wasser kochen und die Schokolade darin glattrühren. Diese Glasur unter öfterem Umrühren überkühlen lassen und über den Strudel gießen.

(Niederösterreich)

Strudel

Käsestrudel

Strudelteig
Für die Fülle:
20 dag Butter
3 Eier
2 Dotter
4 EL Obers
1 Prise Salz
20 dag Reibkäse
3 dl Milch

Für die Fülle Butter, Eier, Dotter und Obers schaumig rühren. Salz dazugeben und den ausgezogenen Strudelteig dünn mit der Fülle bestreichen. Mit der Hälfte des geriebenen Käses bestreuen, Teig einrollen. In eine gefettete Pfanne geben, Milch darübergießen und mit dem restlichen Käse bestreuen. Bei 140°C im Rohr backen, bis die Milch verdunstet ist. *(Salzburg)*

Kirschenstrudel

Strudelteig
Für die Fülle:
1 kg Kirschen
15 dag Zucker
10 dag Schmalz oder Butter
etwas Zimt
eine Handvoll Rosinen
Brösel
etwas Butter

Die entkernten Kirschen etwas einzuckern. Brösel in etwas Butter goldgelb abrösten. Das Schmalz zerlassen und damit den gezogenen Strudelteig bestreichen. Die Butterbrösel darüber streuen. Das Obst, Rosinen und Zimt daraufgeben, den Strudel einrollen, nochmals mit Butter bestreichen und etwa 45 Minuten bei mittlerer Hitze backen. *(Burgenland)*

Kirschstrudel

40 dag Blätterteig
Ei zum Bestreichen
1 kg entkernte Kirschen
10 dag Zucker
10 dag Brösel
Zimt

Den Blätterteig ausrollen und an den Längsseiten mit Ei bestreichen. Kirschen mit Zucker und Bröseln vermischen und mit etwas Zimt würzen. Diese Fülle auf den Teig verteilen und den Strudel einrollen. Den gerollten Strudel mit Ei bestreichen, mit dünnen Teigstreifen verzieren und im Ofen 1 Stunde hellbraun backen. *(Tirol)*

Kloazenstrudel

Für den Strudelteig:
25 dag Mehl
5 dag Butter
5 dag Zucker
1 Dotter
1/8 l Milch
1/2 Pkg. Backpulver

Für die Fülle:
20 dag Kloazen (Dörrbirnen)
1/2 l Wasser
1 EL Zimt
1 EL Rum
Schale einer Zitrone

Mehl mit Butter abbröseln und mit den restlichen Zutaten rasch zu einem Mürbteig verarbeiten. Den Teig 30 Minuten lang kühl rasten lassen, dann auswalken und mit der Fülle bestreichen. Den Strudel einrollen und mit Ei bestreichen, etwa eine Stunde lang bei 180°C hell backen.
Für die Fülle die Kloazen weichkochen, faschieren und mit Zimt, abgeriebener Zitronenschale und Rum vermischen. Gut durchziehen lassen. *(Tirol)*

Kräuterstrudel

Für den Strudelteig:
20 dag glattes Mehl
1 TL Salz
1 EL Öl
1/2 TL Essig
etwa 1/8 l lauwarmes Wasser

Für die Fülle:
4 altbackene Semmeln
1/4 l Sauerrahm
1/4 l Milch
1 TL Salz
4 Eier
1 Strauß Estragon
1 Bund Schnittlauch
1 Strauß Kerbelkraut

Für die Fülle die Semmeln feinblättrig schneiden und in einer Schüssel gut mit Rahm, Milch, Salz und den versprudelten Eiern vermischen. Etwa 30 Minuten lang durchziehen lassen, dann eventuell noch etwas Milch dazugeben, falls die Masse zu fest ist.
Den Teig ausziehen. Die Fülle auf 3/4 des Teiges verteilen und mit den gehackten Kräutern bestreuen (es sollten jeweils etwa 5 Eßlöffel sein), das restliche Viertel mit zerlassenem Fett betropfen und den Strudel von der gefüllten Seite her einrollen.

• Als Beilage: Salate. Sie können diesen Strudel auch als Suppeneinlage für klare Rindssuppe verwenden, indem Sie ihn in etwa 3 cm breite Stücke schneiden. *(Kärnten)*

Strudel

Krautstrudel mit Käserahmsauce

Für den Teig:
18 dag Topfen
18 dag Butter
18 dag Dinkel
Salz
Für die Fülle:
1 Krautkopf (ca. 80 dag)
3 dag Butter
1 Zwiebel
25 dag Bauchspeck
Salz
Kümmel
1 Ei
¼ l Sauerrahm
Für die Sauce:
1 Bund Suppengrün
1 Zwiebel
4 dag Butter
4 dag Mehl
¼ l Obers
10 dag Schimmelkäse
1 Bund Schnittlauch
Salz

Butter mit Dinkel abbröseln und mit Topfen rasch und mit kühlen Händen zu einem festen Teig kneten. Kühl rasten lassen, später auf einem bemehlten Tuch ausrollen. Inzwischen Zwiebel in Butter anlaufen lassen, geschnittenen Speck dazugeben. Das Kraut von den dicken Rippen befreien, würfelig schneiden und dazugeben. Würzen und dünsten, bis es weich ist. Nach dem Erkalten Sauerrahm untermengen und auf den Teig geben. Einrollen und im Rohr etwa 40 Minuten backen. Inzwischen für die Sauce das grob geschnittenes Gemüse 45 Minuten lang kochen. Aus Butter und Mehl eine Einbrenn machen. Mit Gemüsesud aufgießen, Obers und Käse dazugeben, gut verkochen lassen und abschmecken. Zum Strudel reichen.

(Vorarlberg)

Krautstrudel

Strudelteig
Für die Fülle:
1½ kg Kraut
Salz
Zucker
Pfeffer
10 dag Schmalz

Das Kraut mit dem Reibeisen fein reißen, gut salzen und etwa 15 Minuten stehen lassen. In einer Pfanne das Schmalz zerlassen, Zucker und Pfeffer hinein und das Kraut darin goldbraun rösten. Vom Feuer nehmen, nun den Strudelteig ausziehen, das etwas abgekühlte Kraut darauf verteilen, den Strudel einrollen und im Rohr knusprig backen.

● Dazu vorab eine Erdäpfelsuppe, und schon haben Sie ein vollständiges Menü. Wenn Sie mögen, dünsten Sie das Kraut mit einer feingewürfelten Zwiebel und etwas Kümmel an, und sollte es zu feucht geblieben sein, so können Sie vor dem Einrollen eine Handvoll Bröseln darüberstreuen.

(Burgenland)

Strudel

Kürbisstrudel

Strudelteig
Für die Fülle:
**1 Kürbis (1 bis 1½ kg)
Salz
8 dag Schmalz
7 dag Mehl
Petersilie
Dillkraut
2 kleine Zwiebeln
Paprika
Schmalz zum
Ausbacken**

Den Kürbis schälen, in Stücke schneiden und die Kerne entfernen. Die Stücke feinnudelig schneiden oder reiben, salzen und 45 Minuten lang zugedeckt stehen lassen. Die Zwiebeln und die Kräuter fein hacken. Aus Schmalz und Mehl eine lichte Einmach bereiten und die Zwiebeln und Kräuter darin anrösten lassen. Nun den Kürbis dazugeben, gut durchmischen und unter häufigerem Rühren weichdünsten lassen. Mit Paprika und eventuell etwas Sauerrahm abschmecken. Vorsicht: die Masse darf nicht zu flüssig werden! Nun den Strudelteig ausziehen und mit der Fülle belegen. Zusammenrollen, mit dem Löffelstiel etwa 8 cm breite Stücke abtrennen und in heißem Schmalz goldbraun ausbacken.

• Die Füllung, mit Suppe oder Rahm aufgegossen, ist als Kürbisgemüse eine herrliche Beilage zu vielen Fleisch- und Fischgerichten. *(Burgenland)*

Milchstrudel

Strudelteig
Für die Fülle:
**3 kleinwürfelig
geschnittene Semmeln
2 EL Zucker
1 EL Zimt
¼ l Milch
2 Handvoll Rosinen
etwas Milch zum
Übergießen**
Zum Servieren:
**1 l Milch
Zucker
Zimt**

Milch mit Zucker und Zimt verrühren und über die Semmelwürfel gießen, anziehen lassen, einmal vorsichtig verrühren, damit die Masse gleichmäßig feucht wird. Dann auf den ausgezogenen Strudelteig streichen, mit Rosinen bestreuen, den Strudel zusammenrollen und in eine Kasserolle geben. Während des Backens wiederholt etwas Milch darüberschütten, aber nie soviel, daß sie seitlich stehen bleibt. Den Strudel in Stücke schneiden und portioniert auf Suppentellern servieren. Milch, Zucker und Zimt auf den Tisch stellen, damit sich jeder seinen Strudel beliebig würzen kann.

(Niederösterreich)

Strudel

Millirahmstrudel

Strudelteig
Für die Füllung:
6 altbackene Semmeln
¼ l lauwarme Milch
10 dag Butter
12 dag Zucker
5 Eier
1 Prise Salz
12 dag Topfen
12 dag Sauerrahm
8 dag Rosinen
1 Pkg. Vanillezucker
Saft und Schale einer
½ Zitrone
2 EL Butter zum
Bestreichen
Zum Begießen:
½ l lauwarme Milch
1 EL Zucker
1 EL Vanillezucker
1 Ei

Semmeln abrinden, kleinwürfeln und mit Milch anfeuchten. Butter mit Zucker und Dottern schaumig schlagen. Salz, Topfen, Sauerrahm, Vanillezucker und Zitronenschale darunterziehen. Eiklar mit etwas Zucker und Zitronensaft zu Schnee schlagen und unterziehen. Semmeln ausdrücken und mit der Topfenmasse vermischen. Backrohr auf 180–200°C vorheizen. Den ausgezogenen Strudelteig mit Mehl bestreuen und die Fülle darauf gleichmäßig verteilen, mit Rosinen bestreuen. Dabei ringsum etwa 3 cm breiten Rand freilassen. Den Strudel eng aufrollen und mit der Teignaht nach unten in eine größere, gefettete Form legen und mit zerlassener Butter bestreichen. In etwa 45 Minuten goldgelb backen, dabei nach und nach die mit Zucker und Ei verquirlte Milch darübergießen. Noch heiß servieren.

- Dazu warme Vanillesauce.

(Wien)

Mohnstrudel

Für den Teig:
25 dag Mehl
15 g Germ
⅛ l Milch
35 g Zucker
60 g Butter
1 Dotter
Für die Fülle:
25 dag geriebener Mohn
10 dag Zucker
2 EL Honig
4–5 dag Semmelbrösel
1 EL Rum
Zimt
¼ l Milch
Zum Bestreichen:
1 Ei
Staubzucker

Die Teigzutaten zu einem mittelfesten Germteig verarbeiten. Während dieser geht, die Fülle zubereiten: Alle Zutaten gut vermischen und erhitzen, aber nicht kochen lassen, etwas auskühlen lassen. Den gegangenen Teig fingerdick auswalken und mit der Mohnfülle belegen, zusammenrollen und mit einem verklopften Ei bestreichen. Auf ein gefettetes, bemehltes Backblech geben und bei 220°C ungefähr ein Stunde backen. Noch heiß mit Staubzucker dick anzuckern.

- Aus dem gleichen Teig können Sie mit der Nußfülle (siehe Dampflkipferl) einen Nußstrudel zubereiten.

(Steiermark)

Murkenstrudel

Strudelteig
30 dag Murken (Karotten)
20 dag Semmelbrösel
3 dag Fett
Zucker nach Geschmack

Die Karotten putzen, grob reiben, die Semmelbrösel in Fett anrösten und mit den Karotten vermengen. Leicht zuckern und auf dem ausgezogenen, mit Öl bestrichenen Strudelteig verteilen. Strudel einrollen und auf ein gut befettetes Backblech oder in eine Form legen. Nochmals mit Öl bestreichen und bei Mittelhitze im Rohr backen. *(Niederösterreich)*

Pikanter Fleischstrudel

Strudelteig
Für die Fülle:
30 dag Faschiertes
Pfeffer
Majoran
Sojasauce
2 Zwiebeln
2 EL Butter
1/8 l Gemüsesuppe
25 dag Champignons
1 roter Paprika
1 grüner Paprika
1 Ei
3 EL Semmelbrösel
Salz
Ei zum Bestreichen

Für die Fülle das Faschierte würzen. Die Zwiebeln fein schneiden und in Butter andünsten. Das Faschierte dazugeben und gut durchrösten. Mit etwas Gemüsesuppe aufgießen und köcheln lassen. Nun die Champignons blättrig schneiden, Paprika feinwürfeln und beides nach 15 Minuten dazugeben. Weiterköcheln, bis die Champignons gar sind, dann vom Feuer nehmen und abkühlen lassen. Fülle mit Ei und Semmelbrösel binden, abschmecken. Den Strudelteig ausziehen, füllen und einrollen. Mit Ei bestreichen und bei 200°C etwa 30 Minuten lang backen.

• Als Beilage: warmer Kartoffelsalat. *(Vorarlberg)*

Rhabarberstrudel

Strudelteig
Für die Fülle:
1 kg Rhabarber
4 dag Butter
8 dag Brösel
18 dag Zucker
6 dag Rosinen
Butter zum Bestreichen

Den Rhabarber waschen, schälen und in 1–2 cm dicke Stücke schneiden. Die Brösel in der Butter anrösten. Den ausgezogenen Strudelteig zuerst mit den Butterbröseln, dann mit Rhabarber, Zucker und Rosinen bestreuen. Die Teigränder knapp einschlagen und mit flüssiger Butter bestreichen. Strudel einrollen und auf ein befettetes Blech legen, mit Butter bestreichen. Das Rohr vorheizen und bei 200°C etwa 40 Minuten lang backen. Vor dem Servieren anzuckern.

(Kärnten)

Strudel

Schmerstrudel

Für den Teig:
½ kg Schmer (Flomen)
60 dag Mehl
2 Eier
⅛ l Weißwein
1 Schuß Rum
Salz
Zum Füllen:
Marmelade

Den Schmer mit der Hälfte des Mehls zu einem Teig verarbeiten, die Eier, den Weißwein und den Rum mit der zweiten Hälfte des Mehls zu einem zweiten Teig verarbeiten. Beide Teige zwei Stunden rasten lassen, dann auswalken und zusammenschlagen. Noch dreimal auswalken und erneut zusammenschlagen, schließlich mit Marmelade füllen und im Rohr backen. *(Burgenland)*

Schokoladenstrudel

Strudelteig
Butter zum Bestreichen
Staubzucker und geriebene Schokolade zum Bestreuen
Für die Fülle:
5 Eier
10 dag Zucker
15 dag geriebene Schokolade
10 dag feingestoßene Mandeln

Eidotter mit dem Zucker schaumig rühren. Die Eiklar zu Schnee schlagen und unterheben. Den ausgezogenen Strudelteig mit Butter bestreichen. Darauf den größten Teil der Füllung verteilen. Mit Schokolade und Mandeln bestreuen und zusammenrollen. Außen mit der restlichen Füllung bestreichen und im vorgeheizten Rohr bei 180° C ca. 45 Minuten lang backen. Mit Staubzucker und Schokolade bestreut servieren. *(Burgenland)*

Schusterstrudel

Strudelteig
Für die Nudeln:
30 dag Mehl
2 Eier
etwas Wasser
Für die Fülle:
80 dag Topfen
¾ l saure Sahne
18 dag Butter
10 dag Rosinen
25 dag Zucker
5 Eier
1 Pkg. Vanillezucker

Aus Mehl, 2 Eiern und etwas Wasser einen harten Nudelteig kneten, dünn auswalken und in breite Streifen schneiden. Etwas übertrocknen lassen, dann die Nudeln in Salzwasser kochen und abtropfen lassen. Für die Fülle die restlichen Eier trennen, die Eiklar zu Schnee schlagen. Den Topfen durch ein Sieb treiben und mit Eigelb, Vanillezucker und saurer Sahne verrühren. Nun die Rosinen und die gekochten Nudeln, ausgelassene Butter und den mit Zucker vermischten Eischnee hineingeben.
Den Strudelteig ausziehen. Eine Pfanne mit Butter bestreichen und mit abgetrocknetem Strudelteig in drei- bis vierfacher Schicht auskleiden. Masse hineingeben und mit Strudelteig bedecken, wieder mit ausgelassener Butter besprengen. Das Ganze in einem nicht zu heißen Rohr backen. *(Wien)*

Strudel

Schwarzbeerstrudel mit Biskuit

Strudelteig
Für die Fülle:
4 Eier
20 dag Zucker
20 dag Mehl
1 kg Schwarzbeeren
(Heidelbeeren)

Die Eier trennen, die Eiklar zu sehr steifem Schnee schlagen, nun erst den Zucker, dann die Dotter einrühren und zuletzt das Mehl vorsichtig unterheben. Diese Biskuitmasse auf den ausgezogenen Strudelteig streichen. Mit den Schwarzbeeren bestreuen, einrollen und auf ein befettetes Blech legen. Mit zerlassener Butter bestreichen. Das Rohr vorheizen und bei 200° C etwa 40 Minuten lang backen. Vor dem Servieren anzuckern.

• Ebenso können Sie auch einen Kirschenstrudel bereiten.

(Kärnten)

Schwarzbeerstrudel

Strudelteig
Für die Fülle:
70 dag Heidelbeeren
14 dag Zucker
1 TL Zimt
21 dag Brösel
14 dag Butter
14 dag geriebene
Mandeln

Den Strudelteig ausziehen. Für die Fülle die Brösel in der Butter hellbraun rösten. Den Strudelteig zu zwei Dritteln mit gerösteten Bröseln bestreuen, die Heidelbeeren darüber verteilen, dann mit Zimtzucker und Mandeln bestreuen. Den Teig zusammenrollen, die Enden andrücken und den Strudel mit dem Teigschluß nach unten auf ein gefettetes Blech legen und etwa 20 Minuten lang backen. *(Oberösterreich)*

Spinatstrudel

Strudelteig
Für die Fülle:
90 dag Blattspinat
7 dag Butter
2 dag Schalotten
15 dag ganz fein
gewürfelter Schinken
2 Knoblauchzehe
Salz
Pfeffer
½ kg heimischer
Schafkäse

Blattspinat waschen, kurz blanchieren, überkühlen und abseihen, dann grob hacken. In einer Pfanne Butter bräunen lassen, Schalotten und Schinken darin anlaufen lassen, Spinat dazugeben und mitdünsten. Mit Salz, Pfeffer und Knoblauch würzen und auskühlen lassen. ¾ der Strudelteigfläche mit zerlassener Butter bestreichen. Auf den Rest des Teiges Spinatmasse und kleinwürfelig geschnittenen Schafkäse verteilen. Den Strudel einrollen, auf ein Blech legen und mit flüssiger Butter bestreichen. Bei 180°C 45 Minuten lang backen.

• Portioniert auf Kräuterrahmsauce servieren. *(Salzburg)*

Stadl-Mäuse

Für den Teig:
1 kg Erdäpfel
20 dag Mehl
Salz
1 Ei
10 dag Grieß

Für die Fülle:
35 dag Grammeln oder faschierte Fleischreste, Wurst oder Geselchtes
1 Zwiebel
Salz
Paprikapulver

Zum Bestreichen:
¼ l Sauerrahm
1 Ei

Erdäpfelteig zubereiten und Teig auswalken. Faschiertes Fleisch oder Grammeln darauf verteilen, mit gerösteter Zwiebel, Salz und Paprika bestreuen. Den Strudel zusammenrollen und in etwa 3–4 cm breite Stücke schneiden. Mit der Schnittfläche nach unten in eine gut befettete Pfanne geben und im Rohr backen, nach der Hälfte der Zeit den Strudel mit dem Sauerrahm-Ei-Gemisch bestreichen.

- Als Beilage: Sauerkraut, Krautsalat oder Blaukraut.

(Salzburg)

Strudelteig – Grundrezept

1 EL Schmalz oder 2 EL Öl
⅛ l lauwarmes Wasser
25 dag Mehl
Salz
1–2 Dotter

Den gut gehäuften Eßlöffel Schmalz oder das Öl im lauwarmen Wasser erweichen lassen. In einen Weitling Mehl, etwas Salz und Dotter geben, das Schmalzwasser dazugeben und zu einem glatten Teig verarbeiten, erst mit dem Kochlöffel, dann von Hand gut durchkneten, bis er seidig glänzt. Eine halbe Stunde lang rasten lassen, am besten unter einer warmen Schüssel auf einem bemehlten Teller. Den Teig auf einem bemehlten Tuch ausbreiten, mit den Fingern daruntergreifen und ihn mit dem Handrücken nach oben so dünn als möglich ausziehen, er darf dabei jedoch keine Löcher bekommen.

Die Fülle auf ¾ des Teiges verteilen, das restliche Viertel mit zerlassenem Fett betropfen und den Strudel von der gefüllten Seite her mit Hilfe des Tuches einrollen. Die seitlichen Ränder vorher einschlagen. Den Strudel aufs befettete Blech legen, mit Fett bestreichen und bei mittlerer Hitze, je nach Dicke, ½–1 Stunde backen. Während des Backens öfter mit Fett bestreichen, damit er knusprig wird.

Dieser Teig ist sowohl für Obst- als auch für Kraut- und Erdäpfelstrudel geeignet.

Strudel

• Süße wie saure Strudel bilden mit einer dicken Suppe als Vorgericht eine vollständige Mahlzeit. *(Burgenland)*

Topfenstrudel

Strudelteig
Für die Fülle:
**3/4 kg Topfen
4 Eier
Zucker
Salz
1 Handvoll Rosinen
Butter
Sauerrahm**

Für die Fülle die Eier trennen. Die Dotter mit dem gut abgetropften Topfen, etwas Zucker, etwas Salz und den Rosinen vermischen. Die Eiklar zu steifem Schnee schlagen und unter die Topfenmasse heben. Den Teig ausziehen und mit zerlassener Butter und Sauerrahm bestreichen. Die Fülle darauf verteilen, den Strudel einrollen und im Rohr hellgelb backen. Dazu gehört eine Vanillesauce.

• Aus der gleichen Masse können Sie ganz leicht Strudelkrapfen herstellen, indem Sie den zusammengerollten Strudel nicht ins Rohr schieben, sondern mit einem Kochlöffelstiel in 6–8 cm große Stücke zerteilen (nicht mit dem Messer, sonst fällt die Fülle seitlich heraus!) und diese in heißem Fett ausbacken. *(Burgenland)*

Weinbastrudel

Strudelteig
Für die Fülle:
**1 kg Tafeltrauben
3 Eier
10 dag Staubzucker
1 Messerspitze Zimt
12 dag trockener Topfen
5 dag geriebene Mandeln
3 dag Mehl
3 dag Butter
geriebene Schale einer Zitrone**

Die Trauben waschen, halbieren und entkernen. Inzwischen die Eier trennen, die Dotter mit Staubzucker, Zimt, Zitronenschale und Topfen schaumig rühren. Die Eiklar zu einem steifen Schnee schlagen und abwechselnd mit dem Mehl und den Mandeln unter die Topfenmasse ziehen. Nun den Strudelteig ausziehen. Die Butter zerlassen und auf den Teig streichen, die Füllung auf den Teig geben, die Trauben darüberstreuen und den Teig zusammenrollen. Auf ein befettetes Blech geben und etwa 30 Minuten backen, dabei häufiger mit Butter bestreichen. *(Burgenland)*

Schmalzgebackenes

Schmalzgebackenes

Affen

5 ganze Eier
1 Prise Salz
50–60 dag Mehl
Butterschmalz

Eier, Salz und Mehl zu einem mittelfesten Teig verkneten, der zugedeckt 30 Minuten lang rasten muß. Zur Rolle formen, davon Stücke abschneiden und runde dünne Teigflecke von etwa 28 cm Durchmesser ausrollen. Mit dem Teigrad im Abstand von gut 1 cm Schlitze in den Teig radeln, und zwar so, daß die Teigränder nicht durchgeschnitten werden. Butterschmalz in einem engen Gefäß erhitzen. Einen Kochlöffelstiel durch die Teigschlitze fädeln und den letzten Teigrand über die vorderen Teigstreifen heben. Teig mitsamt dem Kochlöffel in heißes Butterschmalz halten und goldgelb backen, erst dann Gebäck vom Kochlöffel streifen und noch warm überzuckern. *(Oberösterreich)*

Almnüsse

1 kg Mehl
30 dag Staubzucker
4 Eier
1 Prise Salz
1 Pkg. Vanillezucker
1 Stamperl Rum
Saft und Schale einer Zitrone
ca ¼ l Rahm
Schmalz zum Ausbacken
Zimtzucker

Alle Zutaten zu einem glatten Teig verkneten. Etwa 15 Minuten lang rasten lassen (wenn Sie Vollkornmehl verwenden, etwas länger) und zu Rollen formen. Von diesen kleine Stücke abschneiden und zu Kugerln rollen. In Fett schwimmend ausbacken und noch heiß in einem Zimt-Zucker-Gemisch wälzen. *(Tirol)*

Almraunkerln

1 kg glattes Mehl
½ kg Butter
Anis
Salz
etwas Milch
Fett zum Ausbacken
Staubzucker

Zutaten zu einem mittelfesten Teig kneten. Auswalken und kleine Vierecke ausradeln. Das Fett erhitzen und den Teig von beiden Seiten goldbraun backen. Mit Staubzucker bestreut servieren.
• Als Beilage: Milch oder Kompott. *(Salzburg)*

Schmalzgebackenes

Apfelradln in Weinteig

4 große Äpfel (etwa 80 dag)
Mehl zum Wälzen
Für den Weinteig:
20 dag Mehl
¼ l Weißwein
2 Eier
1 EL Zucker
Salz
2–3 EL Öl
Schmalz zum Ausbacken
Staubzucker zum Bestreuen

Die Eier trennen. Mehl, Wein, Dotter, Zucker und Salz glatt verrühren. Das Öl und die verquirlten (nicht geschlagenen) Eiklar untermengen. Dieser Teig braucht nicht zu rasten.
Die Äpfel waschen, das Kerngehäuse ausstechen und die Äpfel in 1 cm dicke Scheiben schneiden. Diese Apfelscheiben in Mehl wenden, dann in den Weinteig tauchen und beidseitig goldbraun herausbacken. Auf einem Gitter abtropfen lassen und mit Zucker bestreut sofort servieren.

- Das Fett sollte nicht zu heiß sein. In demselben Teig können Sie auch Kirschen ausbacken, die Sie beim Eintauchen jeweils zu dritt oder viert zusammenfassen. Mit Zimtzucker bestreut servieren. *(Kärnten)*

Balasn

Für den Teig:
4 Dotter
⅛ kg Butter
¼ l Milch
3 EL Staubzucker
Salz
Mehl
Für die Fülle:
2 kg Äpfel
Zucker
Zimt
1 Pkg. Vanillezucker
Schmalz zum Ausbacken
etwas Staubzucker

Die Butter in der Milch erweichen, mit den Dottern, dem Zucker, etwas Salz und soviel Mehl verrühren, daß ein weicher Teig entsteht.
Die Äpfel schälen und mit einem Reibeisen reißen. Mit Zucker, Zimt und Vanillezucker abschmecken.
Den Teig auf dem Brett nochmals gut durcharbeiten, dann kleine Kugerln formen. Diese werden zu einem dünnen Oval ausgewalkt und mit dem Teigradel umfahren, in der Mitte jeweils mit einem Eßlöffel Fülle belegt und zusammengeschlagen. Am Rand vorsichtig andrücken und dann einzeln in Schmalz goldbraun ausbacken. Noch warm mit Staubzucker anzuckern.
Ausreichend für etwa 30 Balasn. *(Burgenland)*

Schmalzgebackenes

Brandteigkrapfen

⅛ l Wasser
Salz
1 TL Zucker
7 dag Butter
12 dag Mehl
3–4 Eier
Zimt
Fett zum Ausbacken

Wasser mit Salz, Zucker und Butter zum Kochen bringen. Mehl dazugeben und über dem Feuer glattrühren. Den Teig abkühlen lassen und nach und nach die Eier darunterrühren. Die Masse in einen Spritzsack füllen und auf einem Schaumlöffel Ringe spritzen. Diese in heißem Fett goldgelb backen, mit Zucker und Zimt bestreuen.

- Mit Vanillesauce servieren. *(Tirol)*

Branntweinstrauben

30 dag glattes Mehl
3 dag Zucker
1 gutes Stamperl
(3 cl) Trebernschnaps
1–2 EL Sauerrahm
2 EL Essig
Salz
Schmalz zum Ausbacken

Alle Zutaten zu einem Teig verarbeiten, diesen etwa 1 Stunde lang zugedeckt rasten lassen. Dünn ausrollen und handtellergroße Rechtecke ausradeln. In diese Rechtecke hinein vier Schlitze radeln. Einen Kochlöffel durch die Schlitze hindurchfädeln und die Strauben in heißem Schmalz goldgelb herausbacken.

- Ungezuckert als Beilage zu Wein, mit Staubzucker bestreut zu Most. *(Steiermark)*

Ennstaler Krapfen

50 dag Roggenmehl
1 TL Salz
etwa ¼ l Wasser
Fett zum Ausbacken
Für die Fülle:
Steirerkäs
oder Honig
oder gekochtes, faschiertes Selchfleisch

Mehl, Salz und heißes Wasser zu einem weichen Nudelteig verarbeiten und 30 Minuten lang rasten lassen. Dann zu dünnen, ovalen Flecken ausrollen und in heißem Fett schwimmend herausbacken. Die Krapfen übereinander schichten und beschweren, damit sie zäh bleiben. Nun je nach Geschmack füllen und wie Palatschinken zusammenrollen.

- Füllt man sie mit gekochtem, faschiertem Selchfleisch, dann ißt man Sauerkraut dazu. *(Steiermark)*

Schmalzgebackenes

Erdäpfelblatteln

1 kg Erdäpfel
20 dag Mehl
3 Eidotter
Salz
Muskatnuß
Öl zu Ausbacken

Die Erdäpfel kochen, schälen, noch heiß passieren und dann erkalten lassen. Mit dem Mehl, Eidotter, Salz und Muskatnuß zu einem Teig verkneten, diesen austreiben, in rechteckige Blätter schneiden und in heißem Öl goldgelb backen. Sehr heiß servieren.

- Als Beilage: heißes, gut abgeschmecktes Sauerkraut.

(Tirol)

Faschingskrapfen

200 ml trockener Weißwein
5 dag Butter
4 dag Mehl
1 Prise Salz
abgeriebene Zitronenschale
etwas Muskatnuß
6 EL Grappa
3 dag Germ
Öl zum Ausbacken
Mehl für den Löffel
Staubzucker zum Bestreuen

Wein und Butter in einem Topf erwärmen. Vom Herd nehmen und Mehl einrühren, bis ein glatter Teig entsteht. Salz, Zitronenschale, Zimt und Muskat unterrühren und Grappa unterziehen. Germ in 2 EL warmem Wasser auflösen und in den Teig einarbeiten. Zugedeckt an einem warmen Ort etwa 1 Stunde gehen lassen. Den Teig eßlöffelweise ins heiße Fett geben und die Krapfen von beiden Seiten goldbraun backen. Abtropfen lassen und mit Staubzucker bestreut servieren.

- Wer will, kann sie mit Powidl, der mit etwas Rum vermischt wurde, füllen. Klassisch wäre glattgerührte Marillenmarmelade.

(Steiermark)

Schmalzgebackenes

Gebackene Apfelscheiben mit Zimtsabayon

4 Äpfel
Saft von 1 Zitrone
1 EL Rum
3 EL Staubzucker
1 EL Zimt
1 Pkg. Vanillezucker
Für den Tropfteig:
14 dag glattes Mehl
2 Eier
1/8 l Weißwein
2 EL Öl
5 dag Staubzucker
5 dag Kristallzucker
Fett zum Ausbacken
Für den Zimtsabayon:
1/16 l Weißwein
3 EL Zucker
1 EL Rum
3 Eidotter
1 TL Zimt

Die Äpfel schälen, das Kerngehäuse ausstechen und die Äpfel in ca. 1 cm dicke Scheiben schneiden. Staubzucker mit Zimt vermengen. Die Apfelscheiben mit Rum und Zitronensaft beträufeln und mit Zimtzucker und Vanillezucker bestreuen.
Für den Tropfteig die Eier trennen. Das Mehl mit Weißwein, Öl, Eidotter und Zucker zu einem Teig verrühren. Eiklar zu steifem Schnee schlagen und unter den Teig heben. Die Apfelscheiben durch den Tropfteig ziehen und in heißem Fett goldgelb herausbacken. Mit Zimtsabayon servieren.
Für den Sabayon sämtliche Zutaten über Wasserdampf zu einer schaumigen Creme aufschlagen. *(Tirol)*

Gebackene Apfelspalten

40 dag Äpfel
Für den Tropfteig:
15 dag Mehl
1/8 l Milch
2 Eier
Salz
Zucker oder
Staubzucker zum
Bestreuen
Schmalz zum
Ausbacken

Milch, Eier, Mehl und etwas Salz zu einem dickflüssigen Tropfteig verrühren. Nun die Äpfel vom Kerngehäuse befreien, in Spalten schneiden, in den Tropfteig tauchen und sogleich in heißem Fett goldgelb ausbacken. Etwas abtropfen lassen, noch heiß mit Staubzucker bestreuen und gleich servieren.
• Genauso kann man auch Brennesselblätter ausbacken und mit Zucker bestreut genießen. *(Burgenland)*

Schmalzgebackenes

Gebackene Hollerblüten

8 bis 12 Hollerblüten
Für den Tropfteig:
15 dag Mehl
⅛ l Milch
2 Eier
2–3 EL Öl
Salz
Zucker und Zimt zum Bestreuen
etwas Schmalz zum Ausbacken

Milch, Eier, Öl, Mehl und etwas Salz zu einem nicht zu festen Tropfteig verrühren. Die Hollerblüten vorsichtig kurz lauwarm abspülen, gut abtropfen lassen und langsam in den Teig tauchen. Die Stiele sollen dabei stets herausragen und dienen als „Griff". Hochheben, abtropfen lassen, ins Fett einlegen und goldgelb ausbacken. Am Stiel herausnehmen, etwas abtropfen lassen und mit Zucker und Zimt bestreut servieren. Die Stiele werden nicht mitgegessen.

• Die in Teig getauchten Dolden sollen nur ringsum von heißem Fett umgeben sein. Für den Backteig können Sie statt der Milch auch die gleiche Menge Most nehmen, und vielleicht ein Stamperl Rum dazu. *(Burgenland)*

Gebackene Käsescheiben

25 dag Käse (z. B. Emmentaler, Camembert)
1 Ei
Brösel
Fett zum Backen

Käse in fingerdicke viereckige Scheiben schneiden. Diese in Ei und Brösel wenden und in heißem Fett ausbacken. Mit Preiselbeeren oder Sauce Tartare servieren.

• Damit der Käse beim Backen nicht so leicht zerläuft, können Sie ihn etwa 30 Minuten vorher ins Tiefkühlfach legen. *(Wien)*

Gebackene Mäuse

50 dag Mehll
2 dag Germ
2 EL Grieß
2 Dotter
2 EL Zucker
1 Prise Salz
1 Stamperl Rum
¼ l Milch
1 Handvoll Rosinen
Schmalz zum Ausbacken

Rosinen in Rum einweichen. Mehl mit Grieß und Zucker vermischen. Die Germ mit etwas lauwarmer Milch verrühren und in eine Mulde im Mehl geben. Das Dampfl etwas gehen lassen. Dann mit Dotter, restlicher lauwarmer Milch und Rum zu einem nicht zu weichen Teig abschlagen. Rosinen und Salz unterheben. Den Teig zugedeckt gehen lassen. Nun mit einem nassen Löffel Kugerln abstechen und in heißem Fett ausbacken.

• Als Beilage: Kompott, dazu wird Milch getrunken. *(Tirol)*

Schmalzgebackenes

Gebackene Topfennudeln

¼ kg Topfen
1 Ei
Salz
12 dag Mehl
Kümmel
Fett zum Ausbacken

Alle Zutaten zu einem Teig verkneten, diesen zur Rolle formen, davon Scheiben herunterschneiden und in Fett schwimmend ausbacken.

- Dazu trinkt man Milch. *(Salzburg)*

Hasenöhrl aus Erdäpfelteig

30 dag Erdäpfel
30 dag Mehl
3 dag Butter
Salz

Erdäpfel kochen, schälen und noch heiß durchpressen. Rasch mit dem Mehl, der zerlassenen Butter und Salz zu einem Teig verkneten. Diesen messerrückendick auswalken und kleine Trapeze ausradeln. In heißem Fett herausbacken.

- Als Beilage: Sauerkraut oder grüner Salat. *(Oberösterreich)*

Hasenöhrl

60 dag glattes Mehl
6 dag Butter
¼ l Milch
1 TL Salz
2 EL Rum
2 Eier
Fett zum Ausbacken

Die Butter zerlassen, Salz und Milch hineingießen, das Ei darin versprudeln, den Rum hinzufügen und alles mit dem Mehl zu einem glatten Teig verkneten. Den Teig eine Stunde lang rasten lassen, dann messerrückendick auswalken und zu Trapezen ausradeln, die in heißem Fett herausgebacken werden.

- Als Beilage dazu Kraut, Erdäpfelsauce, aber auch Kompott oder Apfelsauce. Im Lungau verwendet man für den Teig auf 1 kg Roggenmehl 2 Dotter und knetet ihn mit saurer Milch und etwas Sauerrahm durch. *(Steiermark)*

Schmalzgebackenes

Hoanslschoaßl

25 dag Weizenvollmehl
150 ml Milch
½ TL Salz
2 dag Germ
2 dag Butter
½ EL Öl
1 EL Honig
Fett zum Ausbacken

Aus den Zutaten einen geschmeidigen Germteig bereiten. Das Backfett gut heiß werden lassen und von der Masse walnußgroße Kugerln abstechen und schwimmend herausbacken. Dabei stets nur kleine Portionen fritieren, damit das Fett heiß bleibt, denn sonst säuft sich der Teig mit Fett an und wird zu schwer verdaulich. Heiß servieren.

- Als Beilage: Kletzenpfeffer. *(Oberösterreich)*

Kaskiachl

6 Scheiben Stangenkäse
(ca 3 mm dick)
Für den Bierteig:
20 dag Mehl
2 Eier
Salz
⅛ l Bier
Schmalz zum
Ausbacken

Mehl, Eier, Salz und Bier zu einem Bierteig verrühren. Käsescheiben in Mehl wenden und in den Bierteig eintauchen. Sofort im heißen Fett schwimmend auf beiden Seiten goldbraun ausbacken.

- Wenn Sie den Käse frisch aus dem Kühlschrank holen, zerläuft er nicht so rasch. Wenn Sie Vollkornmehl verwenden, lassen Sie den Teig ein wenig stehen, ehe Sie das Bier dazugeben. Als Beilage: grüner Salat, Milch. *(Tirol)*

Krautkrapfen

Für den Teig:
40 dag Mehl
1 Ei
Salz
lauwarmes Wasser
Für die Fülle:
10 dag Speck
½ kg Kraut
Schmalz zum
Ausbacken

Aus Mehl, Ei, Salz und lauwarmem Wasser einen Nudelteig bereiten. Rasten lassen und dann dünn auswalken. In ca. 10 x 10 cm große Vierecke schneiden. Kraut dünsten, Speckwürfel abrösten und mit dem Kraut mischen. Fülle auf die Teigstücke setzen, zusammenschlagen und die Ränder festdrücken. In Fett schwimmend ausbacken. *(Tirol)*

Maisdukaten

50 dag Polenta
½ l Wasser oder Suppe
1 Ei
10 dag Speck
1 Zwiebel
Salz
Butter zum Ausbacken

Polenta wie festes Grießkoch zubereiten und Ei dazugeben. Speck mit Zwiebel anrösten und unter den Maisgrieß mischen. Auf ein Backblech streichen und auskühlen lassen. In kleine Würfel schneiden und in Butter goldgelb backen.
(Salzburg)

Mühlviertler Bauernkrapfen

45 dag Mehl
3 dag Germ
1 Ei
¼ l Milch
5 dag Butter
2 EL Zucker
1 TL Salz
2 EL Schnaps
Zitronenschale
1 Pkg. Vanillezucker
Schmalz zum Ausbacken

Die Zutaten zu einem Germteig verarbeiten, den man 1 Stunde lang gehen läßt. Erneut durchkneten und zu einer dickeren Rolle formen, von dieser 2 cm dicke Scheiben abschneiden und auf einem bemehlten Tuch aufgehen lassen. Das Fett erhitzen, die Teigstücke in der Mitte dünn auseinanderziehen und auf beiden Seiten goldgelb backen.

• Als Beilage: Zwetschkenröster. Besonders schön gehen sie auf, wenn man in die Mitte, wo der Krapfenteig nur noch ein dünnes Häutchen bildet, einen Löffel heißes Öl gibt. In dieses „Auge" des Krapfens kann man etwas Marillenmarmelade geben.
(Oberösterreich)

Mühlviertler gebackene Mäuse

75 dag Mehl
3 dag Germ
½ TL Salz
geriebene Zitronenschale
3 Dotter
8 dag Butter
etwa ½ l Milch
1/16 l Rum
1 Pkg. Vanillezucker
5 dag Zucker
10 dag Rosinen
Butterschmalz zum Backen

Alle Zutaten zu einem sehr feinen Germteig verarbeiten, der mit dem Kochlöffel besonders sorgfältig geschlagen werden muß. Zugfrei abgedeckt etwa 30 Minuten lang gehen lassen. Nun das Backfett erhitzen, einen Eßlöffel in das heiße Fett tauchen und damit Nocken abstechen. Im Fett schwimmend goldgelb herausbacken. Abtropfen lassen und in einem Gemisch aus geriebenem Mohn und Staubzucker wälzen.

• Man kann die Rosinen auch weglassen und die gebackenen Nockerln in Butter und Mohn schupfen, dann werden aus den gebackenen Mäusen Mohnnüßchen.

(Oberösterreich)

Schmalzgebackenes

Pinzgauer Blattln

¾ kg Roggenmehl
¼ kg Weizenmehl
10 dag Butter oder 3 EL Öl
1 TL Salz
2 Eier
⅜ l Milch
Fett zum Ausbacken

Milch zum Kochen bringen. Mehl in einer Schüssel mit den übrigen Zutaten vermischen, zuletzt Milch darübergießen und alles rasch zu einem Teig verkneten. Dem Teig dünn ausrollen (ca. 3 mm) und mit dem Teigradl Vierecke ausradeln. In heißem Fett von beiden Seiten goldgelb backen.

• Beilage: Sauerkraut oder eingebrannter Kohlrabi.

(Salzburg)

Pofesen

12 dünne Weißbrotscheiben
Marmelade zum Füllen
30 dag Mehl
3 Eier
1 Prise Salz
1 Stamperl Rum
⅛–¼ l Milch oder Weißwein
Schmalz zum Ausbacken

Aus Mehl, Eiern, Salz, Rum und Milch (oder Weißwein) einen Backteig zubereiten. Weißbrotscheiben mit Marmelade bestreichen und zusammensetzen. Die Scheiben in den Backteig tauchen und beidseitig goldgelb ausbacken. Diese Brotkiachl mit Zimt und Zucker bestreut servieren.

• Als Beilage: Zwetschkenröster.

In Oberösterreich heißen Semmelscheiben, die vor dem Ausbacken erst in mit Zucker gesüßten Most und dann in den Weinteig getaucht werden, Beichtpofesen. Ob der viele Alkohol wohl die Zunge lösen soll?

(Tirol)

Polsterzipfe

¼ l Milch
10 dag Butter
50 dag Mehl
4 Dotter
Salz
etwas Zucker
Schmalz zum Ausbacken
Staubzucker

Die Milch mit der Butter leicht erwärmen. Wenn die Butter geschmolzen ist, nach und nach das Mehl, die Dotter, etwas Salz und Zucker hinzugeben und alles in der Schüssel zu einem Teig verkneten. Den Teig etwa 30 Minuten lang rasten lassen, dann messerrückendick auswalken und Dreiecke ausradeln. Diese im Schmalz schwimmend ausbacken. Mit Staubzucker anzuckern.

• Zusammen mit einer kräftigen Suppe als Vorgericht eine vollständige Mahlzeit! In Oberösterreich werden die Polsterzipfe viereckig ausgeschnitten, mit einem Tupfer Ribiselmarmelade besetzt und dann vor dem Ausbacken zum Dreieck zusammengeschlagen.

(Burgenland)

Schmalzgebackenes

Schlosserbuben I

Für den Brandteig:
⅛ l Wasser
7 dag Butter
11 dag Mehl
3 kleine Eier
2 dag Zucker
Salz
Schmalz zum Ausbacken

Für die Fülle:
Powidl
Rum
Vanillezucker
Zitronensaft
Schokolade

Das Wasser mit der Butter in einer Kasserolle zum Kochen bringen. Nun das Mehl hineinschütten und bei mäßiger Hitze so lange rühren, bis sich der Teig vom Löffel löst. Den Teig vom Feuer nehmen und einzeln die Eier vorsichtig darunterrühren, dazwischen immer wieder glattrühren. Salz und Zucker einrühren. Aus diesem Teig nußgroße Kugeln formen, in Schmalz goldgelb backen. Auskühlen lassen, inzwischen den Powidl mit etwas Rum, Vanillezucker und Zitronensaft verfeinern. Alles gut verrühren, dann die Kugeln seitlich aufschneiden und füllen. Abschließend in geriebener Schokolade wälzen, noch warm servieren. *(Burgenland)*

Schlosserbuben II

25 dag Kletzen (Dörrbirnen)
10 dag Mehl
2 Eier
⅛ l Milch
1 Prise Salz
Butterschmalz zum Herausbacken
Zucker und Zimt zum Bestreuen

Kletzen halbweich kochen und auf einem Sieb abtropfen lassen, Stiele und Blüten entfernen. Die Eier trennen. Milch, Mehl und Dotter verrühren. Eiklar mit Salz zu steifem Schnee schlagen und unterheben. Kletzen in den Teig tauchen und in heißem Schmalz herausbacken. Heiß mit Zucker und Zimt bestreut servieren. *(Oberösterreich)*

Schmalzgebackenes

Schnapsnudeln

Für den Germteig:
50 dag glattes Mehl
3 dag Germ
¼ L Milch
Salz
2 Eier
10 dag Zucker
10 dag Butter
1 TL Vanillezucker
Zitronenschale
Schmalz zum Ausbacken

Zum Begießen:
½ l (!) Schnaps
¼ l Wasser
Zucker nach Geschmack
1 Zimtstange

Die Zutaten zu einem Germteig verarbeiten und gehen lassen. Zu dicken Nudeln wutzeln, diese noch etwas gehen lassen und dann in heißem Fett goldgelb backen. Zucker mit Wasser und der Zimtstange durchkochen. Den Schnaps beifügen (jetzt nicht mehr kochen, sonst verflüchtigt sich der Alkohol!), und alles über die Nudeln gießen.

• Für Autofahrer ungeeignet! Wenn man weiß, daß Schnapsnudeln als Geruchsschutz beim Ausfahren von Mist auf die Felder „erfunden" wurden, wird einem vielleicht so manches klar. *(Steiermark)*

Schneeballen

12 dag Mehl
4 Dotter
1 TL Rum
2 EL Sauerrahm
1 Prise Salz
5 dag Staubzucker

Die Zutaten zu einem Teig kneten, bis er Blasen bekommt. Dann 1 Stunde rasten lassen. Sehr dünn auswalken und in viereckige Flecke von etwa 6 cm Seitenlänge ausradeln. Fingerbreite Streifen so einradeln, daß der Rand rundherum ganz bleibt. In heißem Fett ausbacken, mit Zucker bestreut und mit Himbeersaft warm auftragen. *(Wien)*

Schnittlan

25 dag altbackenes Milchbrot
¼ l Milch
3 Eier
½ TL Salz
Schmalz zum Ausbacken
Zucker
Zimt

Altbackenes Milchbrot in ½-cm-dicke Scheiben schneiden. Die Milch mit den Eiern gut versprudeln. Die Brotscheiben hineintauchen und in heißem Backschmalz goldbraun herausbacken. Noch heiß mit einem Gemisch von Zimt und Zucker bestreuen und gleich servieren.

• Dazu trinken Kinder und Autofahrer Milch, aber Glühmost schmeckt auch sehr gut dazu. Im Oberösterreich wälzt man die Scheiben zusätzlich in Bröseln und backt sie aus. Arme Ritter werden dort auch als Beilage zu Gemüse gegessen. *(Kärnten)*

Schmalzgebackenes

Schwarzbeerkrapferln

1 l Schwarzbeeren (Heidelbeeren)
1 Ei
Salz
20 dag streichfähigen Topfen
4 EL Mehl
Fett zum Ausbacken
Staubzucker zum Bestreuen

Schwarzbeeren sauber verlesen und mit Ei, Topfen, Salz und Mehl zu einer Teigmasse vermengen. In einer Pfanne gut ¼ l Fett erhitzen (eine Mischung aus Öl und Butter) und mit einem Löffel Häufchen vom Teig hineinsetzen. Diese zu Krapferln auseinanderdrücken und ausbacken. Mit Staubzucker bestreut zu Tisch bringen.

- Dazu trinkt man kalte Milch. *(Kärnten)*

Spritzkrapfen

¼ l Milch oder Milch mit Wasser
5 dag Butter
20 dag griffiges Mehl
Salz
2–3 Dotter
Fett zum Ausbacken
Staubzucker

Die gewasserte Milch mit der Butter zum Kochen bringen, das Mehl dazugeben und rasch verrühren, bis sich der Teig vom Topfrand löst. Diesen Brandteig etwas abkühlen lassen, salzen und nach und nach die Dotter darunterrühren. Den Teig in eine Spritze füllen und etwa 5 cm lange Stücke direkt in das heiße Fett drücken. Die Krapfen goldbraun backen, herausfischen und mit Staubzucker anzuckern.

- Zusammen mit einer kräftigen Suppe als Vorgericht eine vollständige Mahlzeit. *(Burgenland)*

Strauben

⅜ l Milch
1 EL Butter
30 dag Mehl
1 Prise Salz
3 Eier
1 Stamperl Rum
Schmalz zum Ausbacken

Butter zerlassen, Milch dazugeben und leicht erwärmen. Die Eier trennen, Dotter und Salz in die Milch einsprudeln. Eiklar zu einem steifen Schnee schlagen. Abwechselnd Mehl und Milchdottergemisch unter den Schnee heben. Mit einem Trichter kreisförmig in das heiße Fett einlaufen lassen und vorsichtig herausheben. Mit Zucker und Zimt bestreuen und heiß servieren.

- Dazu trinkt man Milch, als Beilage kann Apfelmus oder Hollermandl gereicht werden. *(Tirol)*

Schmalzgebackenes

Straubn

30 dag Weizenmehl
2 dag Germ
200 ml lauwarme Milch
1 EL Zucker
2 Eigelb
1 Pkg. Vanillezucker
1 Prise Salz
5 dag weiche Butter
2 EL Marillengeist
Kokosfett zum Ausbacken
Zimtzucker zum Bestreuen

Aus allen Zutaten einen weichen Germteig bereiten und gehen lassen. Inzwischen reichlich Kokosfett in einem tiefen, weiten Topf auf 175–180°C erhitzen. Den Teig in einen Trichter füllen und als runde Platte von gut 10 cm Durchmesser von innen nach außen in den Topf einlaufen lassen. Goldbraun ausbacken, dabei einmal wenden. Dann gut abtropfen lassen. Noch warm mit Zimtzucker bestreuen.

• Dazu: Kompott, oder mit Mohn und Zucker bestreut als Kaffeegebäck. *(Kärnten)*

Thierseer Kiachl

½ kg Mehl
125 g Topfen
1 Prise Salz
2 dag Germ
etwas lauwarme Milch
1 Prise Zucker
lauwarmes Wasser
Schmalz zum Ausbacken

Mehl in eine Schüssel sieben, in der Mitte eine Vertiefung machen und darin mit lauwarmer Milch, Zucker und Germ das Dampfl machen. Wenn es gegangen ist, den Topfen und das Salz dazugeben und alles mit lauwarmem Wasser zu einem festen Germteig abschlagen. Gehen lassen. Löffelgroße Stücke abstechen und zu Kugeln formen, dann eiförmig leicht auswalken. Zugedeckt noch einmal gehen lassen und dann im heißen Fett schwimmend ausbacken.

• Dazu trinkt man Milch. Als Beilage: Kompott. *(Tirol)*

Tiroler Krapfen

Für den Teig:
20 dag Weizenmehl
20 dag Roggenmehl
1 Dotter
1/8 l Rahm
1/8 l Milch
Salz
Schmalz zum Ausbacken

Für die süße Fülle:
1/4 kg Topfen
Moosbeeren (Heidelbeeren)
Zimt
Zucker
Rum

Für die Käsefülle:
3–4 mittlere Erdäpfel
20 dag Käse
Salz
Schnittlauch
1 EL Öl
etwas heißes Wasser

Mehl mit Salz vermischen und alle Zutaten zu einem Nudelteig verkneten. Gut durchkneten, bis er schön glatt ist. Zu einer Rolle formen und Stücke abschneiden. Rund auswalken und füllen. Teigränder gut zusammendrücken und im heißen Fett ausbacken. Für die Käsefülle die Erdäpfel kochen, schälen und noch heiß passieren, mit dem geriebenen Käse und den sonstigen Zutaten vermischen.

• Eine weitere köstliche Fülle können Sie aus kleingeschnittenen Kletzen und Feigen und Mohn bereiten, eine weitere Variante besteht aus Preiselbeeren, geriebenen Äpfeln und Bröseln. Sie können für den Teig auch nur Roggenmehl verwenden. *(Tirol)*

Topfenkrapferl

30 dag Topfen
30 dag Mehl
4–5 Eier
1 Pkg. Backpulver
etwas Milch
Salz
Schmalz zum Ausbacken

Alle Zutaten zu einem dickflüssigen Teig abrühren und mit einem Löffel Nockerln abstechen. Im Fett schwimmend ausbacken und eventuell mit Zimt und Zucker bestreuen.

• Wenn Sie Vollkornmehl verwenden, lassen Sie diesen Teig etwa eine halbe Stunde ziehen, ehe Sie das mit etwas Mehl vermengte Backpulver dazugeben. Als Beilage: Kompott. Dazu trinkt man Milch. *(Tirol)*

Schmalzgebackenes

Topfenmäuse

¾ kg trockenen Topfen
4 Eier
12 dag Butter oder Margarine
12 dag Mehl
etwas Milch
Rosinen
Salz
etwas Zucker
Fett zum Ausbacken

Die Eier trennen. Den Topfen mit den Dottern verrühren, nach und nach Mehl, Milch, Rosinen, Zucker und Salz dazugeben. Die Eiklar steif schlagen und unterheben. Der Teig darf nicht zu fest sein. Mit einen Eßlöffel die Mäuse abstechen und in heißem Fett ausbacken. Anzuckern und warm essen.

● Mit einer kräftigen Suppe als Vorgericht eine vollständige Mahlzeit! *(Burgenland)*

Topfenplattn

45 dag Topfen
35 dag glattes Mehl
3 dag zerlassene Butter
Salz
1–2 Eier
1 Prise Kümmel
Schnittlauch
Fett zum Ausbacken

Alle Zutaten vermengen und zu einem Teig verarbeiten. Diesen mindestens 15 Minuten lang rasten lassen. Dann kleine Stücke herunterschneiden und zu Plattn auswalzen (etwa ½ cm stark). In Fett schwimmend von beiden Seiten herausbacken.

● Mit Schlamperkraut ein Gedicht! *(Tirol)*

Türkenpolster

16 dag Mehl
8 dag Butter
1 Pkg. Vanillezucker
1 Prise Salz
2 EL Rum
1 ganzes Ei
1 Dotter
Marmelade zum Füllen
Fett zum Ausbacken

Alle Zutaten zu einem glatten Teig verkneten und etwa 30 Minuten lang kühl rasten lassen. Auf einem bemehlten Brett messerrückendick ausrollen und große runde Scheiben ausstechen. In der Mitte mit Marmelade belegen und die Ränder mit Eiklar bestreichen. Die Ränder fest zusammenklappen und diese gut verschlossenen Halbmonde in heißem Fett nacheinander auf beiden Seiten goldbraun ausbacken. Abtropfen und mit Zucker bestreut servieren.

● Variante: Powidl zum Füllen. *(Niederösterreich)*

Schmalzgebackenes

Vögalan

50 dag Mehl
3 dag Germ
4 dag Zucker
1 TL Salz
5 dag Butter
¼ l Milch
2 Eier
2 EL Rum
10 dag Weinbeeren (=Rosinen)
Schmalz zum Ausbacken

Alle Zutaten zu einem weicheren Germteig verarbeiten und gehen lassen. Wenn er gut aufgegangen ist, mit einem Eßlöffel Nockerln ausstechen und in mäßig heißem Fett goldbraun backen.

- Als Beilage: Kompott. Dazu trinkt man Milchkaffee.

(Kärnten)

Völser Kirchtagskrapfen

Für den Teig:
50 dag Weizenmehl
1 Ei
5 dag zerlassene Butter
¼ l lauwarme Milch
Salz
Für die Fülle:
20 dag Kloazen (Dörrbirnen)
½ l Wasser
1 EL Zimt
1 Messerspitze Nelkenpulver
Zitronenschale
1 Schuß Rum
Schmalz zum Ausbacken

Alle Zutaten zu einem glatten Teig verarbeiten. 2 Stunden zugedeckt rasten lassen. Dünn auswalken und die Hälfte des Teiges mit Fülle bestreichen und mit der anderen Hälfte zudecken. Krapfen ausradeln und im heißen Öl goldgelb backen. Für die Fülle die Kloazen weichkochen, faschieren und mit den übrigen Zutaten vermischen.

(Tirol)

Schmalzgebackenes

Wiener Schlosserbuam

**25 Dörrzwetschken
etwas Rum
25 ganze Mandeln
Zimt
Zucker**
Für den Backteig:
**12 dag Mehl
2 Eier
1 EL Öl
⅛ l Milch oder trockener
Weißwein oder Bier
1 Prise Salz
1 dag Zucker
Fett zum Ausbacken
8 dag Schokolade
5 dag Staubzucker**

Dörrzwetschken am besten über Nacht in kaltem, mit etwas Rum gemischtem Wasser einweichen. Einschneiden, den Kern durch je eine abgezogene Mandel ersetzen. Mit Zimtzucker bestreuen. Für den Backteig die Eier trennen, das Mehl in eine Schüssel sieben, mit Eidottern, Öl, der Flüssigkeit, Salz und Zucker zu einem glatten Teig verrühren. Diesen mind. 1 Stunde lang rasten lassen. Eiklar zu steifem Schnee schlagen und unter den Teig heben. Das Backfett erhitzen. Die Zwetschken in den Backteig tauchen, so daß sie vollständig umhüllt sind, in das heiße Fett geben und goldbraun ausbacken. Mit der Schaumkelle herausheben und abtropfen lassen. In geriebener Schokolade mit Staubzucker wälzen. Noch warm servieren.

- Dazu kann man Erdbeersauce reichen.

(Wien)

Wiener Waschermadln

**12 Marillen
10 dag Marzipan
1–2 EL Marillenlikör
Backteig wie bei den
Wiener Schlosserbuam.
Fett zum Ausbacken
etwas Zucker mit
Vanillezucker vermischt**

Marillen mit kochendem Wasser übergießen und die Haut abziehen. Einschneiden und vorsichtig den Kern durch eine kleine Marzipankugel ersetzen. Mit Marillenbrand beträufeln und ziehen lassen. Inzwischen den Backteig zubereiten, dann das Backfett erhitzen und die Marillen in den Teig eintauchen, in heißem Fett ausbacken, abtropfen lassen und mit dem Zuckergemisch bestreuen, noch warm servieren.

- Dazu trinkt man eine Melange.

(Wien)

Foto: GUSTO / Stefan Liewehr

Apfelstrudel

(BURGENLAND, OBERÖSTERREICH)

(siehe Rezepte Seite 269)

Foto: GUSTO / Stefan Liewehr

Millirahmstrudel mit Vanillesauce
(WIEN)

(siehe Rezept Seite 278)

Foto: GUSTO / Stefan Liewehr

Rhabarberstrudel

(KÄRNTEN)

(siehe Rezept Seite 279)

Topfenstrudel
(BURGENLAND)

(siehe Rezept Seite 283)

Faschingskrapfen

(STEIERMARK)

(siehe Rezept Seite 290)

Foto: GUSTO / Das Foto

Hasenöhrl

(OBERÖSTERREICH, STEIERMARK)

(siehe Rezepte Seite 293)

Foto: GUSTO / Stefan Liewehr

Polsterzipfe

(BURGENLAND)

(siehe Rezept Seite 296)

Foto: GUSTO / Stefan Liewehr

Schlosserbuben auf Vanillesauce

(BURGENLAND, OBERÖSTERREICH)

(siehe Rezepte Seite 297)

Schmalzgebackenes

Zillertaler Krapfen

Für den Teig:
30 dag Roggenmehl
10 dag griffiges Mehl
1 Prise Salz
Milch oder Wasser

Für die Fülle:
½ kg Erdäpfel
¼ kg Topfen
Salz
Schnittlauch
etwas heißes Wasser
Schmalz oder Butter
zum Ausbacken

Alle Zutaten für den Teig vermischen und so viel kalte Flüssigkeit dazugeben, daß ein fester Nudelteig entsteht. Diesen so lange kräftig kneten, bis er glatt ist. Von diesem Teig ein Stück herunterschneiden und daraus eine etwa 5 cm starke Rolle formen. Davon wiederum kleine Stücke abschneiden und sehr dünn auswalken (runde Formen). Mit Fülle belegen und zusammenschlagen, den Rand gut andrücken, damit die Fülle nicht ausläuft. In heißem Fett ausbacken.
Für die Fülle die Erdäpfel kochen, schälen und passieren. Mit Topfen, Salz und Schnittllauch vermischen und mit etwas heißem Wasser binden. *(Tirol)*

Zwetschkenpofesen

5 alte Semmeln
20 dag Powidl
etwas Rum
2 Eier
¼ l Milch
Salz
Fett zum Backen

Powidl mit Rum vermischen. Semmeln derart in dünne Scheiben schneiden, daß immer 2 Schnitten gleich groß sind, diese mit Powidl füllen, kurz in Milch tauchen und in versprudeltem Ei wenden. In heißem Fett goldbraun backen.
(Oberösterreich)

Kalte Desserts

Kalte Desserts

Apfelschaum im Glas

4 Äpfel
1 EL Zitronensaft
⅛ l Apfelsaft
⅛ l Weißwein
2 Dotter
8 dag Zucker
⅛ l Obers

Geschälte, entkernte Äpfel in Apfelsaft, Weißwein und Zitronensaft weichdünsten, dann mit dem Zauberstab pürieren. Eidotter und Zucker schaumig rühren. Das Schlagobers schlagen und alle Zutaten darunterheben. In Sektflöten mit Trinkhalm servieren. *(Vorarlberg)*

Apfelschaum

15 Äpfel
8 Eiklar
20 dag Zucker
Saft einer Zitrone
Erdbeer- oder
Himbeersirup

Äpfel im Rohr braten und passieren. Eiweiß zu Schnee schlagen, 2 EL Zucker dazugeben und weiterschlagen. Restlichen Zucker mit Zitronenschale dazugeben. Ca. ¼ der Schneemasse zu Seite geben, unter den restlichen Schnee das Apfelmus unterheben. In einer mit Fett ausgestrichenen Form im mäßig heißem Rohr kurz backen. Den übriggebliebenen Schnee mit Sirup rot färben und kleine Häufchen auf den Apfelschaum geben, fertig backen. *(Niederösterreich)*

Bananenfrappé

3 Bananen
1 Pkg. Vanillezucker
Saft von ½ Zitrone
½ l Joghurt (natur)
4 Kugeln Walnußeis

Bananen, Vanille und Zitronensaft mit dem Zauberstab pürieren, Joghurt kurz mitmixen. In Longdrinkgläser verteilen und jeweils mit einer Kugel Walnußeis krönen. *(Vorarlberg)*

Kalte Desserts

Bratäpfel

6 Äpfel (am besten Boskop oder eine alte Landsorte)
Ribiselmarmelade zum Füllen
Butterflocken zum Bestreuen

Kerngehäuse aus den Äpfeln stechen und das Loch mit Marmelade füllen. In eine befettete Auflaufform geben und mit Butterflocken belegen. Etwa 30 Minuten bei 180°C im Rohr braten.

• Nicht nur eine winterliche Nachspeise, sondern auch eine besondere Beilage zu Wildgerichten. Ist Ihnen Ribiselmarmelade zu süß, versuchen Sie einmal eine Fülle aus gehackten Nüssen, Rahm, Zucker und Zimt. In Kärnten übergießt man die Äpfel vor dem Braten mit süßem Rahm und bestreut sie anschließend mit Zucker und Zimt.

(Tirol)

Erdbeer-Topfencreme

25 dag Magertopfen
¼ l Schlagobers
10 dag Zucker oder Honig
1 Pkg. Vanillezucker
1 Zitrone
50 dag Erdbeeren

Topfen mit Schlagobers, Zucker und Zitronensaft zu einer lockeren Creme aufschlagen, die Erdbeeren in kleine Stücke schneiden, unterheben und gekühlt servieren.

• Sollten Sie es schaffen, diese Creme an Ihren Kindern vorbeizuschmuggeln, können Sie sie mit 2 cl Rum oder Orangenlikör anreichern. Etwas stabiler wird die Creme, wenn man 4 Blatt Gelatine aufweicht und darunterrührt.

(Oberösterreich)

Grantnschleck

40 dag Äpfel
25 dag Zucker
2 Nelken
½ Zimtstange
½ Zitrone
25 dag Grantn (Preiselbeeren)
⅛ l Schlagobers

Die Äpfel bis auf einen grob reiben und mit den Gewürzen und dem Zucker im eigenen Saft weichdünsten, gut auskühlen lassen. Nun den letzten Apfel grob reiben und mit den Grantn unter die Äpfelmasse mischen, das Schlagobers steif schlagen und vorsichtig unterziehen. In Dessertschälchen anrichten.

• Sollten Sie keine frischen Grantn bei der Hand haben, können Sie sie auch durch Preiselbeermarmelade ersetzen, in diesem Fall können Sie ruhig weniger Zucker verwenden. Variation: einfach ¼ l Schlagobers mit ½ l Preiselbeerkompott schaumig rühren und genießen.

(Kärnten)

Kalte Desserts

G'stand'ne Milch

1 l Milch
etwas Salz
2 EL Zucker
3 Dotter
5 dag Mehl
Zucker
Zimt

Von der Milch ¼ l abnehmen, den Rest mit Salz und Zucker aufkochen. Das andere Viertel gut mit Dottern und Mehl versprudeln, in die kochende Milch eingießen und unter ständigem Rühren 5 Minuten lang verkochen. Dann in Schüsserln füllen und kühlstellen. Mit Zucker und Zimt bestreut servieren. *(Kärnten)*

Hollerkompott

1 kg Hollerbeeren
½ kg Zwetschken
½ kg Äpfel
1 l Milch
2 EL Mehl
13 dag Zucker
1 Zimtstange
1 Pkg. Vanillezucker

Zucker, Vanillezucker und Zimt in wenig Wasser aufkochen. Inzwischen die Äpfel vierteln, Kerngehäuse entfernen und blättrig schneiden. Zwetschken halbieren und entkernen. Holler waschen, abrebeln und mit Äpfeln und Zwetschken im kochenden Zuckerwasser langsam weichdünsten. Milch mit Mehl versprudeln und einrühren. Kurz aufkochen lassen und nötigenfalls noch mit Zucker nachsüßen.

• Kalt als Dessert, warm als Beilage zu Schmarrn, Buchteln und Topfenknödeln. Variante: keine Milch, dafür am Schluß mit Mehl und etwas Rahm binden. Statt der Äpfel schmeckt es auch mit Birnen sehr gut. *(Oberösterreich)*

Kastanieneis mit gebratenen Äpfeln

50 dag Kastanien
1 Vanillestange
40 dag Zucker
1 l Milch
Rum
10 Dotter
Schlagobers
4–6 Äpfel
etwas Butter
2 TL Zucker
ein Schuß Weißwein
Apfelschnaps

Kastanien rundherum einschneiden und in den Ofen geben, bis sie sich schälen lassen. Die geschälten Kastanien mit einer Vanillestange und etwas Zucker in Milch dünsten und dann fein passieren. 1 l Milch mit den passierten Kastanien aufkochen. Zucker mit etwas Rum und Eidottern gut verrühren, die Kastanienmilch damit aufgießen und auf dem Feuer zu einer Creme schlagen. Dann erkalten lassen und in die Eismaschine geben. Bevor das Eis ganz fertig ist, etwas gezuckertes Schlagobers dazugeben.

Inzwischen die Äpfel schälen, halbieren, das Kerngehäuse herausstechen und die Apfelhälften in eine Bratpfanne geben. Butter, Zucker und Weißwein dazugeben und zu einem schönen Sirup einkochen lassen. Diesen mit einem Apfelschnaps flambieren und das Kastanieneis dazu servieren.

(Tirol)

Schokoladegelee

1 l Milch
15 dag Zucker
20 dag zerbröckelte Schokolade
2 dag Gelatine

Milch, Zucker und Schokolade unter ständigem Rühren mit der Schneerute zum Kochen bringen. Gelatine in Wasser auflösen und in die nicht mehr kochende Schokolademilch geben. Gut durchrühren und in Portionsschüsselchen füllen. Abgekühlt im Eiskasten fest werden lassen.

(Niederösterreich)

Weincreme

½ l guter Weißwein
oder Rosé
4 Eidotter
3 Eier
25 dag Staubzucker
1 EL Mehl

Den Wein zum Kochen bringen, Eidotter, Eier, Staubzucker und Mehl kurz vermischen. Unter ständigem Rühren den Wein dazugeben und im Wasserbad dick aufschlagen. Sehr kalt servieren. Mit gezuckerten Trauben (vorher mit Wein befeuchten, damit der Kristallzucker daran haftet) verzieren.

● Variante: Die Weincreme in einer Schüssel servieren, die mit Biskotten ausgelegt wurde. Diese mit Rum oder Arrak besprengen. Nach Belieben frische Beeren oder gedünstetes Obst, eventuell klein geschnitten, darauf verteilen und mit einer weiteren Schicht Biskuit abdecken. Darüber die Creme streichen. Vor dem Servieren mit Schlagobers verzieren.

(Burgenland)

Wiener Luft

20 dag Zucker
4 Eier
Saft von ½ Zitrone
4 EL Maraschino
4 Blätter Gelatine

Die Eier trennen, die Eiklar zu Schnee schlagen. Zucker mit Dottern abtreiben und den Saft einer ½ Zitrone und Maraschino daruntermischen. Gelatine in heißem Wasser aufweichen, dazugeben und die Masse rühren, bis sie dicklich wird. Eischnee daruntermischen. Eine mit Wasser ausgespülte Form füllen und die Masse fest werden lassen. Gestürzt mit Himbeersaft servieren.

(Wien)

Brot und Gebäck, Torten und Kekse

Allerheiligenstriezel

1 kg glattes Mehl
18 dag Butter
18 dag Zucker
2 Eier
4 dag Germ
Salz
1 EL Rum
Schale einer Zitrone
Eier zum Bestreichen
Hagelzucker zum Bestreuen

Die Zutaten zu einem festen Germteig verarbeiten, gehen lassen. Nachher den Teig nochmals kneten und in 9 Teile teilen, aus denen man lange Schlangen rollt. 4 Stränge zu einem breiten Zopf flechten, auf ein gut befettetes Blech legen und mit einem Ei bestreichen. 3 Stränge zu einem weiteren Zopf flechten, auf den ersten Zopf legen und wieder mit Ei bestreichen. Die letzten 2 Stränge verdrehen und obenauf legen. Erneut alles mit Ei bestreichen und mit Hagelzucker bestreuen. Ins Rohr geben und bei mittlerer Hitze backen, dabei in der ersten Hälfte der Backzeit das Rohr nicht öffnen, damit der Striezel nicht zusammenfällt.   *(Niederösterreich)*

Anisscharten

4 Eier
4 eischwer Zucker
3 eischwer Mehl
Saft einer Zitrone
Anis

Eier mit Zucker schaumig rühren, dann Mehl und Zitronensaft einrühren. Ein Blech mit Bienenwachs bestreichen und mit einem Eßlöffel kleine Häufchen der Masse in großen Abständen daraufsetzen, da sie während des Backens auseinanderfließen. Mit Anis bestreuen und bei leichter Hitze backen. Mit einem Messer vom Blech nehmen und über einem Kochlöffelstiel rundbiegen, in eine hohe Schüssel gleiten lassen. In verschlossenen Dosen aufbewahren.
(Niederösterreich)

Aniszwieback

¼ kg Zucker
4 Eier
2 dag Anis
¼ kg Mehl

Eier mit Zucker schaumig rühren, den gestoßenen Anis und nach und nach das Mehl dazugeben. Der Teig soll nicht zu weich sein. Daraus einen Wecken formen oder in eine gut gefettete Kastenform füllen und bei großer Hitze backen. Nach dem Abkühlen in Scheiben schneiden und noch einmal backen.   *(Niederösterreich)*

Apfelbrot

2 kg Äpfel
50 dag Rohzucker oder Honig
50 dag grob gehackte Walnüsse
40 dag Rosinen
50 dag Feigen
5 dag Aranzini
5 dag Zitronat
2 Stamperl Rum
1 EL Zimt
1 EL Nelkenpulver
½ EL Neugewürz
½ kg Weizenmehl
2 Pkg. Backpulver

Äpfel raspeln, mit Zucker, Nüssen, kleingeschnittenen Trockenfrüchten, Rum und Gewürzen vermischen und über Nacht an einem kühlen Ort durchziehen lassen. Am nächsten Tag das Backpulver mit dem Mehl versieben und unter die Masse kneten. Das Rohr vorheizen und eine Kastenform befetten, den Teig hineingeben und bei 180°C etwa 2 Stunden lang backen.

● Sollte der Teig zu fest sein, etwas Milch oder 1 Ei unterkneten. Das Rezept eignet sich sehr gut zur Verwendung von Vollkornmehl oder Dinkelmehl. *(Kärnten/Vorarlberg)*

Apfelkuchen

Für den Teig:
30 dag Mehl
1 Pkg. Backpulver
7 dag Staubzucker
8 dag Butter
1 Ei
1 Dotter
3 EL Milch
Für die Fülle:
1½ kg Äpfel
Zucker
Zimt
1 Ei zum Bestreichen

Das Mehl auf das Backbrett sieben, Backpulver, Zucker, Butter, Ei und Milch dazu und zu einem Knetteig verarbeiten. Den Teig in zwei gleiche Teile teilen und die eine Hälfte ausrollen, auf ein gefettetes, tiefes Blech legen. Für die Fülle: Äpfel entkernen, mit einem Reibeisen reißen und mit Zucker und Zimt würzen. Die Fülle auf dem Teig verteilen. Nun die zweite Hälfte des Teiges ausrollen und darübergeben. Mit einem verquirlten Ei bestreichen und etwa eine halbe Stunde lang backen. *(Burgenland)*

Bauernbrot

60 dag Weizenmehl (Type 700)
12 dag Weizenvollkornmehl
13 dag feiner Roggenschrot
1 dag Germ
1 TL Zucker
10 dag Sauerteig
1½ TL Salz
½ l Wasser

In das Mehl eine Mulde drücken, darin aus Germ, Zucker und lauwarmem Wasser ein Dampfel machen, und wenn dieses gegangen ist, mit den übrigen Zutaten zu einem klebrigen Teig verarbeiten und mindestens eine Stunde warmgestellt gehen lassen. Dann Mehl beigeben, den Teig gut durchkneten und nochmals gehen lassen. Erst dann nach erneutem Durchkneten einen Laib formen, wieder gehen lassen, mit kaltem Wasser bepinseln und bei 210°C etwa 50–55 Minuten lang backen. Nach der Hälfte der Backzeit die Temperatur etwas senken.

• Beim Backen ein Gefäß mit Wasser ins Rohr stellen. Das Brot ist gar, wenn es beim Klopfen an die Unterseite hohl klingt. Vergessen Sie nicht, etwas von dem Teig für das nächste Brotbacken beiseite zu geben. *(Vorarlberg)*

Bauernkrapfen vom Blech

½ kg Mehl
⅛ kg Butter oder Margarine
10 dag Zucker
2 dag Germ
1 Ei
¼ l Milch
Ei zum Bestreichen
Marmelade zum Füllen

Aus den Zutaten einen Germteig bereiten. Den gegangenen Teig kleinfingerdick auswalken, Krapfen ausstechen und auf einem eingefetteten Backblech noch einmal gehen lassen. Sobald sie um die Hälfte größer geworden sind, in der Mitte mit dem bemehlten Daumen eine Grube drücken und mit Marmelade füllen. Rundherum mit Ei bestreichen und mit Hagelzucker bei mittlerer Hitze im Rohr backen.

(Niederösterreich)

Bauerntorte

80 dag Mehl
40 dag Butter
4 dag Germ
5 Dotter
5 EL Zucker
geriebene Zitronenschale
Salz
5 EL Rahm oder Obers
etwas Milch
Zum Bestreuen:
Zimt
Rosinen
Kristallzucker
1 Dotter zum Bestreichen

Aus den angegebenen Zutaten einen Germteig zubereiten. Sobald der Teig gegangen ist, gut durcharbeiten und noch einmal gehen lassen, dann in zwei ungleiche Teile teilen. Etwa zwei Drittel des Teiges in eine gut ausgeschmierte Tortenform drücken und dick mit Kristallzucker bestreuen. Darauf Rosinen, nochmals Kristallzucker und Zimt streuen. Den kleineren Teig zu langen Schlangen auswalzen und als Spiralen auf die Zimtschicht legen. Nochmals gehen lassen, mit Ei bestreichen und bei guter Mittelhitze backen.

(Niederösterreich)

Besoffene Liesl

6 Eier
6 EL Staubzucker
6 EL Brösel
½ l Weißwein
Zucker nach Geschmack
1 Zimtstange
Saft von einer
½ Zitrone
½ l Schlagobers
20 dag Kochschokolade

Die Eier trennen. Dotter mit Staubzucker schaumig rühren, Brösel einrühren und steifgeschlagenen Schnee unterziehen. In eine gebutterte Ringform füllen. Bei 180° C etwa 30–40 Minuten lang backen. Inzwischen Wein, Zucker, Zitronensaft und Zimtstange Glühwein einmal aufkochen, dann kaltstellen. Die Torte ebenfalls auskühlen lassen, dann in eine flache Schüssel stellen. Den Wein darübergießen und kaltstellen. Die fertige Besoffene Liesl mit Schlagobers und zerlassener Kochschokolade servieren. *(Oberösterreich)*

Brot und Gebäck, Torten und Kekse

Besoffener Kapuziner

12 dag geriebene Nüsse
4–6 dag Kochschokolade
4 Eier
12 dag Zucker
10 dag Brösel
Zitronenschale
Für den Überguß:
3/8 l Most
Zucker nach Geschmack
Nelken
1 Zimtstange

Nüsse und Schokolade reiben. Die Eier trennen, Dotter und Zucker schaumig rühren. Eiklar zu Schnee schlagen. Schokolade und Nüsse in die Dottermasse mengen und abwechselnd Schnee und Brösel unterziehen. In befetteter, bemehlter Tortenform knapp 1 Stunde lang bei 170°C backen. Most, Zucker, Nelken und Zimtrinde aufkochen und den ausgekühlten Kuchen damit übergießen.

(Oberösterreich)

Bienenstich

Für den Teig:
50 dag griffiges Mehl
2 dag Germ
1/4 l lauwarme Milch
1/2 TL Salz
geriebene Schale von einer Zitrone
1 Pkg. Vanillezucker
6 dag Zucker
6 dag Butter
Für den Belag:
15 dag Butter
10 dag Zucker
30 dag Mandelblättchen
3 EL Milch
2 EL Zitronensaft
Für die Fülle:
1/2 l Milch
1 Pkg. Vanillepuddingpulver
1 Prise Salz
6 dag Zucker
Vanillezucker
25 dag Magertopfen
1/4 l Schlagobers

Aus den angegebenen Zutaten einen Germteig bereiten und bis zur doppelten Höhe gehen lassen. Noch einmal gut durchkneten und erneut gehen lassen. Auf einem befetteten Backblech zu einem etwa 30 x 40 cm großen Rechteck ausrollen. Nun für den Belag Mandeln und Zucker in Butter kurz rösten, mit Milch und Zitronensaft aufgießen. Etwas abkühlen lassen, dann den Belag auf dem Teig verteilen, der inzwischen nochmals aufgegangen ist, und im vorgeheizten Backrohr etwa 40 Minuten lang bei 175° C backen. Abkühlen lassen und quer auseinanderschneiden. Für die Füllung Pudding nach Anleitung auf der Packung kochen, mit Salz, Zucker und Vanillezucker abschmecken, abkühlen lassen, dann den Topfen und das geschlagene Schlagobers unterziehen. Den ausgekühlten Kuchen mit dieser Creme füllen, wieder zusammensetzen und kühlstellen, portionieren.

(Vorarlberg)

Biskuitroulade

4 Eier
4 EL kaltes Wasser
20 dag Zucker
1 Pkg. Vanillezucker
8 dag Stärkemehl
8 dag Mehl
1 TL Backpulver
Für die Fülle:
½ Glas Marillenmarmelade
Zucker zum Bestreuen

Die Eier trennen. Eiklar mit Wasser in einer sehr hohen Schüssel mit dem Mixer sehr steif schlagen. Zucker und Vanillezucker unter Schlagen einrieseln lassen. Auf einer niedrigeren Stufe Eidotter leicht unter die Eiklarmasse ziehen und zuletzt das Gemisch aus Stärkemehl, Mehl und Backpulver darunterheben. Ein Backblech mit gefettetem Pergamentpapier auslegen, die Biskuitmasse gleichmäßig darauf verstreichen und im vorgeheizten Backrohr bei mittlerer Hitze 12–15 Minuten lang backen. Nach dem Backen die Biskuitplatte auf ein Tuch stürzen und das Papier abziehen. Die Ränder der Platte flachdrücken, die verrührte Marmelade auf die Platte streichen und mit Hilfe des Tuches aufrollen. Die fertige Roulade mit Staubzucker bestreut servieren. *(Wien)*

Blattlstock

Für den Teig:
75 dag Mehl
10 dag Staubzucker
10 dag Butter
2 Eier
2 dag Germ
Salz
¼ l Milch
Für die Fülle:
75 dag Mohn
20 dag Zucker
1 Stamperl Rum
Nelken
Zimt
Zitronenschale
½ l Milch
Zum Abschmalzen:
30 dag Butter
Zuckerwasser

Das Mehl in eine Schüssel sieben, in der Mitte eine Vertiefung machen und darin aus Germ, lauwarmer Milch und Zucker mit etwas Mehl ein Dampfl machen. Wenn dieses gegangen ist, mit dem Mehl, den Eiern, dem Salz, der zerlassenen Butter und der restlichen Milch zu einem mittelfesten Germteig verarbeiten. Diesen zugedeckt gehen lassen. Eine Rolle formen und in gleich große Teile schneiden (5–10), diese zu runden Blättern auswalken und zugedeckt gehen lassen, eventuell mit einer Gabel einstechen. Bei 180°C backen. Inzwischen den Mohn, die Milch und die Gewürze aufkochen und auskühlen lassen. Nun die Teigblätter nacheinander mit Zuckerwasser einstreichen, mit Mohnfülle bestreichen und mit etwas zerlassener Butter begießen, das nächste Teigblatt darauflegen und so weiter. Das oberste Teigblatt bekommt keine Fülle mehr, dafür eine Extraportion Butter, die seitlich heruntertropfen darf.

• Damit der Blattlstock außer köstlich und süß auch ein wenig gesund ist, sollten Sie Vollkornmehl verwenden, in diesem Fall den Teig länger gehen lassen und evtl. mehr Milch verwenden. Es sollten so viele Schichten sein wie Familienmitglieder, und eigentlich gehört der Blattlstock auf den Weihnachtstisch. *(Kärnten/Tirol)*

Brandenberger Prügeltorte

½ kg Eier (ca. 10 Stück)
½ kg Zucker
½ kg Mehl
½ kg Butter
Vanillezucker
Zitronenschale

Eier mit Zucker schaumig rühren. Mehl dazugeben. Dann die geriebene Schale einer Zitrone und zerlassene Butter dazugeben. Die Prügeltorte wird auf einem nudelwalkerähnlichen, leicht kegelförmigen Prügel, der über dem offenen Feuer eingehängt wird, gebacken. Der Prügel wird ständig gedreht und immer wieder mit ein wenig Teig begossen. Erst wenn dieser hellbraun gebacken ist, kommt die nächste Schicht darauf. Je dünner und also zahlreicher die Schichten, desto feiner die Torte. Der Prügel wird dann herausgezogen und die Torte entweder als Ganzes aufgestellt oder in Ringe geteilt und dann aufgeschnitten. Sie hält sich recht gut, ist aber geruchsempfindlich.

- Fehlt Ihnen die entsprechende Vorrichtung, fragen Sie einmal beim Bauernmarkt. *(Tirol)*

Brezen

Für den Teig:
50 dag Mehl
4 dag Germ
gut ¼ l lauwarmes Wasser
1 TL Zucker
1 TL Salz
3 dag Butter
Für den Überzug:
1 l Wasser
1 dag Natron
1–2 EL grobes Salz
Butter für das Backblech

Aus den angegebenen Zutaten einen geschmeidigen Germteig bereiten und gehen lassen. Sollte dieser etwas zu weich sein, noch etwas Mehl dazugeben. Auf bemehlter Arbeitsfläche aus dem Teig eine Rolle formen und in 12 Stücke teilen. Die Stücke einzeln mit den Händen ausrollen, bis sie etwa 40 cm lang sind. Nun zu Brezen formen und zugedeckt etwa 15–20 Minuten gehen lassen. Inzwischen aus Wasser und Natron eine kochende Lauge bereiten und die Brezen für 30 Sekunden hineintauchen. Dann auf ein gefettetes Backblech legen, mit grobem Salz bestreuen, mindestens 30 Minuten lang kaltstellen und dann erst in das auf 200–220° C vorgeheizte Backrohr geben und in 20–25 Minuten knusprig backen. *(Salzburg)*

Brioche

50 dag Mehl
20 dag Germ
7 dag Staubzucker
Zitronenschale
14 dag Butter
1 Dotter
2 Eier
1 Prise Salz
etwas Milch

Germ in etwas Milch auflösen, mit der Hälfte des Mehls vermischen und an einem kühlen Ort über Nacht ruhen lassen. Am nächsten Tag mit den restlichen Zutaten vermischen, zu einem festen Teig kneten und an einem warmen Ort in Ruhe gehen lassen. Nun die Masse in zwei Hälften für zwei Brioches teilen. Jede Hälfte nochmals in 3 unterschiedlich große Teile teilen, die einzeln nochmals gut durchgeknetet werden. Den größten zu einem runden Laib formen, den man in der Mitte zu einer Vertiefung auseinanderzieht und mit Ei bestreicht. In diese den nächstkleineren Laib hineinsetzen, auch in dessen Mitte eine Vertiefung machen, mit Ei bestreichen und da hinein den kleinsten Teil setzen, der kugelförmig gedreht ist. Nachdem die Brioche als ganzes mit Ei bestrichen wurde, in den Backofen schieben und während der ersten halben Stunde die Tür nicht öffnen. 1 Stunde backen. Die Brioche muß eine resche, lichtbraune Kruste bekommen, sehr leicht sein und zu doppelter Höhe aufgehen.

● Selbstverständlich kann man auch aus der Masse andere Formen bilden. z. B. Kipferln oder einen Frühstückszopf, indem man die Masse in gleichgroße Teile teilt und Zöpfe daraus flicht, die man mit verquirltem Ei, dem eine Prise Salz beigegeben wurde, bestreicht. *(Wien)*

Buchweizentorte mit Heidelbeeren

15 dag Butter
10 dag Zucker
6 Eier
10 dag Buchweizenmehl
1 TL Backpulver
20 dag geriebene Mandeln
Für die Fülle:
20 dag Heidelbeeren
¼ l Schlagobers
1 Pkg. Vanillezucker

Die Eier trennen. Butter mit dem größten Teil des Zuckers und Dottern schaumig rühren. Mehl mit Backpulver und Mandeln vermischen, Eiklar mit dem restlichen Zucker zu festem Schnee schlagen und abwechselnd mit der Mandel-Mehl-Mischung unter die Dotter heben. Bei 175°C etwa 45 Minuten lang backen. Das Schlagobers schlagen, süßen und die Heidelbeeren darunterziehen. Die abgekühlte Torte halbieren und mit dem Heidelbeerrahm füllen.

● Am besten den Buchweizen und die Mandeln erst unmittelbar vor der Verwendung frisch mahlen. *(Vorarlberg)*

Buttermilchbrot

60 dag Weizenbrotmehl
(Type 1600)
10 dag feiner
Weizenschrot
10 dag Roggenmehl
2–3 dag Germ
1 EL Zucker
1 Tasse Milch
3/8 l Buttermilch
2 TL Salz
Milch zum Bepinseln
Haferflocken zum
Bestreuen

Alle Zutaten zu einem Germteig verarbeiten und etwa 40 Minuten lang zugedeckt gehen lassen. Den Teig mit etwas Mehl gut durchkneten und erneut gehen lassen. Erst jetzt nach nochmaligem sorgfäligem Durchkneten 2 Laibe formen. In diese mit einem feuchten Messer tiefe Kreuze einschneiden. Zugedeckt nochmals 20 Minuten lang gehen lassen, dann mit Milch bepinseln, mit Haferflocken bestreuen und bei 220°C ca. 50 Minuten lang backen. *(Vorarlberg)*

Dampflkipferl

60 dag Mehl
1 EL Staubzucker
2 Dotter
Salz
30 dag Butter
4 dag Germ
1/4 l Milch
Marmelade zum Füllen
oder Nußfülle
25 dag geriebene Nüsse
5 dag Zucker
1 Pkg. Vanillezucker
abgeriebene Schale
einer Zitrone
3 EL Honig
1/8 l Milch

Mehl, Zucker, Dotter, etwas Salz und Butterflocken in eine Schüssel geben. Die Germ in der warmen Milch auflösen und ebenfalls in die Schüssel tun. Alles verrühren, der Teig soll geschmeidig sein.

• Der Teig braucht nicht aufzugehen, Sie können ihn sofort verarbeiten. Den Teig messerrückendick auswalken und mit dem Teigrad Dreiecke ausradeln, mit Marmelade oder Nußfülle füllen und zu Kipferln formen. Bei nicht zu großer Hitze backen, anschließend mit Staubzucker bestreuen.
Für die Nußfülle die Milch erhitzen, die restlichen Zutaten in eine Schüssel geben und mit der heißen Milch übergießen.

• Nach einer kräftigen Suppe ein köstliches Hauptgericht!
(Burgenland)

Erdäpfelbrot

1 kg Weizenmehl
1 TL Salz
4 dag Germ
4 gekochte Eräpfel
etwa ¼ l Wasser

Mehl mit Salz, den feingeriebenen Erdäpfeln, dem Dampfl und Wasser zu einem Brotteig kneten. ½ Stunde rasten lassen. Nochmals durchkneten und zum Laib formen. Bei etwa 180°C eine Stunde backen. Das Brot ist gar, wenn es beim Klopfen auf die Unterseite hohl klingt. *(Oberösterreich)*

Erdäpfelbrot, süß

50 dag Mehl
6 dag Butter
6 dag Zucker
50 dag Erdäpfel
Salz
2 dag Germ
etwas Milch
Zuckerwasser zum Bestreichen

Erdäpfel kochen, schälen und passieren. Mit den restlichen Zutaten zu einem mittelfesten Teig verkneten. Auf dem Brett aufgehen lassen und daraus ein rundes Brot formen. Nochmals gehen lassen und Brot mit Zuckerwasser bestreichen. Bei 180°C etwa 45 Minuten lang backen. Nach dem Backen eventuell mit Staubzucker bestreuen.

• Man kann auch zusätzlich Rosinen und Zitronenschale zum Teig geben. *(Oberösterreich)*

Erdäpfeltorte

4 Eier
4 EL Honig
40 dag gekochte, geriebene Erdäpfel
2 EL feiner Grieß
Marmelade zum Füllen

Die Eier trennen, Dotter mit Honig im Wasserbad schaumig schlagen. Die ausgekühlten Erdäpfel und den Grieß dazurühren und zum Schluß den Schnee unterheben. In eine gut befettete Tortenform geben und bei Mittelhitze backen. Ausgekühlt quer durchschneiden und mit Marmelade füllen, zusammensetzen und auch rundum bestreichen.
(Niederösterreich)

Falscher Marmorkuchen

Für den weißen Teig:
25 dag Mehl
1 dag Germ
2 dag Zucker
2 dag Fett
1 Ei
⅛ l Milch
Salz

Für den schwarzen Teig:
15 dag Mehl
1 dag Germ
1/10 l gut gezuckerter schwarzer Kaffee
5 geriebene Kletzen
2 dag Fett
1 Ei
Salz

Zwei getrennte Germteige bereiten und gehen lassen. Zunächst getrennt ausrollen, dann die dunkle Teigplatte auf die helle legen. Beide Teige zusammenrollen und in eine befettete Ring- oder Gugelhupfform legen. Erneut gehen lassen, im Rohr backen, aus der Form stürzen und mit Staubzucker bestreut servieren.

(Niederösterreich)

Feuerflecken

Reste vom Brotteig
Schmalz

Reste vom Brotteig in dünne, runde Fladen walken und im heißen Ofen knusprig backen. Frisch aus dem Ofen kommendes Gebäck von beiden Seiten mit Schmalz bestreichen und sofort servieren.

● Variante: In kleinere Nudeln ausformen und backen, anschließend die Glutnudeln kurz in heißes Wasser legen, abseihen und mit Mohn und Zucker bestreuen, mit Sirup und Schmalz begießen und gleich servieren.

(Niederösterreich)

Fingergolatschen

25 dag halb Butter, halb Schweineschmalz
12 dag Zucker
3 Dotter
geriebene Schale von ½ Zitrone
32 dag Mehl
rote Marmelade zum Füllen
1 Ei zum Bestreichen

Butter und Schweineschmalz miteinander abtreiben. Abwechselnd Zucker und Eidotter dazugeben und flaumig rühren. Zitronenschalen und Mehl darunterziehen. Mit einem bemehlten Löffel nußgroße Stücke abstechen und zu Knöderln formen. Auf ein mit Bienenwachs eingeriebenes Backblech legen. Mit einem bemehlten Finger in der Mitte eine Grube machen und diese mit Marmelade füllen. Mit zerklopftem Ei bestreichen und bei guter Mittelhitze backen. *(Niederösterreich)*

Flachkücherl

¼ kg Mehl
¼ kg Butter
¼ kg Zucker
3 Eidotter
1 EL Rahm
etwas Weißwein
Marmelade

Mehl auf einem Brett mit Zucker und Butter abbröseln. Vorsichtig Dotter und Rahm dazumischen. Dann nach und nach den Wein dazugeben, bis der Teig schön geschmeidig ist. Gut durchkneten und einige Zeit rasten lassen. Messerrückendick ausrollen, in Scheiben schneiden und langsam backen. Mit Marmelade zwei und zwei zusammensetzen. *(Niederösterreich)*

G'anga Ranz'n

Für den Teig:
50 dag Mehl
3 dag Germ
¼ l Milch
3 EL Staubzucker
6 dag Butter
2 Dotter
Salz
1 EL Rum

Für die Fülle:
Ribisel- oder
Erdbeermarmelade
geriebene Nüsse und
Rosinen nach Belieben
zerlassene Butter zum
Bestreichen
¼ l Milch zum
Übergießen

Aus den Zutaten einen Germteig bereiten und etwa eine halbe Stunde lang gehen lassen. Dann den Teig auf einem bemehlten Nudelbrett dünn auswalken, der Länge nach halbieren, damit die Rolle nicht zu dick wird. Den Teig mit Marmelade bestreichen, mit Nüssen oder Rosinen bestreuen, wie einen Strudel einrollen, rundherum mit zerlassener Butter bestreichen und davon zwei Finger breite Rollen abschneiden. Mit der Schnittfläche nach oben in eine gut befettete Kasserolle schlichten. Noch einmal gehen lassen. Bei 180° C im Rohr auf der untersten Schiene backen und zum Schluß mit Milch übergießen.

• Mit heißer Vanillesauce servieren. *(Oberösterreich)*

Germteig – Grundrezept

**Mengenangaben
bei den einzelnen
Rezepten**
Mehl
Germ
etwas Milch
etwas Zucker
Salz
Fett
Eier

Zuerst für das Dampfl die Germ mit 2 EL warmer Milch, 1 TL Zucker und 1 EL Mehl gut verrühren und mit etwas Mehl bestreut an einem warmen Ort zu doppelter Höhe aufgehen lassen. Das kann auch in einer Mulde im restlichen Mehl sein, das in eine genügend große Schüssel gegeben wird. Wenn das Dampfl aufgegangen ist, rührt man zuerst das Dampfl ins Mehl, fügt dann Gewürze, Eier und die restliche Flüssigkeit hinzu und schlägt den Teig so lange, bis er glatt ist und sich vom Kochlöffel löst. Den Teig mit Mehl leicht bedecken, ein Tuch darüberbreiten und an einem handwarmen, zugfreien Ort bis zu doppelter Höhe aufgehen lassen. Bevor man den Teig ausformt, knetet man ihn auf dem bemehlten Brett noch einmal gut durch. Dadurch wird das Gebäck feinporig. Dann legt man ihn in eine gut befettete Backform. Man kann das Gebäck ins kalte Backrohr schieben und auf mittlerer Hitze einstellen, oder man läßt es nochmals aufgehen und schiebt es dann ins heiße Rohr. Für hohe Gebäcke empfiehlt sich die erste Art, für flache die zweite.

Brot und Gebäck, Torten und Kekse

• Wenn Sie berücksichtigen, daß die Germ ein sensibler Feinschmecker ist und keine Kälte, kein Salz und kein Fett mag, kann nicht viel schiefgehen. Das Geheimnis des Erfolges besteht darin, das Dampfl zuerst mit dem ungesalzenen Mehl zu verrühren und dann erst Salz und Fett dazuzugeben, sodaß das Dampfl nach Möglichkeit nicht direkt mit dem Fett in Berührung kommt. *(Kärnten)*

Glasscherben

1 Eiklar
¼ kg Staubzucker
3 dag Kakao

Kakao und Staubzucker gemeinsam auf ein Brett sieben und mit dem Eiklar verkneten. Den ziemlich zähen Teig auswalken, mit Formen ausstechen und auf ein mit Mehl bestaubtes Blech legen. Bei schwacher Hitze backen.

(Niederösterreich)

Götterspeise

Für den Biskuitteig:
3 Eier
10 dag Staubzucker
10 dag Mehl
Schale einer Zitrone
10 dag Marillenmarmelade
Für die Creme:
2 Eier
3 EL Milch
5 Stk. Würfelzucker
¼ l Schlagobers
Zum Eintauchen:
¼ l Milch
1 Schuß Rum
etwas Zucker
Schlagobers zum Verzieren

Für das Biskuit Eier und Zucker schaumig rühren und mit Mehl und Zitronenschale unterheben. Diese Masse 1 cm dick auf das befettete und bemehlte Blech streichen. Bei 190° C kurz backen und auskühlen lassen. Inzwischen für die Creme Eier, Milch und Würfelzucker über Dunst schaumig schlagen, kalt schlagen und steif geschlagenes Schlagobers unterziehen. Das ausgekühlte Biskuit in gleichmäßige Rechtecke schneiden und mit Marillenmarmelade paarweise zusammensetzen. Die Milch mit Zucker und Rum verrühren, die Biskuitstücke eintauchen und auf Teller geben. Creme darüberstreichen und mit Schlagobers verzieren.

(Oberösterreich)

Grammelbäckerei

25 dag Grammeln
25 dag Zucker
25 dag Mehl
1 Ei
1 Dotter
Nelkenpulver
Zimt
Neugewürzpulver

Grammeln faschieren oder sehr klein schneiden, dann mit den übrigen Zutaten zu einem Mürbeig verkneten. 4 mm dick ausrollen und Figuren ausstechen. Auf ein Blech legen und im Rohr bei mäßiger Hitze backen.

• Variante: wesentlich weniger Zucker im Teig, dafür jeweils 2 gleiche Kekse mit etwas Ribiselmarmelade zusammensetzen. *(Oberösterreich)*

Grammelpogatscherl

½ kg Mehl
10 dag Schmalz
2 Eier
2 EL Sauerrahm
3 dag Germ
etwas Milch
30 dag Grammeln
½ TL Salz
Pfeffer
1 Schuß Weißwein
1 Dotter zum Bestreichen

Germ in etwas warmer Milch einweichen und mit etwas Mehl einige Zeit gehen lassen. Dann restliches Mehl, Schmalz, Eier, Rahm, Germ und Salz samt dem Schuß Weißwein zu einem leichten Teig verkneten. Diesen Teig auswalken und die kleingeschnittenen leicht gepfefferten Grammeln hinzugeben, noch einmal alles gut durcharbeiten. Diesen Teig 10 Minuten lang rasten lassen, dann dünn ausrollen und der Länge und Breite nach dreimal zusammenlegen. 10 Minuten lang kühl rasten lassen, dann Vorgang wiederholen (noch dreimal). Zuletzt den Teig 1 cm dick ausrollen, mit einer runden Form von etwa 5 cm Durchmesser die Pogatschen ausstechen und auf dem Brett noch etwas aufgehen lassen. Die Pogatschen mit dem Dotter bestreichen, mit den Gabelzinken oder dem Messerrücken ein Gittermuster hineindrücken und im mittelheißen Rohr goldgelb backen.

• Sie können statt der Germ auch 1 Pkg. Backpulver an den Teig geben. Als Gebäck zum Wein. *(Niederösterreich)*

Hadnmehltorte

20 dag Butter
10 Eier
geriebene Schale einer Zitrone
20 dag Zucker
20 dag Hadnmehl (Buchweizenmehl)
Ribiselmarmelade zum Bestreichen
Für die Zitronenglasur:
2 dag Würfelzucker
⅛ l Wasser
25 dag Staubzucker
Saft einer Zitrone

Die Eier trennen und Butter, Dotter, Zucker und geriebene Zitronenschale schaumig rühren. Den Eischnee steif schlagen und abwechselnd mit Hadnmehl unterheben. Eine Tortenform nur am Boden buttern und bemehlen. Teig einfüllen und im vorgeheizten Rohr bei 175°C auf der unteren Schiene etwa 1 Stunde backen. Ausgekühlt mit Ribiselmarmelade bestreichen und mit Glasur überziehen.

Für die Zitronenglasur: Würfelzucker mit dem Wasser bis zur Perle spinnen und so lange im Wasser überkühlen, bis sich ein dünnes Häutchen an der Oberfläche bildet (nicht umrühren). Staubzucker mit Zitronensaft vermischen und gerade soviel gesponnenen Zucker hineingeben, daß sich die Masse rühren läßt. 15 Minuten lang mit dem Handmixer rühren, eventuell noch gesponnenen Zucker beimengen – ein eingetauchter Kochlöffel soll sich gleichmäßig dicklich überziehen.

• Varianten der Glasur: Statt Zitronensaft ein heller Obstbrand, z. B. Barack, oder Rum, Orangensaft, Himbeersaft (tropfenweise) oder schwarzer Kaffee. *(Kärnten)*

Hadnweckerln

3–4 Erdäpfel
½ l lauwarmes Wasser
1 EL gemahlener Anis
1 EL gemahlener Kümmel
1 TL Salz
4 dag Germ
40 dag Hadnmehl (Buchweizenmehl)

Die Erdäpfel kochen, schälen und passieren, abkühlen lassen. Dann mit lauwarmem Wasser, den Gewürzen und der Germ gut verquirlen und ins Hadnmehl einrühren. Die Masse zu Weckerln oder kleinen Laiben formen, eventuell auch in befettete Formen geben und im vorgeheizten Rohr bei etwa 200°C etwa 40 Minuten lang backen. *(Kärnten)*

Brot und Gebäck, Torten und Kekse

Haferflockenbusserln

25 dag Haferflocken
12 dag Zucker
8 dag Butter
5 dag gehackte Nüsse
5 dag geriebene Schokolade
2 Eier
2 TL Backpulver
2 EL Mehl
2 EL Rum
Saft einer halben Zitrone
1 Pkg. Vanillezucker
⅓ Teelöffel Zimt

Butter mit Haferflocken und etwas Zucker abrösten und auskühlen lassen. Eier, Zucker, Vanillezucker und Zimt schaumig schlagen. Alle Zutaten unter die Schaummasse ziehen. Mit Hilfe von 2 Teelöffeln Häufchen auf das befettete Blech setzen. Bei 170°C hell backen. *(Tirol)*

Honigkuchen

1 dag Pottasche
1 Stamperl Rum
25 dag Honig
12 dag Butterschmalz
50 dag griffiges Weizenmehl
2 Eier
8 dag Zucker
Zimt, gemahlen
Nelken, gemahlen
Sternanis
6 dag gehackte Nüsse
1 Eiklar

Zum Bestreuen:
grobgehackte Nüsse
grober Zucker

Am Vortag die Pottasche in Rum auflösen, am nächsten Tag mit Honig und Butterschmalz vermischen und erwärmen. Diese Honiglösung über das Mehl gießen und hineinkneten, dabei nach und nach die Eier, Gewürze, den Zucker und die grobgeschnittenen Nüsse einarbeiten. Den Teig über Nacht in einer Form ruhen lassen, am nächsten Tag auf ein gefettetes Backblech etwa fingerdick ausbreiten und bei mittlerer Hitze goldbraun backen. Während des Backens mehrmals mit gewässertem Eiklar bestreichen, zuletzt mit grobgehackten Nüssen und grobem Zucker bestreuen.

● Die Honigkuchenbäckerei zieht sich zwar über drei Tage, das Ergebnis ist den Aufwand aber wert. *(Steiermark)*

Honiglebkuchen

10 dag Honig
10 dag Rohzucker
2 Eier
½ unbehandelte
Zitrone
2 TL Lebkuchengewürz
1 Prise Salz
25 dag Roggenmehl
½ Pkg. Backpulver
Fett für die Form

Honig, Zucker, Saft und Schale der Zitrone und die Gewürze verrühren. Das Mehl mit dem Backpulver vermischen und alles miteinander zu einem Teig abrühren. Eine Kastenform fetten, den Teig einfüllen und bei 180°C backen. Etwas abkühlen lassen, dann aus der Form stürzen.

• Jetzt brauchen Sie nur noch eine Woche Geduld. So lange nämlich sollte der Kuchen durchziehen. Wenn er nach dem Anschneiden zu trocken wird, betreichen Sie ihn einfach mit Butter.

Diese Masse können Sie auch auf dem gewachsten Blech einen ½ cm dick ausstreichen (eventuell etwas mehr Mehl nehmen), mit Eidotter bestreichen, mit halbierten Mandeln belegen und bei 200°C zu flachem Lebkuchen ausbacken, der nach dem Backen in Stücke geschnitten wird.

(Kärnten)

Honigstangerln

35 dag glattes Mehl
2 Eier
15 dag Zucker
15 dag geriebene Nüsse
3 EL heißer Honig
1 TL Zimt
1 TL Nelkenpulver
1 Handvoll feingehackte
Aranzini
1 Pkg. Backpulver
Schokoladeglasur

Mehl mit Backpulver versieben und alle Zutaten auf dem Brett zu einem glatten Teig kneten. Auswalken und auf ein befettetes oder mit Wachs bestrichenes Backblech drücken. Bei mittlerer Hitze backen, noch heiß in Stangerln schneiden und mit Schokoladeglasur glasieren.

(Niederösterreich)

Ischler Krapferln

Für den Teig:
7 dag mit der Schale geriebene Mandeln
5 dag Zucker
10 dag Butter
15 dag Mehl
Für die Fülle:
10 dag Marillenmarmelade
Für den Überguß:
15 dag Kochschokolade

Alle Zutaten auf dem Brett zu einem Teig verarbeiten, 30 Minuten lang kühl rasten lassen. Messerrückendick ausrollen, mit dem Krapfenstecher runde Scheiben ausstechen und vorsichtig 45 Minuten lang backen. Erkalten lassen, je 2 Scheiben mit Marmelade füllen und mit Schokoladeüberguß überziehen.

(Salzburg)

Kaiserguglhupf

16 dag Butter
10 dag Zucker
1 Prise Salz
2 ganze Eier
4 Dotter
38 dag Mehl
¼ l Milch
3 dag Germ
8 dag Rosinen
5 dag Mandeln
Schale einer Zitrone
Butter und Semmelbrösel für die Form
Staubzucker zum Bestreuen

Aus allen Zutaten einen Germteig bereiten und sehr gut abschlagen, zum Schluß die zu Schnee geschlagenen Eiklar darunterziehen und gut gehen lassen. Eine Guglhupfform einfetten und mit Semmelbröseln ausstreuen. Das Backrohr auf 170–190°C vorheizen. Den Teig in die vorbereitete Form füllen, etwas glattstreichen und dann gut 1 Stunde lang abbacken. In der Form kurz ausdampfen lassen, den Guglhupf am Rand von der Form lösen, auf ein Kuchengitter stürzen und erkalten lassen. Mit reichlich Staubzucker bestreut servieren.

● Damit er eine schöne gelbe Farbe bekommt, können Sie eine winzigfein geraspelte Karotte unter den Teig mengen.

(Wien)

Brot und Gebäck, Torten und Kekse

Käsestangerln

5 dag Mehl
Salz
5 dag Edamer Käse
½ TL Paprika
5 dag Butter
Eidotter zum Bestreichen

Mehl, Salz, geriebener Käse und Paprikapulver vermischen, Butter hineinhacken, die Masse abbröseln und daraus mit kühlen Händen ganz rasch einen Teig kneten. Den Teig 30 Minuten lang im Kühlschrank rasten lassen, dann ausrollen und Formen ausstechen oder etwa fingergroße Stangerln ausradeln. Mit Eigelb bestreichen, auf ein befettetes Backblech legen und bei 200° C etwa 15 Minuten lang backen.

- Sie können diese Käsestangerln auch als Einlage für eine klare Suppe verwenden. *(Kärnten)*

Kastanienauflauf

25 dag Kastanien
5 dag Semmelbrösel
5 EL Rum
10 dag Butter
10 dag Zucker
2 Eier

Die Eier trennen, Butter mit Zucker und Dottern schaumig rühren, die Eiklar zu festem Schnee schlagen. Die Kastanien kochen, schälen, passieren und ebenso wie die mit Rum befeuchteten Brösel und den Eischnee unterziehen. Die Masse in eine befettete, mit Bröseln ausgestreute Auflaufform füllen und im Rohr 40 Minuten lang bei Mittelhitze (180° C) backen.

- Mit Weinchaudeau oder Mostsuppe servieren.

(Steiermark)

Foto: GUSTO / Stefan Liewehr

Biskuitroulade

(WIEN)

(siehe Rezept Seite 322)

Foto: GUSTO / Stefan Liewehr

Honigkuchen
(STEIERMARK)

(siehe Rezept Seite 333)

Kletzenbrot

(KÄRNTEN)

(siehe Rezept Seite 337)

Foto: GUSTO / Stefan Liewehr

Linzer Torte

(OBERÖSTERREICH)

(siehe Rezept Seite 340)

Marmorgugelhupf
(WIEN)

(siehe Rezept Seite 342)

Mohnpotitze
(KÄRNTEN)

(siehe Rezepte Seite 343)

Topfengolatschen

(OBERÖSTERREICH)

(siehe Rezept Seite 361)

Foto: GUSTO / Das Foto

Weinbeißer

(NIEDERÖSTERREICH)

(siehe Rezept Seite 368)

Kletzenbrot

1 kg Kletzen (Dörrbirnen)
1 l Wasser
25 dag Walnüsse
2 EL Rum
50 dag Roggenmehl
10 dag Sauerteig
1 TL Salz
1 TL Zimt
4 EL Honig

Die über Nacht eingeweichten Kletzen weich kochen. Dann Stiele und Blütenreste entfernen und die Kletzen feinhacken oder faschieren. Die Nüsse grob hacken und mit dem Rum vermischen. Roggenmehl, Sauerteig, Gewürze mit ¼ l Kletzenkochwasser zu einem festen Teig verkneten. Kletzen und Nüsse in den Teig einkneten und gehen lassen. Nach dem Aufgehen zum Laib oder Striezel formen und mit kaltem Wasser bestreichen. Bei 150° C etwa 1½ Stunden lang backen. Und jetzt geduldig sein, denn bis zum Anschneiden sollte das Kletzenbrot mindestens 8 Tage liegen.

• Ein typisches Gebäck der Vorweihnachtszeit. Wenn es zu trocken wird, bestreichen Sie es vielleicht mit Butter und Honig. *(Kärnten)*

Klosterneuburger Torte

6 Eier
18 dag Zucker
18 dag geriebene Haselnüsse
2 dag Mehl
1 dag feingeriebener Kaffee
Für die Creme:
1 Ei
6 dag Zucker
10 dag Butter
15 dag Schokolade
Zum Verzieren:
Biskuitbrösel
Marmelade

Die Eier trennen, Eidotter mit 15 dag Zucker schaumig rühren. Eiweiß zu Schnee schlagen und den restlichen Zucker dazugeben, diese Masse unter das Dotter ziehen, nach und nach auch Nüsse, Mehl und das Kaffeepulver unter die Masse rühren. Die Masse teilen und im mittelheißen Rohr in etwa 30 Minuten zwei gleichgroße Tortenblätter backen. Auskühlen lassen, dann stürzen. Für die Creme das Ei und den Zucker über Dunst schaumig rühren und auch während des Auskühlens durchschlagen. Butter und Schokolade schmelzen, verrühren und mit der Eimasse vermengen. Mit dieser Creme zunächst ein Tortenblatt bestreichen, das andere daraufsetzen und die Torte nun auch oben und an den Seiten damit bestreichen. Die Seiten mit den Biskuitbrösel bestreuen und die Torte mit sternförmig aufgespritzter Marmelade dekorieren. *(Niederösterreich)*

Kriesekuchen

18 dag Butter
18 dag Zucker
1 Pkg. Vanillezucker
5 Eier
18 dag Mehl
½ Pkg. Backpulver
1 Prise Salz
4 Tropfen Mandelöl
10 dag geriebene Haselnüsse
1 TL Zitronensaft
35 dag frische, entkernte Kriesen (Kirschen)
Butter und Semmelbrösel für die Form
Staubzucker zum Bestreuen

Die Eier trennen. Butter, Zucker, Vanillezucker und Eidotter sehr schaumig rühren, gesiebtes, mit Backpulver vermischtes Mehl, Salz, Mandelöl und geriebene Haselnüsse dazugeben und alles gut verrühren. Nun Eiklar mit Zitronensaft schnittfest schlagen und vorsichtig unter den Teig heben. Das Backrohr auf 170–190°C vorheizen. Den Teig in die befettete und bebröselte Springform füllen, die Kriesen darauf verteilen (sie sinken beim Backen ein), dann den Kuchen etwa 1 Stunde lang backen. Gut ausgekühlt mit Staubzucker bestreuen.

• Eventuell mit Schlagobers servieren. *(Vorarlberg)*

Kümmelstangerln

12 dag Butter
3 dag Germ
24 dag Mehl
Salz
4 EL Sauerrahm
1 Eidotter zum Bestreichen
Kümmel zum Bestreuen

Butter mit Mehl, Salz, Germ und Sauerrahm zu einem Teig verkneten, diesen kleinfingerdick ausrollen und in 5 cm lange Streifen radeln. Mit dem verquirlten Eidotter bestreichen, mit Kümmel bestreuen und in fingerlange Stangerln teilen. Auf einem befetteten Blech bei 200°C etwa 20 Minuten lang hellgelb backen.

• Sie können diese Kümmelstangerln auch als Einlage für eine klare Suppe verwenden. Statt Sauerrahm können Sie auch etwas Milch an den Teig geben. *(Kärnten)*

Kürbiskernstangerln

1 kg Weizenvollmehl
1 l Wasser
4 dag Germ
1 EL Honig
2 TL Salz
2 EL Öl
gemahlener Fenchel oder Koriander
25 dag geriebene Kürbiskerne

Aus allen Zutaten mit lauwarmem Wasser einen Germteig bereiten und diesen etwa 45 Minuten lang gehen lassen. Den Teig nochmals gut durchkneten, Stangerln formen, mit Wasser oder Ei bestreichen und bei 180°C backen.

• Ein Gefäß mit Wasser ins Backrohr stellen, damit die Stangerln schön aufgehen. *(Steiermark)*

Linzer Schnitten

50 dag Butter
50 dag Staubzucker
5 Eier
25 dag geröstete Nüsse
etwa 5 EL Milch
Zitronenschale
1 Prise Salz
etwas Zimt
70 dag Mehl
1,5 dag Backpulver
Ribiselmarmelade
Mandelsplitter
Oblaten

Butter, Zucker und Eier flaumig rühren. Gemahlene, geröstete Nüsse, Zitronenschale, Salz und Zimt einrühren, zuletzt das mit Backpulver vermischte Mehl und etwas Milch darunterziehen. 2/3 des Teiges auf ein befettetes Backblech streichen, Oblaten auf den Teig geben. Großzügig mit Ribiselmarmelade bestreichen und den restlichen Teig als Gitter darüberlegen, mit Mandelsplittern bestreuen. Bei 180°C etwa 45 Minuten lang backen. *(Oberösterreich)*

Linzer Torte

15 dag Butter
15 dag Rohrzucker
15 dag geriebene Mandeln
20 dag Weizenvollmehl
1 TL Backpulver
Salz
1 TL Zimt
1 Prise Nelkenpulver
2 EL Zitronensaft
geriebene Zitronenschale
2 Eier
25 dag Ribiselmarmelade

Die Eier trennen. Mehl mit Backpulver und den trockenen Zutaten vermischen. Butter und Zucker flaumig rühren, die Dotter hinzugeben. Die Eiklar zu sehr festem Schnee schlagen und abwechselnd mit dem Mehl-Mandelgemisch unter den Abtrieb heben. 2/3 der Masse in eine vorbereitete Tortenform füllen, mit Ribiselmarmelade bestreichen. Den restlichen Teig auswalken und in Streifen schneiden, diese zum Gitter über die Torte legen. Sollte der Teig zu trocken sein, etwas Milch darunterkneten. Bei Mittelhitze etwa 1 Stunde im vorgeheizten Rohr backen.

• Die Torte sollte unbedingt einen Tag ruhen, ehe sie angeschnitten wird. Anstelle von Mandeln können Sie auch geriebene Walnüsse verwenden. *(Oberösterreich)*

Magenbrot

50 dag Roggenmehl
50 dag Weizenmehl
2–3 Eier
Salz
2 EL Öl
1/4 l Milch
25 dag Zucker
1 Pkg. Vanillezucker
1 Pkg. Backpulver
1 Würfel Feigenkaffee

Für die Glasur:
25 dag Zucker
1/8 l Wasser
2 EL Kakao
1 TL Zimt
1/2 TL gemahlene Nelken

Mehl auf die Arbeitsfläche sieben und in der Mitte eine Vertiefung machen. In diese die anderen Zutaten geben und alles zu einem glatten Teig verkneten. Daraus Rollen formen und von diesen Klötzerln abschneiden, auf ein gefettetes Backblech setzen und backen. Inzwischen für die Glasur Wasser mit Zucker spinnen (etwa 30 Minuten lang kochen; die Flüssigkeit muß hinterher zwischen zwei Fingern Fäden ziehen). Die Gewürze dazugeben, kurz aufkochen. Die Klötzerln noch ofenwarm in die Glasur tauchen oder damit übergießen. *(Tirol)*

Mandelbrot

14 dag Zucker
8 Eier
14 dag geriebene Mandeln
4 dag Brösel
2 EL Rum
2 Rippen erweichte Schokolade
1 EL gestiftelte Mandeln
1 EL gestiftelte Pistazien
Zitronat
Aranzini
Rosinen

Die Eier trennen. Zucker mit Eidottern flaumig abtreiben und nach und nach die anderen Zutaten dazugeben, dabei Zitronat Aranzini und Rosinen fein hacken oder schneiden. Zum Schluß Schnee unterheben und die Masse in eine mit Alufolie oder Backpapier ausgelegte, gut befettete Kastenform füllen. Bei mäßiger Hitze backen. Mit Hilfe der Folie aus der Form stürzen und diese abziehen. *(Niederösterreich)*

Marillenfleck

Für den Teig:
25 dag Mehl
5 dag Zucker
2 dag Germ
3 Dotter
gut 1/8 l Milch
7 dag Butter
etwas Salz
1 Pkg. Vanillezucker
geriebene Zitronenschale

Für den Belag:
etwa 1 kg Marillen
Zimt
Staubzucker

Die Zutaten für den Teig zu einem eher weichen Germteig verarbeiten. Diesen gehen lassen, inzwischen die Marillen halbieren und entkernen. Dann den Teig 1/2 cm dick auf einem Blech auswalken und so mit den Marillen belegen, daß die Schnittflächen nach oben schauen. Nochmals gehen lassen und im mittelheißen Rohr backen. Nach der Hälfte der Backzeit die Marillen mit Zimtzucker bestreuen, fertig bakken und nach dem Abkühlen nochmals mit Zimtzucker bestreuen. *(Oberösterreich)*

Marmorgugelhupf

30 dag Mehl
½ Pkg. Backpulver
15 dag Butter
15 dag Zucker
1 Pkg. Vanillezucker
4 Eier
1/16 l Obers
1 EL Rum
3 dag Kakao

Die Eier trennen. Butter, Zucker, Vanillezucker und Eidotter flaumig rühren. Obers und Rum dazurühren. Mehl mit Backpulver sieben und abwechselnd mit dem festen Schnee zum Abtrieb mischen. Den Teig teilen und eine Hälfte mit Kakao vermischen. Die Gugelhupfform gut mit Butter ausstreichen und mit Bröseln bestreuen. Abwechselnd hellen und dunklen Teig einfüllen und bei mittlerer Hitze etwa 1 Stunde lang backen. Mit Staubzucker bestreut servieren.

• Sollte auch bei Ihnen der schwarze Teig der weitaus begehrtere sein, können Sie den ganzen Teig mit der doppelten Menge Kakao verrühren, eventuell noch etwas Milch dazugeben.

(Wien)

Mohngugelhupf

7 dag Butter
7 dag Schmalz
2 Eier
2 Dotter
Schale von einer
½ Zitrone
10 dag Zucker
20 dag Mohn
25 dag Mehl
1 TL Zimt
3 dag Germ
Milch

Butter und Schmalz gut miteinander abtreiben und nach und nach Eier und die Dotter und schließlich auch den Zucker, Zimt und die feingeriebene Zitronenschale dazurühren. Die Germ mit einigen Löffeln lauwarmer Milch und etwas Mehl zu einem Dampfel vermischen. Abwechselnd Dampfel, Mehl, geriebenen Mohn und Milch zum Abtrieb geben. Den Teig so lange schlagen, bis er sich vom Kochlöffel löst. Teig gehen lassen und noch einmal zusammenschlagen. Eine gut befettete Form mit Bröseln ausstreuen, dicht mit Mandeln belegen und den Teig einfüllen. Noch einmal gehen lassen und bei schwacher Mittelhitze langsam backen.

(Niederösterreich)

Brot und Gebäck, Torten und Kekse

Mohnkuchen

15 dag Butter
15 dag Zucker
1 Pkg. Vanillezucker
Schale einer
unbehandelten Zitrone
1 Prise Salz
2 EL Rum
6 Eier
15 dag geriebener Mohn
8 dag geriebene
Mandeln oder Nüsse

Die Eier trennen. Butter, Dotter und Zucker schaumig rühren. Vanillezucker, geriebene Zitronenschale, Salz und Rum dazugeben. Mohn, Mandeln (oder Nüsse) unter die Masse ziehen. Die Eiklar zu steifem Schnee schlagen und unterheben. Die Masse in eine Guglhupf- oder Kastenform geben, bei 180°C 50–60 Minuten lang backen. *(Tirol)*

Mohnpotitze

Für den Teig:
½ kg griffiges Mehl
2 dag Germ
4 dag Zucker
¼ l Milch
4 dag Butter
1 Ei
1 Dotter
1 Pkg. Vanillezucker
1 TL Salz
Zitronenschale
1 Prise Anis
Für die Fülle:
⅛ l Milch
50 dag geriebener Mohn
5 EL Honig
½ TL Zimt
1 Prise Neugewürz
1 EL Rum
evtl. 2 dag Brösel
1 EL Butter

Die Zutaten für den Teig zu einem Germteig verarbeiten. Während dieser geht, für die Fülle Milch aufkochen, vom Feuer nehmen, den Mohn, den Honig und die Gewürze einrühren, eventuell mit Bröseln festigen. Nun den Germteig fingerdick rechteckig ausrollen. Die Fülle gleichmäßig bis zum Rand aufstreichen. Gefüllten Teig von beiden Seiten zur Mitte hin aufrollen. Mit der „Nahtstelle" nach unten in eine befettete Kastenform legen und bei 170°C etwa 1 Stunde lang backen. *(Kärnten)*

Mohr im Hemd

8 dag Butter
8 dag Staubzucker
2 dag Kristallzucker
5 Eier
10 dag Zartbitterschokolade
2 Semmeln
8 dag Mandeln
5 dag Semmelbrösel
Butter und Semmelbrösel für die Form
¼ l Schlagobers
1 EL Zucker

Semmeln kleinschneiden, in Milch einweichen, ausdrücken und passieren. Die Eier trennen. Butter mit Staubzucker und Dottern sehr schaumig rühren. Nach und nach geschmolzene Schokolade, Semmeln, gemahlene Mandeln und Semmelbrösel unterrühren. Eiklar mit Kristallzucker sehr steif schlagen und vorsichtig unter die Masse heben. Eine Puddingform (Wasserbadform) mit Butter einfetten und mit Semmelbröseln ausstreuen. Die Teigmase einfüllen, die Form verschließen und im siedenden Wasserbad 1 Stunde lang kochen lassen. Kurz abdämpfen, dann stürzen. Mit gesüßtem, geschlagenem Obers servieren.

• Wenn Sie keine verschließbare Puddingform besitzen, nehmen Sie Ihre Guglhupfform, stellen Sie sie in die tiefe Bratpfanne ins Rohr und füllen Sie diese mit Wasser auf. Mit einem Teller zudecken, den Teig etwa 90 Minuten garen lassen. Besondere Schleckermäuler reichen zum Mohr im Hemd noch Schokoladesauce. *(Wien)*

Mostkeks

25 dag Mehl
25 dag Butter
4 EL Most
Marmelade

Mehl mit Butter verbröseln und rasch mit Most zu einem Teig verkneten. Diesen zugedeckt eine halbe Stunde lang kühl rasten lassen. Messerrückendick ausrollen und runde Keks ausstechen, darauf je ein Löfferl Marmelade setzen und die Scheibe zusammenschlagen. Den Rand wie bei gefüllten Nudeln andrücken, die Keks bei Mittelhitze goldgelb backen und heiß sofort in Staubzucker wälzen. *(Oberösterreich)*

Mostschober

3 Eier
18 dag Staubzucker
18 dag Semmelbrösel
1 unbehandelte Zitrone
Für den Glühmost:
etwa ¾ l Most
1 Zimtstange
8 Gewürznelken
1 Vanilleschote
Zucker nach Geschmack

Die Eier trennen. Dotter mit Staubzucker schaumig rühren. Zitronenschale und Saft der halben Zitrone dazugeben. Steifgeschlagenen Schnee und Brösel unterheben und in eine befettete, mit Bröseln ausgestreute Rehrückenform füllen. Bei 200°C etwa 15 Minuten lang backen. Nadelprobe machen. Nun den Most mit den Gewürzen und Zucker aufkochen, ziehen lassen und noch warm über den Schober gießen. *(Oberösterreich)*

Mozarttorte

10 Eier
10 dag Zucker
20 dag geriebene Mandeln
20 dag Schokolade
2 dag Aranzini
7 dag Biskotten, zerbröselt
¼ l Schlagobers als Fülle
Schokoladeglasur

8 Eier trennen. 2 ganze Eier mit 8 Dottern und Zucker sehr schaumig rühren. Mit Mandeln, geriebener Schokolade und gehackten Aranzini verrühren. Eischnee und Biskuitbrösel unterziehen. Bei ca. 150–160°C 1 Stunde backen (große Form). Nach dem Auskühlen zweimal durchschneiden, mit Schlagobers füllen und mit Schokoladeglasur überziehen. *(Salzburg)*

Müslibrot

60 dag Weizenvollkornmehl
10 dag Walnüsse
10 dag Sultaninen
4 dag Germ
Salz
etwas Zucker
1 TL Zimt
⅛ l Milch
30 dl Wasser
2 dag Butter
Zum Bestreichen:
Wasser oder Kaffee

Das Mehl in eine Schüssel sieben und in der Mitte eine Vertiefung machen. Darin aus Germ, lauwarmer Milch, etwas Zucker und etwas Mehl ein Dampfl machen. Inzwischen die Walnüsse hacken. Wenn das Dampfl gegangen ist, mit dem Mehl, der restlichen Milch, den Sultaninen und Nüssen, den Gewürzen, der zerlassenen Butter und dem lauwarmen Wasser zu einem Brotteig vermengen und diesen kräftig durchkneten. Den Teig mindestens eine Stunde lang gehen lassen. Nochmals gut durchkneten, Laibe formen und mit Wasser oder Kaffee bestreichen, damit sie eine glänzende Kruste bekommen. Nochmals kurz gehen lassen, dann ins Backrohr. Auf der untersten Schiene backen, und zwar zunächst 20 Minuten lang bei 250°C, dann die Hitze auf 180°C drosseln und die Brote fertig backen.

Brot und Gebäck, Torten und Kekse

• Damit das Brot gut aufgeht, immer ein Gefäß mit Wasser dazustellen. Brot ist durchgebacken, wenn es beim Klopfen auf die Unterseite hohl klingt. *(Tirol)*

Müslikonfekt

12 dag Milchschokolade
6 dag Butter
1 EL Honig
1 EL Crème fraîche
2 EL Rosinen
10–12 dag ungesüßtes Vollkorn-Müsli

Schokolade und Butter im Wasserbad vorsichtig schmelzen, die übrigen Zutaten unterziehen, aber nicht mehr erhitzen. Mit einem Teelöffel kleine Häufchen auf Backpapier setzen und im Kühlschrank härten. In Konfektmanschetten legen und bis zum Servieren im Kühlschrank verstecken (denn sonst gibt es nichts mehr zu servieren).

• Wer mag, kann auch Beeren-Müsli verwenden. Auch in Eiswürfelformen kann man die Masse aushärten lassen.
(Vorarlberg)

Negerbrot

2 Eier
10 dag Staubzucker
20 dag Schokolade
10 dag Rosinen
12 dag Kokosfett
10 dag einfache trockene Kekse oder Biskotten
Backoblaten

Schokolade im Wasserbad erweichen und mit Eiern und Staubzucker verrühren. Kokosfett erwärmen, Rosinen hacken und Kekse oder Biskotten mit dem Nudelwalker zerbröseln, nach einander unter die Eiermasse rühren. Fingerdick auf Backoblaten streichen und eventuell oben mit einer Oblate bedecken. Über Nacht kühl stehen lassen. Am nächsten Tag in gefällige Stücke schneiden. *(Niederösterreich)*

Nikolauslebkuchen

1 kg Roggenmehl
½ l Milch
½ kg Zucker
2 dag Natron
5 EL Sirup oder Honig
3 EL zerlassenes Fett
1 TL Fenchel
1 TL gestoßene Nelken
1 TL Anis
1 TL Zimt

Zucker in Milch auflösen, Honig und Fett und dann die Gewürze dazugeben. Dann wird ein Teil des mit Natron abgeseihten Mehls dazugemischt. Den weichen Teig zu dem restlichen Mehl auf ein Nudelbrett geben, einen glatten Teig daraus kneten und einige Zeit rasten lassen. Ein Backblech mit Fett oder Bienenwachs bestreichen und Lebkuchen daraufgeben. Bei guter Hitze backen und noch heiß in Stücke schneiden. Beliebig verzieren oder glasieren. In einem luftdicht verschlossenen Gefäß lagern, bis er weich ist.

(Niederösterreich)

Nußbeugeln

Für den Germteig:
26 dag Weizenmuß
2 dag Germ
13 dag Butter
2 Dotter
3 dag Zucker
Prise Salz
etwa ⅛ l Milch
1 Dotter zum Bestreichen

Für die Nußfülle:
30 dag geriebene Nüsse
1 EL Brösel
1 EL Honig
13 dag Zucker
Zimt
5 dag Rosinen
Rum
⅛ l Milch
3 dag Butter

Die Zutaten zu einem festen, geschmeidigen Germteig verkneten, der sich vom Brett lösen muß. Zur Rolle formen, davon nußgroße Stücke schneiden und kurz rasten lassen. Inzwischen für die Nußfülle die geriebenen Nüsse mit Bröseln, Honig, Zucker, Zimt und feingeschnittenen Rosinen mischen, mit Rum begießen und kurz einziehen lassen, die Milch erhitzen und heiß unter die Fülle rühren, auskühlen lassen. Die Fülle darf nicht zu flüssig werden. Nun die Teigstückchen zu Rechtecken von etwa Handtellergröße auswalken, mit einem Teelöffel die Fülle portionieren und zu kleinen Röllchen formen, auf die Teigflecken legen und den Teig zu einer etwa 12 cm langen Wurst formen, mit Dotter bestreichen und an einem warmen Ort etwa eine Stunde gehen lassen. Jetzt erst die Beugel rundbiegen, wobei die abgetrocknete Dotterschicht rissig wird und die gebackenen Beugeln ihr charakteristisches Aussehen erhalten. Noch eine Weile ruhen lassen, dann bei schwacher Mittelhitze gut 20 Minuten lang backen.

• Genauso bereiten Sie Mohnbeugeln. Für die Mohnfülle lassen Sie ¼ l Milch, 10 dag Zucker, 25 dag gemahlenen Mohn und 1 EL Honig kurz aufkochen und fügen dann die abgeriebene Schale einer Zitrone, 1 Msp. Zimt, 1 EL Rum und 5 dag Rosinen hinzu und lassen alles erkalten. Sollte die Fülle zu flüssig sein, mit 3 EL Semmelbröseln festigen. Weiter wie oben beschrieben.

(Steiermark)

Nußbrot

2 kg Roggenbrotmehl
40 dag Sauerteig
3 dag Salz
25 dag Walnußkerne

Brotteig nach Grundrezept zubereiten, Walnußkerne etwas zerkleinern und einmengen, Laibe formen, diese aufgehen lassen und backen, aber weder vor noch nach dem Backen befeuchten.

- Auf die gleiche Art können Sie auch Kürbis- oder Sonnenblumenbrot zubereiten. *(Kärnten)*

Nußecken

Für den Mürbteig:
20 dag Mehl
10 dag Butter
10 dag Zucker
1 Ei
1 Dotter
5 EL Marillenmarmelade

Für den Nußbelag:
3 EL Wasser
2 EL Rum
15 dag Butter
15 dag Zucker
1 Pkg. Vanillezucker
¼ TL Zimt
35 dag ganze Nüsse
Schokoglasur

Aus den angegebenen Zutaten einen Mürbteig zubereiten und 30 Minuten lang rasten lassen. Auf einem befetteten Blech ausrollen und bei 180°C etwa 15 Minuten lang vorbacken. Noch heiß mit Marillenmarmelade bestreichen. Inzwischen Wasser, Rum, Butter, Zucker und Vanillezucker aufkochen. Nüsse und Zimt einrühren und kaltstellen. Diese Masse auf den vorgebackenen Teig verteilen. Bei 150°C noch etwa 20–25 Minuten lang fertigbacken. Noch warm in Dreiecke schneiden und die Spitzen in Schokoglasur tauchen.

(Vorarlberg)

Nußpotize

Für den Germteig:
30 dag Mehl
2 dag Germ
5 dag Butter
1/8 l Milch
2 Dotter
3 dag Zucker
1/2 TL Salz
abgeriebene Zitronenschale

Für die Fülle:
1/8 l Milch
4 EL Honig
30 dag geriebene Walnüsse
1/2 TL Zimt
1 Prise Nelkenpulver
1 EL Rum
1 Handvoll Rosinen
2 EL Semmelbrösel
3 dag Butterschmalz für die Form

Den Germteig zubereiten und gehen lassen. Inzwischen für die Fülle Milch mit Honig und den Nüssen einmal aufkochen, die anderen Zutaten hineinrühren und die Fülle noch lauwarm auf den 1 cm dick augewalkten Teig streichen. Den Teig von zwei Seiten zur Mitte hin zusammenrollen und mit der Naht nach oben in eine gut befettete Kasten- oder Guglhupfform legen. Bei 170°C etwa eine Stunde lang backen, etwas abkühlen lassen und aus der Form stürzen.

• Statt der Nüsse können Sie für die Fülle auch die gleiche Menge Mohn oder geröstete, geriebene Kürbiskerne verwenden.
(Steiermark)

Ofenkatze

2 große gekochte Erdäpfel
25 dag Feigen
25 dag Dörrbirnen
8 EL Mehl
2 EL Zucker
Salz
1 Ei
1/4 l Milch
20 dag Butter

Erdäpfel fein reiben und Feigen klein schneiden. Birnen weichkochen und ebenfalls klein schneiden, Blütenansätze und Kerngehäuse entfernen. Ei mit Mehl, Zucker und Salz verrühren und nach und nach die Milch darunterziehen, dann die Erdäpfel, und zuletzt mit dem Obst vermischen. Eine Guglhupfform oder Kasserolle mit der Hälfte der Butter gut ausstreichen, den Teig einfüllen und Rohr bei mittlerer Hitze langsam 2–3 Stunden lang backen. Nach der Hälfte der Backzeit die restliche Butter dazugeben. Die goldbraune Ofenkatze wird in der Form serviert.

• Mit kalter Milch schmeckt sie besonders gut. Sie können die Ofenkatze auch mit einem nicht zu festen Germteig zubereiten und dazu jedes beliebige geschnetzelte Obst der Saison verwenden.
(Vorarlberg)

Brot und Gebäck, Torten und Kekse

Ölkuchen

1 Becher Öl
1 Pkg. Backpulver
1 Pkg. Vanillezucker
geriebe Schale einer
½ Zitrone
4 Eier
1 Becher Zucker
1 Becher Mehl
1 Becher geriebene
Nüsse oder Mandeln

Die Eier trennen, Eiweiß zu einem steifem Schnee schlagen. Zuerst Vanillezucker, dann Zucker und die Dotter dazuschlagen. Öl, Mehl, Backpulver, Zitronenschale und Nüsse oder Mandeln unter die Masse rühren. Eine Form mit Butter befetten, mit Bröseln ausstreuen und den Kuchen bei schwacher Mittelhitze etwa 45 Minuten lang backen.

• Man kann diesen Teig auch auf dem Blech verteilen und mit Obst belegen wie einen Fleck. Vorsicht, er wird von unten leicht braun!

(Niederösterreich)

Primiztorte

15 dag Honig
5 Eier
20 dag Karotten
10 dag geriebene
Mandeln
5 dag Mehl
etwas Zimt
1 EL Rum
Schokoladeglasur
eventuell etwas
Marzipan und einige
Pistazienkerne

Die Eier trennen. Die Karotten sehr fein raspeln und etwas ausdrücken, Saft jedoch auffangen. Mandeln mit Mehl und Zimt vermischen. Eiklar zu steifem Schnee schlagen. Dotter mit Honig und Rum schaumig rühren und allmählich die Karotten unterrühren, das Mandelgemisch abwechselnd mit dem steifgeschlagenen Schnee unterheben und alles in eine befettete und bemehlte Tortenform füllen. Bei 190° C etwa 50 Minuten lang backen. Aus der Form nehmen und mit Schokoladeglasur überziehen. Eventuell mit Marzipankarotten verzieren; dafür Marzipan mit dem Karottensaft orange färben, daraus etwa 3 cm lange Karotten formen und mit gestiftelten Pistazienkernen als „Karottengrün" krönen.

• Wem das zu mühsam ist, der bestreut die Torte einfach mit Staubzucker. Sie sollte vor dem Anschneiden einen Tag durchziehen und bleibt mehrere Tage lang feucht, falls sie nicht vorher aufgegessen wird.

(Oberösterreich)

Rahmkeks

19 dag Butter
1 Pkg. Vanillezucker
1 Prise Salz
5 EL Sauerrahm
25 dag Mehl
1 Eidotter zum Bestreichen
Hagelzucker zum Bestreuen

Butter und Mehl rasch in einer Schüssel abbröseln, Salz und Vanillezucker dazugeben und den Rahm nach und nach darunterziehen, alles zu einem glatten Teig verkneten. 2 mm dick ausrollen, Kekse ausstechen, mit Ei bestrichen und mit Hagelzucker bestreut bei 180 °C in 8–10 Minuten goldgelb backen.
(Salzburg)

Rehrücken

20 dag geriebene Nüsse
20 dag Staubzucker
Zimt
Nelkenpulver
8 Eier
6 dag Kakaopulver
Marillenmarmelade
Schokoladeglasur
Pignoli zum Bestecken

Die Eier trennen. Zucker mit Mandeln, Gewürzen und nach und nach den Dottern sehr flaumig rühren, Kakaopulver daruntersieben. Den mit etwas Zucker sehr steif geschlagenen Schnee unterziehen, die Masse in einer befetteten, bemehlten Rehrückenform bei 170° C gut 1 Stunde lang backen. Anschließend mit der Schokoladeglasur überziehen und mit den Pignoli bestecken.
(Wien)

Reindling

Für den Germteig:
50 dag Mehl
2 dag Germ
5–10 dag Butter
¼ l Milch
1–2 Eier
5 dag Zucker
1 TL Salz
1 TL Anis

Für die Fülle:
5 dag Butter
10 dag Zucker
2 EL Zimt
10 dag Rosinen
5 dag Backschmalz
für die Form

Der aufgegangene, gut durchgeknetete Germteig wird 1 cm dick ausgerollt und mit zerlassener Butter bestrichen, dann mit Zucker, Zimt und Rosinen bestreut. Den Teig fest einrollen und in ein befettetes, mittelgroßes Reindl oder in eine Guglhupfform geben. Bei 150° C backen, etwas abkühlen lassen und aus der Form stürzen.

• Reindling mit Schinken und Eierkren ist eine österliche Spezialität. Ansonsten ist der Reindling das Frühstücks- und Jausengebäck zum Milchkaffee.
(Kärnten)

Rhabarbertorte

Für den Teig:
25 dag Mehl
10 dag Butter
6 dag Zucker
1 Ei
½ Pkg. Backpulver
Für den Belag:
80 dag Rhabarber
Für den Überguß:
⅛ l Sahne
1 Dotter
8 dag Zucker
1 TL Zimt
5 dag geschälte, gemahlene Mandeln

Mehl mit Butter abbröseln, mit den restlichen Zutaten rasch zu einem Mürbteig verarbeiten. Den Teig 30 Minuten lang kühl rasten lassen. Rhabarber schälen und in Stücke schneiden. Tortenform mit Teig auslegen. Rhabarberstücke darauf verteilen und die Torte bei 180° C etwa 20 Minuten lang backen. Für den Überguß alle Zutaten verrühren und über die Torte gießen. Weitere 15 Minuten lang fertig backen.

(Tirol)

Ribiselschnitten

Für den Mürbteig:
15 dag Butter
2 Dotter
20 dag Mehl
2 EL Staubzucker
2 EL Milch
1 Prise Salz
Für den Belag:
4 Eiklar
20 dag Kristallzucker
20 dag Ribiseln

Die Zutaten mit kühlen Händen rasch zu einem feinen Mürbteig verarbeiten und 30 Minuten lang kühl rasten lassen. Auf einem Blech gut messerrückendick ausrollen, mehrmals mit der Gabel einstechen und im mittelheißen Rohr überbacken. Herausnehmen und erkalten lassen. Nun das Eiklar mit dem Zucker zu sehr steifem Schnee schlagen und Ribiseln untermischen. Auf den ausgekühlten Mürbteig streichen und nochmals 15 Minuten lang im heißen Rohr überbacken.

(Oberösterreich)

Roggenvollkornbrot

1 kg Roggenvollmehl
14 dag Sauerteig
1 dag Germ
1 EL Honig
2 dag Salz
1 EL Butter
ca. ½ l Wasser
Kümmel
Fenchel
Koriander

Die Germ in Honig und etwas lauwarmem Wasser auflösen, in eine Mulde im Mehl geben und gehen lassen, dann mit allen anderen Zutaten zu einem mittelfesten Teig verarbeiten, der mindestens 10 Minuten lang geknetet werden muß. Gut 2 Stunden lang gehen lassen, dann nochmals gut durchkneten und zum zweiten Mal gehen lassen. Danach kräftig zusammenschlagen und zu Laiben formen. Nochmals 20 Minuten lang gehen lassen, mit Wasser gut bepinseln und tief einschneiden. Bei 220°C etwa 1 Stunde lang backen, nach der Hälfte der Backzeit die Temperatur etwas senken.

• Zum Backen ein Gefäß mit Wasser ins Rohr stellen. Nicht vergessen, etwas Sauerteig für das nächste Brotbacken abzunehmen. *(Vorarlberg)*

Rohrnudeln

50 dag Mehl
2 dag Germ
10 dag Butter
3 Dotter
5 dag Zucker
¼ l lauwarme Milch
1 Prise Salz
Marmelade zum Füllen

Mehl mit Zucker vermischen, in der Mitte eine Vertiefung machen und und die Germ und etwas lauwarme Milch hineingeben. Das Dampfl gehen lassen. Butter zerinnen lassen, Dotter mit Milch versprudeln und alles dazugeben, auch das Salz. Nun zu einem mittelfesten Germteig abschlagen und zugedeckt gehen lassen. Mit einem Löffel Teigstücke abstechen und auseinanderziehen, mit Marmelade füllen und zusammendrehen. Etwas Butter in einer Auflaufform zergehen lassen und Rohrnudeln oder *Buchteln* einlegen. Noch einmal gehen lassen. Ca. 30–45 Minuten bei 180°C backen und angezuckert servieren.

• Wenn Sie Vollkornmehl verwenden, müssen Sie den Teig beim erstenmal länger gehen lassen und benötigen vielleicht auch etwas mehr Flüssigkeit. Als Beilage: Vanillesauce, Karamelsauce, Eiermilch oder Kompott, und wer es nicht süß mag, verzichtet auf Füllung und Zucker und ißt dazu Sauerkraut. *(Tirol)*

Rotweinkuchen

25 dag Butter
30 dag Zucker
1 Pkg. Vanillezucker
5 Eier
20 dag gehackte Nüsse
20 dag gehackte Kochschokolade
30 dag Mehl
¼ l Rotwein
1 Pkg. Backpulver

Butter, Zucker, Vanillezucker und Eier schaumig rühren. Nüsse, Schokolade und das mit Backpulver verrührte Mehl abwechselnd mit dem Rotwein darunterrühren. Eine Stunde lang bei 170°C backen. *(Salzburg)*

Rumkugeln

1 Pkg. Vanillezucker
10 dag Staubzucker
4 dag Kakao
10 dag geriebene Nüsse oder Kokosette
1 EL Rum
1 Eidotter

Alle Zutaten verrühren und den Teig einige Zeit kaltstellen. Wenn die Masse die richtige Konsistenz hat, muß sie sich gut formen lassen, darf aber nicht zu weich sein. Nußgroße Kugeln formen, in Kristallzucker oder Kokosette wälzen. Zum Trocknen am besten in Papiermanschetten oder Eiswürfelformen legen.

● Länger haltbar sind sie theoretisch, wenn man statt des Eidotters etwa 10 dag Pflanzenfett schmilzt und damit die Zutaten verknetet. *(Niederösterreich)*

Sachertorte

16 dag Butter
14 dag Staubzucker
2 dag Kristallzucker
8 Eier
16 dag zartbittere Schokolade
8 dag Semmelbrösel
Zum Bestreichen:
2 EL Marillenmarmelade
Für die Glasur:
15 dag Kochschokolade
25 dag Zucker
⅛ l Wasser
1 TL Öl

Die Eier trennen. Butter mit Staubzucker glattrühren. Nacheinander die Eidotter dazugeben und mit dem Mixer zu einer dicklichen Creme verschlagen. Die Schokolade im Wasserbad schmelzen. Unter Rühren abkühlen lassen und lauwarm teelöffelweise in die Creme einrühren. Gesiebtes Mehl hinzufügen. Eiklar mit Kristallzucker sehr steif schlagen und locker unterheben. Den Boden einer Springform mit Backpapier auslegen, Wände mit Butter und Bröseln vorbereiten. Den Teig einfüllen. Bei 170–190°C etwa 1 Stunde lang backen. Dann auskühlen lassen. Die Torte dünn mit erhitzter Marillenmarmelade bestreichen. Für die Schokoladeglasur den Zucker mit dem Wasser spinnen, die Schokolade mit dem Öl erwärmen und kleinweise den abgekühlten gesponnenen Zucker dazugeben, sodaß eine glatte Masse entsteht. Damit die Torte üppig überziehen.

• Mit Schlagobers servieren. Wenn Sie sich in den Sacher-Demel-Streit um die „originale" Sachertorte einmischen wollen, müssen Sie die Torte zusätzlich quer halbieren und mit Marillenmarmelade füllen – oder eben nicht.   *(Wien)*

Salzburger Muskazintorte

14 dag gestiftelte Mandeln
7 dag Zucker
21 dag Zucker
10 Eier
4 dag Zitronat
4 dag Aranzini
½ Zitronenschale
Neugewürz
Nelkenpulver
etwas Muskatnuß
7 dag Brösel
1 EL Rum
Glasur nach Belieben

Stiftelig geschnittene Mandeln in 7 dag Zucker rösten und ausgekühlt zerbröseln. 8 Eier trennen. Zucker, 2 Eier und die Dotter schaumig rühren. Kleinwürfelig geschnittenes Zitronat, Aranzini, die abgeriebene Zitronenschale, die Gewürze sowie die mit Rum befeuchteten Brösel dazugeben. Zuletzt den steifgeschlagenen Schnee unterheben. Diese Masse vorsichtig in eine befettete, bemehlte Form füllen und im mittelheißen Rohr backen. Nach Geschmack glasieren und mit Früchten dekorieren.   *(Salzburg)*

Sauermilchtorte

Für den Tortenboden:
4 Eier
7 dag Zucker
7 dag geriebene Haselnüsse
3 dag Brösel

Für die Creme:
½ l Sauermilch
4 EL Staubzucker
¼ l Schlagobers
7 Blatt Gelatine
3 EL kochendes Wasser
25 dag Himbeeren
1–2 EL Staubzucker
1 Pkg. Tortengelee

Für den Tortenboden Dotter und Zucker sehr schaumig rühren. Haselnüsse, Brösel und zuletzt den sehr steif geschlagenen Eischnee unterheben. Eine Tortenform nur am Boden buttern und bemehlen. Teig einfüllen und im vorgeheizten Rohr bei 175° C auf der unteren Schiene etwa 45 Minuten lang backen. Nun den Tortenrand mit einem doppelten Streifen Butterpapier auskleiden und die Creme und die Glasur aufbringen.
Für die Creme die Gelatine nach Anleitung kalt einweichen, inzwischen Sauermilch und Staubzucker verrühren, die ausgedrückte Gelatine in heißem Wasser auflösen, das nicht mehr kochen darf, und unter die Sauermilch rühren. Nun das Schlagobers steif schlagen und unterziehen und diese Creme auf dem Tortenboden gleichmäßig verteilen. Die Himbeeren darauf verteilen, leicht andrücken und überzuckern. Zum Schluß das Tortengelee nach Anleitung auflösen und vorsichtig mit einem Löffel über die Himbeeren gießen. Die Torte mindestens eine Stunde in den Kühlschrank stellen.

• Wenn Ihre Familie jetzt auf den Geschmack gekommen ist, können Sie auch die doppelte Menge an Zutaten für den Tortenboden nehmen, den Boden nach dem Backen quer durchschneiden und eine Hälfte einfrieren. Statt der Himbeeren können Sie auch andere Beeren auf die Torte geben. *(Kärnten)*

Sauerrahmkuchen

1 Becher Sauerrahm
½ Becher Öl
3 Eier
1 Becher Zucker
1 Becher Nüsse
1 Becher Mehl
1 Becher Instantkakao
1 Pkg. Vanillezucker
½ Pkg. Backpulver

Alle Zutaten vermischen, Mehl und Backpulver zuletzt unterheben und bei 180–200° C ca. 1 Stunde backen.

• Wenn Sie den Sauerrahmbecher als Meßbecher verwenden, kann fast nichts mehr schiefgehen. *(Salzburg)*

Brot und Gebäck, Torten und Kekse

Sauerteig – Grundrezept

Für das Sauerteig-Dampfl:
4 dag Germ
¼ l Sauermilch
1 Becher Joghurt
12 dag Brotmehl

Für den Teig:
2,5 kg Mehl
25 g Salz
4 dag Brotgewürz
lauwarmes Wasser

Die Milch handwarm erwärmen, die Germ einbröseln und das Mehl einrühren. Mit einem Tuch zugedeckt an einem warmen Ort 24 Stunden stehen lassen und dabei öfters umrühren. Diese Menge reicht für 2–3 kg Mehl.

Beim Kneten des Brotes zunächst Mehl, Salz und Gewürze vermischen, dann das Sauerteigdampfl, und zuletzt soviel lauwarmes Wasser beimengen und gut einkneten, bis der Teig glatt ist. Wenn der Teig zur doppelten Höhe aufgegangen ist (nach 2 bis 6 Stunden), in Laibe oder Wecken teilen und diese nochmals sehr gut durchkneten. Brotkörbe mit einem bemehlten Tuch auslegen, die Laibe hineingeben und zum zweiten Mal gehen lassen. Nun das Backrohr auf 230–250° C vorheizen, die Laibe befeuchten und einschießen. Nach etwa 45 Minuten die Hitze auf 200° C zurückschalten. Die Backdauer beträgt etwa 1½ Stunden. Wenn es beim Klopfen auf die Unterseite der Laibe hohl klingt, ist das Brot fertig.

Für das nächste Brotbacken nimmt man vom Sauerteig einen Teil weg und bewahrt ihn auf. Pro Kilo Brotmehl rechnet man 10–15 dag Sauerteig, der in einer gut verschließbaren Dose im Kühlschrank oder in Brotmehl eingebettet aufbewahrt wird (in diesem Fall muß man den Sauerteig am Tag vor dem nächsten Brotbacken einweichen, da er meist etwas austrocknet). Wenn der Sauerteig nach mehrmaligen Gebrauch zu sauer wird, muß man ein neues Dampfl ansetzen. Je mehr Sauerteig mit dem Mehl verknetet wird, desto kürzer ist die Rastzeit.

• Experimentieren Sie ruhig etwas mit dem Brotgewürz (Koriander, Anis, Kümmel allein oder mit fertigen Gewürzmischungen), bis Sie Ihre individuelle Mischung gefunden haben.
(Kärnten)

Schinkenkipferl I

Für den Teig:
20 dag Butter
20 dag Mehl
2 Eier
2 dag Germ
etwas Milch
1 Prise Salz
Für die Fülle:
20 dag Schinken
2 EL Sauerrahm
1 dag Parmesankäse

Auf einem Brett Butter und Mehl gut abbröseln. Dotter, in etwas Milch aufgelöste Germ und Salz dazugeben und zu einem Teig verarbeiten. An einem kühlen Ort 1 Stunde rasten lassen. Inzwischen den Schinken fein wiegen und mit Sauerrahm und Parmesankäse vermischen. Den Teig messerrückendick auswalken und in viereckige Stücke schneiden. Diese mit der Schinkenmasse füllen und zu Kipferln formen. Noch einmal gehen lassesn und mit Eiklar bestreichen. In einem mäßig heißen Rohr backen. *(Wien)*

Schinkenkipferl II

Für den Topfenblätterteig:
20 dag mageren Topfen
20 dag Dinkel- oder Weizenmehl
20 dag Butter
Salz
Für die Fülle:
25 dag Schinken
1 Ei
1 TL Crème fraîche
Salz
Pfeffer
Petersilie
Dille
Ei zum Bestreichen

Aus Topfen, Mehl, Butter und Salz nach Grundrezept einen Blätterteig bereiten und kühl rasten lassen. Für die Fülle den Schinken fein schneiden und mit den übrigen Zutaten vermischen. Den Teig auswalken, daraus Vierecke radeln, mit Fülle belegen und zu Kipferln formen. Mit Ei bestreichen und bei 180°C etwa 35 Minuten lang backen. *(Vorarlberg)*

Schokolademakronen

25 dag geriebene Mandeln
10 dag Milchschokolade
4 Eiklar
10 dag Zucker
kleine Oblaten
halbierte Mandeln oder Walnüsse

Schokolade einige Stunden in den Kühlschrank legen, dann fein reiben. Eiklar zu festem Schnee schlagen und mit Zucker gut ausschlagen, Mandeln und Schokolade unterheben. Backoblaten auf ein mit Wasser abgespültes Blech setzen. Mit dem Spritzsack oder zwei Teelöffeln kleine Häufchen dressieren. Halbierte Mandeln oder Walnüsse darauf setzen und bei schwacher Mittelhitze 12–15 Minuten lang backen.

• Die Makronen dürfen nicht dunkel werden, sonst werden sie bitter. *(Vorarlberg)*

Schokoladetorte

12 dag Butter
20 dag Milchschokolade
12 dag Honig
1 Pkg. Vanillezucker
1 TL feingeriebene Orangenschale
6 Eier
15 dag Haselnüsse
3 EL Dinkel- oder Weizenmehl
1 Messerspitze Backpulver
Für die Dekoration:
¼ l Schlagobers
12 Schokoladeblättchen
4 EL Schokoladestreusel

Die Eier trennen, die Eiklar zu steifem Schnee schlagen. Butter und erwärmte weiche Schokolade schaumig rühren. Honig, Vanillezucker, Orangenschale und die Eidotter einzeln einrühren. Geröstete, gemahlene Nüsse und Mehl abwechselnd mit dem Eischnee unter die Schokomasse heben. In einer Springform bei 175° C ca. 45 Minuten lang backen. Schlagobers schlagen, ⅓ davon in einen Dressiersack geben und mit dem Rest den überkühlten Kuchen bestreichen, auch den Rand. 12 Sahnerosetten dressieren und darauf jeweils ein Schokoblättchen setzen. In die Tortenmitte und an den Rand Schokostreusel geben. *(Vorarlberg)*

Schrot-Torte

6 eischwer Zucker
6 Eier
6 eischwer Weizenschrot
1 Prise Zimt
1 Prise Neugewürz
geriebene Schale von ½ Zitrone

Die Eier trennen. Zucker mit Dottern schaumig rühren. Dann Gewürze und Weizenschrot dazugeben. Eiweiß zu Schnee schlagen und unter die Masse heben. Eine Springform mit Butter ausfetten, mit Mehl oder Bröseln bestreuen und die Masse einfüllen. Bei geringer Hitze backen.

(Niederösterreich)

Spitzbuben

30 dag Mehl
20 dag Butter
15 dag Staubzucker
15 dag Mandeln
1 Messerspitze Zimt
Marillenmarmelade
Staubzucker
eventuell etwas Milch

Mehl mit Zimt, Staubzucker und geriebenen Mandeln vermischen. Mit zerhackter Butter rasch abbröseln und mit kühlen Händen zu einem Mürbteig verarbeiten, eventuell noch etwas Milch zugeben. Den Teig 30 Minuten lang kühl rasten lassen, dann messerrückendick auswalken und Scheiben ausstechen. Jede zweite Scheibe mit einem kleinen runden Ausstecher lochen. Bei 180° C hell backen. Die ungelochten Scheiben mit Marmelade betreichen, die gelochten daraufsetzen und mit Staubzucker bestreuen. *(Tirol)*

Stanitzel

5 Eier
25 dag Staubzucker
15 dag griffiges Mehl
1 Pkg. Vanillezucker
Schlagobers und Früchte zum Füllen

Alle Zutaten kurz zusammenrühren. Blech befetten und bemehlen. Mit einer Untertasse Kreise im Mehl markieren und den Teig darin ganz dünn aufstreichen. Rasch backen und dann sofort zu Stanitzeln zusammendrehen. Beim Erkalten werden die Stanitzel fest. Nun mit Schlagobers und frischen Früchten füllen.

● Stanitzel halten sich gut, wenn sie in einer Dose aufbewahrt werden. *(Tirol)*

Topfenblätterteig – Grundrezept

30 dag mageren Topfen
30 dag Mehl
30 dag Butter
Salz

Butter, Mehl, Salz und Topfen vermischen und kurz zusammenkneten. Mehrmals auswalken und zusammenschlagen, dazwischen immer wieder kühl rasten lassen, insgesamt 2–3 Stunden lang. Je nach Rezept füllen, mit Belag oder mit Ei bestreichen und bei 180° C etwa 35–45 Minuten lang backen. Für Käse- oder Kümmelstangerln, für Strudel oder Topfengolatschen. *(Vorarlberg)*

Topfenfleck

Für den Teig:
50 dag Mehl
2 dag Germ
8 dag Butter
2 Eier
4 dag Zucker
Zitronensaft
Salz
Milch nach Bedarf

Für den Belag:
50 dag Topfen
50 dag Äpfel
10 dag Zucker
12 EL Sauerrahm
10 dag Staubzucker

Aus Mehl, Germ, Butter, Eiern, Zucker, Zitronensaft, Salz und Milch nach Bedarf einen Germteig bereiten. Gut verrühren und ihn an einem warmen Ort gehen lassen. Auf einem mit Butter bestrichenen Blech auswalken. Topfen mit Zucker verrühren und über den Teig streichen. Blättrig geschnittene Äpfel darauflegen und mit etwas zerlaufener Butter betropfen und 6 EL Sauerrahm drüberstreichen. Im Rohr backen. Wenn die Masse oben Farbe bekommt, noch einmal 6 EL Sauerrahm darüberstreichen und fertig backen. In viereckige Stücke geschnitten und mit Staubzucker bestreut servieren. *(Wien)*

Topfengewürzbrot

40 dag Weizenvollmehl
25 dag Roggenvollmehl
⅛ l halb Milch, halb Wasser
6 dag Germ
1 Prise Zucker
¼ l Wasser
1 EL Salz
25 dag Magertopfen
1 EL Koriander
1 TL Kümmel
1 TL Fenchel

Alle Zutaten zu einem Germteig verarbeiten und etwa 45 Minuten lang gehen lassen. Dann nochmals durchkneten und in eine befettete und bemehlte Kastenform geben. Mit einem Tuch abdecken und erneut etwa 15 Minuten lang gehen lassen. Brot mit einer Gabel anstechen und mit lauwarmem Wasser bepinseln. Auf der untersten Schiene im Backrohr bei etwa 190° C 1 Stunde lang backen, dann das Rohr abdrehen, das Brot aber noch etwa 15 Minuten lang darin lassen, anschließend auf einem Gitter auskühlen lassen.

• Während des Backens ein flaches Gefäß mit Wasser in den Backofen stellen, damit das Brot gut aufgeht.

(Oberösterreich)

Topfengolatschen

Für den Teig:
40 dag Mehl
2 dag Germ
3 dag Zucker
⅛ l Milch
2 Dotter
Salz
8 dag Butter
5 dag Mehl zum Bestreuen des Brettes

Für die Fülle:
5 dag Butter
7 dag Zucker
1 Ei
35 dag Topfen
3 dag Rosinen
Butter für das Blech
Eiklar zum Bestreichen
3 dag Mandeln oder Nüsse zum Bestreuen

Germteig zubereiten, gut abschlagen und gehen lassen. Inzwischen für die Fülle das Ei teilen, die Butter schaumig rühren, Zucker, Dotter, passierten Topfen und Rosinen dazugeben und zuletzt den steifgeschlagenen Eischnee unterheben. Nun den Teig auswalken und in viereckige Stücke schneiden. Topfenfülle daraufgeben und die Ecken darüberschlagen. Vor dem Backen nochmals aufgehen lassen. Mit Eiklar bestreichen, mit gehackten Nüssen bestreuen und backen.

• Ebenso bereitet man auch Powidl- und Mohngolatschen. Für eine Mohnfülle siehe Mohnpotize oder Mohnstrudel.

(Oberösterreich)

Topfenpoganze

Für den Mürbteig:
30 dag Mehl
15 dag Butter
5 dag Zucker
1 Ei
2 EL Sauerrahm

Für die Fülle:
50 dag Topfen
5 dag Zucker
10 dag Weinbeeren (Rosinen)
¼ l Sauerrahm
2 Eidotter
1 Prise Salz

Butter mit dem Mehl abbröseln, den Zucker daruntermengen, Ei und Rahm dazugeben und alles rasch mit kühlen Händen zu einem Teig verkneten, den man 30 Minuten lang rasten läßt. Den Teig messerrückendick auf einem Backblech ausrollen und mit fein aufgebröseltem Topfen, Zucker, Salz und Weinbeeren bestreuen. Rahm mit den Dottern versprudeln und über dem Topfen verteilen, dabei einen 2 cm breiten Teigrand frei lassen und über die Fülle schlagen. Das Rohr vorheizen und die Poganze bei 180°C etwa 30 Minuten backen. *(Steiermark)*

Topfentorte mit Marillen

Für den Mürbteig:
30 dag Mehl
1 EL Backpulver
1 Prise Salz
15 dag Butter
15 dag Staubzucker
geriebene Schale von 1 Zitrone

Für die Fülle:
3 Eier
15 dag Zucker
1 Pkg. Vanillezucker
30 dag Topfen
15 dag Mandeln
1 EL Stärkemehl
35 dag Marillen

Die angegebenen Zutaten rasch mit kühlen Händen zu einem Mürbteig verarbeiten und 30 Minuten lang kühl rasten lassen. Eine Springform mit dem Teig auskleiden. Für die Füllung die Eier trennen, die Eiklar zu steifem Schnee schlagen. Eigelb, Zucker und Vanillezucker schaumig rühren. Topfen darunterrühren, geriebene Mandeln, Stärkemehl und das geschlagene Eiklar vorsichtig unterheben. Diese Füllung auf den Tortenboden geben und mit Marillenspalten belegen. Bei 200°C etwa 1 Stunde backen. Nach 20 Minuten das Backrohr auf 175°C zurückschalten. *(Vorarlberg)*

Traubenkuchen

1 Pkg. Blätterteig
1 kg kernlose Trauben
20 dag Zucker
20 dag geriebene Mandeln
4 Eier
⅛ l Schlagobers

Den Blätterteig nach Anleitung vorbereiten und auf ein Kuchenblech legen. Die Trauben waschen und zuckern. Die Mandeln mit einem Ei, 2 EL Zucker und der Hälfte des Obers verrühren. Den Teig zunächst mit der Mandelmasse bestreichen, die Trauben darüberstreuen. Die übrigen Zutaten gut verrühren und darübergießen. Bei 230° C etwa eine Stunde backen.

(Steiermark)

Traunkirchner Torte

Für den Mürbteig:
30 dag Mehl
10 dag Zucker
1 Prise Salz
20 dag Butter
3 Dotter

Für die Creme 1:
5 dag Staubzucker
5 dag Marmelade
1 Eiklar

Für die Creme 2:
15 dag Staubzucker
1/16 l schwarzer Kaffee
3 Eiklar

Die Zutaten für den Teig rasch mit kühlen Händen zu einem Mürbteig verkneten und 30 Minuten lang kühl rasten lassen. Daraus 4 Tortenböden auswalken und diese auf Backpapier backen. Erkalten lassen. Inzwischen die Cremes zubereiten: für Creme 1 alle Zutaten miteinander schaumig rühren, für die Kaffeecreme die Zutaten über Dampf dickschaumig rühren, Die Tortenböden abwechselnd mit Creme 1 und Creme 2 bestreichen, aufeinandersetzen.

(Oberösterreich)

Brot und Gebäck, Torten und Kekse

Triet

Für den Germteig:
30 dag Mehl
2 dag Germ
3 dag Zucker
3 dag Butter
1/8 l Milch
1 Ei
1/2 TL Salz
Zucker und Zimt zum Wälzen

Für den Glühwein:
1/2 l Wein
etwas Zimtrinde
einige Nelken
ein Stück Zitronenschale
2 EL Zucker

Aus Mehl, Germ, Zucker, Butter, Milch, Ei und Salz wird ein Germteig gemacht, der nach dem Aufgehen in einer Kastenform bei 180° C etwa 30 Minuten lang gebacken wird. Noch warm schneidet man ihn in fingerdicke Scheiben, die man bei schwacher Hitze im Backrohr trocknet und in Zimt und Zucker wälzt. Diese Zwiebackscheiben legt man in eine Schüssel oder auf einen Teller und übergießt sie mit Glühwein. Manchmal werden in den Glühwein auch noch Preiselbeeren und eingeweichte, entkernte Dörrzwetschken gemischt.

• Sollten Sie es einmal eilig haben, können Sie auch aus 20 dag Zucker, Vanillezucker, 4 Eiern und 25 dag Mehl einen flüssigen Rührteig bereiten, diesen auf dem Blech backen, nach dem Erkalten in Scheiben geschnitten bähen und weiterverarbeiten wie oben. Noch schneller wird die Mostviertler Variante zubereitet: Altbackene Semmeln in Scheiben schneiden, im Rohr backen, mit reichlich Muskatnuß bestreuen und in einer Schüssel mit heißem Wein und Rosinen übergießen, kaltstellen. Auch als Beilage zu Schnitzeln.

(Steiermark)

Vanillekipferln

25 dag Mehl
7 dag Staubzucker
1 Pkg. Vanillezucker
geriebene Zitronenschale
10 dag gemahlene Mandeln
20 dag Butter

Zum Wenden:
25 dag selbstgemachter Vanillezucker

Bereits 10 Tage vorher eine der Länge nach halbierte Vanilleschote in 25 dag Staubzucker stecken und fest verschlossen stehen lassen. Für die Vanillekipferln alle Zutaten rasch zu einem glatten Mürbteig verkneten und etwa 1 Stunde kühl (jedoch nicht im Kühlschrank) rasten lassen. Teig zu dünnen Rollen formen, davon kleine, gleichgroße Stücke abschneiden, diese zu Kipferln formen und auf ein gut befettetes oder mit Backpapier ausgelegtes Backblech setzen. Bei 170–190°C im vorgeheizten Backrohr 10–12 Minuten lang zartgelb backen. Noch heiß in selbstgemachtem Vanillezucker wenden.

(Wien)

Brot und Gebäck, Torten und Kekse

Vanillesterne

15 dag Butter
15 dag Zucker
25 dag Mehl
2 Dotter
1 Pkg. Vanillezucker
2 TL Rum oder Arrak
1 Prise Salz
1 Eidotter zum Bestreichen
Hagelzucker zum Bestreuen

Die angegebenen Zutaten rasch mit kühlen Händen zu einem Mürbteig verarbeiten. Etwa 15 Minuten lang kühl rasten lassen. Anschließend gut messerrückendick auswalken und Sterne ausstechen. Die Sterne nochmals kühl rasten lassen, dann mit Eidotter bestreichen und mit Hagelzucker bestreuen. Bei 180–200° C im vorgeheiztem Backrohr 10–12 Minuten lang goldgelb backen.

(Salzburg)

Vorarlberger Zimtsternle

4 Eiklar
30 dag Zucker
2 TL Zitronensaft
40 dag geriebene Haselnüsse
1 EL Zimt
Zum Ausrollen:
etwas Mehl
5 dag geriebene Mandeln
2 EL Zucker
1 Pkg. runde Oblaten

Eiklar zu sehr steifem Schnee schlagen, den Zucker nach und nach einrieseln lassen und die Masse unter Zugabe von Zitronensaft zu einer schnittfesten, glänzenden Masse schlagen. Hiervon ½ Tasse als Guß beiseite geben. Den Rest mit Zimt und geriebenen Haselnüssen vermischen. Das Backrohr auf 130–150° C vorheizen. Nun die Arbeitsfläche mit einer Mischung aus Mehl, geriebenen Mandeln und Zucker bestreuen. Den Teig ca. 1 cm dick darauf ausrollen. Kleine Sternle ausstechen, diese auf Oblaten setzen und mit der zurückbehaltenen Eimasse bestreichen. In 40–45 Minuten mehr trocknen als backen, die Glasur soll fast weiß bleiben.

(Vorarlberg)

Wachauer Torte

16 dag Zucker
8 Dotter
3 Rippen Schokolade
16 dag geriebene Mandeln
8 Eiklar
Für die Fülle:
1 Ei
3 Rippen Schokolade
⅛ kg Butter
Zucker nach Geschmack

Die Eier trennen, Dotter und Zucker flaumig abtreiben und nach und nach die erweichte Schokolade und einen Teil der Mandeln einrühren. Eiklar zu Schnee schlagen. Schnee und die restlichen Mandeln abwechselnd unter die Masse heben. Die Masse in eine nur am Boden befettete Tortenform einfüllen und backen. Am nächsten Tag die Torte in der Mitte auseinanderschneiden. Für die Fülle Butter mit Schokolade erweichen und zusammen mit Ei und Zucker nach Geschmack schaumig rühren. Kalt stellen und dabei öfters umrühren. Die Torte mit etwas Creme füllen, zusammensetzen und ebenso oben und auf den Seiten mit Creme bestreichen. Man kann die Torte mit Bonbons oder Streusel dekorieren. *(Niederösterreich)*

Wazanes

50 dag Weizenmehl
2 dag Germ
3 dag Butter
¼ l Milch
1 Ei
1 TL Salz
1 TL Anis
2 dag Butterschmalz für die Form

Aus allen Zutaten einen Germteig bereiten und gehen lassen. Dann nochmals durchkneten und 5 cm hoch in eine Kastenform füllen. Nochmals aufgehen lassen und bei 180° C abbacken.

• Dazu ißt man Wurst oder Selchfleisch. Übriggebliebenes Wazanes können Sie zu Schnittlan verarbeiten. *(Kärnten)*

Weihnachtsstollen

60 dag Mehl
½ TL Salz
5 dag Germ
2 Eier
gut ⅛ l Milch
12 dag Zucker
12 dag Butter
15 dag Mandelstifte
12 dag Zitronat
6 dag Aranzini
20 dag Rosinen
3 EL Rum
Schale einer Zitrone
Butter zum Bestreichen
Staubzucker zum Bestreuen

Aus Mehl, Salz, Germ, Eiern, Milch, Zucker und Butter einen Germteig bereiten und diesen mindestens 2 Stunden an einem warmen Ort gehen lassen. Mandeln, Zitronat, Aranzini, Rosinen, Zitronenschale und Rum sorgfältig unter den Teig kneten und nochmals mindestens 30 Minuten lang rasten lassen. Den Teig zum Stollen formen und im vorgeheizten Rohr bei 190° C langsam backen. Noch warm mit Butter bestreichen und mit unglaublich viel Staubzucker bestreuen.

• Dieser Stollen muß mindestens 2 Wochen vor Weihnachten gebacken werden und darf zwei Wochen lang nur ehrfürchtig bestaunt, keineswegs aber angeschnitten werden.

(Oberösterreich)

Weinbeerlpunkel

40 dag Mehl
12 dag Butter
3 Dotter
1 Ei
2 dag Germ
½ TL Salz
5 dag Zucker
Schale einer halben Zitrone
etwa ¼ l Milch
10 dag Weinbeerl (Rosinen)
Butter zum Bestreichen
Staubzucker

Alle Zutaten zu einem nicht zu festen Germteig verarbeiten und diesen an einem warmen Ort gehen lassen, bis sich das Volumen verdoppelt hat (etwa 30 Minuten lang). Dann den Teig in eine befettete Kasserolle geben und nochmals gehen lassen. Bei 185° C etwa 50 Minuten lang backen (Nadelprobe!). Während des Backens mehrmals mit zerlassener Butter bestreichen. Den fertigen Punkel herausstürzen und warm bezuckern.

• Wenn man will, daß sich die Rosinen gleichmäßig im Teig verteilen, muß man sie vorher waschen und dann in Mehl wälzen.

(Oberösterreich)

Weinbeißer

20 dag Mehl
10 dag Rohzucker
1 Msp. Backpulver
geriebene Schale
von ½ Zitrone
1 TL Neugewürz
1 TL Zimt
1 Ei
3 EL Honig

Alle Zutaten auf einem Brett zu einem Teig kneten und gut rasten lassen, eventuell über Nacht. Den Teig nicht zu dünn auswalken und in Stangerln schneiden. Mit Eiklar bestreichen und im Rohr backen. *(Niederösterreich)*

Wespennester

Für den Teig:
½ kg Erdäpfel
15 dag Mehl
3 dag Butter
1 Prise Salz

Für die Fülle:
5 dag Semmelbrösel
40 dag Äpfel
5 dag Zucker
Zimt
Butter für die Form

Erdäpfel kochen. Mehl auf ein Brett geben und die noch heißen Erdäpfel schälen und gleich auf das Mehl pressen, mit zerlassener Butter und Salz rasch zu einem Teig verkneten. Nun die Äpfel schälen, entkernen und in Spalten schneiden. Den Teig ½ cm dick ausrollen, mit Semmelbröseln, Apfelspalten, Zucker und Zimt bestreuen, wie einen Strudel zusammenrollen und 5 cm lange Stücke davon herunterschneiden. Diese mit der Schnittfläche nach unten in eine befettete Kasserolle legen und bei 180°C goldbraun backen.

• Die Fülle kann man beliebig um Rosinen, geschnittene Dörrzwetschken oder kernlose Trauben erweitern. Mit kalter Milch servieren. *(Oberösterreich)*

Widder

50 dag glattes Mehl
3 dag Germ
¼ l Milch
Salz
2 Eier
10 dag Zucker
10 dag Butter
1 TL Vanillezucker
Zitronenschale
2 cl Schnaps
2 EL Honig
15 dag geriebene Nüsse
oder Kürbiskerne
Brösel und Milch nach
Bedarf

Aus den Zutaten einen Germteig bereiten und zugedeckt an einem warmen Ort rasten lassen, bis er um ein Drittel mehr aufgegangen ist. Inzwischen die Fülle bereiten. Dafür Milch und Honig heiß werden lassen, die Nüsse einrühren, mit Zimt würzen und mit Bröseln festigen. Den Germteig fingerdick ausrollen und zugedeckt noch etwas gehen lassen. Dann mit der Fülle bestreichen, fest einrollen, schneckenförmig in eine befettete Kasserolle einlegen und noch einmal aufgehen lassen. Mit einer Stricknadel einstechen. Erst unmittelbar vor dem Backen mit Ei bestreichen. Bei 180°C backen.

(Steiermark)

Wiener Tascherln

20 dag Butter
18 dag Mehl
7 dag Mandeln
14 dag Zucker
2 Dotter
20 dag eingelegte Früchte
1 Eiklar
1 Ei
Zucker und Mandeln zum Bestreuen

Auf einem Brett Butter mit Mehl verbröseln, feingeriebene Mandeln, Zucker und Dotter dazugeben und rasch zu einem Teig verarbeiten. Nicht zu dünn auswalken und mit einem großen Krapfenstecher Platten ausstechen. Eingelegte Früchte in die Mitte legen und den Teig am Rand mit Eiklar bestreichen, zusammenfalten und mit Ei bestreichen. Mit Zucker und Mandeln bestreuen, auf ein Blech legen und im heißen Rohr backen. Noch warm servieren. *(Wien)*

Witwenküsse

2 Eiklar
6 EL Staubzucker
1 EL gehackte Nüsse
1 Pkg. Vanillezucker
1 Msp. fein geriebenen Bohnenkaffee

Eiklar mit Zucker über Dunst oder im Wasserbad so steif schlagen, daß der Schaum schnittfest ist. Mit einem Kochlöffel die übrigen Zutaten vorsichtig darunterheben. Nun dieser Windmasse kleine Häufchen auf ein gefettetes Backblech setzen oder dressieren. Etwa 30 Minuten lang auf kleinster Stufe backen. *(Niederösterreich)*

Würzkekse

55 dag Dinkelmehl
10 dag Haselnüsse
10 dag Butter
15 dag Honig
2 dag gemahlener Zimt
1 dag gemahlene Nelken
2 dag gemahlene Muskatnuß
2–3 Eier

Aus den Zutaten einen Mürbteig zubereiten und 1 Stunde rasten lassen. Auswalken, Kekse ausstechen. Bei 175°C etwa 12 Minuten lang backen.
• Diese Kekse sind lange haltbar, doch wenn man täglich fünf Stück davon ißt, weiten sie die Gedanken, vertreiben die Bitternis aus dem Herzen und machen stark – und da werden sie nicht lange halten! (Nach einem Rezept von Hildegard von Bingen). *(Vorarlberg)*

Zaunerstollen

25 dag Zartbitterschokolade
¼ l Schlagobers
12 dag Waffelbruch (auch Hohlhippen)
12 dag geriebene, geröstete Haselnüsse
Bittermandelöl und Öl zum Ausfetten

Die Schokolade im Wasserbad schmelzen, das Schlagobers dazugeben und über Dunst kräftig rühren, dabei aufkochen lassen, dann langsam kaltrühren. Haselnüsse und Waffelbruch unterziehen. Eine Rehrückenform mit Bittermandelöl und Öl ausfetten und die Masse einfüllen, 2 Tage lang kaltstellen. Mit Schokoglasur überziehen.

• So schwer es fällt: nur in dünnen Scheiben aufschneiden, dann ist er noch besser.

(Oberösterreich)

Zwetschkenfleck mit Streusel

Für den Germteig:
50 dag Mehl
10 dag Butter
5 dag Zucker
3 Eier
¼ lauwarme Milch
1 Prise Salz
3 dag Germ
Für den Belag:
1 kg Zwetschken
Für den Streusel:
10 dag Butter
10 dag Zucker
10 dag geriebene Mandeln
Zimt

Aus den Zutaten einen weichen Germteig bereiten, gehen lassen, dann auf einem vorbereiteten Blech ausrollen. Mit zerlassener Butter bestreichen. Die Zwetschken halbieren und entkernen. Mit der Schnittfläche nach oben auf den Germteig legen. Nun für den Streusel mit kühlen Händen alle Zutaten rasch verbröseln und über den Kuchen streuen. Bei 200°C etwa 30–40 Minuten lang im Rohr backen.

(Oberösterreich)

Zwetschkenwurst

25 dag Zucker
28 dag Dörrzwetschken
5 dag Feigen
12 dag Nüsse
5 dag Staubzucker

Dörrzwetschken waschen, in Wasser weichkochen, abseihen, entkernen und fein hacken. Zucker mit Wasser bis zum Flug spinnen, die Zwetschken hineingeben und zu einem dicken Mus einkochen. Kleingeschnittene Feigen und Nüsse daruntermischen, etwas anziehen lassen. Dann ein Brett mit Staubzucker „bemehlen" und die Masse zur Wurst formen. Diese erkalten und trocknen lassen und vor dem Auftragen mit einem scharfen Messer dünnblättrig schneiden.

(Steiermark)

Zwiebel-Speckkuchen

Blätterteig
Für den Belag:
25 dag geschnittenen Speck
5 große Zwiebeln
12 dag Lauch
Für den Eierguß:
3 dag Butter
2 EL Mehl
¼ l Milch
3 Eier
2 EL Topfen
Salz
Pfeffer
Muskat
Schnittlauch

Den Blätterteig ausgerollt in eine Springform legen. Den Speck feinwürfelig schneiden und auslassen. Geschnittene Zwiebel darin anrösten und geschnittenen Lauch dazugeben, gut durchrösten lassen. Diesen Belag etwas überkühlt auf dem Teig verteilen. Für den Überguß Butter mit Mehl anschwitzen, mit Milch aufgießen, verkochen lassen, diese Bechamel leicht abkühlen lassen und Eier, Topfen und Gewürze daruntermischen. Den Kuchen damit übergießen und im Rohr bei 200° C 40 Minuten lang backen.

(Vorarlberg)

Zwiebelwähe

Für den Teig:
30 dag Dinkel
2 dag Hefe
1 Prise Zucker
Salz
1 Ei
ca. ¼ l Milch
4 dag Butter
Für den Belag:
15 dag Räucherspeck
6 große Zwiebeln
⅛ l Obers
5 Eier
Salz
Petersilie
Muskat

Die angegebenen Zutaten zu einem Hefeteig verarbeiten und an einem warmen Ort gehen lassen. Speck kleinwürfeln, auslassen und darin Zwiebelringe mitdünsten, bis sie weich sind. Nun den Hefeteig auf einem befetteten Blech auswalken, die Ränder hochziehen, die Zwiebeln und den Speck gleichmäßig darauf verteilen, die Eier mit dem Obers und den Gewürzen verquirlen und darübergießen. Die Wähe im Rohr bei 180° C goldbraun backen.

● Natürlich können Sie den Teig auch mit Weizenvollmehl oder mit gewöhnlichem Weizenmehl zubereiten.

(Vorarlberg)

Eingemachte und flüssige Spezialitäten

Beerensaft

5 kg Beeren nach Saison
50 dag Zucker (bei roten und schwarzen Johannisbeeren (Ribiseln) die doppelte Menge Zucker)

Beeren mit lauwarmem Wasser vorsichtig überbrausen, abtropfen lassen und mit Zucker in den Behälter des Dampfentsafters geben. Das Wasser im Entsafter muß ständig kochen. Noch heiß in Flaschen füllen und verschließen, dabei die ersten zwei Flaschen wieder in den Entsafter leeren, damit der Saft gleichmäßiger wird. Soll der Saft bei Gebrauch nicht verdünnt werden, so muß der Zuckeranteil um die Hälfte reduziert werden.

• Gut eignen sich Mineralwasserflaschen mit Schraubverschluß. *(Salzburg)*

Bierlikör

½ l dunkles Bier
½ kg Zucker
⅛ l Rum
2 Pkg. Vanillezucker
⅛ l Schnaps

Bier mit Zucker aufkochen und auskühlen lassen. Rum, Schnaps und Vanillezucker dazurühren und abfüllen.

• Sammeln Sie hübsche Glasflaschen, und schon haben Sie ein individuelles Geschenk. *(Tirol)*

Eierlikör

4 Dotter
1 Vanilleschote
25 dag Zucker
¼ l Schlagobers
⅛ l Weingeist
⅛ l Cognac

Schlagobers mit der Vanilleschote aufkochen. Vanille herausnehmen, etwas überkühlen lassen und Zucker und Dotter daruntermischen. Über Dampf dickschaumig schlagen (Vorsicht: die Masse darf nicht mehr kochen!). Kalt schlagen, Alkohol dazumischen und in Flaschen füllen. Kühl aufbewahren.

• Je länger man den Likör stehen läßt, umso besser wird er. Leider ist er meist längst ausgetrunken, ehe dies geprüft werden kann. *(Oberösterreich)*

Eingemachte und flüssige Spezialitäten

Eingelegte Fisolen

2 kg junge Fisolen
Salzwasser zum Kochen
½ l Wasser
8 dag Zucker
10 Gewürznelken
2 Zimtstangen
½ l Weinessig

Fisolen in gut gesalzenem Wasser ca. 5 Minuten lang kochen, kurz in einem Sieb abschrecken. Den Zucker in Wasser erhitzen, Gewürze und Essig dazugeben. Den Fond ein wenig einreduzieren lassen, die Fisolen in ein Glas einlegen und den Sud darübergießen. An drei aufeinanderfolgenden Tagen jeweils den Saft abgießen, aufkochen lassen und nach dem Erkalten wieder über die Fisolen geben. Die Gläser gut verschließen, in einem kühlen Raum aufbewahren.

(Salzburg)

Falsche Kapern

25 dag Blütenknospen
von Gänseblümchen
gut ¼ l Obstessig
½ TL Salz
1 Lorbeerblatt
1 TL Zucker
2 Knoblauchzehen

Die Knospen abspülen und trocknen lassen. Inzwischen die übrigen Zutaten miteinander aufkochen. Die Knospen in den Sud geben und nochmals kurz aufkochen lassen. Sofort in saubere Gläser füllen und gut verschließen. Die Gläser zuerst 4 Tage auf dem Kopf stehend aufbewahren. Danach umdrehen. Nach 2–3 Wochen dürfen Sie das erste Glas öffnen.

- Zum Bestreuen von Salaten. Die Gläser springen beim Einfüllen nicht, wenn Sie sie auf ein feuchtes Tuch stellen und einen Silberlöffel hineinstecken.

(Oberösterreich)

Gamsmilch

Für 2 Portionen
½ l Milch
4 TL Honig
3 EL Rum

Die Milch langsam aufkochen lassen, Honig und Rum einrühren, auf Häferln verteilen und sofort servieren.

(Salzburg)

Gelee von Fallobst

unreife Äpfel (oder anderes Fallobst)
Zucker

Äpfel von schlechten Stellen und Kerngehäusen befreien, jedoch nicht schälen. Waschen und in einem fettfreien Topf knapp mit Wasser bedecken und weichkochen. Sobald sie sich zerdrücken lassen, passieren und den so gewonnenen Saft einige Stunden stehen lassen, daß er sich klärt. Klaren Saft abgießen und wiegen. Mit dem halben Gewicht an Zucker die Mischung 10 Minuten lang kochen, in Gläser füllen und noch heiß verschließen.

(Niederösterreich)

Holler-Apfelsaft

3 kg Hollerbeeren
2 kg Äpfel
1 kg Zucker
2 EL Zitronensäure

Äpfel waschen, entkernen und vierteln. Hollerbeeren waschen, alles mit dem Zucker und der Zitronensäure in den Dampfentsafter füllen. Nach etwa 1 Stunde den fertigen Saft abfüllen.

• Die ersten zwei Flaschen Flüssigkeit wieder in den Entsafter hineinleeren, da der Saft sonst zu konzentriert ist.

(Oberösterreich)

Hollerblütensaft

40 Holunderblüten
4 kg Kristallzucker
4 unbehandelte Orangen
2 unbehandelte Zitronen
2 l Wasser
5 dag Zitronensäure

Zucker in heißem Wasser auflösen und abkühlen lassen. In einem großen Gefäß Holunderblüten, in feine Scheiben geschnittene Orangen und Zitronen und Zitronensäure mit dem kalten Zuckerwasser übergießen und einige Tage stehen lassen, dabei gelegentlich umrühren. Abseihen und in leere Mineralwasserflaschen abfüllen (Drehverschluß).

• Dieser Saft kann entweder mit Wasser verdünnt oder mit Mineral- oder Sodawasser aufgespritzt werden.

(Oberösterreich)

Hollerblütensirup

3 l Wasser
2,5 kg Zucker
5 Zitronenscheiben
25 Hollerblüten
10 dag Zitronensäure

Wasser mit Zucker aufkochen und erkalten lassen. Hollerblüten, Zitronenscheiben und Zitronensäure hineingeben und alles 2 Tage lang ziehen lassen, dazwischen immer wieder umrühren. Dann die Blüten und Zitronenscheiben entfernen und den Sirup in Flaschen füllen. Verschließen und kühl und dunkel lagern. Mit Wasser oder Mineralwasser verdünnt ein erfrischendes, aromatisches Getränk.

- Auf die gleiche Weise kann man auch Schafgarben- oder Melissensaft herstellen. Noch gesünder mit Rohrzucker.

(Oberösterreich)

Hollersaft

3 kg Hollerbeeren
50 dag Zucker
1 Zimtstange
5 Nelken

Hollerbeeren, Nelken und Zimtstange in den Dampfentsafter geben und entsaften. Den Saft mit Zucker aufkochen. Heiß in Flaschen füllen.

- Mit Wasser oder Mineralwasser aufgespritzt wird er zum gesunden Kinderwein oder -sekt, und wenn Sie ihn in Milch geben, staunt sicher jedes Kind über die lila Farbe. *(Tirol)*

Hollerschnaps

1 kg Hollerbeeren
1 l Wasser
½ kg Rohrzucker
Nelken
1 Zimtstange
1 Zitrone
Schnaps

Hollerbeeren in Wasser 30 Minuten lang kochen, abseihen und auskühlen lassen. Diesen Saft mit Zucker, Nelken, Zimtstange und dem Zitronensaft wieder 30 Minuten lang kochen. Auskühlen und Schnaps je nach Geschmack beifügen.

(Oberösterreich)

Eingemachte und flüssige Spezialitäten

Hollerwein

1 Teil Hollerbeeren
1 Teil Kristallzucker
2 Teile Wasser
1 dag Germ
je 1½ l Wasser

Hollerbeeren, Kristallzucker und das kalte Wasser in einem sauberen Topf eine Minute aufkochen, anschließend ganz abkühlen lassen. Erst dann die zerbröselte Germ einrühren und stehen lassen. In den ersten 2 Tagen hin und wieder umrühren. Dann gut zudecken und auf dem Küchenfenster gären lassen. Nach 5–6 Wochen durch ein Sieb und danach durch Filterpapier abseihen und in Flaschen füllen.

• Kinder bekommen statt dessen Hollersaft, denn bei Gärung entsteht bekanntlich Alkohol. *(Oberösterreich)*

Hustensaft

1 kg Fichtenwipferln
1 kg Föhrenwipferln
1,2 kg Zucker
½ l Wasser
2 ungespritzte Zitronen
2 Handvoll Spitzwegerich
3 Handvoll Almrauschblüten

Zucker und Wasser aufkochen und auskühlen lassen. In ein 5-Liter-Glas mit weiter Öffnung geben. Wipferln dazugeben. Zitronen in Scheiben schneiden und dazugeben. In ein Glas füllen und 1 Woche in die Sonne stellen. Dann Spitzwegerich und Almrauschblüten dazugeben und weitere 2 Wochen stehen lassen. Abfiltern und abfüllen.

• Ein höchst wirksamer Hustensaft, von dem bei Kindern bereits ein Teelöffel wahre Wunder wirkt. Doch beachten Sie bitte: Wipferln nur von eigenen Bäumen pflücken, am besten an Stellen, wo die Zweige sonst zu dicht werden. *(Tirol)*

Jagatee

Für 2 Portionen
¼ l Wasser
2 TL Zucker
1 Beutel schwarzer Tee
knapp ¼ l Rotwein
etwas Zimt
etwas Nelkenpulver
3 cl Rum
3 cl Obstler

Den Teebeutel mit kochendem Wasser aufgießen und bis zu 3 Minuten lang ziehen lasssen. Den Rotwein dazugießen, würzen und die Mischung nochmals erhitzen, jedoch nicht kochen lassen. Mit Rum und Obstler auffüllen. Heiß servieren. *(Salzburg)*

Eingemachte und flüssige Spezialitäten

Johanniskrautschnaps

guter Bauernobstler oder echter Kornschnaps
Johanniskrautblüten

Die Blüten in Schnaps ansetzen und mindestens 3 Wochen lang an der Sonne ausziehen lassen. Der Schnaps wird dabei rot. Dann abseihen und abfüllen.

• Hilft bei Magenleiden und Depressionen – teelöffelweise einnehmen.

(Tirol)

Lauer

50 dag Kletzen
50 dag getrocknete Apfelspalten
25 dag Dörrzwetschken
12 dag Rosinen
12 dag Rollgerste, in einem Beutel vernäht
5 dag Süßholz
5 dag Wacholderbeeren
1 EL Anis, in ein Gewürzsäckchen gebunden
5 l Wasser

Alle Zutaten in dem kaltem Wasser zustellen, 30 Minuten lang kochen und anschließend über Nacht stehen lassen. Den Saft abseihen, in Flaschen abfüllen und gekühlt servieren.

• Das Trockenobst nicht wegwerfen, sondern faschieren, mit etwas Zucker und der gleichen Menge Topfen als pikante Fülle für Kletzennudeln verwenden.

(Kärnten)

Löwenzahnhonig

40 dag Löwenzahnblüten (nur die Köpfe)
2 l Wasser
Saft von 3 Zitronen
2 kg Zucker

Blüten mit Wasser 30 Minuten lang kochen lassen und abseihen. Zucker in dem Saft auflösen und Zitronensaft dazugeben. 2 Stunden lang ohne Deckel leise kochen lassen. Den Honig in Gläser füllen, verschließen und kühl aufbewahren.

• Vitaminreicher, recht flüssiger Honig. Noch gesünder, wenn Sie Rohrzucker verwenden. Eignet sich auch sehr gut zum Süßen von Kräutertees.

(Oberösterreich)

Eingemachte und flüssige Spezialitäten

Maibowle

2 Handvoll Waldmeister
20 dag Zucker
⅛ l Wasser
3 gleiche Flaschen guter Weißwein
1 Flasche Mineralwasser

Den Waldmeister waschen, Zucker und Wasser aufkochen, abkühlen lassen und damit den Waldmeister übergießen. Diesen Ansatz einige Stunden lang stehen lassen, dann den Wein dazugeben. Kurz vor dem Servieren das Mineralwasser dazugeben.

• In dieser leichten Bowle für heiße Tage fehlt zwar das Glas Cognac und der Sekt, aber Ihr Kopf wird es Ihnen danken.
(Oberösterreich)

Marmelade aus grünen Paradeisern

4 kg grüne Paradeiser
2 kg Zucker
⅛ l Weinessig
Nelken
Ingwer
Zimt
1 unbehandelte Zitrone

Paradeiser in kleine Stücke schneiden und mit Zucker, Weinessig, Gewürznelken, Zitronensaft und -schale wie Sirup einkochen. Die Marmelade noch heiß in Gläser füllen und gut verschließen. *(Oberösterreich)*

Nußlikör

10 frische, grüne Walnüsse
1 Stern-Anis
5 Gewürznelken
½ Zimtstange
18 dag Braunzucker
¾ l Obstler oder Korn
¼ l destilliertes Wasser

Die Nüsse waschen, vierteln und mit dem Obstler, den Gewürzen und dem Zucker in eine weithalsige Flasche füllen. 4 Wochen lang an einem sonnigen Platz durchziehen lassen, täglich einmal durchschütteln. Dann abseihen, mit destilliertem Wasser auffüllen und in saubere Flaschen füllen. Noch 3 Monate stehen lassen.

• Manche schwören darauf, daß der Likör bei Neumond angesetzt werden müsse. Er soll bei Völlegefühl und Magenbeschwerden helfen, schmeckt aber auch ohne solche medizinische Indikationen sehr gut.

(Oberösterreich)

Eingemachte und flüssige Spezialitäten

Nußschnaps

40 grüne Walnüsse
1 kg Zucker
5 l Rotwein
½ l Schnaps

Walnüsse klein schneiden und mit Zucker, Wein und Schnaps in einem großen Glasgefäß 40 Tage lang in der Sonne stehen lassen. Abseihen und abfüllen.

• Die Nüsse müssen bereits Ende Juni gepflückt werden, sonst sind sie zu hart. Nußschnaps ist ein altes Hausmittel zur Nervenstärkung, darf aber auch einfach so getrunken werden. Zugaben von Gewürzen wie Muskat, Zimtrinde, Nelken, Ingwer, Fenchel oder Anis bleiben Ihrem Geschmack überlassen. *(Tirol)*

Powidl

entkernte Zwetschken
viel Geduld
gute, hohe
Küchenhandschuhe

Eigentlich wird der Powidl ganz von selbst etwas, man muß nur die Zwetschken stundenlang rühren und kochen lassen und rühren und kochen lassen und nicht verzweifeln, wenn es spritzt. Trost: Man kann zwischendurch abdrehen und schlafengehen.
Der Tricks zum Abkürzen der langen Kochzeit gibt es viele: zum Beispiel die Zwetschken über Nacht mit etwas Essig und Zucker ziehen lassen (1 kg Zucker und ¼ l Weinessig auf 6 kg entkernte Zwetschken), „nur" noch 6 Stunden lang kochen, allerdings ohne umzurühren und ohne abzudrehen, und in Gläser füllen. Oder, genauso vorbereitet, 4 Stunden lang kochen und dann mit dem Handmixer fein zerkleinern, mit Zimt und Rum würzen und abfüllen. Ohne Hilfsmittel dieser Art, aber auch sehr zeitsparend: Zwetschken halbiert auf ein Backblech legen und im lauwarmen Rohr vortrocknen.
(Niederösterreich)

Eingemachte und flüssige Spezialitäten

Punsch-Essenz

**2 unbehandelte Zitronen
2 unbehandelte Orangen
2 Zimtstangen
12 Gewürznelken
½ Vanilleschote
70 dag brauner Kandiszucker
¾ l Rum**

Zitronen und Orangen auspressen, die Schalen ganz dünn schälen und in Stücke schneiden, alles mit Zimt, Nelken, Vanille und Zucker mischen und über Nacht stehen lassen. Am nächsten Tag das Mark aus der Vanilleschote kratzen, wieder hineingeben, alles 10 Minuten lang perlend kochen und durch ein feines Sieb seihen, den Rum dazugeben und gut verschlossen aufbewahren.

• Im Winter verdünnen mit heißem Tee, Rotwein oder Hollersaft. *(Oberösterreich)*

Quittengelee

**reife, unbehandelte Quitten
Gelierzucker**

Die Quitten mit einem Tuch sauber abreiben, vierteln und von Kelch und Stengeln befreien. Die geviertelten Quitten mit Schale und Kerngehäuse in eine weite Kasserolle geben, knapp mit Wasser bedecken und langsam weichkochen (der Saft muß klar bleiben). Abseihen. Pro kg Saft 1 kg Gelierzucker beimengen, das Gelee sprudelnd 4–8 Minuten lang kochen. Kochend heiß in Gläser füllen und gleich verschließen.

• Die Quittenviertel nicht wegwerfen, daraus können Sie noch Quittenkäse machen. *(Kärnten)*

Eingemachte und flüssige Spezialitäten

Quittenkäse

unbehandelte Quitten
Kristallzucker

Die Quitten wie für Quittengelee behandeln und weichkochen. Nachdem der Saft der gekochten Quitten abgeseiht worden ist, die Quittenviertel schälen, die Kerngehäuse entfernen und die Früchte passieren. Auf 1 kg Fruchtbrei 1 kg Kristallzucker geben. Unter ständigem Rühren kleinere Mengen (je 1 kg Fruchtbrei und Zucker) bei starker Hitze mindestens 30 Minuten lang kochen, bis die Masse so dick ist, daß beim Rühren Straßen entstehen. Die Masse in eine ausgefettete Bischofsbrot- oder Rehrückenform füllen und erkalten lassen.

• Quittenkäse muß schnittfest sein, und er ist richtig, wenn er so fest ist, daß er sich noch warm vom Rand der Form löst. In Ermangelung einer kühlen Speisekammer können Sie Ihren Quittenkäse auch in der Tiefkühltruhe lagern. Für Naschkatzen füllen Sie ihn in den Eiswürfelbereiter und frieren ihn so portioniert ein.

(Kärnten)

Ribisellikör mit Kräutern

30 dag schwarze
Ribiseln
30 dag weißer
Kandiszucker
1 Zweig frische
Pfefferminze
1 Zweig frische
Zitronenmelisse
je 1 EL Anis, Fenchel
und Kümmel
1 l Korn

Alle Zutaten in eine große Flasche geben, zuerst die Ribiseln, darauf den Zucker und die Kräuter und zuletzt den Schnaps. An einem sonnigen Platz stehen lassen und gelegentlich schwenken. Nach 6 Wochen abseihen und in Flaschen abfüllen.

• Auch dies ein Hausmittel gegen Magen-Darmprobleme.

(Oberösterreich)

Ribiselschnaps

1 l schwarze Ribiseln
½ kg Kandiszucker
8 Gewürznelken
3 l Korn

Alle Zutaten in ein großes Glas geben, an einen sonnigen Fensterplatz stellen und öfters umrühren. Nach 6 Wochen abseihen und in Flaschen abfüllen. Dunkel aufbewahren. Je länger der Schnaps lagert, umso feiner wird sein Geschmack.

• Als Hausmittel gegen einen verdorbenen Magen, als Verdauungsschnaps oder ganz ohne medizinische Begründung eine Köstlichkeit. *(Oberösterreich)*

Schafgarbensekt

5 l Wasser
25 dag Zucker
1 Zitrone
10 Dolden Schafgarbe
2 EL Zucker
⅛ l Wein- oder Apfelessig

Die sauberen Schafgarbenblüten mit Wasser, Zucker und feinblättrig geschnittener Zitrone für einen Tag in den Eiskasten stellen. Dann 2 EL Zucker in einem Reindl anbräunen, mit Essig aufgießen und die verkochte Flüssigkeit zu den Schafgarben dazugeben. Das Ganze noch einmal verrühren und durch ein sauberes Tuch gießen. In Flaschen füllen und lichtgeschützt an einem kühlen Ort reifen lassen. Nach ca. 6 Wochen ist der Sekt trinkfertig. *(Niederösterreich)*

Schwarzbeerlikör

1 l Korn
1 l Schwarzbeeren (Heidelbeeren)
1 Pkg. Vanillezucker
35 dag Kandiszucker
1 Zimtstange
Gewürznelken

Kornschnaps mit gewaschenen Früchten, Kandiszucker und Gewürzen in gut verschließbare Gläser füllen. 3 Wochen lang stehen lassen. Abseihen und in Flaschen füllen.

• Auf die gleiche Weise können Sie auch Likör aus Himbeeren, Weichseln, Brombeeren, Holler und schwarzen Ribiseln zubereiten. *(Salzburg)*

Eingemachte und flüssige Spezialitäten

Wipferlsaft

2 kg Fichtentriebe
60 dag Rohrzucker

Fichtenwipferln mit Zucker mischen und über Nacht ziehen lassen. Im Dampfentsafter entsaften und in kleine Flaschen abfüllen.

• Ein hervorragender, höchst wirksamer Hustensaft. Bitte beachten Sie, daß Sie die Wipferln nur von eigenen Pflanzen nehmen dürfen – doch vielleicht kennen Sie jemanden, der Sie an seiner Hecke pflücken läßt, ehe er sie ohnehin abschneiden würde. Bei kleinen Mengen hat es sich bewährt, ein Marmeladeglas mit Wipferln zu füllen, Zucker darüber zu gießen und das unter gelegentlichem Schütteln stehen zu lassen. Wenn man sauber arbeitet, hat sich bald Saft gebildet, der sich problemlos bis zum Winter hält.

(Oberösterreich)

Zitronenmelissensaft

4 Handvoll
Zitronenmelissenblätter
2,5 l Wasser
2 kg Rohrzucker
15 dag Zitronensäure
⅛ l Wasser
⅛ l Apfelessig
3 EL Zucker

Wasser mit Zucker, Zitronensäure und den grobgeschnittenen Zitronenmelissenblättern kalt ansetzen und über Nacht stehen lassen, dabei häufiger umrühren, bis sich der Zucker gelöst hat. Am nächsten oder übernächsten Tag Apfelessig mit Wasser und Zucker aufkochen lassen und unter den Ansatz mischen. Den Saft abseihen und in Flaschen füllen.

• Mit Wasser verdünnt eine säuerliche Erfrischung. Mit einem Spritzer Gin und Eiswürfeln ein sommerlicher Longdrink.

(Oberösterreich)

Register

Register

Abgebrannte Grießknödel mit Speck 13
Abgefaulter Käse 61
Abgeschmalzene Nudeln 217
Adventstrudel 269
Affen 287
Allerheiligenstriezel 317
Almkaffee 189
Almnüsse 287
Almraunkerln 287
Almrosenblüten 379
Älperflädlesuppe 13
Anisscharten 317
Aniszwieback 317
Äpfel 159, 173, 207, 212, 310–312, 360, 368, 377
Apfel-Topfenauflauf 183
Apfelauflauf 183
Apfelbrot 318
Apfelknödel 217
Apfelknödel, Gebacken 226
Äpfelknöderln in Glühwein 217
Apfelkoch 183
Apfelkren 133
Apfelkuchen 183, 318
Apfelmuas 184
Apfelnockerln 218
Apfelnockerln, Gebacken 226
Apfelradln in Weinteig 288
Apfelrotkraut 133
Apfelsaft 213
Apfelsailing 218
Apfelsauce 133
Apfelschaum 309
Apfelschaum im Glas 309
Apfelschmarrn 184
Apfelschüssel 184
Apfelspalten 380
Apfelstrudel I u. II 269
Asterix 197

Bachlkoch 185
Backerbsen 13
Backhendl, Wiener 128
Backteig 291
Badner Nockerln 218
Balasn 288
Bananenfrappé 309
Bärlauchsuppe 14
Bauer, Durstiger 185
Bauernbrot 319
Bauerneintopf 89
Bauerngerstlsuppe 14
Bauernkrapfen vom Blech 319
Bauernkrapfen, Mühlviertler 295
Bauernritscher 89
Bauernschmaus 127
Bauernschöpsernes 90
Bauernschweinskoteletten 90
Bauerntorte 320

Beerensaft 375
Beichtpofesen 296
Beiried 120
Beize 118
Besoffene Liesl 320
Besoffener Bauer 185
Besoffener Kapuziner 321
Beuschel 91, 109
Bienenstich 321
Bierfleisch, Böhmisches 91
Bierlikör 375
Bierteig 81
Birestock 134
Birnen 134, 188, 270, 311
Birnenknödel 245
Birnenkoch mit Mokkasauce 186
Biskuitroulade 322
Blattlstock 322
Blaukraut, Gedünstet 146
Blunzengröstl 91
Blunz'n 61
Bluttommerl 186
Böhmische Dalken 187
Böhmische Knödel 219
Böhmische Suppe 15
Böhmischer Sterz 187
Böhmisches Bierfleisch 91
Bohnensalat mit Kresse 134
Bohnensalat mit Rettich 134
Bohnenstrudel 270
Bohnensuppe 15
Bozner Saure Suppe 16
Bozner Stockfischgröstel 79
Brandenberger Prügeltorte 323
Brandteigkrapfen 289
Branntweinstrauben 289
Branntweinsuppe 16
Brätäpfel 70
Braterdäpfel 135
Brathendl, Gefüllt 101
Bratwürstelsuppe 16
Bregenzer Eiertosche 188
Breintommerl 188
Brennesselknöderln 219
Brennesselsuppe 17
Brennsterz 188
Brennsuppe 17
Brezen 323
Brimsen 70
Brioche 324
Brombeeren 179, 385
Bröselknödel 219
Brotauflauf 189
Brotstangen, Gefüllte 64
Brotsuppe 17
Bruckfleisch 92
Buchteln (s. Rohrnudeln)
Buchweizen 184, 194, 208, 231, 253–254, 332

Buchweizenmehl 235
Buchweizentorte mit Heidelbeeren 324
Burek mit Topfen 220
Burgenländische Paradeissuppe 18
Butterfische 18
Buttermilchbrot 325
Buttermilchnudeln 220
Buttermilchsuppe 18

Camembert, Gebacken 292
Champignongemüse 135
Champignons 62, 170
Champignonsauce 135

Dalken 187
Dalken, Gegossene 192
Dampfkipferl 325
Dampfnudeln 221
Dampfnudeln, Gefüllt 227
Debreziner Würste 139
Dillensauce 135, 143
Dinkel 205, 276, 318
Dörrbirnen 297, 303, 337
Dörrzwetschken 304, 380
Dotter 288, 309, 311–312, 320, 328–329, 335, 349, 353, 365
Dukatenbuchteln 221
Dukatennockerln 221

Eferdinger Spargel 136
Eidotter 14, 16, 31, 33, 38, 41–42, 47–48, 52, 55–57, 107, 109, 141, 162, 168, 176, 178, 244, 299, 375
Eier, Gefüllte 65
Eier, Russische 72
Eierlikör 375
Eiernocken 222
Eiernockerln 243
Eierschwammerlgröstel 189
Eierschwammerln 62, 169
Eierspeis mit Kernöl 62
Eiertosche, Bregenzer 188
Eiklar 309, 352, 358, 365, 369
Einbrennsuppe 19
Einbrennte Selchsupp'n 19
Einfache braune Suppe 19
Eingebrannte Erdäpfel 136
Eingebrannte grüne Fisolen 137
Eingebrannte Linsen 137
Eingelegte Fisolen 376
Eingelegte Schwammerln 62
Eingelegter Käse 62
Eingelegter Knoblauch 63
Eingelegter Kürbis süß-sauer 137
Eingelegter Schafkäse 63
Eingemachter Kohlrabi 138
Eingemachtes Kalbfleisch 92
Eingemachtes Lammfleisch 93
Eingetropftes in der Suppe 20

Register

Emmentaler, Gebacken 292
Ennstaler Krapfen 289
Ennstaler Rahmkoch 189
Ente mit Weichseln und Speck 93
Erbsen 138
Erbsen-Püree 138
Erbsensuppe 20
Erdäpfel mit Majoran 138
Erdäpfel-Birnen-Strudel 270
Erdäpfel-Topfen-Suppe 20
Erdäpfelblatteln 290
Erdäpfelbratl 94
Erdäpfelbrose 139
Erdäpfelbrot 326
Erdäpfelbrot, süß 326
Erdäpfelgulasch 21
Erdäpfelgulyás 139
Erdäpfelkas 63
Erdäpfelknödel 222
Erdäpfelknödel Wiener Art 222
Erdäpfelkrapferln 139
Erdäpfelkroketten 140
Erdäpfellaiberl 140
Erdäpfelnudeln 223
Erdäpfelpuffer 140
Erdäpfelpüree 138
Erdäpfelsailing 223
Erdäpfelsalat 141
Erdäpfelsalat mit Radieschen 141
Erdäpfelsalat mit Rahmmayonnaise 141
Erdäpfelsalat, Warm 177
Erdäpfelsalat, Wiener 178
Erdäpfelsauce 142
Erdäpfelschmarrn 142
Erdäpfelspatzen 223
Erdäpfelsterz 190
Erdäpfelstrudel I u. II 271
Erdäpfelstrudel, süß 272
Erdäpfelsuppe 21
Erdäpfeltorte 326
Erdbeeren 245
Erdbeersauce 142
Erdbeer-Topfencreme 310
Essigzwetschken 143
Esterházy-Rostbraten 94
Estragonsauce 143

Fallobst 377
Falsche Fische 191
Falsche Kapern 376
Falscher Marmorkuchen 327
Farfelsuppe 22
Fasan im Kraut 95
Faschierte Semmelsuppe 22
Faschierter Braten 95
Faschiertes Butterschnitzel 95
Faschingskrapfen 290
Fastensuppe 22
Fedlkoch 191

Feigen 264, 318
Feine braune Suppe 23
Felchen nach Bregenzer Art 79
Feldkirchner Dampfnudeln 224
Feldkirchner Schwarzbeernudeln 224
Feuerflecken 327
Fiakergulasch 128
Fichtentriebe 386
Fichtenwipferl 379
Fingergolatschen 328
Fischbeuschelsuppe 23
Fischfilet mit Kräuterkruste 80
Fischsulz 80
Fisolen 137, 164, 376
Fisolen in Dillensauce 143
Fisolen mit Bröseln 144
Fisoleneintopf 24
Fisolengulasch 24
Flachkücherl 328
Flädle 13
Flecksuppe 25
Fleischaufstrich, Traisentaler 75
Fleischfarferln 225
Fleischkäse von Bratenresten 64
Fleischknödel 225
Fleischlaibchen 96
Fleischnudeln 226
Fleischstrudel 272
Fleischstrudel, Pikant 279
Forellen mit Kräutersauce 81
Forellenfilet 79–80
Forellenfilet in Bierteig 81
Frigga 192
Frittatensuppe 25
Fruchtsauce 144
Frühlingskräutersalat 144
Frühlingskräutersuppe 25

G'anga Ranz'n 329
Gailtaler Speck 145
Gamsmilch 376
Gänseblümchen 376
Ganslsuppe mit Gemüse 26
Gebackene Apfelknödel 226
Gebackene Apfelnockerln 226
Gebackene Apfelscheiben mit Zimtsabayon 291
Gebackene Apfelspalten 291
Gebackene Hollerblüten 292
Gebackene Kalbsfüße 96
Gebackene Käsescheiben 292
Gebackene Mäuse 292, 295
Gebackene Topfennockerln 227
Gebackene Topfennudeln 293
Gebackene Zucchini 145
Gebackener Karfiol 145
Gebackener Karpfen 82
Gebackenes Hirn 97
Gebackenes ungarisches Kraut 146

Gedünstete Melanzani 146
Gedünstete Reinanke 82
Gedünsteter Kohl 97
Gedünstetes Blaukraut 146
Gefüllte Brotstangen 64
Gefüllte Dampfnudeln 227
Gefüllte Eier 65
Gefüllte Kalbsbrust 97
Gefüllte Kärntner Nudeln 228
Gefüllte Kohlrabi 98
Gefüllte Krautrollen mit Paprikakraut 99
Gefüllte Paprika 100
Gefüllter Kohl 100
Gefüllter Schweinsbauch 101
Gefülltes Brathendl 101
Gefülltes Poulard 102
Gegossene Dalken 192
Gekochter Sauschädl 102
Gekochtes Rindfleisch 103
Gelee von Fallobst 377
Gemischter Wintersalat 147
Gemüsebrein 193
Gemüsesuppe 27
Gemüsesuppe mit Speckgrießknödeln 27
Geriebenes Gerstl 28
Germknödel mit Powidl 228
Germteig, Grundrezept 329
Gerollter Kalbsnierenbraten 103
Geröstete Farferlsuppe 28
Geröstete Knödel 229
Geröstete Nieren 103
Gerstsuppe 28
Gesalzene Kürbiskerne 65
Geselchte Saumaisen 103
Gesottener Strudel 272
Gespicktes Kalbsbries 104
Gestürztes Kalbfleisch 65
Gewürzknödel 229
Girardi-Rostbraten 104
Glasscherben 330
Glühwein 213
Glundner Kas 65
Glutnudeln 327
Götterspeise 330
G'radelte Blunz'n mit G'röste 96
Grammelbäckerei 331
Grammelknödel 229
Grammelknödel, Innviertler 232
Grammelnudeln 226
Grammelpogatscherl 331
Grammelschöberl 147
Grantnschleck 310
Graukas 66
Greafleischknödel, Pinzgauer 248
Grenadiermarsch 147
Grießmuas 201

Register

Grieß 189, 204–205, 207, 209, 220, 254, 272
Grießauflauf 193
Grießblatteln 148
Grießknödel 230
Grießnockerln 29
Grießnudeln 230
Grießstrudel 273
Grüne Sauce 148
Grüner Salat 148
Grünes Paradeiskompott 149
Grünkernaufstrich 71
Grünkernsuppe 29
G'stand'ne Milch 311
Gulyás 126
Gulyássuppe 29
Gurke 149
Gurken 114
Gurkenmilch 149
Gurkensuppe 30

Haadani Kneidl 30
Hadnmehltorte 332
Hadnsterz 194
Hadnweckerln 332
Hadnwickler 231
Hafeloab 149
Haferbrei 201
Haferflocken 201
Haferflockenbusserln 333
Hascheeschöberl 30
Hasenöhrl 293
Hasenöhrl aus Erdäpfelteig 293
Hasenpfeffer 105
Hasenrücken in Rahmsauce 105
Haussulze 66
Hecht mit Kren 82
Heidelbeeren 195, 208, 224, 242, 281, 299, 301, 324, 385
Heidelbeersauce 150
Heidenknödel 231
Heidensterz 194
Heidentommerl 194
Hendl 116
Herdflecken 232
Hering-Apfel-Salat 150
Heringssalat 150
Heringsfilets 167
Herrengröstl 106
Herrenpilze 62
Heurigensalat 151
Himbeeren 204, 385
Himmel und Hölle 151
Hirn mit Ei 106
Hirn, Gebacken 97
Hirneinbund 31
Hirnpofesen mit Kräutersauce 67
Hirnsuppe 31
Hirschgulasch 106
Hirschschulter 125

Hirse 112, 188, 193, 201
Hoadelbeermuas 195
Hoanslschoaßl 294
Holdersuppe 31
Holler 385
Holler-Apfelsaft 377
Hollerblütensaft 377
Hollerblütensirup 378
Hollerkoch 195
Hollerkompott 311
Hollermandl 152
Hollersaft 378
Hollersauce 152
Hollerschnaps 378
Hollersuppe 32
Hollerwein 379
Holunderbeeren 195
Holzhackerschmarrn 195
Honigkuchen 333
Honiglebkuchen 334
Honigstangerln 334
Hühnerbrust in Wurzelsauce 107
Hühnerfrikassee 107
Hustensaft 379

Innviertler Grammelknödel 232
Innviertler Speckknödel 232
Ischler Krapferln 335
Italienischer Salat 152

Jagatee 379
Jägerbraten mit Grumpera 108
Jägerfleisch 108
Johanniskrautschnaps 380
Jungschweinsbraten, Waldviertler 127

Kaiserguglhupf 335
Kaisernockerln 32
Kaiserschmarrn 196
Kaiserschöberlsuppe 32
Kalbfleisch, Eingemachtes 92
Kalbsbeuschel 109
Kalbsbries, Gespickt 104
Kalbsbrust, Gefüllt 97
Kalbsfüße, Gebacken 96
Kalbshirn 106
Kalbskoteletts in Papier 109
Kalbsleberpastete 67
Kalbsnierenbraten 109
Kalbsnierenbraten, Gerollt 103
Kalbsvögelen 110
Kalte Gurkensuppe 33
Kalte Poularde 68
Kalte Senfsauce 153
Kaltes Rindfleisch 110
Kaninchen mit Paprika 110
Kapuzinerknödel 233
Kapuzinerstrudel 273
Karamelisierte Kürbiskerne 68
Karamelkoch 196

Karfiol 166
Karfiol, Gebacken 145
Karfiolauflauf 153
Kärntner gelbe Suppe 33
Kärntner Nudeln, Gefüllt 228
Kärntner Ritschert 111
Karotten 168, 279, 350
Karottengemüse 153
Karottenkoch 197
Karottenrohkost 154
Karottensalat 154
Karpfen 81, 85
Karpfen auf burgenländische Art 83
Karpfen nach böhmischer Art 83
Karpfen, Gebackener 82
Karpfenfilet 80, 84
Karpfenmilchsuppe 33
Kartoffelpuffer 154
Käse-Kräuter-Suppe 34
Käse-Speckknödel 233
Käsebällchen 68
Käsedressing für Blattsalate 155
Käsefondue 197
Käseknödel, Walser 264
Käseknödelsuppe 34
Käsenockerln 226
Käserahmsauce 276
Käserdöpfl, Montafoner 161
Käsesalat 177
Käsestangerln 336
Käsestrudel 274
Kasfarfelsuppe 35
Kaskiachl 294
Kasknödel 234, 258
Käsknöpfle, Montafoner 241
Kasnocken, Weizene 265
Kasnockerln 234
Kasnockn, Pinzgauer 241
Kasnudeln 234
Kässpätzle, Vorarlberger 241
Kasspatzln 235
Kassupp'n 35
Kastanienauflauf 336
Kastanienels mit gebratenen Äpfeln 312
Katzeng'schroa 111
Kernöl 62
Kirchtagskrapfen, Völser 303
Kirschen 188, 195, 198, 210, 338
Kirschenkompott 134
Kirschensauce 155, 173
Kirschenstrudel 274, 281
Kirschstrudel 274
Klachelsuppe 36
Kletzen 380
Kletzenbrot 337
Kletzenkoch 198
Kletzennudeln mit Germteig 235

391

Register

Kletzenpfeffer 155
Kloanbrein 112
Kloatzenschlutzkrapfen 236
Kloazenstrudel 275
Klosterneuburger Knödel 236
Klosterneuburger Torte 337
Kluanmehlnudeln 237
Knoblauch 63
Knoblauchkraut 156
Knoblauchsuppe 36
Knoblauchtopfen 69
Knödelbrot 265
Knoflsuppen 37
Kohl nach Wiener Art 156
Kohl, Gedünstet 97
Kohl, Gefüllt 100
Kohlpalatschinken 198
Kohlrabi 138
Kohlrabi, Gefüllt 98
Kohlsprossen 157
Kohlsprossen mit Speck 156
Kopfsalat mit Radieschen 157
Kraisibrösel 198
Kraut 169
Kräuterrahmsauce 157
Kräutersauce 67, 158
Kräuterstrudel 275
Krautfleckerln 237
Krautfleisch 112
Krautgulasch 112
Krautknödel 238
Krautkrapfen 294
Kräutlach Ei 69
Krautnocken 238
Krautnockerln 238
Krautpalatschinken 199
Krautrollen 99
Krautsalat mit warmem Speck 158
Krautsalat, Tiroler 174
Krautstrudel 276
Krautstrudel mit Käserahmsauce 276
Kren 171
Kreneier 69
Krenfleisch 113
Kriesekuchen 338
Kriesesuppe 37
Kukuruzsalat 158
Kümmelfleisch 113
Kümmelstangerln 338
Kürbis 137, 161
Kürbis mit Zucker und Honig 158
Kürbiscremesuppe 37
Kürbisgemüse 277
Kürbiskerne, Gesalzen 65
Kürbiskerne, Karamelisiert 68
Kürbiskernstangerln 339
Kürbispotize 349
Kürbissalat 159

Kürbisstrudel 277
Kürbissuppe 38
Kutteln 119

Lammfleisch, Eingemachtes 93
Lammpörkelt 113
Lammschlegel mit Gurken 114
Lammschulter 112
Ländle-Apfelsalat 159
Lauer 380
Lavanttaler Leberlan 114
Leber 111
Leberkäse 70
Leberknödel 239
Leberknödelsuppe 38
Leberlan 114
Lebernockensuppe 38
Leberspätzle 239
Lembraten 115
Lesachtaler Milchmuas 199
Lesachtaler Schupfkrapfen 240
Letscho 159
Lila Milch 378
Linsen 130, 137
Linseneintopf 39
Linsensalat 134, 160
Linsensuppe 39
Linzer Schnitten 339
Linzer Torte 340
Liptauer 70
Liwanzen 200
Löwenzahn (Zigorie) 179
Löwenzahnhonig 380
Lungauer Koch 199
Lungenbraten 115
Lungenstrudelsuppe 40

Magenbrot 340
Maibowle 381
Mais 84, 149, 158, 164, 192, 198, 205, 207, 210, 212–213, 237
Maisdukaten 295
Mandelbrot 341
Mandelkren 160
Marillen 245, 304, 362
Marillenfleck 341
Marillensauce 160
Marinade für Blattsalate 161
Markknödel 40
Marmelade aus grünen Paradeisern 381
Marmorgugelhupf 342
Mehlsterz 200
Melanzani, Gedünstet 146
Melanzanigemüse 161
Melisse 378
Milchbrein 201
Milchbrot 298
Milchfarfalansuppe 41
Milchmuas 199

Milchnudeln 240
Milchreis 201
Milchstrudel 277
Milchsuppe 41
Milchsuppe mit Riebele 41
Millirahmstrudel 278
Milzschnittensuppe 41
Mohn 322
Mohnbeugel 347
Mohngolatschen 361
Mohngugelhupf 342
Mohnkuchen 343
Mohnnüßchen 295
Mohnnudeln 240, 244
Mohnnudeln, Waldviertler 263
Mohnpotize 343
Mohnstrudel 278
Mohnzelten 241
Mohr im Hemd 344
Mokkasauce 186
Montafoner Käserdöpfl 161
Montafoner Käsknöpfle 241
Moosbeernocken 242
Mostbratl 115
Mostkeks 344
Mostschober 345
Mostsuppe 42
Mostsuppe mit Gemüse 42
Mozarttorte 345
Mühlviertler Bauernkrapfen 295
Mühlviertler gebackene Mäuse 295
Murauer Speckknödel 242
Murkenstrudel 279
Muskazintorte 355
Müslibrot 345
Müslikonfekt 346

Negerbrot 346
Nieren 111, 115, 122
Nieren, Geröstet 103
Nikolauslebkuchen 347
Nockalan 242
Nockerln, Grundrezept 243
Nußauflauf 201
Nußbeugel 347
Nußbrot 348
Nußcremesauce 162
Nußecken 348
Nußfülle 325
Nußknödel 244
Nußlikör 381
Nußnudeln 244
Nußpotize 349
Nußschnaps 382
Nußstrudel 278
Nudelteig, Grundrezept 243

Oasterz 202
Obstknödel aus Erdäpfelteig 245

Register

Obstknödel aus Topfenteig 245
Ochsenmaulsalat 70
Ödenburger Nudeln 246
Ofenkatze 349
Ölkuchen 350
Orangen 248
Orangenkompott 162
Orangenschmarrn 202
Osttiroler Schlipfkrapfen 246

Palatschinken – Grundrezept 202
Palatschinken 191, 198–199, 211
Palatschinken mit Nußfülle 203
Palatschinken mit Schokolade 203
Palffy-Knödel 247
Paprika 159, 176
Paprika, Gefüllte 100
Paprikahenderl 116
Paprikakraut 99
Paradeiser, grüne 149, 381
Paradeiskraut 162
Paradeissauce I 163
Paradeissauce II 163
Paradeissauce III 163
Paradeisstrankerln 164
Passierte Karottensuppe 42
Perchtenkoch 185
Pfnotter 203
Pikante Paradeissuppe 43
Pikante Topfenknödel 247
Pikanter Fleischstrudel 279
Pikanter Grünkernaufstrich 71
Pinzgauer Blattln 296
Pinzgauer Greaflfeischknödel 248
Pinzgauer Kasnockn 241
Pofesen 296
Pökelzunge 116
Polenta mit Steinpilzen 203
Polentakarpfen 84
Polentanocken 43
Polentaschnitten 164
Polsterzipfe 296
Pomeranzenknödel 248
Poulard, Gefülltes 102
Poularden, Kalte 68
Powidl 305, 382
Powidlgolatschen 361
Powidltascherln 248
Powidltaschkerl 249
Preßknödelsuppe 43
Preßwurst 71
Preiselbeeren 310
Primiztorte 350
Punsch-Essenz 383
Pusztaschnitzel 117

Quittengelee 383
Quittenkäse 384
Quittenkompott 164

Radieschen 141, 157

Rahmgeschnetzeltes 117
Rahmkeks 351
Rahmkoch, Ennstaler 189
Rahmkürbis 165
Rahmmuas 204
Rahmsuppe 44
Rahmsuppe mit Erdäpfeln 43
Rahmtommerl 204
Räuberknödel 249
Rehrücken 118, 351
Rehschlegel mit Rahm 118
Reiberknödel 249
Reibgerstl 207
Reinanke, Gedünstete 82
Reindling 351
Reis 201, 210
Reis Trauttmansdorff 204
Reisauflauf 205
Reisfleisch 119
Rettich 165
Rettichsalat mit Kresse 165
Rhabarberstrudel 279
Rhabarbertorte 352
Rhitaler Kuttla 119
Ribisel-Rotweinsauce 165
Ribisellikör mit Kräutern 384
Ribiseln 385
Ribiselschnaps 385
Ribiselschnitten 352
Riebel 198, 205
Riebel mit Grumpera 205
Rinderfilet 117
Rinderherz auf Bauernart 120
Rindermarksuppe 44
Rindfleisch, fettes 127
Rindfleisch, gekocht 103
Rindsschulter 119–120
Rindsuppe 44
Rindsvogel 120
Ringlotten 188
Ritschertsuppe 45
Roggenvollkornbrot 353
Roher Karfiolsalat 166
Rohrnudeln 250
Rohrnudeln (Buchteln) 353
Rosmarinerdäpfel 166
Rostbraten Esterházy 94
Rostbraten Tiroler Art 121
Rostbraten, Steirisch 125
Rote Rüben 250
Rote Rüben-Gemüse 166
Rote-Rüben-Salat 167
Roter Heringsalat 167
Rotkappen 62
Rotkraut 133
Rotkrautsalat 167
Rotweinkuchen 354
Rotweinsauce 206
Rotweinsuppe 45

Rüben, weiße 178
Rüblesalat 168
Rührei in Paradeisern 72
Rumkugeln 354
Russen 167
Russische Eier 72

Sachertorte 354
Salzburger Bierfleisch 121
Salzburger Biersuppe 45
Salzburger Muskazintorte 355
Salzburger Nockerln 206
Salzburger Nockerln mit
  Rotweinsauce 206
Sauce Tartare 168
Sauerampfer 172
Sauerampfersupp'n 46
Sauerkraut 146, 174
Sauerkraut, Überbacken 175
Sauerkraut-Bohnen-Eintopf 46
Sauerkrautsalat 168
Sauermilch 149
Sauermilchtorte 356
Sauerrahmkuchen 356
Sauerteig, Grundrezept 357
Saumaisen, Geselchte 103
Saure Boana 121
Saure Milchsailing 250
Saure Milchsuppe 46·
Saure Schweinsnierndln 122
Sauschädl, Gekocht 102
Schafgarben 378
Schafgarbensekt 385
Schafkäse 63, 281
Scheiterhaufen 207
Schilcher Weinsupp'n 47
Schinkenauflauf 122
Schinkenfleckerln 123, 250
Schinkenkipferl I 358
Schinkenkipferl II 358
Schlamperkraut 169
Schleie 81
Schlipfkrapfen, Osttiroler 246
Schlosserbuben 297
Schlutzkrapfen 251
Schmalzkoch 230
Schmalzmuas 207
Schmerstrudel 280
Schnapsnudeln 298
Schneeballen 298
Schneenockerln in Weinsuppe 251
Schnittlan 298
Schöberlpastete 72
Schöberlsuppe 47
Schokoladegelee 312
Schokoladeglasur 273
Schokolademakronen 358
Schokoladenrahm 169
Schokoladenstrudel 280
Schokoladesuppe 48

Register

Schokoladetorte 359
Schollenfilet 80
Schomplattl 252
Schöpsernes mit Wurzelsauce 123
Schöpsernes, steirisches 124
Schottnocken 241
Schottsuppe 48
Schrot-Torte 359
Schupfkrapfen, Lesachtaler 240
Schupfnudeln 252
Schusterstrudel 280
Schutznudeln 253
Schwammerlgulasch 169
Schwammerlknödel 253
Schwammerln 135
Schwammerlreis 169
Schwammerlsalat 170
Schwammerlsterz 207
Schwammerlsuppe 49
Schwammerlsuppe mit Rahm 48
Schwämmlaibchen 170
Schwarzbeerkrapferln 299
Schwarzbeerlaibchen 208
Schwarzbeerlikör 385
Schwarzbeernockerln 226
Schwarzbeerstrudel 281
Schwarzbeerstrudel mit Biskuit 281
Schwarze Wasserspatzen 253
Schwarzplenten mit Käse 208
Schwarzplentenknödel 254
Schwarzwurzelsalat 170
Schweinsbauch, Gefüllt 101
Schweinspaprikas 124
Schweinsripperln 121
Schweinsschnitzel 117, 120
Schweinsschnitzel Esterházy 94
Schweinsschopf 125, 249
Schweinsschulter 124, 126
Schweinszunge 116
Schwemmknödel 254
Schwozar Mus 208
Seehecht, tiefgekühlt 82
Sellerie 147
Sellerie-Rohkost 166
Selleriesalat 171
Selleriesauce 171
Semmelbrot 258
Semmelknödel, Wiener 265
Semmelkoch 209
Semmelkren, warm 171
Semmeln 207, 247, 255
Semmelpflanzel 49
Semmelreis 49
Semmelschmarrn 209
Semmelschniedl 209
Senfbraten 125
Senfsauce, Kalte 153
Serbische Bohnensuppe 50
Servietten-Grießknödel 254

Serviettenknödel 255
Sonnenblumenbrot 348
Spalterbsen 138
Spargel 136
Spargelsuppe 50
Speckerdäpfel 171
Speckknödel, Innviertler 232
Speckknödel, Murauer 242
Specknudel 255
Spinat 172
Spinat mit Sauerampfer 172
Spinatknödel 255
Spinatsalat 172
Spinatschupfnudeln, Überbacken 262
Spinatspatzlen mit Schinken 256
Spinatstrudel 281
Spinatsuppe 50
Spitzbuben 359
Spitzwegerich 379
Spritzkrapfen 299
Stadl-Mäuse 282
Stanitzel 360
Steinpilze 203
Steirerkas 73
Steirische Grammelsuppe 51
Steirischer Rostbraten 125
Steirisches Hirschenes 125
Steirisches Wurzelfleisch 126
Stockfischgröstel, Bozner 79
Stöcklkraut 173
Strapaziknödel 256
Strauben 299
Straubn 300
Strudelkrapfen 283
Strudelteig, Grundrezept 282
Süßer Plenten 210
Süßlaschnitz 173
Sulz 74
Sulz mit Gemüse 73
Suppe mit Hafernockerln 51
Suppe mit Käsenockerln 51
Sure Grumpera 174
Sure Spätzle 257
Szegediner Gulyás 126
Szegediner Kraut 174

Tafelspitz 126
Tafeltrauben 283
Tarhonya 257
Taschenknödel 258
Taubenpastete 74
Tellerfleisch 127
Terlaner Weinsuppe 52
Thierseer Kiachl 300
Tiroler Bauernschmaus 127
Tiroler Fastenknödel 258
Tiroler Krapfen 301
Tiroler Krautsalat 174
Tiroler Rostbraten 121

Tiroler Salat 175
Tiroler Speckknödelsuppe 52
Topfen 183
Topfen, Waldviertler 76
Topfen-Reisauflauf mit Kirschen 210
Topfenbaunzerln 259
Topfenblätterteig, Grundrezept 360
Topfenfleck 360
Topfengewürzbrot 361
Topfengolatschen 361
Topfenhaluschka 259
Topfenknödel 259
Topfenknödel, Pikant 247
Topfenkoch 210
Topfenkrapferl 301
Topfenmäuse 302
Topfenmuas 211
Topfennockalan 260
Topfennockerln 260
Topfennockerln, Gebacken 227
Topfennudeln I u. II 261
Topfennudeln, Gebacken 293
Topfenpalatschinken 211
Topfenplattn 302
Topfenpoganze 362
Topfenschmarrn 211
Topfenstrudel 283
Topfentommerl 212
Topfentorte mit Marillen 362
Traisentaler Fleischaufstrich 75
Traubenkuchen 363
Traunkirchner Torte 363
Triet 364
Türkenpolster 302
Türkensterz 212
Türkensuppe 52
Türkentommerl 212–213

Überbackene Schinkenfleckerln 262
Überbackene Spinatschupfnudeln 262
Überbackene Zanderfilets 84
Überbackenes Sauerkraut 175
Ungarische Krautsuppe 53
Ungarische Paprikagemüse 176
Unterkärntner Kürbissuppe 53

Vanillecreme 251
Vanillekipferln 364
Vanillesauce I 176
Vanillesauce II 176
Vanillesterne 365
Vanillezucker 364
Verhackert's 75
Verlorenes Henderl 53
Vinschger Brotsuppe 54
Vögalan 303

Register

Vogerlsalat 177
Völser Kirchtagskrapfen 303
Vorarlberger Zimtsternle 365

Wachauer Torte 366
Wälder Käsesalat 177
Wälderkäsle 75
Waldmeister 381
Waldviertler Erdäpfelknödel 263
Waldviertler Jungschweinsbraten 127
Waldviertler Linsensuppe 54
Waldviertler Mohnnudeln 263
Waldviertler Topf 55
Waldviertler Topfen 76
Waldviertlersterz 213
Walnußbröselkoch 213
Walnußeis 309
Walnußnocken mit Feigen 264
Walnüsse 318, 382
Walnüsse, grüne 381
Walser Käseknödel 264
Walser Käsesuppe 55
Warmer Erdäpfelsalat 177
Wazanes 366
Weiße Fischsuppe 56
Weiße Ruabn 178
Weiße Zwiebelsuppe 56
Weißkraut 156
Weißweinsuppe 56

Weichseln 385
Weihnachtsstollen 367
Weinbastrudel 283
Weinbeerlpunkel 367
Weinbeißer 368
Weinchaudeau 178
Weincreme 313
Weinkoch 214
Weinsuppe 251
Weinteig 288
Weizene Kasnocken 265
Wespennester 368
Widder 368
Wiener Backhendl 128
Wiener Erdäpfelsalat 178
Wiener Erdäpfelsuppe 57
Wiener Luft 313
Wiener Schlosserbuam 304
Wiener Schnitzel 129
Wiener Semmelknödel 265
Wiener Tascherln 369
Wiener Waschermadln 304
Wildragout 129
Wipferlsaft 386
Witwenküsse 369
Wurzelfleisch, Steirisches 126
Wurzelkarpfen 85
Würzkekse 369
Würztopfen 76
Wuzelnudeln 266

Zanderfilets, Überbacken 84
Zaunerstollen 370
Zeller (s. Sellerie) 29, 147, 166, 171
Zelten 76
Ziegenkäse 62, 75
Zigeunersalat 179
Zigoriesalat 179
Zillertaler Krapfen 305
Zimtsabayon 291
Zitronenmelissensaft 386
Zucchini, Gebacken 145
Zucchinicremesuppe 57
Zuckermuas 214
Zunge 116
Zunge mit Linsen 130
Zwetschken 189, 195, 245, 311, 382
Zwetschken-Brombeer-Röster 179
Zwetschkenfleck mit Streusel 370
Zwetschkenpfeffer 179
Zwetschkenpofesen 305
Zwetschkenröster 180
Zwetschkensauce 180
Zwetschkenwurst 370
Zwettler Biersuppe 57
Zwiebel-Speckkuchen 371
Zwiebeln 145
Zwiebelrostbraten 130
Zwiebelwähe 371

Notizen

Notizen

Notizen

Notizen

Notizen